天津博物館

TIANJIN MUSEUM 论丛

2014

天津博物馆　编

科学出版社

北京

图书在版编目（CIP）数据

天津博物馆论丛. 2014 / 天津博物馆编. —北京：科学出版社，2015.10
ISBN 978-7-03-046110-0

Ⅰ. ①天… Ⅱ. ①天… Ⅲ. ①博物馆学 – 文集 Ⅳ. ① G260-53

中国版本图书馆 CIP 数据核字（2015）第 253464 号

责任编辑：李 茜 曹 玮 / 责任校对：张凤琴

责任印制：肖 兴 / 封面设计：北京美光制版有限公司

科学出版社 出版

北京东黄城根北街 16 号

邮政编码：100717

http://www.sciencep.com

中国科学院印刷厂 印刷

科学出版社发行 各地新华书店经销

*

2015 年 10 月第 一 版 开本：787 × 1092 1/16

2015 年 10 月第一次印刷 印张：23 1/4

字数：550 000

定价：150.00 元

（如有印装质量问题，我社负责调换）

编 委 会

目　录

一、纪念中国博物馆事业开创 110 年

二、名家专稿

三、文博探索

四、考古新发现

五、文物与艺术史研究

六、展览回眸

七、中非兵器展专栏

八、文化遗产保护

九、文化刍议

十、津沽史记

一一、博物馆工作巡礼

一二、文献编译

一、纪念中国博物馆事业开创110年

浅析天津教育品陈列馆

岳 宏
（天津博物馆）

摘要：1905年3月15日，天津教育品陈列馆在玉皇阁开馆。由于是馆仅存在两年多，且为袁世凯督直时所建，故长期以来，该馆开拓性的历史地位，几为人所忽略。通过对相关史料的发掘、分析，从创办目的、过程、运营和展馆性质来看，天津教育品陈列馆应该是我国最早的专业博物馆——教育博物馆。

关键词：博物馆　教育　天津

王宏钧先生在论及中国博物馆事业的创始时曾列举在天津开办的教育品陈列馆，他指出，1905年“清学部侍郎严修在其家乡天津城隍庙开办了教育品陈列馆，‘陈列理化仪器、博物标本，纵人观览’”[①]。除年代正确外，他引用的相关史料似有偏差。因为严修在城隍庙的展示活动只是一个临时性展览，时称“教育品陈列场”，且首展为1904年2月，1905年1月属再次展出；教育品陈列馆并非开办于城隍庙。尽管如此，王宏钧先生已经意识到教育品陈列馆是中国博物馆事业创始时期的成果之一。笔者根据近年发现的相关史料，尝试对教育品陈列馆的存在始末进行初步发掘，以期丰富中国博物馆的早期历史，正确认识和评价博物馆先驱们在动荡不安、极其艰苦的条件下做出的开创性贡献。

一、教育品陈列馆创建背景

详析教育品陈列馆的创建背景，不难发现，清末“新政”时期天津教育的发展决定了教育品陈列馆的创建，而以展示手段为主的传播、普及方式的流行则推动了教育品陈列馆的设立。

1901年1月，为了挽救统治危机，逃至西安的清廷正式颁布“新政”上谕，推行变

① 王宏钧：《中国博物馆事业的创始和民国时期的初步发展》，《中国文化遗产》2005年第4期，第8页。

法革新，其重要内容之一就是发展新式教育。“新政”期间，直隶总督兼北洋大臣袁世凯在天津大力发展教育。袁世凯曾言，其治理直隶的政策有二：练兵和兴学。“兵事自任之，学则听严先生所为，予供指挥而已”[①]，这里的“严先生”即严修。自1902年8月袁世凯从都统衙门手中接管天津后，天津新式教育发展迅速，到1904年10月，天津共有中国人创办的各类学校28所[②]。这些学校，除两所外均为“新政”时期建立。在此背景下，1904年10月，直隶工艺总局总办周学熙上书袁世凯，正式提出创办教育品陈列馆，他指出：“查外国学校各科课程皆有教育物品，各种仪器具备，以供指授，故学堂工厂日新月异，竞出新裁。伏思天津为总汇之区，已立蒙小学堂、中学堂、高等专门各学堂，似宜设立教育品陈列馆，购置仪器、图画，任人纵览，以资启发。”袁世凯批复：“设立教育品陈列馆为文明进化最要关键，……即照章试办，随时改良。”[③]教育品陈列馆呼之欲出。

在此前后，由民间人士与官方机构共同掀起的风靡一时的各种展示活动——宣传“新政”成果的最好方式——对建设教育品陈列馆也起到了推波助澜的作用。1904年2月7~9日，严修等人在城隍庙官立小学堂组织了科学仪器、教学器具展览，展出内容共分12个部分：“曰博物部曰气学部曰力学部曰水学部曰教育用品部曰磁石部曰电学部曰化学部曰热学部曰声学部曰光学部曰书籍部”，此外还有人体模型等。展览期间，由华实甫、林墨青、张伯苓等人进行讲解、试验。“观者鱼贯而进，出入各有定路，颇有整齐严肃之象，洵盛举也。”[④] 1905年1月21~24日，严修等人在原处又进行了第二次展览，并新购多种仪器、标本。参观时间为上午九点至十二点，下午两点至五点。每人收取门票费铜元一枚，但官、民立学堂学生由教师带领参观者免收门票费。

就在严修等民间人士尝试以临时展览的形式普及科教知识的同时，官办的直隶工艺总局也行动起来，财力雄厚的官方机构从一开始就着眼于建设较为正规的展览馆。1904年9月，直隶工艺总局创办的“以启发工商智识为宗旨”的天津考工厂（后改称劝工陈列所）开幕，该机构“搜采本省、外省各物品，依类陈列，纵人观览”，并且每年对展出的工业品进行比赛[⑤]，以奖励优胜者。从定期评比等的鼓励政策来看，这一中国最早的工业展览馆的创建和运作借鉴了博览会的模式[⑥]。

作为一系列展示场馆建设的组成部分，教育品陈列馆的筹建被直隶工艺总局提到

---

① 陈宝泉：《退思斋文存》铅印本，1933年，第85页 。

② 根据1905年2月10日《大公报》统计（不含女学堂）。

③ 《直隶工艺志初编》第一册，第15、16页。

④ 《大公报》1904年2月8日。

⑤ 《直隶工艺志初编》第一册，第2页。

⑥ “论天津考工厂”也指出：“我中国工业未见发达，博览会一时尚难兴办，今天津为各地之首倡，开设考工厂，吾知工业之日见进步可由此卜之。”《大公报》1904年11月16日。

议事日程，只不过这一次将模仿对象选定为博物馆。这应该是直隶工艺总局进行的一次新的“教育实验”，因为“博物馆在教育上之价值，几倍于学校”①。

二、教育品陈列馆的建设过程与开馆

1904年9月，直隶工艺总局总办周学熙来到位于天津旧城东门外的道观玉皇阁，要求将后殿腾出，拟作他用，随即开始改建。到11月下旬竣工时，公开明确用于陈列馆，其规模大于已开幕的考工厂，这便是教育品陈列馆的馆舍建设。选择道观作为馆舍符合当时“废庙兴学”的潮流。

在馆舍建设的同时，周学熙会同严修等“体察情形，酌拟试办章程，并约估开办及常年经费数目”②，最后开办费定为白银2万两③。

馆舍建设后，周学熙派刚从日本进修师范专业归来的陈宝泉④再赴东瀛，考察教育博物馆并购置相关展品。陈宝泉在《五十自述》一文中回忆：“甲辰归国，其时日俄之战方炽，旋任天津各小学教务长。是年冬，周缉之学熙先生将于天津设教育博物馆，遣予再赴日本，任调查及购置之事，居月余归。”⑤回国后，1905年2月（光绪三十一年正月）陈宝泉在直隶学务处创办的《教育杂志》上就“此次至东京屡就诸教育家，访问教育博物馆事宜”的“所闻所知”发表“意见书”如下：①要按照展具确定展示空间的大小，“宜按物件庋架之大小而定场所之长短、广狭。使陈列之位置妙出天然，最为上之上者”。②展品须分类展出，应该“按学科分为数大纲，而每纲中分为若干目，目中又分为若干支”。③陈列形式要讲求美观，如展品大小不齐，长短错乱，“犹未善也”。所以必须首先“计划品物之如何陈列，而后按其计划以定架中木橱之形式，隐喻美术的思想于其内，庶使参观者一见而悦目也”。④要允许女子参观，这是因为“陈列馆有家庭教育一门，既为女子所宜知之事，而尤要者，使女子窥教育之一斑，将皆以其子入学为荣幸，此诚于教育界大有影响也”。陈宝泉就此进一步提出，按照考工厂前例，择日允许妇女参观。⑤在外国选定一位留学生为教育品陈列馆委员，“使之或调查或采买”。此外，在展品定位方面，陈宝泉建议：“教育以

① 见丁文江、朱启钤等：《组织中国博物馆协会缘起》，转引自甄朔南：《用当代博物馆学的新理念看中国博物馆事业的拓荒人张謇》，《南通博物苑百年苑庆纪念文集》，文物出版社，2005年，第29页。

② 《直隶工艺志初编》第一册，第15页。

③ 《直隶工艺志初编》第一册，第2页。

④ 陈宝泉（1874～1937年），字筱庄，天津人。1903年赴日本东京小石川宏文学院师范科进修。1905年到学部任职。1912年接办京师优级师范学堂，改建北京高等师范学校（今北京师范大学前身），任校长9年。1920年任教育部普通司司长。1930年任河北省教育厅厅长。

⑤ 陈宝泉：《退思斋文存》铅印本，1933年，第95页。

小学为最要，故分教育品为十分，小学物品宜占六分。”陈宝泉还进一步建议，要考虑有条件免费开放，“任某学堂教员率全班生徒参观者，宜勿收观览费”。除传授知识外，陈宝泉还注意到教育博物馆应有的美育功能，他指出并建议“日本教育博物馆有音乐实习室，宜仿行之”。

值得一提的是，张謇创办南通博物苑就是受日本的影响。正是1903年张謇前往日本大阪参观劝业博览会期间，考察实业和教育后萌发了创办博物馆的想法[①]。

根据陈宝泉的建议，经过一番紧锣密鼓的筹备，1905年3月15日，以“濬发学识，教育实验为宗旨，罗列中外各种教科书籍、仪器、标本、模型、图表，分科陈设，标签贴说，以备各学校管理者考览、咨询”[②]的天津教育品陈列馆在玉皇阁开馆；16日，开始对外售票[③]，当日“往观者颇众”[④]。

为了向社会各界宣传教育品陈列馆，从3月13~15日，在《大公报》上连登三天广告。

教育品陈列馆的开馆受到各级官员的重视，不仅周学熙等人在3月15日“齐集陈列馆验看”[⑤]，直隶总督兼北洋大臣袁世凯也于4月8日下午“验看”了该馆[⑥]。

教育品陈列馆的参观顺序为先到售票处购票，入门后再验票，最后出门时将票交回。但持优待票或“特别入览票”者，出入门时只验票，这两种票为免费赠送。

有关开、闭馆时间，教育品陈列馆规定：每年三月（农历，下同）至八月为上午九点至下午五点开放，四点钟停止售票；九月至来年二月上午九点至四点开放，三点半停止售票。每天中午十二点至下午一点，停止售票。每年腊月二十一至次年正月初五和万寿圣节下午、上元节下午、端午节下午和中秋节下午以及每月逢五日下午闭馆[⑦]。全部更换展品时停止售票，具体时期临时告知。

为维持展馆秩序和卫生，教育品陈列馆还规定：观众不得穿泥鞋，不得携带“伞、杖、包物类及犬畜类”，如有携带“伞、杖各物者，入门时将该件交于携带品收管所，出门时认明领回”。观众如损毁展品、展具及门窗玻璃，要照价赔偿；观众不得折损本馆花木及一切器物，不许在陈列室内吸烟、随意吐痰；疯癫或酒醉者不许进馆[⑧]。

---

① 王倚海：《传承张謇博物馆思想与实践　铸造中国博物第一馆新的辉煌》；凌振荣：《论张謇设苑为教育的思想》，《南通博物苑百年苑庆纪念文集》，文物出版社，2005年，第11、136、138页。

② 《直隶工艺志初编》第一册，第2页。

③ 《天津教育品陈列馆》，《教育杂志》光绪三十一年三月一日。

④ 《大公报》1905年3月17日。

⑤ 《大公报》1905年3月16日。

⑥ 《大公报》1905年4月9日。

⑦ 《天津教育品陈列馆试办大概章程》，《教育杂志》光绪三十一年三月十五日。

⑧ 《天津教育品陈列馆试办大概章程》，《教育杂志》光绪三十一年三月十五日。

据统计，1905年9月29至10月27日的29天里，共接待观众7121人，其中女观众2251人；扣除闭馆时间，平均日接待观众259人[①]。

三、教育品陈列馆的规模与性质

教育品陈列馆的规模至少表现在三个方面：展示空间、展品、人员。

展示空间，即展厅（室），是博物馆馆舍的基本构成，是长期对公众开放的物质基础。教育品陈列馆的展示空间分为楼上、楼下两个展场，共计六个陈列室。第一场第一室位于楼下，展出家庭玩具和幼儿园、学校用品，有标本、模型、图、书等。第一场第二室位于楼上，展出人体解剖模型及动植物标本、算学用具等。第二场第一室位于楼上，开馆时尚未有展品。第二场第二、三、四室均位于楼下，其中，第二室展出物理、化学实验器具等。第三室展出本国各学堂各种教科书、图、章则、表簿、证书、学生用具及手工制品等。第四室展出各学堂各学科成绩品等[②]。

教育品陈列馆的展品有：① “教授用品及各种图形”，包括家庭及幼儿园玩具，以及“教授用具、体操游戏及身体检查用具、教场用具、生徒用具、历史用标本、地学用具、数学用具、图画标本及器具、音乐器具、手工用具及手工成绩品、幻灯及映画、裁缝用具及标本之类”。值得注意的是，“历史用标本”应该就是历史文物。②“理科仪器、标本及图形”，包括物理学器械、化学器具及药品、生理学器械、动植物学标本及器具、矿物学标本及器具、农学标本。③ 各学堂建筑图形及学堂桌凳、函架原式及图形。④ 各学堂生徒成绩品与赏赉品及卒业证书。⑤各种图表，包括学龄就学表、幼儿园儿童和小学生人数及年龄表、小学、中学、高等学校和师范学校、技校以及盲聋哑学校学生毕业后状况调查表、幼儿园和学校教职员表等[③]。在这些展品中，既有自然标本，又有历史文物，还有美术作品，以及辅助性的图表等。即使在当代，这些也都是博物馆必不可少的展品。

开馆后，教育品陈列馆仍在不断征集新展品，1905年6月，从日本购来师范学校模型一具，面积可占八张方桌。

教育品陈列馆还附设有图书馆——“藏书楼”，摆放“各种科学应用之书籍，分类庋设，以便阅览”[④]。

教育品陈列馆人员按职责分为两个层次：管理决策和日常维护。管理决策层由3人组成，在日常工作中，他们可以随时查验财务和展品出入账簿，但大事须禀呈直隶工

---

① 《天津教育品陈列馆调查录》，《教育杂志》光绪三十一年十一月一日。

② 《大公报》1905年3月17日。

③ 《天津教育品陈列馆试办大概章程》，《教育杂志》光绪三十一年三月十五日。

④ 《天津教育品陈列馆试办大概章程》，《教育杂志》光绪三十一年三月十五日。

艺总局。日常维护10人左右，其中经理1人，“常川驻馆，照料一切”，但遇事须与管理小组成员商议，而后施行。“收支司事”1人，负责财务和管理学徒、勤杂工。“书器司事”1人，负责管理展品兼抄写。随着展品的增加，可另招人员。学徒数名，负责售、验、收门票和管理观众携带的物品。夫役4人，其中门房1名、事务室和接待室听差1名、扫地兼传送文件1名、报时1名。此外，教育品陈列馆还聘有“品行端正、科学素优”并有留学经历的议绅四五人，随时参与会商馆中重要事宜①，类似当代博物馆改制后的理事会成员。实际上，陈宝泉就是以“议绅”名义提出“意见书”的。

教育品陈列馆有固定的展示场馆、展品和管理人员，以及对公众开放的各项制度，具有收藏、展示、教育功能，其创办宗旨，即创办目的为“濬发学识，教育实验”。由此，可以判别它应属于博物馆，具体来说是教育博物馆，陈宝泉的考察对象和建议书也指明了这一点。由于教育品陈列馆还兼有“寄售”的历史特点，因而容易使人怀疑它是否具有不以营利为目的的公益性，这一点对于判别它是否为博物馆至关重要。笔者以为，“不以营利为目的”并不意味着没有营利活动，关键在于其维持经费的来源是否为经营利润。教育品陈列馆的维持经费由政府所属的直隶工艺总局支付，“常年经费需银八千两，此后每年添购品物、增广房舍需银五千两”②。此外，一定数量的免费观众也表明其所具有的公益性。尽管有一定数量的自然标本和历史文物，但不可否认，教育品陈列馆的展品多为当代制造品，这恐怕正是教育博物馆的特点所在。不独是馆如此，南通博物苑的教育之部也充满了“各种生产工具的模型，有蒸汽、电气、起重、印刷等机器和各种机床、农业机械、船艇、火车等，还有埃及金字塔和比萨斜塔的模型。还有许多是张謇东洋之行时为幼稚园买的‘恩物’”③。至于馆名为“陈列馆”而非“博物馆”则更不会因此而影响其所具有的博物馆属性。且不说清末，至晚到1936年编辑的《中国博物馆一览》中仍不乏“陈列所”“陈列室”“陈列馆”。

综上所述，教育品陈列馆应是一家不以营利为目的公立教育博物馆。从创办和对外开放的时间看，它应是我国最早的教育博物馆，也即最早的专业博物馆。

四、教育品陈列馆的终结

1907年夏，教育品陈列馆被并入教育品制造所，迁至劝业会场，其原有部分更名为“教育品参观室”，成为教育品制造所的一部分。从教育品陈列馆的“备学界之参

---

① 《天津教育品陈列馆试办大概章程》，《教育杂志》光绪三十年三月十五日。

② 《直隶工艺志初编》第一册，第2页。

③ 金艳：《多致真知瀹众愚先从格物救凭虚——张謇与博物馆》，《南通博物苑百年苑庆纪念文集》，文物出版社，2005年，第106页。

观”改为教育品制造所的“研究制品，专以供教育之实用”“注重制造”①，其宗旨已然不同，而“教育品参观室”的展品又多为教育品制造所制造，其内涵更像是该所的“样品间”，所以，很难再称其为博物馆。

作为独立的教育博物馆，天津教育品陈列馆虽然只存在了两年多，但其历史地位不容忽视，它不仅创建时间早，而且很快就发挥了作用，并产生了一定的社会影响；它还制定了较为完备的章程，涉及管理、陈列和参观等方面，为日后天津各类博物馆的建设提供了可资借鉴的经验。

作者简介：岳宏，天津博物馆，研究馆员，天津市文化中心，300201。

① 《直隶工艺志初编》第二册，第5页。

二、名家专稿

南朝皇陵制度特点分析

刘　毅

（南开大学历史学院）

摘要：南朝偏安，其皇陵处在魏晋以后中国古代陵寝制度由衰落到逐步恢复的历史时段内，陵墓选址和位次排列都遵循一定的规则，地面建筑明显增多，墓室更加注重装饰，皇陵的祭祀活动也更加常态化。南朝陵墓制度在许多方面都体现出否定"不封不树"之制，在一定程度上有向汉制回归的倾向。

关键词：南朝　皇陵　制度　神道石刻　玄宫

魏晋至隋，是中国古代陵墓制度由衰微到复兴的时代。魏文帝曹丕废弃陵寝制度，全面推行"不封不树"葬制，陵墓制度由此降到秦汉以来的冰点。南北对峙稳定以后，南朝皇陵制度在东晋的基础上继续发展，在陵墓选址、位次排列、地面建筑设置、玄宫结构及装饰、帝后合葬以及陵寝祭祀等方面，都具有鲜明的时代特点和地域特点。

一、陵墓选址的地理环境

南朝宋传四世八帝，陵墓在今江苏南京东郊等地，共有皇陵6座。武帝葬蒋山初宁陵；文帝葬长宁陵；孝武帝葬秣陵景宁陵；明帝葬幕府山高宁陵；顺帝禅齐，死葬遂宁陵；另有宋武帝父母的合葬墓尊为兴宁陵。其余少帝被废遇害，葬所失考；前废帝、后废帝被杀，葬秣陵县南郊坛西，均无陵号。南朝齐、梁皇室都是西汉开国丞相萧何的后代，除个别案例外，两朝皇帝都归葬南兰陵郡（今江苏丹阳），其陵墓在今丹阳后港、云阳等地。齐传四世七帝，共有皇陵7座。齐高帝葬泰安陵；武帝葬景安陵；文惠太子早卒被追尊为皇帝，葬崇安陵；郁林王、海陵王相继被废杀，葬以王礼；明帝葬兴安陵；东昏侯死于叛兵，葬丹阳；和帝被梁武帝废死，所葬曰恭安陵（明修《太平府志》云在安徽当涂）；另有追封的齐宣帝葬永安陵、景帝葬修安陵。梁传三世四帝，共有皇陵3座。梁武帝葬修陵；简文帝葬庄陵；元帝与西魏作战，被俘死难，"梓宫播越非所"[①]；敬帝禅陈，葬地失考；另有梁武帝之父文帝的陵墓号建

---

①　（唐）姚思廉、卢振华点校：《梁书》卷六《敬帝纪》第1册，中华书局，1973年，第144页。

陵。陈朝传三世五帝，皇陵在今江苏南京市郊，共有皇陵3座。陈武帝葬万安陵；文帝葬永宁陵；废帝降称临海郡王，葬所不详；宣帝葬显宁陵；后主陈叔宝降隋，葬洛阳邙山。

南朝四代共19座皇陵大多被盗掘，地面建筑也早已不存。清末上海徐家汇天主堂司铎张璜曾对南京、句容、丹阳等地的梁代皇帝王侯陵墓进行了系统的调查①；20世纪30年代，朱希祖和朱偰先生等人以中央古物保管委员会名义的调查、中国营造学社成员刘敦桢先生的调查等工作都具有开拓之功②。

南朝皇陵选址与两汉有明显的不同。西汉皇陵在长安、东汉皇陵在洛阳，分别占据咸阳塬或北邙山等高爽之地，都有固定的朝向（西汉坐西朝东，东汉坐北朝南）。南朝诸陵则不尽相同，丹阳梁三陵基本皆朝东，南齐诸陵大多朝南但有一定的偏角；也有一些陵墓由于随山势建陵，朝向偏差更大，如南京西善桥陈宣帝之显宁陵的墓室朝正北（坐南朝北）③，在历代帝王陵墓中比较罕见。

南朝陵墓陵址的卜选注重周围的地理环境，其近山而葬的理念与汉代明显不同，这时可能受到“风水术”的影响。风水术，也称堪舆术，汉代初见端倪。据《后汉书·袁安传》记载：“安父没，母使安访求葬地，道逢三书生，问安何之，安为言其故，生乃指一处，云：‘葬此地，当世为上公。’须臾不见，安异之。于是遂葬其所占之地，故累世隆盛焉。”④一般认为这是比较可信的堪舆术用于墓地选择的最早记载。东晋以后堪舆之风大盛，《世说新语》记载东晋明帝司马绍会相阴宅，还亲自去看过郭璞为别人相择的墓地。南朝皇帝对于墓地风水有一定程度的迷信，如宋武帝“皇考墓在丹徒之候山，秦史所谓曲阿、丹徒间有天子气者也。时有孔子恭者，善占墓，帝尝与经墓，问之曰：‘此墓何如？’子恭曰：‘非常地也。’帝由是益自负”⑤。又如梁“昭

---

① 张璜、李卓译：《梁代陵墓考》，上海土山湾印书馆，1930年。按，此书最初于民国元年（1912年）在上海以法文出版，1930年始出版中文译本。南京出版社编《南京稀见文献丛刊》以原名横排重印该书，王志高点校，2010年出版。

② 中央古物保管委员会编辑委员会：《六朝陵墓调查报告》，中央图书馆印刷所，1935年（《南京稀见文献丛刊》以原名横排重印该书，王志高点校，南京出版社，2010年）；朱偰：《建康兰陵六朝陵墓图考》，商务印书馆，1936年；刘敦桢：《南京及附近古建遗址与六朝陵墓调查报告》《对〈南京六朝陵墓第二次调查报告〉的补充》，俱载《刘敦桢全集》第四卷，中国建筑工业出版社，2007年；刘敦桢：《南京附近六朝陵墓调查笔记》，《刘敦桢全集》第十卷，中国建筑工业出版社，2007年。

③ 罗宗真：《南京西善桥油坊村南朝大墓的发掘》，《考古》1963年第6期。

④ （南朝宋）范晔撰、宋云彬等点校：《后汉书》卷四五《袁安传》第6册，中华书局，1965年，第1522页。

⑤ （唐）许嵩撰、张忱石点校：《建康实录》卷一一，中华书局，1986年，第361页。

明太子葬其母丁贵嫔，遣人求墓地之吉者"[①]。从现存遗迹观察，南朝时期通常以背靠山峦、面对平川的"山冲"之地为上吉佳穴，墓室建筑在山坡上，陵前石刻等安置在平地。

二、陵墓的排列方式

聚族而葬是南朝帝王陵墓制度中的一个重要特征，而以齐、梁两朝最为典型（图一）。南朝齐、梁皇室姓萧氏，为南兰陵（今江苏丹阳东）望族，两朝高级皇室贵族聚族而葬，南齐帝后宗室差不多都葬于丹阳，梁朝则帝后葬丹阳，王侯多葬于今南京东北甘家巷或江宁、句容等地。齐、梁皇陵在今江苏丹阳后港、云阳，"《舆地志》云：泰安陵、景安陵、兴安陵，在故兰陵东北金牛山。其中邱埭，西为齐梁二代陵隧口，有大石麒麟、辟邪夹道；有亭、有营户守典之。四时公卿行陵，乘舴艋自方山由此入兰陵，升安车，轺传驿置，以至陵所"[②]。据清乾隆元年《江南通志》记载："陵口，在丹阳县东三十一里，齐、梁诸陵多在金牛山旁。"[③]光绪《丹阳县志》也说："泰安陵、景安陵、兴安陵在故兰陵东北金牛山。其中邱埭，西为齐梁二代陵，陵口有大石麒麟、辟邪夹道，营户守之。四时公卿行陵，自方山下乘舴艋经此入兰陵，升安车以至陵所，旧迹犹在。"[④]

南齐皇陵在今江苏丹阳市区东北的经山周围，有齐武帝的景安陵、齐文惠太子（追尊为齐文帝）的崇安陵、齐明帝的兴安陵、齐和帝的恭安陵等。据《南齐书》记载："初，豫章王嶷葬金牛山，文惠太子葬夹石。（竟陵王）子良临送，望祖硎山，悲感叹曰：'北瞻吾叔，前望吾兄，死而有知，请葬兹地。'既薨，遂葬焉。"[⑤]从这段文字推测，齐皇室贵族不但聚族而葬，而且各陵墓依辈分或身份还应该有一定的排列规则。

梁皇陵在今丹阳市区东云阳镇三城巷，追封梁文帝的建陵、梁武帝的修陵、梁简文帝的庄陵三陵皆坐西朝东，自南而北依次排列，父祖辈分分明。另外，昭明太子萧

---

① （宋）司马光：《资治通鉴》卷一五五《梁纪十一》，武帝中大通三年点校本第5册，中华书局，1956年，第4808页。

② （宋）史弥坚修、卢宪纂：《嘉定镇江志》卷一一，《陵墓·丹阳县》，《宋元方志丛刊》影印清道光二十二年丹徒包氏刻本第3册，中华书局，1990年，第2398、2399页。

③ （清）黄之隽等编纂：《江南通志》卷三二《舆地志·古迹三·镇江府》，影印文渊阁四库全书本，第508册，台湾商务印书馆，1984年，第89页。

④ （清）刘诰等修、徐锡麟等撰：《光绪重修丹阳县志》卷一二《古迹》，中国地方志集成本，《江苏府县志辑》第31册，江苏古籍出版社，1991年，第123页。

⑤ （梁）萧子显撰、王仲荦点校：《南齐书》卷四〇《武十七王传·竟陵文宣王》，第3册，中华书局，1972年，第701页。

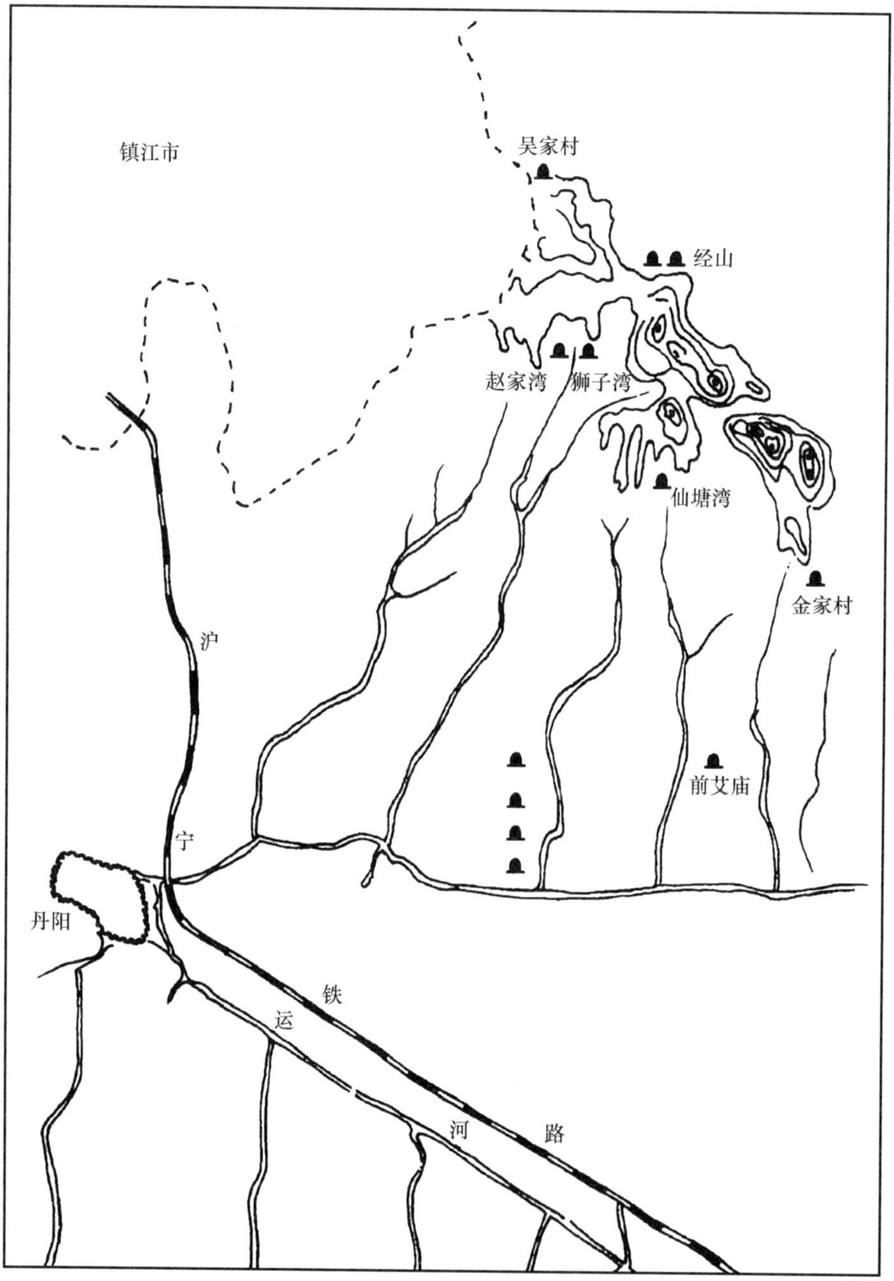

图一　丹阳附近南朝齐梁帝陵分布示意图
（引自《古代文明》第4卷）

统以生母墓地不利长子，“乃为蜡鹅及诸物埋于墓侧长子位”以厌胜①，这一事件也可以间接佐证梁朝皇室墓葬排列遵守一定的次序规则。

① （宋）司马光：《资治通鉴》卷一五五《梁纪十一》，武帝中大通三年点校本第5册，中华书局，1956年，第4808页。近年来的考古调查和资料显示，昭明太子安宁陵、丁贵嫔（追尊为穆太后）墓应该在南京栖霞新合村狮子冲；可参阅王志高：《梁昭明太子陵墓考》，《东南文化》2006年第4期。

三、陵墓地面建筑

南朝皇陵的规模远不及汉陵，但和曹魏两晋的“不封不树”葬法不同，有明显的地面建筑遗迹，至少存在封土和神道石刻。

据《建康实录》记载：宋武帝初宁陵、宋文帝长宁陵、陈武帝万安陵、陈文帝永宁陵皆有一丈四尺至二丈的封土；《北史》更说陈武帝“为坟茔甚大”[①]。据考古发掘前实测，南京西善桥油坊村陈宣帝之显宁陵封土高约10米[②]。由此可见，南朝至少一部分陵墓之上有封土应该是确信无疑的。也有人认为：南朝各陵依山就势，建于山势高处者不起坟，处山势低处者则起坟，墓址都在高地，可以认为起坟，若以山来看，棺椁均在墓坑内，又可看作不起坟，所以不同的文献记载实质是一样的[③]。事实上，封土是墓葬的重要设施，其有无不会是在两可之间。封土应该有严格的界定，墓圹开凿于山间凹地，建成后填土与两侧高地平齐，这是回填土，而不是“封土”。封土认定的核心标准是地表标识意义明显，要有明显的造型，无论方、圆，都应该形状分明，而且通常都经过夯筑。

由于地形地貌的变化，对于南朝皇陵的封土问题尚存在不同的认识，但其陵前普遍安置石刻却是公认的事实，并且一直以来都是研究者关注的重点[④]。有些论著根据现存石刻的风格判定其年代和墓主，提出了一些新的认识，进而分析不同王朝或时代的

---

① （唐）李延寿撰、陈仲安等点校：《北史》卷八四《孝行传·王颁》第9册，中华书局，1974年，第2835页。

② 罗宗真：《南京西善桥油坊村南朝大墓的发掘》，《考古》1963年第6期。

③ 罗宗真：《六朝陵墓埋葬制度综述》，《考古学会第一次年会论文集》，文物出版社，1979年。

④ 朱偰：《丹阳六朝陵墓的石刻》，《文物参考资料》1956年第3期；罗宗真：《六朝陵墓及其石刻》，《南京博物院集刊》第1辑，1979年；林树中：《南朝陵墓石刻研究》，《新美术》1981年第1期；刘凤君：《东汉南朝陵墓前石兽造型初探》，《考古与文物》1986年第3期；王恺：《南朝陵墓前石刻渊源初探》，《东南文化》1987年第3期；何汉南：《南朝陵墓石柱的来历》，《文博》1992年第1期；龚良：《陵墓有翼神兽石刻的发展及其艺术源流》，《华夏考古》1994年第1期；梁白泉：《南京的六朝石刻》，南京出版社，1998年；陈锽：《六朝石刻艺术四论》，《东南文化》2000年第5期；〔日〕曾布川宽，傅江译：《六朝帝陵——以石兽和砖画为中心》，南京出版社，2004年；杨晓春：《南朝陵墓神道石刻渊源研究》，《考古》2006年第8期；南京博物院：《南朝陵墓石刻艺术》，文物出版社，2006年。

陵墓特点[①]。陵墓前置碑、兽，西晋初曾明令禁止，“晋武帝咸宁四年（278年），又诏曰：‘此石兽碑表，既私褒美，兴长虚伪，伤财害人，莫大于此。一禁断之。其犯者虽会赦令，皆当毁坏。’至元帝太兴元年（318年），有司奏：‘故骠骑府主簿故恩营葬旧君顾荣，求立碑。’诏特听立。自是后，禁又渐颓，大臣长吏，人皆私立”[②]。南朝陵墓石刻主要分布于江苏南京市郊、丹阳城郊，以及南京附近的江宁、句容等县原南朝帝王陵墓前，目前已确认30余处，还有将近20处为侯墓石刻，大部分已经遭到不同程度的破坏，有的甚至仅剩少量石刻残余，所属陵墓本体早失基址所在。

南朝帝王陵墓前石刻的内容主要是瑞兽、神道柱和神道碑等，可以明显看出制度化的区别。梁武帝天监六年（507年），“申明葬制，凡墓不得造石人、兽、碑。唯听作石柱，记名位而已”[③]。由此判断，除石柱外的神道石刻可能是帝王专用。皇帝和王侯陵墓前的石兽也有明显的等级差别，朱偰在《建康兰陵六朝陵墓图考·六朝陵墓之特点》中说：诸皇陵“皆前列二麒麟（左者往往双角，右者往往独角）”，“诸王之墓，则不得用麒麟，往往前列辟邪”。该论断与现存南朝陵墓石刻状况基本吻合。帝陵所用瑞兽头顶上均有单角或双角，一般双角者在东侧（左侧），称曰“天禄”；单角者在西侧（右侧），名曰“麒麟”。王侯所用瑞兽头上无角，称为“辟邪”。

石瑞兽做行走狮子形，背生两翼，形象生动，神采飘逸，雕刻非常精细，时代特征鲜明。南朝梁萧子显在《南齐书》中记述宋文帝长宁陵有“表阙骐驎”；并且说其“骐驎及阙，形势甚巧，宋孝武帝于襄阳致之，后诸帝王陵皆模范而莫及也”[④]。如此，南朝帝陵前的这类石兽应以“麒麟”为名较为妥当。从造型特征来看，南朝陵墓麒麟对于东汉石翼兽有明显的继承关系（图二）。

神道石柱，也称“标”或“表”，分为上、中、下三部分。上部为柱头，一般都做成圆盘状莲花座式，顶端另有一个小辟邪。中部为柱身，圆柱形，刻瓜棱状直线条纹，柱额处嵌一长方形小石碑，其上阴刻“某官某人（墓主官爵姓名）之神道”字样。下部为基座，分上下两层，上层略呈圆形，刻瑞兽或螭龙等，下层为方形石座。

---

① 罗宗真：《南朝宋文帝陵和陈文帝陵考》，《南京博物院集刊》第7辑，1984年；〔日〕町田章，劳继译：《南齐帝陵考》，《东南文化》第2辑，1986年；王志高：《南朝帝王陵寝初探》，《南方文物》1999年第4期；〔日〕曾布川宽，傅江译：《六朝帝陵——以石兽和砖画为中心》，南京出版社，2004年；赵胤宰等：《南朝陵寝制度之渊源》，《古代文明》第4卷，文物出版社，2006年。

② （南朝梁）沈约撰、王仲荦点校：《宋书》卷一五《礼志二》第2册，中华书局，1974年，第407页。太兴元年，《宋书》作“太兴”，一般写作“大兴”。

③ （唐）魏徵等撰、汪绍楹等点校：《隋书》卷八《礼仪志三》第1册，中华书局，1973年，第153页。

④ （南朝梁）萧子显撰、王仲荦点校：《南齐书》卷二二《豫章文献王嶷传》第2册，中华书局，1972年，第414页。

1

2

图二　南朝陵墓麒麟与东汉石翼兽的继承关系

1. 江苏丹阳南朝某帝陵石麒麟　2. 洛阳出土东汉石翼兽（现藏洛阳博物馆）

神道石柱也是成对夹立于神道两侧，柱额碑文一般是一为正文，一为反文（文字如图章般反刻）。位于南京栖霞十月乡太平村的梁吴平忠侯萧景墓石柱，是已知南朝陵墓神道石柱中保存最好、也是最精美的一件（图三）。该石柱通高6.5米，长方形柱额正面楷书反文“梁故侍中中抚将军开府仪同三司吴平忠侯萧公之神道”，额下浮雕袒胸力士和交结绳索纹。

石碑即墓主之墓碑，正面用南朝流行的楷体字刻碑文，碑侧浅浮雕瑞兽花草，大多分成八格。碑额圆首，上部题碑铭，下为穿，两侧浮雕交绕的盘龙。碑下以龟趺座承托。南朝陵墓石碑多数碑文已经漫漶不清，无法卒读。目前保存最好的南朝墓碑是位于南京甘家巷西的梁始兴忠武王萧憺墓碑（图四），通高5.16米，碑额题“梁故侍

图三　南朝梁萧景神道石柱柱头

图四　南朝梁萧憺墓碑

图五　南朝梁文帝建陵石刻群

中司徒骠骑将军始兴忠武王之碑”，碑文楷书，2800余字，字迹尚大体完好。

南朝皇陵在原墓址保存石刻最多的是位于丹阳的梁文帝建陵。墓主萧顺之，为梁武帝萧衍之父，天监元年（502年）闰四月追尊为太祖文皇帝。其神道现存麒麟一对，神道石柱一对，石龟趺一对（图五），各有不同程度的修补。两个神道石柱的额上分别刻隶体“太祖皇帝之神道”，一正刻顺读，一逆刻反读。建陵神道碑见于多处著录：“文皇帝神道碑，在建陵。欧阳修《集古录》：宋（引者按：应为‘梁’，《集古录》误）文帝神道碑云：‘太祖文皇帝之神道’，凡八大字，而别无文词，惟以此为表识尔。”[①]据《旧唐书》记载：“梁武帝父丹阳尹顺之，追尊为太祖文帝，先葬丹徒，亦尊为建陵。武帝即大位后，大同十五年，亦朝于建陵，有紫云荫覆陵上，食顷方灭。梁主著单衣介帻，设次而拜，望陵流哭，泪之所沾，草皆变色。陵傍有枯泉，至时而水流香洁。因谓侍臣曰，‘陵阴石虎，与陵俱创二百余年，恨小，可更造碑、石柱、麟，并二陵中道门为三阙’。”[②]按照此记载，除神道石刻外，梁代建、修二陵应该还有“中道门”等门、墙设施，而且规模可观。另据《梁书》记载，普通五年（524年）六月，“乙酉，龙斗于曲阿王陂，因西行至建陵城。所经处树木倒折，开地数十丈”[③]。此处“建陵城”是否与梁陵有关，尚待进一步分析研究。

从文献记载来看，南朝诸陵墓应该有明确的封域，有些还有四界标识。北宋“政和间有人于蒋庙侧得石柱，题云‘初宁陵西北隅’。以此考之，其坟去蒋庙不远”[④]。在丹阳陵口齐梁陵墓区的总通道入口处也有一对瑞兽东西夹峙而立，是进入陵墓区的标志。南宋《嘉定镇江志》记载：丹阳陵口“有港名萧港，直入陵口。陵前有石麒

---

① （清）刘诰等修、徐锡麟等撰：《光绪重修丹阳县志》卷一二《古迹》，中国地方志集成本《江苏府县志辑》第31册，江苏古籍出版社，1991年，第129页。

② （五代晋）刘昫等撰、朱东润等点校：《旧唐书》卷二五《礼仪志五》第3册，中华书局，1975年，第972页。按，梁武帝大同十二年（546年）四月改元中大同，故大同无十五年。查《梁书》卷三《武帝纪下》、《南史》卷七《梁本纪中》记梁武帝回乡祭陵事都在大同十年（544年）三月，故此处“大同十五年”当系“大同十年”之误。

③ （唐）姚思廉撰、卢振华点校：《梁书》卷三《武帝纪下》第1册，中华书局，1973年，第68页。

④ （宋）马光祖修、周应合纂：《景定建康志》卷四三，《风土志二·古陵·宋武帝陵·考证》，《宋元方志丛刊》影印四库全书本第2册，中华书局，1990年，第2020页。

麟，高丈余”[①]。上海图书馆藏乾隆重修《丹阳县志》也记载：“梁时公卿行陵，由方山下秦淮河达丹阳运河，经萧港口，直达庄陵、修陵、建陵”；“而于此河口特置石麒麟二，以为标识，故名陵口”。此对石麒麟现存原地，东侧者双角，双足已缺，身长4、残高3.6米（图六）；西侧者独角，双足已缺，身长3.95、残高2.9米；最初可能是陵区的外围标志。

图六　丹阳陵口南朝石麒麟（东侧）

四、玄宫结构与帝后合葬问题

20世纪60～70年代，一些南朝帝陵先后经过考古发掘并确认墓主，包括丹阳胡桥仙塘湾齐景帝萧道生的修安陵[②]，丹阳胡桥吴家村齐东昏侯萧宝卷之墓、丹阳建山金家村齐和帝萧宝融之恭安陵[③]，南京西善桥油坊村陈宣帝陈顼之显宁陵等[④]；南朝帝陵墓室通常是砖砌拱券结构，单室，前有甬道；玄宫前一般有两道门槽，石门，门外为封门墙。为了解决南方多雨水、墓地潮湿的问题，南朝陵墓玄宫都有排水沟等完善的排水设施。

齐景帝修安陵位于丹阳胡桥仙塘湾的鹤仙坳，1965年发掘。墓全长15、宽6.2、高约4.5米，157°（朝南偏东）。为石圹砖室墓，墓室修筑完成后再封土起坟，封土中包含石块及夯土，厚2～4米。墓室结构分为封门墙、甬道、墓室、附属设施四部分（图七）。封门墙共有2道，以墓砖砌成，各厚0.6米，中间为厚0.25米的石灰隔层。甬道长方形，券顶，长2.9、宽1.72、高2.92米，内设2扇对开式石门2道。墓室为长方椭圆形，长9.4、宽4.9米，顶部已经坍塌，复原为穹隆顶，高4.35米。甬道和墓室均以席纹砖铺地，墓壁砖上有鼓吹、骑士、瑞兽等印花砖画，以及几何花纹图案、文字等。

① （宋）史弥坚修、卢宪纂：《嘉定镇江志》卷一一，《陵墓·丹阳县》，《宋元方志丛刊》影印清道光二十二年丹徒包氏刻本第3册，中华书局，1990年，第2399页。

② 南京博物院：《江苏丹阳胡桥南朝大墓及砖刻壁画》，《文物》1974年第2期。

③ 南京博物院：《江苏丹阳胡桥县胡桥、建山两座南朝墓葬》，《文物》1980年第2期；邵玉健：《丹阳两座南朝失名陵墓墓主考》，《东南文化》1989年第2期。

④ 罗宗真：《南京西善桥油坊村南朝大墓的发掘》，《考古》1963年第6期。

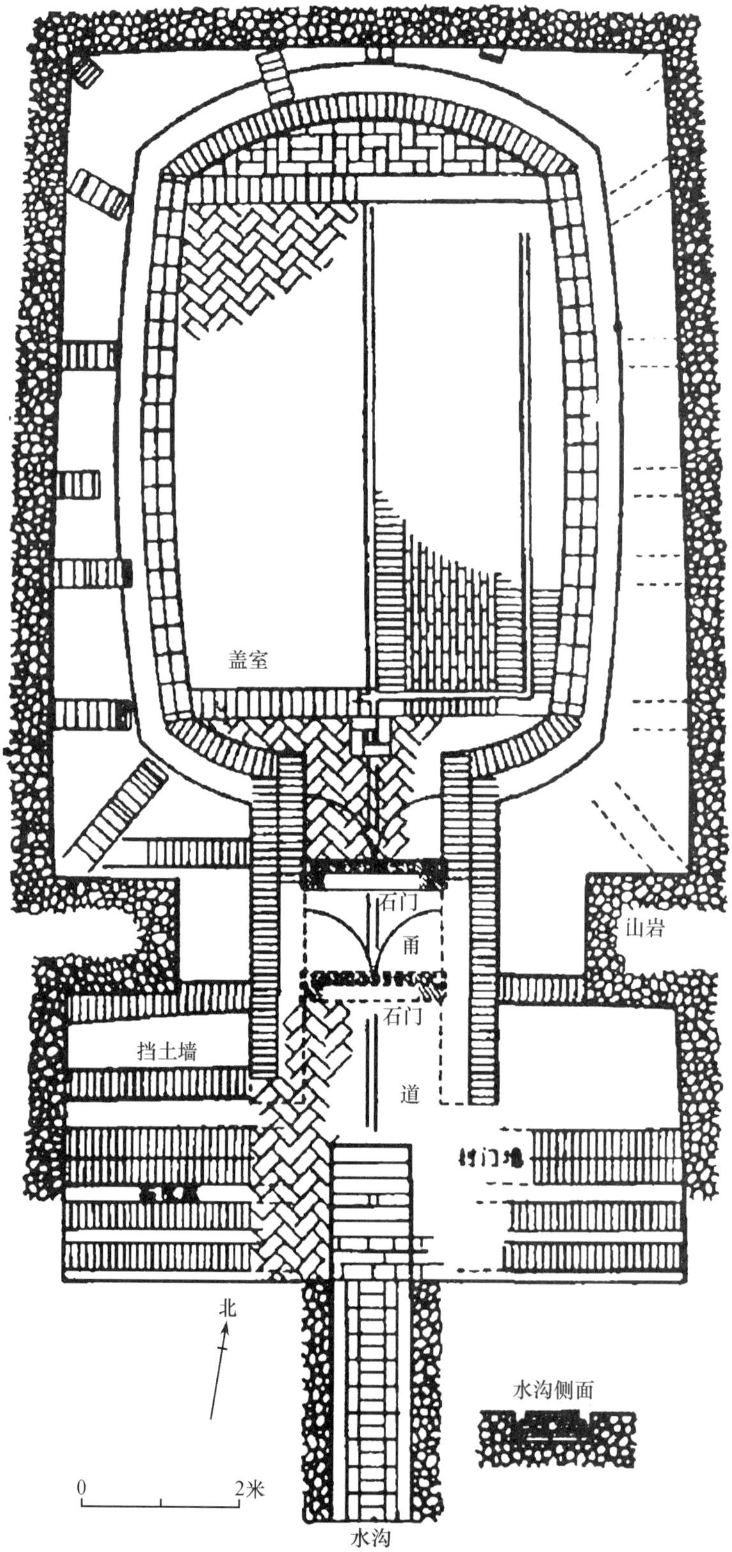

图七　南朝齐景帝修安陵玄宫平面图（《文物》1974年第2期）

从已经发掘的南朝帝王陵墓实例来看，皇陵玄宫应该是砖砌单室结构，顶部为券顶或穹隆顶，墓室内壁以排列整齐的印花纹图案砖砌成，或以印花砖拼砌成整幅画面。图案内容有青龙、白虎、朱雀、玄武等“四神”，还有羽人、飞天、伎乐人、侍从、武士、“竹林七贤”（嵇康、向秀、山涛、阮咸、刘伶、阮籍、王戎）和先贤荣启期，以及异兽、树木花卉等（图八）。图案部位阳纹凸起，飘逸潇洒。与墓室建筑渐趋奢华同步，南朝陵墓的随葬品可能也相对比较多。

图八　南朝陈“竹林七贤”模印砖画（南京西善桥出土，现藏南京博物院）

根据有关文献记载，并结合考古清理发掘帝陵的墓室规模来分析，南朝大多实行帝后同穴合葬，如前揭齐景帝墓中即清理出2个头骨的残片。宋武帝父母的合葬墓尊为兴宁陵，《宋书》记载：宋少帝景平元年（423年）二月，太皇太后崩，三月“祔葬于兴宁陵”[①]。梁武帝预建寿陵，先葬入德皇后郗氏，大同十年（544年），“三月甲午，幸兰陵。庚子，谒建陵。……辛丑，哭于修陵”[②]。也有个别不合葬者，如齐高帝葬泰安陵，而武帝生母另起休安陵，武帝遗诏中有“意尝恨休安陵未称”之说[③]，可见不合葬乃是非常之制。遗憾的是，由于南朝陵墓大都被多次盗掘，埋葬现象保存极差，有关这方面的详细资料还有所欠缺。

---

① （南朝梁）沈约撰、王仲荦点校：《宋书》卷四《少帝纪》第1册，中华书局，1974年，第64页。

② （唐）李延寿撰、卢振华点校：《南史》卷七《梁本纪中·武帝》第1册，中华书局，1975年，第216、217页。

③ （南朝梁）萧子显撰、王仲荦点校：《南齐书》卷三《武帝纪》第1册，中华书局，1972年，第62页。

五、陵园祭祀活动

南朝因东晋之旧也有祭陵之举，并且更加礼仪制度化。据《宋书》记载：宋文帝至建康登基前，先去祭谒宋武帝初宁陵，然后“还于中堂即皇帝位”①。同书又载：“自元嘉（424～453年）以来，每岁正月，舆驾必谒初宁陵，复汉仪也。世祖、太宗亦每岁拜初宁、长宁陵。”②梁敬帝即位后，诏称痛惜“西都失守，朝廷沦覆，先帝（梁元帝）梓宫播越非所，王基倾弛，率土罔戴”，希望能“庶仰凭先灵，傍资将相，克清元恶，谢冤陵寝”③，把告祭先陵当做一项有重大政治象征意义的活动。随着陵墓前礼仪活动的增多，陵园建筑也相应进一步恢复发展，除神道石刻外，可能还有寝庙等建筑。

在陵园祭祀建筑之外，梁代三皇陵以北还有佛寺。大同十年（544年）三月，梁武帝回乡祭扫，祭建陵、修陵毕，“于皇基寺设法会”④。皇基寺在清代方志中名曰“皇业寺”，直到20世纪50年代中期犹存，“离庄陵、修陵不过半里”⑤。梁武帝举法会于陵旁寺院，固然与其崇佛有关，但在陵旁设置寺院，可能也是继承了东汉旧制。

作者简介：刘毅，南开大学历史学院，教授，天津市南开区卫津路，天津市南开区卫津路 94 号，300071。

① （南朝梁）沈约撰、王仲荦点校：《宋书》卷五《文帝纪》第1册，中华书局，1974年，第72页。

② （南朝梁）沈约撰、王仲荦点校：《宋书》卷一五《礼志二》第2册，中华书局，1974年，第407页。

③ （唐）姚思廉撰、卢振华点校：《梁书》卷六《敬帝纪》第1册，中华书局，1973年，第144页。

④ （唐）李延寿撰、卢振华点校：《南史》卷七《梁本纪·武帝》第1册，中华书局，1975年，第217页。

⑤ 朱偰：《丹阳六朝陵墓的石刻》，《文物参考资料》1956年第3期。

三、文博探索

以博物馆的功能论其人才资源配置

白黎璠

（天津博物馆）

摘要： 博物馆的功能定义已将“教育”置于第一位，更强调其社会责任、社会效益，拥有能够使博物馆教育功能充分发挥的人才资源是非常必要的。与此功能密切相关的工作为陈列展览和宣传教育。藏品管理和研究工作是推出优质展览的基础，策划和设计工作是关键。讲解不是宣教工作的全部，公共教育活动的策划实施、博物馆动态及形象宣传、博物馆的社会服务等宣教工作一样不容忽视。因此，博物馆需要专业知识过硬、综合能力强的优质人才。

关键词： 博物馆　教育功能　社会效益　人才资源

2007年8月国际博物馆协会在维也纳召开全体大会。大会修订了对博物馆的定义：博物馆是一个为社会及其发展服务的、向公众开放的非营利性常设机构，以教育、研究、欣赏为目的征集、保护、研究、传播并展出人类及人类环境的物质及非物质遗产。这是国际博物馆协会对博物馆的功能定义中，首次将“教育”置于第一位，更强调博物馆的社会责任、社会效益，也反映了博物馆在工作态度上更外向性的选择①。2008年，国家相关部委联合发布了《关于全国博物馆、纪念馆免费开放的通知》②，在关于“博物馆、纪念馆免费开放的重要意义”的阐述中表明，这一举措是加强社会主义核心价值体系建设和公民思想道德建设的有效手段，是实现和保障人民群众基本文化权益的积极行动，有利于完善我国现代国民教育体系和履行教育功能，有利于发挥博物馆和纪念馆作为公益性文化机构的社会价值。可以明确看出国家对博物馆教育功能和社会效益的重视。因此，拥有能够致力于博物馆教育功能充分发挥，以使其社会效益最大化的人才资源是非常必要的。

博物馆如何能成为文化教育和传播中心，成为公众流连忘返的文化园地，成功实现自身功能定位，满足社会对其的期待？博物馆必须深度整合资源，深入研究藏品，为公众提供优质、多元、具有博物馆特色的文化产品和服务，供公众学习、欣赏、使用。

---

① 宋向光：《国际博协“博物馆”定义调整的解读》，《中国文物报》2009年3月20日。

② 关于全国博物馆、纪念馆免费开放的通知，中宣发〔2008〕2号。

陈列展览无疑是众多博物馆文化产品中最重要的一类，它不仅直接展示博物馆保存的物质与非物质文化遗产，也体现并引发对藏品的研究，同时可以衍生相关出版物、讲座、沙龙活动、艺术商品等其他博物馆文化产品。陈列展览的数量和质量，很大程度上体现了博物馆的科研与公众服务水平，直接影响博物馆的社会效益①。在国家文物局发布的《国家一级博物馆运行评估指标体系》②中，“陈列展览与社会教育”一项在定性评估指标体系中所占权重最大，达35%；而“展览与教育”一项在定量评估指标体系中所占权重也最大，达45%。

博物馆能够不断推出优质展览，藏品管理和研究工作是基础，必须科学、细致、扎实。类型齐全、特色突出、不断更新、完善的馆藏是推出优质展览的物质基础；管理科学、内容完备的藏品信息系统才能为展览策划、展品选择提供便捷可得的必要依据。因此，从事藏品管理基础工作的人员需要具备文物学和藏品管理方面的基础知识，能够对藏品的基本属性进行认定，熟知所管理藏品的科学保管条件和方法。工作中要确保藏品入藏手续齐全、资料完整；藏品总登记账清晰，账物相符；藏品分类、编目科学准确；藏品档案（包括纸质与电子版的文字和图片信息）记录规范；做到熟悉馆藏，了解所管理文物的科学体系，能够为建立和完善科学的馆藏体系提出参考建议。博物馆的藏品研究工作区别于高校、考古所、社科院等其他研究机构，它必须以博物馆的功能定位和目标宗旨为导向，应能为展览策划提供智力支持。这就要求从事藏品研究工作的人员重视对馆藏文物社会、历史、科学、艺术文化内涵的深入发掘与研究，从关注文物单体到聚焦馆藏体系，努力使学术研究成果转化为博物馆文化产品。

推出优质展览，策划和设计工作是关键，而这方面的人才正是目前大部分博物馆最缺乏，也最需要的，关于策展人、策展团队的培养问题也是近年来博物馆学研究领域热议的课题之一。展览策划和设计工作对从业人员的要求的确很高，需要其具备复合型的知识体系及创意、创新等多方面的综合能力，不仅需透彻掌握欲传播的内容，还需懂得如何以展览的形式进行传播。高校里任何一个学科的设置和培养模式，都不可能与实际工作中的各项要求完全相对应，已经掌握了相关专业理论知识的人员也仍需要根据实际工作的要求，在实践中不断完善自身，成长为所需人才。博物馆应当重视这类人才及其培养工作。策展人可以从藏品研究人员中遴选，他们熟悉馆藏，具备必要的文物学、历史学、博物馆学等方面的知识储备，辅以语言文学、传播学、教育学、心理学、社会学、哲学、美学等方面的教育、引导，以及创意、创新方面的培训、实践，应该可以收到较好的效果。

除了不断推出优质展览，有助于博物馆教育功能充分发挥的还有一项重要工作，

---

① 拙作：《博物馆原创性展览的选题、设计、策展人探析——以天津博物馆新馆展览为例》，《中国博物馆协会博物馆学专业委员会论文集粹》，中国书店出版社，2013年，第94页。

② 国家一级博物馆运行评估指标体系，《中国博物馆》2012年增刊。

即宣传教育。很长一段时间以来，博物馆的宣教工作几乎被视为等同于讲解工作，宣教人员即讲解员，这种不正确的意识部分是由历史、时代局限性造成的，但带来的许多问题却延续至今。我们可以看到“2011年度博物馆免费开放10个最佳做法项目”的评比，包括最佳展示推广、最佳未成年人教育、最佳讲解导览、最佳宣传推广、最佳文化产品推广、最佳旅游推广、最佳社区文化促进、最佳网站服务、最佳管理创新、最佳社会参与①。这10个项目中，除了展示推广与管理创新之外，直接涉及宣教工作的项目达8个之多，而这8个项目，只有1个涉及讲解工作，而此项获奖单位苏州博物馆的创新之处在于实现了星级讲解员深度讲解、志愿者全程讲解、导游规范讲解、移动智能终端应用服务等②。

讲解工作只是宣教工作中的一项，并非全部；而传统意义上的讲解员讲解也只是讲解工作的形式之一，也不是全部。讲解，是试图帮助参观者理解展览的内容，是与参观者的一种交流，是博物馆体现人文关怀的方式之一。这项工作的实施者，有专职讲解员；有语音导览、移动智能终端应用服务等电子设备；有具备兴趣和能力的博物馆志愿者；有展览的策展人和相关专家。免费开放的博物馆面对的是多元化的文化需求，而博物馆的教育又拥有更多自主性、探索性，观众不是被动受教。所以有的参观者需要讲解员的引领；有的参观者选择完全自主体验；有的参观者喜欢条理清晰、言简意赅、可在需要时“出现”的电子导览；有的参观者希望能和比自己认识稍多又和自己一样是普通人的志愿者一对一交流，感觉亲切、自在，又有所得；也有的参观者或出于学术研究的需要，或者也只是普通人但渴望获得与专家交流的机会。所以，对于讲解员讲解一项在整个宣教工作中所占比例，需要有一个科学的认识。

宣教工作，除了讲解之外，还有博物馆公共教育活动的策划、实施，博物馆动态及形象宣传推广，博物馆的社会服务等。这些工作对于新形势下博物馆功能的实现都具有不可忽视的重要性，也是专业性非常强的工作。然而，由于长久以来的认识误区，博物馆内从事宣传教育工作的人员大多年纪轻、外形条件好、毕业于艺术类院校，这样的人才构成，显然不能满足现今博物馆宣教工作的需要，对于讲解工作一项而言，良好的外在形象的确可以为博物馆的印象加分，但是依据大纲文本撰写讲解词，并能做到因人施教，至少需要从业者对历史、文物、文化科学知识有较深的认识、理解，有很强的书面和口头文字撰写、组织能力，懂得博物馆学、教育学、心理学、传播学等方面的基本知识，否则自己尚是一知半解，如何能帮助他人理解？或者自己心知肚明，但却找不到恰当的施教方法，同样影响工作的效果。以此推及其他工

① 博物馆免费开放最佳做法评选结果揭晓，中国文物信息网：http：//www.ccrnews.com.cn/plus/view.php?aid=16102。

② 张欣：《贴近公众 精彩体验——苏州博物馆创新讲解服务的探索与实践》，《中国博物馆》2012年第4期，第13~15页。

作，策划和组织实施针对各级学校、社区、企业等服务对象的教育项目，举办讲座、论坛、沙龙，开展形式多样的博物馆宣传推广活动，策划和完成各类公众调查，志愿者的招募培训等，无不需要过硬的专业知识技能、良好的沟通组织能力。如果从业人员的素质条件与所承担的工作相去甚远，不仅无法保证工作质量，也容易使其在大群体中失去成就感、认同感，逐渐被边缘化，这反过来又影响其工作热情及工作效果，长此以往就会陷入恶性循环。所以，对于如此重要而复杂的一项博物馆工作，必须增强适宜人才资源的配置，否则必定会影响博物馆功能的发挥及社会效益的实现。

时代的进步，社会历史的发展，对致力于为社会及其发展服务的博物馆提出了更高的要求及更多的期待，合理的人才资源配置正是助力博物馆扮演好自身角色，实现功能定位，发挥社会效益的关键要素之一。博物馆的主要业务工作无不需要从业人员掌握相应的专业知识，并具备较强的综合能力。在人才引入之源头便应严格把关，依功能特色认清工作所需，甄选合适人才，实施科学的准入制度。在工作实践中，对人才的继续培育、适度整合也不可缺少，唯此，博物馆才能在发展的路上越走越好。

作者简介：白黎璠，天津博物馆，馆员，天津市文化中心，300201。

天津市名人故居纪念馆发展状况研究

张昊文
（天津市文化广播影视局）

摘要：名人故居纪念馆，指以名人故居为依托并展示故居主人生平业绩的文博场馆。作为近代中国北方最大的工商业城市和中西文化交汇的前沿，天津成为近代以来众多历史名人的寓居之地，为名人故居纪念馆的建设提供了得天独厚的条件。21世纪以来，天津市名人故居纪念馆的建设发展，是文化建设逐步发展繁荣的体现，同时也存在着需要突破的局限，需要多措并举，不断走向成熟。

关键词：名人故居　纪念馆　文化建设

名人故居，指历史名人生前的住宅，包括其出生之地及青少年居所，长期工作或生活的场所，甚至在其人生重要阶段或做出重要贡献时期的短期居所等。名人故居纪念馆，指以名人故居为依托并展示故居主人生平业绩的文博场馆。天津地处京畿，近代以来成为中国北方最大的工商业城市和中西文化交汇的前沿，成为众多历史名人的寓居之地。天津市名人故居纪念馆的建设，是21世纪以来文化建设逐步发展繁荣的体现。然而，目前对名人故居的关注度远远超过名人故居纪念馆①，本文对天津市名人故居纪念馆的状况进行梳理分析，在此基础上对名人故居纪念馆的进一步发展提出对策建议。

一、天津市名人故居纪念馆的建设情况

目前，在我市文物行政部门正式注册的名人故居纪念馆共有3座，按其建立时间顺序，分别为：天津梁启超纪念馆、曹禺故居纪念馆、李叔同故居纪念馆。虽然我市名人故居纪念馆目前数量不多，但是其建设发展进程体现了党和政府对文化事业的日益重视。

---

① 李正中：《近代天津名人故居》，天津人民出版社，2009年；天津日报传媒集团：《天津小洋楼：名人故居完全档案》，天津教育出版社，2011年；朱蓝：《中国名人故居·寂寞后台——天津》，黄山书社，2013年。

1. 建馆时代背景：体现文化建设理念

天津市3座名人故居纪念馆的建设，贯穿于21世纪以来的10个年头，与党和政府对文化事业的日益重视密不可分。天津市第一个名人故居纪念馆是2001年修建、2002年开馆的天津梁启超纪念馆。该馆被列为当时改善人民生活20件实事的内容。曹禺故居纪念馆与李叔同故居纪念馆的开馆时间依次为2010年和2011年，虽然距天津梁启超纪念馆开放已逾8年，但也是贯穿文化建设理念的8年。2002年10月，天津市委、市政府做出了实施海河两岸综合开发建设的战略决策，在建设过程中，对文化工作颇为重视，将曹禺故居、李叔同故居等历史建筑进行整修。曹禺故居纪念馆的建设是天津市文化大发展、大繁荣攻坚战首批推出的40个重点项目之一。修复李叔同故居、建成李叔同故居纪念馆分别被列入天津市2007年改善城乡人民生活20件实事、天津市2008年20项民心工程的内容。

2. 空间分布：关联历史文化区域

天津市3座名人故居纪念馆均位于河北区，且地理位置相互临近。天津梁启超纪念馆位于民族路，曹禺故居纪念馆位于民主道，两家纪念馆均位于意式风情区之内。意式风情区于2005年修缮完毕，2008年接待游客，现已成为国家4A级旅游风景区。2011年，天津市规划局编制的《天津市一宫花园历史文化街区保护规划》，将这里命名为一宫花园历史文化街区。自该街区的海河东路向北延伸至滨海道，会看到位于海河东路与滨海道交口的李叔同故居纪念馆。天津市名人故居纪念馆与历史文化街区密切关联，空间分布相对集中，有助于促进其知名度在短期内提升。天津梁启超纪念馆、李叔同故居纪念馆、曹禺故居纪念馆目前均为国家3A级旅游景区，被评为3A级旅游景区的时间依次为2008年、2012年、2013年，这在很大程度上得益于意式风情区开放之后的空间效应。

3. 建筑价值：提升文保单位级别

天津市3座名人故居纪念馆均为文物保护单位，且保护级别在建馆之后大多得到提升。在建成纪念馆之前，梁启超故居和李叔同故居均为天津市文物保护单位，曹禺故居为不可移动文物点。并且这些建筑多为民居，没有得到合理利用。以梁启超故居为例，在21世纪之前，为居民杂居，主体建筑因使用不当、年久失修而损坏严重，院内还搭盖了许多临时建筑；在修缮之后，历史建筑得到合理复原，包括修缮屋顶、复原外檐装饰物、对墙体碱蚀部分加固、恢复围墙原有式样等。名人故居纪念馆的建立，使文物保护单位得到了有效保护和合理利用，名人故居的保护级别得到提升。2006年，梁启超故居被国务院公布为全国重点文物保护单位。2013年，曹禺故居被天津市人民政府公布为天津市文物保护单位。

4. 隶属关系：体现国有部门主导

天津市的名人故居纪念馆虽然不多，但从其隶属关系可以看出国家对于文物文博事业的重视。从展示内容的角度而言，名人故居纪念馆是博物馆体系的重要组成部分，但从隶属关系的角度，可以将博物馆分为文化文物行政部门所属博物馆、其他国有部门所属博物馆、民办博物馆三类。在3座名人故居纪念馆中，李叔同故居纪念馆隶属于天津市文化广播影视局，天津梁启超纪念馆隶属于天津市河北区文化和旅游局，文化文物部门所属的名人故居纪念馆占据了2/3，体现了文化文物行政部门在建设名人故居纪念馆中的主导作用。曹禺故居纪念馆隶属于天津市海河建设发展投资有限公司，为国有行业部门所属，体现了国有行业部门，特别是建设开发部门在名人故居修缮保护与名人故居纪念馆建设开发中的重要作用。天津市3座名人故居纪念馆均为国有，体现了国家对历史建筑的保护与文博工作的重视。

二、天津市名人故居纪念馆的发展成绩

1. 突出展示主题，纪念文化先驱

天津市3座名人故居纪念馆均以近代文化界著名人士为展示主题。梁启超是戊戌维新运动的领袖之一，于戊戌变法失败之后流亡日本，中华民国成立之后回国，1915年定居天津，直至1928年因病辞世。梁启超作为学术文化大师的崇高地位，主要是在天津定居的10余年奠定的。这10余年中，他潜心学术研究，涉猎广泛，以史学研究最为卓著。曹禺是卓越的中国现代戏剧家，清末生于天津，在天津度过的青少年时期，对他的戏剧生涯影响颇深。曹禺从小跟着继母观看了许多戏剧，中学时期加入了南开中学文学会和南开新剧团，担任《南开双周》的戏剧编辑后，进行《雷雨》的构思。李叔同是我国近代文化大师和佛学大师，集诗词、书画、篆刻、音乐、戏剧、文学等诸多造诣于一身。李叔同于1880年出生于天津，并在天津接受了良好的教育，为其卓越建树奠定了坚实基础。我市名人故居纪念馆将近代文化著名人士作为展示主题，弘扬中华民族先进文化，对青少年具有较强的引导作用，被相关部门命名为天津市爱国主义教育基地。

2. 复原故居陈设，再现当年场景

我市的名人故居纪念馆通过复原故居陈设，再现了故居主人当年的生活场景，为人们提供了追思故居主人业绩、感受历史沧桑巨变的空间。天津梁启超故居纪念馆的“饮冰室”书斋，是梁启超晚年潜心学术研究的重要场所，一楼为梁启超工作区，二楼是梁启超生活区。“饮冰室”书斋通过百余件家具、用品，再现当年情景。曹禺故居纪念馆在后楼“万公馆”，恢复客厅、书房往昔模样，向参观者深入展现曹禺青少年时期的生活场景。李叔同故居纪念馆将室内陈设与室外人文景观进行复原，通过桐达钱庄、佛堂、起居室、书房等，再现李叔同早年时期的生活情景。

3. 展示人物业绩，传承历史精华

在对名人故居进行复原陈列的同时，我市名人故居纪念馆还在故居内展示历史人物业绩，弘扬我国的优秀文化。天津梁启超故居纪念馆和曹禺故居纪念馆均由两座意式风格的建筑组成，这两座纪念馆在将其中一幢建筑进行复原陈列的同时，还将另一幢建筑作为人物成就展区。天津梁启超纪念馆的展览，以梁启超爱国思想为主线，通过照片、文献、实物、手迹等展现梁启超的思想、政治主张及学术成就，从一个侧面反映了近代中国一段激烈动荡、纷繁复杂的历史过程。曹禺故居纪念馆前楼的展览分为14个板块，通过照片、手稿、书籍等，展示曹禺童年、青少年时期的经历，以及他对戏剧的贡献。李叔同故居纪念馆在对故居进行复原陈列的同时，还在室内空间展示李叔同在书法、绘画、音乐等方面的成就，并在室外开辟展区，展示牌匾、楹联等。

4. 积极开拓延伸，举办特色活动

我市的名人故居纪念馆积极开拓延伸，在馆内展览之外，举办特色活动，深受好评。天津梁启超纪念馆将“梁启超子女教育”流动展览送进社区、学校等进行展出。李叔同故居纪念馆的“李叔同人文精神进校园”活动，以“永远的怀念”为主题，从师德、勤俭、护生、名作赏析等多个角度介绍了李叔同的文化成就，并将“中国近代文化先驱——李叔同”系列展览送进校园展出。曹禺故居纪念馆旁边的曹禺剧院，同为天津市文化大发展、大繁荣攻坚战首批推出的重点项目，与曹禺故居纪念馆同时落成开放。曹禺剧院以上演曹禺精品剧目为主，配合曹禺故居纪念馆的展览。

三、天津市名人故居纪念馆的主要局限

1. 数量偏少

名人故居纪念馆，需具备两个基本要素：一方面，以名人故居为依托；另一方面，展示故居主人的生平业绩。目前，我市有一些博物馆以人物为主题，但是其馆舍非人物的故居；也有一些纪念馆以名人居住过的历史建筑为依托，但是其展示主题并非故居的主人。目前，在我市文化文物行政部门正式注册的博物馆达69座，名人故居纪念馆仅有3座，占全市博物馆很小的比例。在第三次全国不可移动文物普查工作中，天津市的名人故居共计196处。3座名人故居纪念馆与196处名人故居的落差，意味着我市名人故居纪念馆的数量偏少，多数名人故居的纪念意义尚未得到有效挖掘。

2. 起步滞后

在我市的3座名人故居纪念馆中，建设时间最早的为天津梁启超纪念馆，建设时间为21世纪初。在3座名人故居纪念馆中，李叔同故居纪念馆的对外开放时间最晚，为2011年年末。自我市第1座名人故居纪念馆修建，至第3座名人故居纪念馆对外开放，共经历了10年时间。这3座名人故居纪念馆的建立，仅为我市名人故居纪念馆的起步。综观全国，我市名人故居纪念馆起步较为滞后。其他省市的许多名人故居纪念馆比天津起步要早许多，如北京的曹雪芹纪念馆于1983年开馆，梅兰芳纪念馆于1986年开馆；湖南的罗荣桓故居纪念馆于1985年开放；上海的孙中山纪念馆于1988年开放，广东的孙中山故居纪念馆于1956年建立；等等。这些起步较早的名人故居纪念馆，在全国具有较高的知名度与影响力，还建立了较成熟的网站。

3. 人员缺乏

与一些历史类、艺术类，甚至人物类博物馆相比，我市名人故居纪念馆的工作人员较少，难以适应相对繁重的工作。以天津梁启超纪念馆2012年“十一”黄金周为例，该馆7天之内总共接待观众3698人次，讲解26场，但是天津梁启超纪念馆的编制仅为*①人。李叔同故居纪念馆共有*名在编人员，除进行日常工作外，还要接待大量参观团体。曹禺故居纪念馆工作人员共**人，负责曹禺故居纪念馆、曹禺剧院的日常运

---

① 鉴于人员数量不宜对外公布确切数据，“*”表示一位数，“**”表示两位数。

行。我市名人故居纪念馆实际工作人员均未超过20人。人员编制较少，主要原因在于名人故居纪念馆的规模不大。名人故居纪念馆以历史人物的居住地为依托，占地面积较其他类别的文博场馆往往要小许多。建筑规模不大，办公场地局限，人员配置难以与一些大型文博场馆的几十人甚至上百人相比。

4. 临时展览更新频率相对较低

临时展览，指文博场馆在基本陈列之外举办的展览，且展览地点一般在馆内。由于基本陈列一般固定不变，因而只有临时展览经常更新，才能使文博场馆留住老观众，吸引新观众。与许多其他类型的文博场馆相比，我市名人故居纪念馆临时展览的更新频率相对较低，致使这些作为3A景区的名人故居纪念馆失去了许多观众，观众数量较一些文博场馆少了许多。我市名人故居纪念馆临时展览的更新频率低，原因主要在两个方面：一方面，我市名人故居纪念馆的工作人员相对较少，而举办临时展览，涉及策划、展品选择、布展、设计讲解词等许多方面，工作人员难以投入更多精力。另一方面，名人故居的固有特性是以历史建筑为依托。作为文物保护单位的建筑，应修旧如旧、保持原貌，室内陈设不适宜经常更新，进而不适宜经常更新展览。

四、对天津市名人故居纪念馆的发展建议

1. 挖掘历史建筑价值，加强名人故居纪念馆建设

天津市名人故居具有进一步的开发潜力，有必要选择其中一些名人故居开辟为纪念场所。

在数量方面，名人故居在天津市的不可移动文物中占据了相当的比例，但是用于文博事业的屈指可数。在196处名人故居中，除已经开辟为文博场馆的之外，或用于单位办公，或辟为学校、医院等教育、卫生场所，或作为民居，或闲置而尚未利用，众多名人故居的文博价值有待深入挖掘。

在保护级别方面，天津市名人故居的保护级别较高，在建筑的历史风貌、形态设计和工艺构造等方面，往往较其他建筑更胜一筹，建筑的历史价值和艺术价值适于开辟为纪念场所。在全市196处名人故居中，市级及以上文物保护单位86处，占44.1%。其中，全国重点文物保护单位38处，市级文物保护单位48处，依次占全市名人故居的比例为19.5%和24.6%。

在故居主人的历史功绩方面，保护级别较高的故居主人往往历史贡献较大，适宜将其故居开辟为纪念场所。近代以来，居住于天津的名人分为不同的人群：既有政客

军阀，也有爱国志士；既有清末遗老，也有文化先驱。不同的人群，在近代史上的功过不一，致使其故居未必都适合开辟为纪念场所，不过，名人故居的保护级别越高，在一定程度上意味着一些寓居者对历史的贡献较大。在全国重点文物保护单位中，既有爱国抗日将领张自忠、高树勋的旧居，也有爱国商人李勉之的旧居，还有文物古籍收藏家、爱国文化人士周叔弢的旧居，以及多年致力于慈善事业的雍剑秋的旧居；在市级文物保护单位中，有中国红十字会主要创始人之一吴重熹的旧居，有中国核能之父卢鹤绂的旧居；等等。

在地区分布方面，天津市的名人故居主要集中在近代租界，空间分布上的相对集中有利于发挥建设纪念馆的集聚效应。例如，上述张自忠、高树勋、李勉之、周叔弢、雍剑秋的旧居，同属于第七批全国重点文物保护单位——五大道建筑群的组成部分。将这些名人故居开辟为纪念场所，可以进一步提升五大道的历史价值。卢鹤绂旧居位于意式风情区，如果开辟为纪念场所，可以与天津梁启超纪念馆、曹禺故居纪念馆一起，使意式风情区的历史文化意义更加浓郁。同时，上述名人对中国近代史的积极作用，人们未必了解。将其故居开辟为纪念场所，有助于展示爱国进步人士的历史贡献，使名人故居的价值得到发挥。

2. 深化讲解工作，突破展示局限

“文化赋予博物馆的特质，使我们的一切活动都围绕人类历史与文化的见证物来展开。”①名人故居纪念馆是博物馆体系的重要组成部分。名人故居纪念馆以历史建筑为依托，以故居陈设作为日常展示内容，展示空间较小，陈列展览不宜频繁更新，致使在展览展示方面形成了固有的局限。然而，名人故居纪念馆的展示核心是“人”，可以将这个展示核心作为突破口，充分发挥文化赋予博物馆的特质作用，将局限变为优势，深化讲解工作，围绕时代背景、建筑特征、展品细节，做到三个“融合”。

深化讲解工作，应将时代背景与人物生涯相融合。近代以来，众多名人纷纷定居天津，与中国近代史的时代背景密不可分。以目前的三座名人故居纪念馆为例：戊戌变法的失败，辛亥革命的爆发，护国运动的兴起……一系列的历史风云，使梁启超的生涯由政治活动转向学术研究。因此，梁启超在天津的居所，不单单作为梁启超晚年在天津生活的见证而保存至今，也承载着戊戌变法以来直至中华民国前期的历史风云。曹禺、李叔同都出生于天津，并在天津度过了早年时光。曹禺、李叔同的早年时光，正值天津开埠近半个世纪、中西文化交汇碰撞的时期。曹禺、李叔同作为近代文化的先驱，将西方文化的精华与中国传统文化融合，与其青少年时期在天津接受的文化熏陶密不可分。在名人故居纪念馆的讲解工作中，应从时代背景入手，彰显人物在时代背景中的立体感。

① 吴辉：《博物馆的人文精神》，《中国博物馆》2012年第2期，第52页。

深化讲解工作，应将建筑特征与人物生涯相融合。名人故居作为历史建筑，以其独特的艺术魅力吸引着参观者的到来。时代背景造就了人物，历史建筑的魅力也为人物提供了充实的空间与浓郁的文化艺术熏陶。建筑特征，也是融合于时代背景的一部分，与时代背景共同塑造了人物的品格。梁启超故居与曹禺故居同属欧式风格，李叔同故居属于典型的园林式风格，这些故居的艺术特色，由中西文化交汇的艺术背景造就，从而启迪了历史人物，熏陶了历史人物，其蕴含的文化内涵，也是名人故居纪念馆较之其他纪念馆的魅力所在。在讲解当中，要深刻挖掘名人故居建筑当中的艺术内涵和文化精髓。

深化讲解工作，应将展品细节与人物生涯相融合。名人故居纪念馆的展品多为历史人物的生平材料，或为手稿，或为照片，或为书法、绘画作品，等等。每一件展品都与人物背后的历史故事有关。这些历史故事，或承载着时代背景，或体现了人物的成长经历，或代表着人物的出色成就，或蕴含着人物的思想变化，或意味着人物的生涯转折，或隐藏着人物背后的逸事、趣事……在讲解工作中，应该深挖展品的细节，使展品与时代背景和人物经历相融合，使展品具有人物的生机。

3. 加强馆际合作，搭建发展平台

我市名人故居纪念馆起步晚，发展时间短，工作人员少，在发展进程中，应搭建发展平台，突破发展瓶颈。

加强馆际合作，可以从联合举办展览与活动入手。名人故居纪念馆的共同主题，是纪念在历史上发挥过积极作用、对历史具有显著贡献的人物。同时，名人故居纪念馆的地点较为临近。共同的主题，临近的地域，为名人故居纪念馆之间的合作提供了良好的基础。目前我市现有的3座名人故居纪念馆具备这些合作基础。这些纪念馆展示的历史人物，在文化方面对历史的贡献较大，在学术研究、艺术研究、书法、绘画等方面均具有一定的造诣。可将历史人物的照片、手稿、艺术作品拍摄成照片，制作成展板，联合举办展览。展览的地点，可选择某个纪念馆的院落或展室，也可联合到社区、学校，甚至乡村进行巡展，扩大名人故居纪念馆的影响力。进行巡展时，可辅助一些讲座活动，讲述历史人物的生平故事、生活成长经历等，以增加展览的感染力。

深化馆际合作，不仅仅局限于名人故居纪念馆之间，也应扩展至名人故居纪念馆与其他博物馆、纪念馆之间。目前，我市名人故居纪念馆的工作人员较少，展示场地较为局限，而其他一些以现代建筑为馆舍的博物馆、纪念馆，展示场地较为充实，工作人员相对较多。同时，这些以现代建筑为馆舍的博物馆、纪念馆，其展示主题与名人故居纪念馆的展示主题虽具有一定的联系，却往往不具备名人故居纪念馆的藏品资源。名人故居纪念馆可以与其他纪念馆实现优势互补，共同促进馆际发展。

深化馆际合作，还可以突破地域的范围。历史人物的生前活动地区往往不止一处，因而以同一名人为主题的纪念馆在全国范围内也往往不止一家。浙江平湖和浙江杭州，均设有李叔同纪念馆；湖北潜江设有曹禺纪念馆和曹禺祖居博物馆；广东新会设有梁启超纪念馆。名人故居纪念馆可以突破地域，加强馆际合作，如结合名人诞辰或重要作品发表的纪念日联合举办展览与活动，在全国范围内增强纪念馆的影响力。

4. 建设志愿者队伍，缓解人员压力

名人故居纪念馆人员编制少，可通过志愿者队伍建设缓解人员压力。名人故居纪念馆以独特的人文魅力和历史建筑的文化气息吸引着大量游客，同时也吸引着热爱历史文化的人士从事志愿工作，并在志愿工作中不断充实与成长。

加强志愿者建设，可以将高校学生作为主要队伍。我市南开大学、天津师范大学均设有历史、文博方面的专业。同时，许多高校中的文学、艺术等专业，也与名人故居纪念馆的展示主题密切相关。高校的学生，特别是本科生、研究生在社会实践、毕业实习的时候，需要找到与自己的专业背景相符合、能够使自己增加阅历的服务单位。名人故居纪念馆恰好为高校学生提供了良好的发展空间。名人故居纪念馆可招募学生作为志愿者，从事讲解、接待、服务等工作，缓解工作人员较少的压力。同时，在临时展览的举办，特别是进校园、进社区等活动中，学生志愿者既是活动的主要力量，也是沟通学校与社区的桥梁。

加强志愿者建设，可将业已工作的青年人作为辅助队伍。已经步入工作岗位的青年人虽然难以抽出日常工作时间从事志愿服务，但是可招募步入工作岗位的青年人，在周末或节假日从事讲解或接待工作。步入工作岗位的青年人，往往比学生更加成熟，在应对一些突发事件或意外事件中更有优势，如遇节假日等观众客流较大的时期，步入工作岗位的青年人从事接待、服务等工作，会发挥较强的作用。

5. 发挥科学技术作用，融入日常发展

我市名人故居纪念馆均建立于21世纪，应该发挥现代技术的作用，在展览、网络建设、纪念品开发等方面多措并举，促进纪念馆的发展。

在展览讲解当中，可采用语音导览。语音导览是现代讲解的重要手段，既可以使游人利用导览设备或手机微信反复聆听讲解内容，也可以缓解纪念馆讲解人员压力。目前，我国诸如故宫博物院、国家博物馆等文博场馆均采用语音导览模式，天津博物馆、天津美术馆、天津自然博物馆等文博场馆目前也采用了这一模式。名人故居纪念馆可以采用语音导览模式，使参观者通过导览设备，增强对纪念馆展示内容的理解，从而缓解人员压力。

在网络建设当中，可结合名人故居纪念馆特点，开发网站、微博、微信等。当今时代，网络与人们的生活密不可分。我国其他省市发展比较成熟的名人故居纪念馆，均建有比较完备的网站，介绍展览与活动信息、名人生平、名人作品等。目前我市名人故居纪念馆的微博、微信均未开通，有1座名人故居纪念馆虽然建立了网站，但是内容还不够充实。应充分利用网络平台，与观众展开互动。

在纪念品开发当中，可利用现代创意技术，利用现代化手段，创造性地开发纪念品，使参观者将纪念馆的瞬间作为永久的珍藏。现代创意技术，可以将馆藏文物进行复制；也可以将文物影像放大或缩小，印制在马克杯、T恤衫、明信片、邮票、书签等物品上；甚至可将故居建筑制作成模型；等等。现代技术与创造力的有机融合，可使纪念品的种类更加丰富，满足不同年龄、不同经济实力、不同性别、不同兴趣爱好的人们的要求。

总之，天津市名人故居纪念馆的建设进程，体现了党和政府对文化的不断重视。天津市名人故居纪念馆在短暂的发展时间内，取得了比较显著的成绩，但也存在着不足和局限，众多名人故居的纪念价值有待挖掘，为我市名人故居纪念馆提供了广阔的发展空间。今后，我们应加强名人故居纪念馆的规划建设，同时从展览讲解、深化合作、志愿者队伍、现代化手段等方面，使名人故居纪念馆走向成熟。

作者简介：张昊文，天津市文化广播影视局（天津市文物局）博物馆处，天津市和平区承德道12号，300041。

天津市名人故居保护与利用对策探讨

祖双喜
（天津市文化广播影视局）

摘要：在中国近代史上，许多重大的历史事件都与天津息息相关。为求一隅之安，清朝的遗老遗少、政客军阀、文化名流、富商巨贾纷纷来到天津，或静待时机，或幕后操纵，直接或间接影响了近代中国的发展进程，天津也因此留下了丰富的名人故居遗存。保护和利用好名人故居，对当今社会的经济和文化发展，增强天津的历史文化底蕴，有着至关重要的作用。论文试对天津名人故居加以梳理，通过现状的对比分析，对天津名人故居的保护与利用提出意见和对策。

关键词：天津　名人故居　保护与利用　对策

天津位于京畿，地理位置十分优越。明清时期，天津由一个军事据点和漕粮转运中心发展成为运河北部的新兴商业城市，在开埠以后的几十年中，又迅速成为我国北方的水陆交通枢纽和首都门户。在中国近代史上，许多重大的历史事件都与天津息息相关。为求“一隅之安”，清朝的遗老遗少、政客军阀、文化名流、富商巨贾纷纷来到天津，或静待时机，或幕后操纵，直接或间接影响了近代中国的发展进程，天津也因此留下了丰富的名人故居遗存。

这些名人故居留下了名人的足迹，见证了时代的风雨，是历史的真实载体，构成了天津历史文化名城的重要组成部分，丰富了天津的历史文化底蕴。保护和利用好名人故居，对当今社会的经济和文化发展，提高天津的知名度，有着至关重要的作用。

从目前天津名人故居的研究情况看，《近代天津名人故居》[①]和《天津小洋楼：名人故居完全档案》[②]等专著，介绍了关于天津多位名人的历史掌故，学者多将目光集中于个别名人的故居[③]，或五大道、一宫花园等历史街区中建筑与社会、人物之间的文化

---

① 李正中、赵黎：《近代天津名人故居》，天津人民出版社，2009年。

② 天津日报传媒集团：《天津小洋楼：名人故居完全档案》，天津教育出版社，2011年。

③ 李艳萍、孙奂、李睿怡：《天津市5位总统故居景观的初步调查和研究》，《河北农业科学》2013年第3期，第89页；天津经济课题组：《天津近代文化亮点——饮冰室》，《天津经济》2013年第4期，第68页；天津经济课题组：《天津近代文化亮点——曹禺故居》，《天津经济》2013年第5期，第71页。

比较[①]，迄今尚无对天津市名人故居整体保护利用的比较分析。本文试对天津名人故居加以梳理，通过现状的对比分析，对名人故居的保护利用提出意见和对策。

一、名人故居的概念及现状分析

借鉴北京的经验，本文所称的“名人”是指“在历史上特别是在近现代历史上做出过重大贡献、在某方面产生过较大影响、具有较高知名度、‘文革’结束前去世的各领域知名人士”。“故居”是指以天津为“出生地、长期生活工作过的住所、虽短暂居住但却为其人生重要阶段的住所”[②]。

天津在2007~2011年开展的第三次全国不可移动文物普查中，共调查登记不可移动文物2082处，其中有名人故居196处，占不可移动文物总数的9.4%。本文将以此次普查的数据为基础，对我市名人故居的保护利用情况加以分析。

（1）从现存的名人故居的建造时间和类别来看，清代建造的有19处，占总数的9.7%，民国时期建造的有177处，占总数的90.3%（图一）。现存名人故居中古建筑有10处，近现代重要史迹及代表性建筑185处，说明现存的名人故居中94.4%为近现代建筑，清代建立的传统古建筑形式的名人故居只占5.6%（图二）。在名人故居的保护中，整个社会多关注于近现代建筑式的名人故居，而对传统风格的故居建筑的关注和投入明显不足。

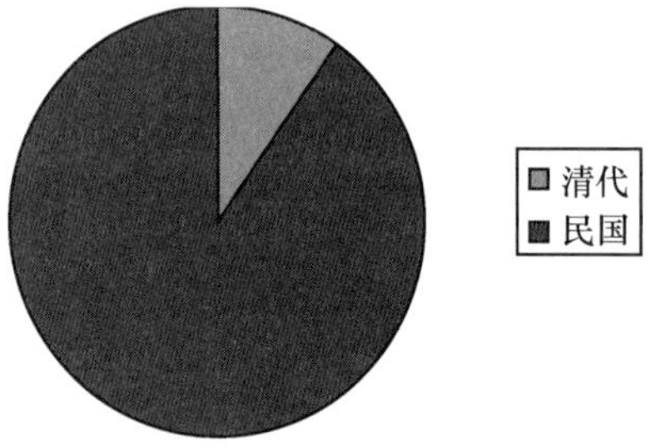

图一　名人故居建筑年代对比图

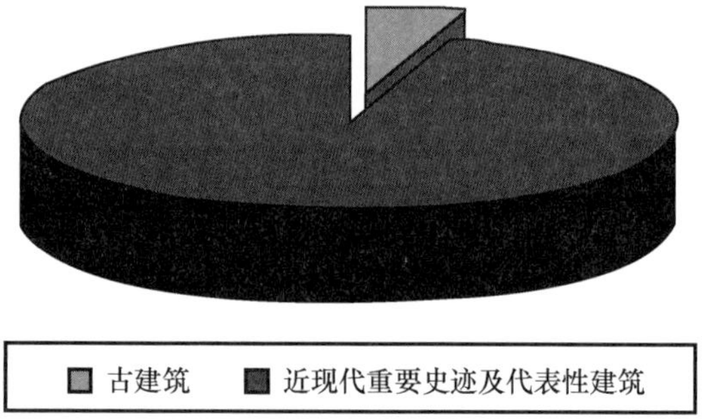

图二　名人故居建筑类别对比图

（2）从名人故居的空间分布来看，和平区128处，占总数的65.3%；河西区12处，占总数的6.1%；南开区7处，占总数的3.6%；河北区31处，占总数的15.8%；红桥区2处，占总数的1%；西青区8处，占总数的4.1%；北辰区2处，占总数的1%；津南区1

① 李东晔：《从“租界”到“风情区——一个中国近代殖民空间在历史现实中的转义”》，中央民族大学博士学位论文，2003年。

② 成志芬、张宝秀：《名人故居保护与利用的比较研究》，《北京联合大学学报》2006年第4期，第33页。

处，占总数的0.5%；武清区2处，占总数的1%；宁河县1处，占总数的0.5%；蓟县2处，占总数的1%（图三）。和平区为近代天津的英租界、法租界和日租界，和平区的名人故居数量占全市总量的2/3。从另一个角度看，市内六区的名人故居共180处，占总数的91.8%。可以看出，在天津近代历史中，清朝的遗老遗少、军阀政客、民族实业家、爱国人士等群体主要聚集在天津的老城、租界及河北新区一带，左右着天津乃至近代中国的政局。

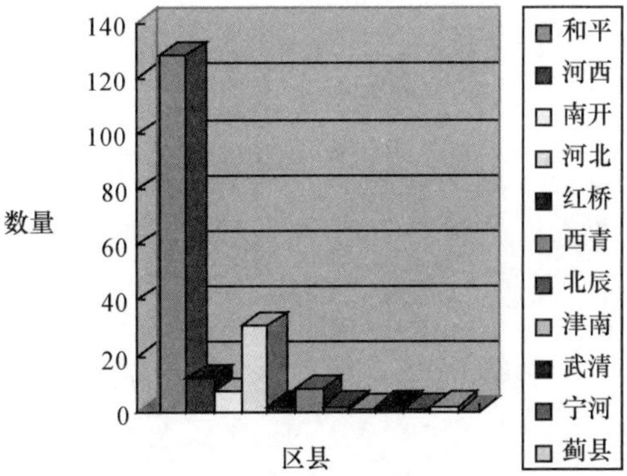

图三 名人故居空间分布图

（3）从名人故居的文物保护单位级别看，自2009年，各级文物部门积极开展第七批全国重点文物保护单位推荐工作。2013年3月，国务院公布了第七批全国重点文物保护单位名单，天津新增13处全国重点文物保护单位。而其中的五大道近代建筑群此次采取了集体申报的方式，随着获得国务院批准，五大道近代建筑群申报的39处不可移动文物跃升为全国重点文物保护单位。39处不可移动文物中有36处为名人故居，占五大道近代建筑群单体总数的92.3%。同时，市文物局还积极推荐名人故居申报第四批天津市文物保护单位。在2013年市政府批复的145处第四批天津市文物保护单位名单中，名人故居共48处，占第四批天津市文物保护单位总数的33.1%。

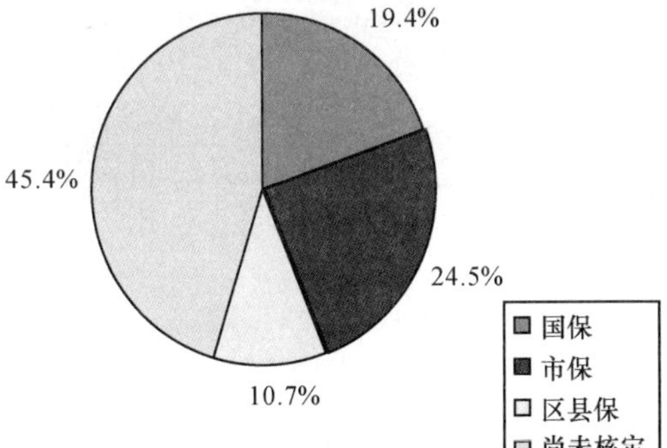

图四 名人故居保护级别占比分布图

天津现有的名人故居中全国重点文物保护单位38处，占名人故居总数的19.4%；天津市文物保护单位48处，占名人故居总数的24.5%；区县级文物保护单位21处，占名人故居总数的10.7%；尚未核定为文物保护单位的不可移动文物89处，占名人故居总数的45.4%（图四）。随着部分区县级文物保护单位晋升为第七批全国重点文物保护单位和第四批市文物保护单位，区县级文物保护单位的比例明显低于其他级别，这就需要区县级人民政府及时从一般文物中选取有价值的公布为区县级文物保护单位。

（4）从名人故居的名人类型看，除去一人名下有多处房屋被列为不可移动文物的因素，在现有的196处名人故居中涉及名人185位。政治类名人63人，占总数的34.1%；经济类名人45人，占总数的24.3%；军事类名人31人，占总数的16.8%；文化类名人17人，占总数的9.2%；社会类名人16人，占总数的8.6%；医学类名人7人，占总数的3.8%；教育类名人4

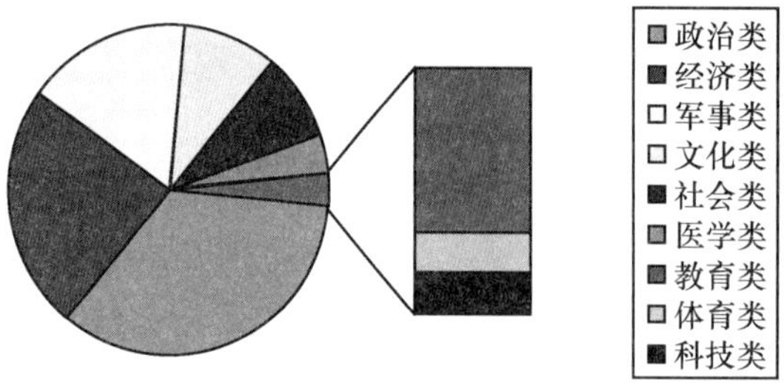

图五　名人故居的名人类型分布图

人，占总数的2.2%；体育类名人1人，占总数的0.5%；科技类名人1人，占总数的0.5%[①]（图五）。

天津名人故居的名人类型比例与北京有相似之处，但也有自身的特点。北京旧城中“数量最多的是政治类名人，超过三分之一；其次是文化类名人，超过四分之一；第三是艺术类名人，将近四分之一；军事、经济、科技、医学类名人的故居数量差别不大，共占百分之十左右”[②] 天津的名人故居中政治类名人也超过1/3，近代中国的政客们在北京之外，来天津的租界中寻求政治庇护。通过比较可以看出，天津的名人类型中经济类和军事类名人比例明显高于北京，说明在天津被迫近代化的进程中，爱国志士投身实业，也滋生了大量洋行买办阶层。在与外国资本的碰撞中，促成了民国时期天津成为北方的经济中心。而各路军阀、统制、督军等军事人才竞相涌现，是与天津作为北方洋务运动中心和小站练兵的特殊历史时期密不可分的，这一点在全国其他城市中无有出其右者。

（5）从名人故居的利用状况看，各级文物部门根据名人故居的级别和文物的损毁状况，指导使用单位做了大量日常管理和修缮工作。近年来陆续完成了庆王府、张学铭旧居、李叔福旧居、林鸿赉旧居等名人故居的修缮方案审批工作。

我市196处名人故居中，辟为博物馆纪念馆的有8处，占总数的4.1%；用于单位办公的有84处，占总数的42.9%；用于单位招待所及宿舍的有9处，占总数的4.6%；仍为民居的有42处，占总数的21.4%；用作学校的有13处，占总数的6.6%；用作餐饮住宿等商业用房的有17处，占总数的8.7%；作为部队使用的有5处，占总数的2.6%；用作医院的有3处，占总数的1.5%；空置未利用的有16处，占总数的8.2%；建筑用途不详的3处，占总数的1.5%[③]（图六）。

（6）从名人故居的消失状况看，相对于我市20世纪80年代开展的第二次全国不可移动文物普查成果，第三次全国不可移动文物普查中现存的名人故居的数量比上次普查消失了43处。其中市、县级文物保护单位2处，尚未核定为文物保护单位的不可移动文物41处。消失的时间集中于20世纪90年代和21世纪初。消失的原因大致可统计为三

① 对于这些历史名人来讲，其从事的工作或贡献或许不仅限于政治或文化等某一类，很多人在历史中可能在政治、经济、文化、教育等方面均有突出的成就。但为了便于统计分析，本文只选择其最突出的领域作为名人类型。

② 成志芬：《北京旧城区名人故居保护与利用研究》，首都师范大学硕士学位论文，2006年，第17页。

③ 在个别名人故居中，有部分作为单位办公，部分作为民间的情况。为掌握故居的实际利用情况，在本统计中也分别记录在其用途之中。

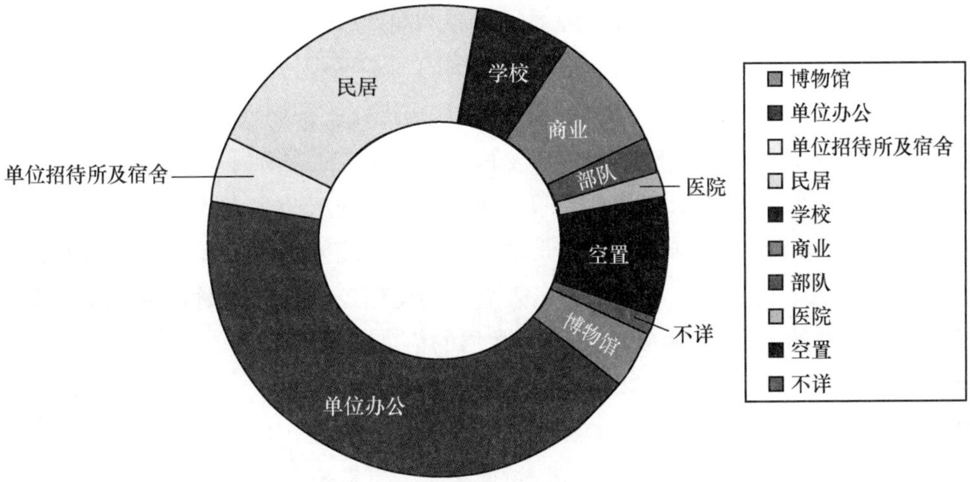

图六　名人故居利用情况分布图

个：第一是城市建设，改革开放开阔了人们的眼界，到了90年代，市场经济的概念日益深入人心，在经济利益的驱使下，迫使文化遗产保护让位于经济建设。第二是在21世纪初开始的旧城改造中，大量名人故居的老宅大院胡同被拆除，由于文化遗产的不可逆性，这些名人故居在旧城改造中永远消失。第三是年久失修或使用不当，导致房屋损毁。

二、名人故居保护利用中存在的问题

在各级部门和社会各方的努力下，天津名人故居的保护和利用取得了一定成效，然而仍存在诸多不尽如人意之处，具体表现在以下几方面。

1. 保护理念不科学

一方面是缺乏文物保护意识，个别单位缺乏对历史和文物的尊重，根据个人的好恶随意更改教育建筑的外檐和原有结构特征，甚至以建筑残破、属于危房为借口，一刀切地“拆除真文物，制造假古董”，致使建筑的历史信息荡然无存，空留其名。另一方面是维修理念错误导致的“保护性破坏”。一些单位不理解“不改变文物原状”的文物保护原则，执意求新求靓，给部分名人故居等文物建筑造成不可逆的损坏，严重破坏了文物价值。

2. 管理不到位

目前，名人故居的保护尚无明确的牵头管理部门，文物部门对属于不可移动文物的名人故居进行业务指导；房屋管理部门则对不同产权性质的名人故居的管理有着先天的优势。各部门对名人故居在各自职权范围内开展工作，未形成合力。我市尚未出台统一的《名人故居保护规划》对名人故居的保护进行统筹规划。

对于作为文物保护单位的名人故居来讲，文物保护的基础工作并不完善。一是保护范围和建设控制地带尚未向社会公布，导致在与周边威胁名人故居安全的施工工程维权时，文物部门常常无据可依。二是由于风吹日晒或外力破坏导致保护标志破损甚至消失的情况也屡见不鲜。三是部分名人故居的使用单位忽略了对建筑的日常养护，亦无对故居建筑的记录档案，以至于名人故居的信息断档消亡。

3. 经费投入不足

多年来文物部门、房管部门、市容园林部门等政府部门在各自的工作范围内对名人故居均有不同程度的投入。由于名人故居的使用单位多样，隶属于不同的行业系统，按以往的经费渠道，使用单位只能根据单位性质向上级部门申请维修经费。2013年，财政部、国家文物局出台了《国家重点文物保护专项补助资金管理办法》，非文物系统和非国有的国保单位履行相关程序，也能申请到国家的补助资金，是国家文物补助资金的新突破，但具体到市和区县级的文保单位，由于各级政府的财力等因素，尚未完全铺开。而一些居民使用的名人故居由于缺乏必要的经费投入，年久失修，甚至出现损坏的情况。

4. 未得到合理利用

通过名人故居的利用情况分析不难看出，接近一半的名人故居目前作为单位办公使用，辟为博物馆纪念馆的数量过少，空置未利用的比例较高。由于目前名人故居的产权为不同的部门所有，出于安全和私密性的考虑，名人故居一般不对外开放。社会公众能进入其中进行深入了解的名人故居太少，只能在门口远望其外观，通过墙上的标志牌对该名人有泛泛的了解，留不下深刻的印象。

三、名人故居保护利用对策分析

1. 落实保护责任，加强日常管理

文物保护单位的“四有”工作是文物保护工作的基础和屏障。目前，天津市级以上文保单位的保护范围和建控地带划定工作征求各部门意见后，将由市政府批准公

布。建议进一步加大与名人故居使用人的联系机制，要求其提升文物保护的理念和意识，并落实责任，由专人负责文物保护工作。加强日常的有效管理。

建议市政府统筹相关部门，制定统一的《天津名人故居保护规划》，指导对全市名人故居的保护。借鉴英国名人故居悬挂“蓝牌”的保护经验①，也可制定并悬挂专门的名人故居保护标志，介绍名人的姓名、身份、生平等信息。

2. 增加投入，多方式筹措资金

政府部门应继续鼓励和支持社会力量参与文物保护和利用，加大鼓励社会参与的力度，增强政策的吸引力。对使用单位无力负担修缮费用的重点名人故居，相关部门应研究吸引企业参与的政策措施，向社会转让使用权，同时在过程中加以监管，引导企业保护好、利用好名人故居这一重要历史文化资源，实现社会效益和经济效益的双赢。

名人故居的使用单位也应摒除“等、靠、要”的思想，积极行动起来，根据自身实际多角度筹措资金，研究兼备社会效益和经济效益的特色活动来吸引广大企业和民众参与其中，既丰富了市民生活，又能带来一定的收益。

3. 既要有效保护，又要合理利用

保护和利用不是截然分开的，国有文物是公共资源，其利用应面向社会，面向公众，是《威尼斯宪章》提及的“为社会公用之目的的利用”。开放是文物公益性的基本体现，也是文物为社会、为大众服务的主要形式。

名人故居不应仅限于使用单位使用，有条件的应该在逐步向公众开放的方向上做出探索。名人故居中有一部分是由机关、事业单位和企业等使用的，在不影响办公和生产的情况下，应创造条件实现局部或者定时段开放。使用名人故居的非国有单位向公众开放、提供展览展示服务的，应当给予支持和帮助。私人产权的民居类名人故居，应做到有标识和文字说明，在推进开放的方式方法上进一步探索。

4. 探讨多部门合作机制，形成遗产保护合力

近年来，市文物局、市规划局、市国土房管局等部门在文物保护单位和历史街区的保护方面合作越来越紧密，在文物保护单位或历史风貌建筑突发紧急情况的处理

---

① 苏杭、俞剑光、方旭：《北京旧城区名人故居保护与利用探讨》，《北京规划建设》2012年第2期，第122页。

上，做到了及时沟通信息，共同商讨保护对策。在涉及名人故居的保护工作时，要加强对我市的名人故居进行资源整合，加强部门合作，绘制天津市名人故居地图，推出名人故居旅游线路，开发名人故居旅游产品，以旅游来带动名人故居文物资源的保护与利用，扩大天津的知名度。

5. 加大宣传力度，引导公众参与

长期以来，政府是文化遗产的保护主体。随着民众文化遗产保护意识的觉醒，越来越多的人参与到遗产保护的行列中来，并发挥着越来越重要的作用。只有民众倾心地、持久地自觉守护，才能变“少数的抗争”为“共同的努力”。针对名人故居的保护，要通过名人展览、讲座等方式和微博、微信、报刊和网络等媒介，加大宣传力度，完善名人故居的展示方式，吸引民众自觉参与到名人故居的保护和利用中来，形成政府与民众的良性互动，使名人故居的历史资源真正为社会公众所共享，推动经济社会的和谐发展。

作者简介：祖双喜，天津市文化广播影视局（天津市文物局）博物馆处，天津市和平区承德道 12 号，300041。

附表一 天津市不可移动文物中名人故居名录

序号	名称	年代	类别	地址	保护级别	利用方式	名人类型
1	潘复旧居	1920年	近现代重要史迹及代表性建筑	天津市市辖区和平区体育馆街道澳门路居委会马场道2号	全国重点文物保护单位	学校	政治
2	徐氏旧居	民国	近现代重要史迹及代表性建筑	天津市市辖区和平区体育馆街道澳门路居委会马场道42号	全国重点文物保护单位	民居	政治
3	王氏旧居	1941年	近现代重要史迹及代表性建筑	天津市市辖区和平区体育馆街道三盛里居委会马场道54号	省级文物保护单位	单位办公	经济
4	雍剑秋旧居	1920年	近现代重要史迹及代表性建筑	天津市市辖区和平区体育馆街道三盛里居委会马场道60～62号	全国重点文物保护单位	单位办公	经济
5	卞万年旧居	1937年	近现代重要史迹及代表性建筑	天津市市辖区和平区体育馆街道育文坊居委会云南路57号	全国重点文物保护单位	单位招待所	医学
6	徐世章旧居	1922年	近现代重要史迹及代表性建筑	天津市市辖区和平区体育馆街道友谊里居委会睦南道126号	全国重点文物保护单位	医院	文化
7	林子香旧居	1936年	近现代重要史迹及代表性建筑	天津市市辖区和平区体育馆街道友谊里居委会睦南道114号	尚未核定为保护单位	单位办公	经济
8	熊炳琦旧居	1925年	近现代重要史迹及代表性建筑	天津市市辖区和平区体育馆街道友谊里居委会睦南道127号	尚未核定为保护单位	民居	军事
9	柯应夔旧居	20世纪30年代	近现代重要史迹及代表性建筑	天津市市辖区和平区体育馆街道友谊里居委会睦南道139号	尚未核定为保护单位	单位招待所	医学
10	张兰德旧居	1913年	近现代重要史迹及代表性建筑	天津市市辖区和平区体育馆街道育文坊居委会睦南道金林村4号	尚未核定为保护单位	民居	政治
11	李勉之旧居	1937年	近现代重要史迹及代表性建筑	天津市市辖区和平区体育馆街道安乐村居委会睦南道74号	全国重点文物保护单位	单位办公	经济
12	卞氏旧居	20世纪30年代	近现代重要史迹及代表性建筑	天津市市辖区和平区体育馆街道安乐村居委会睦南道79号	全国重点文物保护单位	学校	社会

续表

序号	名称	年代	类别	地址	保护级别	利用方式	名人类型
13	徐世昌旧居	民国	近现代重要史迹及代表性建筑	天津市市辖区和平区体育馆街道澳门路居委会新华路255号	尚未核定为保护单位	单位办公	政治
14	孙啸南旧居	民国	近现代重要史迹及代表性建筑	天津市市辖区和平区体育馆街道安乐村居委会常德道20号	尚未核定为保护单位	不详	经济
15	曾延毅旧居	民国	近现代重要史迹及代表性建筑	天津市市辖区和平区体育馆街道安乐村居委会常德道1号	全国重点文物保护单位	民居	军事
16	马占山旧居	民国	近现代重要史迹及代表性建筑	天津市市辖区和平区体育馆街道湖南路居委会湖南路11号	省级文物保护单位	民居	政治
17	关麟征旧居	民国	近现代重要史迹及代表性建筑	天津市市辖区和平区体育馆街道安乐村居委会长沙路97号	全国重点文物保护单位	单位办公	军事
18	龚心湛旧居	民国	近现代重要史迹及代表性建筑	天津市市辖区和平区体育馆街道安乐村居委会重庆道64号	全国重点文物保护单位	单位办公	政治
19	庆王府	1922年	近现代重要史迹及代表性建筑	天津市市辖区和平区体育馆街道三盛里居委会重庆道55号	全国重点文物保护单位	商业用房	政治
20	疙瘩楼	1937年	近现代重要史迹及代表性建筑	天津市市辖区和平区体育馆街道三盛里居委会河北路283～295号	全国重点文物保护单位	博物馆	文化
21	孙中山北上在津期间居住遗址	1924年	近现代重要史迹及代表性建筑	天津市市辖区和平区劝业场街道福明居委会鞍山道59号	省级文物保护单位	单位办公	政治
22	吴泰勋旧居	民国	近现代重要史迹及代表性建筑	天津市市辖区和平区体育馆街道澳门路居委会马场道16～18号	尚未核定为保护单位	商业用房	军事
23	徐氏旧居	民国	近现代重要史迹及代表性建筑	天津市市辖区和平区体育馆街道澳门路居委会马场道44～46号	全国重点文物保护单位	学校、民居	政治
24	马场道徐世章旧居	1922年	近现代重要史迹及代表性建筑	天津市市辖区和平区体育馆街道三盛里居委会马场道58号	尚未核定为保护单位	单位办公	政治

续表

序号	名称	年代	类别	地址	保护级别	利用方式	名人类型
25	张绍曾旧居	1923年	近现代重要史迹及代表性建筑	天津市市辖区和平区体育馆街道安乐村居委会河北路334号	全国重点文物保护单位	商业用房	政治
26	宋棐卿旧居	1937年	近现代重要史迹及代表性建筑	天津市市辖区和平区体育馆街道育文坊居委会马场道116号	市、县级文物保护单位	学校	经济
27	高树勋旧居	民国	近现代重要史迹及代表性建筑	天津市市辖区和平区体育馆街道友谊里居委会睦南道141号	全国重点文物保护单位	单位办公	政治
28	周叔弢旧居	1938年	近现代重要史迹及代表性建筑	天津市市辖区和平区体育馆街道友谊里居委会睦南道129号	全国重点文物保护单位	民居	文化
29	徐树强旧居	民国	近现代重要史迹及代表性建筑	天津市市辖区和平区体育馆街道育文坊居委会睦南道108号	尚未核定为保护单位	商业用房	政治
30	方先之旧居	1942年	近现代重要史迹及代表性建筑	天津市市辖区和平区体育馆街道育文坊居委会睦南道109号	尚未核定为保护单位	单位办公	医学
31	纳森旧居	1928年	近现代重要史迹及代表性建筑	天津市市辖区和平区体育馆街道安乐村居委会睦南道70号	全国重点文物保护单位	单位招待所	政治
32	许氏旧居	1926年	近现代重要史迹及代表性建筑	天津市市辖区和平区体育馆街道澳门路居委会睦南道11号	全国重点文物保护单位	单位办公	政治
33	蔡成勋旧居	1935年	近现代重要史迹及代表性建筑	天津市市辖区和平区体育馆街道三盛里居委会大理道1号	全国重点文物保护单位	部队	军事
34	张志潭旧居	民国	近现代重要史迹及代表性建筑	天津市市辖区和平区体育馆街道三盛里居委会大理道4号	省级文物保护单位	单位招待所	政治
35	鹿钟麟旧居	民国	近现代重要史迹及代表性建筑	天津市市辖区和平区体育馆街道三盛里居委会大理道18号	尚未核定为保护单位	单位办公	政治
36	大理道徐世章旧居	1922年	近现代重要史迹及代表性建筑	天津市市辖区和平区体育馆街道三盛里居委会大理道24～26号	尚未核定为保护单位	单位办公	政治
37	王锡瑛旧居	1936年	近现代重要史迹及代表性建筑	天津市市辖区和平区体育馆街道三盛里居委会河北路275号	尚未核定为保护单位	商业用房	经济

续表

序号	名称	年代	类别	地址	保护级别	利用方式	名人类型
38	訾玉甫旧居	民国	近现代重要史迹及代表性建筑	天津市市辖区和平区体育馆街道安乐村居委会大理道37号	全国重点文物保护单位	学校	经济
39	大理道林鸿赉旧居	民国	近现代重要史迹及代表性建筑	天津市市辖区和平区体育馆街道三盛里居委会大理道42～44号	尚未核定为保护单位	单位办公	经济
40	大理道毕鸣岐旧居	民国	近现代重要史迹及代表性建筑	天津市市辖区和平区体育馆街道育文坊居委会大理道63号	尚未核定为保护单位	单位办公	经济
41	王天木旧居	民国	近现代重要史迹及代表性建筑	天津市市辖区和平区体育馆街道育文坊居委会大理道57号	尚未核定为保护单位	商业用房	政治
42	陈光远旧居	1924年	近现代重要史迹及代表性建筑	天津市市辖区和平区体育馆街道安乐村居委会大理道48号	全国重点文物保护单位	学校	军事
43	王占元旧居	民国	近现代重要史迹及代表性建筑	天津市市辖区和平区体育馆街道育文坊居委会大理道60～64号	省级文物保护单位	医院	军事
44	常德道50号毕鸣岐旧居	民国	近现代重要史迹及代表性建筑	天津市市辖区和平区体育馆街道文化里居委会常德道50号	尚未核定为保护单位	单位办公	经济
45	常德道54号毕鸣岐旧居	民国	近现代重要史迹及代表性建筑	天津市市辖区和平区体育馆街道文化里居委会常德道54号	尚未核定为保护单位	单位办公	经济
46	常德道26号孟氏旧居	民国	近现代重要史迹及代表性建筑	天津市市辖区和平区体育馆街道育文坊居委会常德道26号	省级文物保护单位	单位办公	经济
47	范权旧居	1942年	近现代重要史迹及代表性建筑	天津市市辖区和平区体育馆街道育文坊居委会常德道24号	尚未核定为保护单位	民居	医学
48	常德道28号孟氏旧居	1934年	近现代重要史迹及代表性建筑	天津市市辖区和平区体育馆街道育文坊居委会常德道28号	尚未核定为保护单位	民居	经济
49	南海路曹锟旧居	1927年	近现代重要史迹及代表性建筑	天津市市辖区和平区体育馆街道湖南路居委会南海路2号	全国重点文物保护单位	学校	政治

续表

序号	名称	年代	类别	地址	保护级别	利用方式	名人类型
50	马鸿逵旧居	民国	近现代重要史迹及代表性建筑	天津市市辖区和平区体育馆街道湖南路居委会河北路宁静里1～4号	尚未核定为保护单位	民居	军事
51	李氏旧居	1937年	近现代重要史迹及代表性建筑	天津市市辖区和平区体育馆街道湖南路居委会河北路239号	全国重点文物保护单位	单位招待所	经济
52	孙季鲁旧居	1939年	近现代重要史迹及代表性建筑	天津市市辖区和平区体育馆街道澳门路居委会郑州道20号	全国重点文物保护单位	单位办公	经济
53	陈亦侯旧居	1933年	近现代重要史迹及代表性建筑	天津市市辖区和平区体育馆街道尚友里居委会西安道93号	省级文物保护单位	医院	经济
54	张鸣岐旧居	1927年	近现代重要史迹及代表性建筑	天津市市辖区和平区新兴街道土山花园居委会贵州路90号	市、县级文物保护单位	部队	政治
55	陆洪涛旧居	民国	近现代重要史迹及代表性建筑	天津市市辖区和平区小白楼街道泰安道居委会建设路80号	省级文物保护单位	单位招待所	军事
56	李宝誠旧居	1941年	近现代重要史迹及代表性建筑	天津市市辖区和平区小白楼街道开封道居委会建设路97号	尚未核定为保护单位	单位办公	经济
57	倪嗣冲旧居	1920年	近现代重要史迹及代表性建筑	天津市市辖区和平区小白楼街道泰安道居委会南京路88号	尚未核定为保护单位	单位办公	政治
58	靳云鹏旧居	1927年	近现代重要史迹及代表性建筑	天津市市辖区和平区小白楼街道泰安道居委会四川路2号	市、县级文物保护单位	单位办公	军事
59	吴重熹旧居	1912年	近现代重要史迹及代表性建筑	天津市市辖区和平区小白楼街道旅顺道居委会烟台道56～58号	省级文物保护单位	单位宿舍	政治
60	那桐旧居	民国	近现代重要史迹及代表性建筑	天津市市辖区和平区小白楼街道泰安道居委会新华路176号	省级文物保护单位	商业用房	政治
61	张子祥旧居	民国	近现代重要史迹及代表性建筑	天津市市辖区和平区小白楼街道树德里居委会烟台道74～76号	尚未核定为保护单位	单位办公	经济
62	蔡慕韩旧居	1925年	近现代重要史迹及代表性建筑	天津市市辖区和平区小白楼街道旅顺道居委会建设路70号	尚未核定为保护单位	单位办公	经济

续表

序号	名称	年代	类别	地址	保护级别	利用方式	名人类型
63	陈祝龄旧居	民国	近现代重要史迹及代表性建筑	天津市市辖区和平区小白楼街道崇仁里居委会保定道4号	省级文物保护单位	单位办公	经济
64	靳少卿旧居	民国	近现代重要史迹及代表性建筑	天津市市辖区和平区小白楼街道崇仁里居委会唐山道54号	市、县级文物保护单位	单位办公	经济
65	梁炎卿旧居	清末	近现代重要史迹及代表性建筑	天津市市辖区和平区小白楼街道大同道居委会新华路201号	尚未核定为保护单位	单位办公	经济
66	孙桐萱旧居	民国	近现代重要史迹及代表性建筑	天津市市辖区和平区体育馆街道安乐村居委会重庆道68号	尚未核定为保护单位	单位办公	军事
67	金邦平旧居	民国	近现代重要史迹及代表性建筑	天津市市辖区和平区体育馆街道育文坊居委会重庆道114号	全国重点文物保护单位	单位办公	文化
68	严修旧居	民国	近现代重要史迹及代表性建筑	天津市市辖区和平区体育馆街道文化里居委会重庆道144～148号	尚未核定为保护单位	民居	文化
69	张作相旧居	民国	近现代重要史迹及代表性建筑	天津市市辖区和平区体育馆街道澳门路居委会重庆道4号	全国重点文物保护单位	单位办公	军事
70	孟恩远旧居	民国	近现代重要史迹及代表性建筑	天津市市辖区和平区体育馆街道文化里居委会重庆道23号	尚未核定为保护单位	商业用房	军事
71	吉鸿昌旧居	1917年	近现代重要史迹及代表性建筑	天津市市辖区和平区劝业场街道花园路居委会花园路5号	省级文物保护单位	单位办公	政治
72	乔铁汉旧居	民国	近现代重要史迹及代表性建筑	天津市市辖区和平区劝业场街道花园路居委会赤峰道70号	市、县级文物保护单位	单位办公	经济
73	田中玉旧居	1922年	近现代重要史迹及代表性建筑	天津市市辖区和平区劝业场街道花园路居委会营口道42号	省级文物保护单位	单位办公	军事
74	张公撝旧居	1922年	近现代重要史迹及代表性建筑	天津市市辖区和平区劝业场街道花园路居委会花园路2号	省级文物保护单位	单位办公	政治
75	李鸣钟旧居	民国	近现代重要史迹及代表性建筑	天津市市辖区和平区劝业场街道花园路居委会花园路11号	尚未核定为保护单位	单位办公	军事

续表

序号	名称	年代	类别	地址	保护级别	利用方式	名人类型
76	任凤苞旧居	1911年	近现代重要史迹及代表性建筑	天津市市辖区和平区劝业场街道滨西居委会山西路186号	市、县级文物保护单位	民居	经济
77	宋则久旧居	民国	近现代重要史迹及代表性建筑	天津市市辖区和平区劝业场街道滨西居委会赤峰道125号	尚未核定为保护单位	民居	经济
78	陶茂正旧居	1938年	近现代重要史迹及代表性建筑	天津市市辖区和平区体育馆街道泰来里居委会成都道36号	尚未核定为保护单位	单位办公	文化
79	石敬亭旧居	民国	近现代重要史迹及代表性建筑	天津市市辖区和平区体育馆街道泰来里居委会长沙路69号	尚未核定为保护单位	民居	军事
80	杜友樵旧居	1928年	近现代重要史迹及代表性建筑	天津市市辖区和平区体育馆街道泰来里居委会长沙路42号	尚未核定为保护单位	民居	军事
81	张自忠旧居	1937年	近现代重要史迹及代表性建筑	天津市市辖区和平区体育馆街道泰来里居委会成都道60号	全国重点文物保护单位	单位办公	政治
82	王怀庆旧居	1926年	近现代重要史迹及代表性建筑	天津市市辖区和平区体育馆街道泰来里居委会芷江路泰华里1号	尚未核定为保护单位	民居	军事
83	张叔诚旧居	1936年	近现代重要史迹及代表性建筑	天津市市辖区和平区体育馆街道福林里居委会成都道118号	尚未核定为保护单位	单位办公	文化
84	李厚基旧居	民国	近现代重要史迹及代表性建筑	天津市市辖区和平区劝业场街道滨西居委会赤峰道90号	市、县级文物保护单位	部队	军事
85	范竹斋旧居	民国	近现代重要史迹及代表性建筑	天津市市辖区和平区劝业场街道花园路居委会赤峰道76号	市、县级文物保护单位	单位办公	经济
86	黄氏旧居	民国	近现代重要史迹及代表性建筑	天津市市辖区和平区劝业场街道花园路居委会赤峰道72号	尚未核定为保护单位	博物馆	政治
87	王劭廉旧居	民国	近现代重要史迹及代表性建筑	天津市市辖区和平区劝业场街道花园路居委会赤峰道74号	尚未核定为保护单位	商业用房	文化

续表

序号	名称	年代	类别	地址	保护级别	利用方式	名人类型
88	卢永祥旧居	1925年	近现代重要史迹及代表性建筑	天津市市辖区和平区劝业场街道滨西居委会赤峰道130号	市、县级文物保护单位	单位办公	政治
89	陆锦旧居	1924年	近现代重要史迹及代表性建筑	天津市市辖区和平区劝业场街道滨西居委会陕西路174号	尚未核定为保护单位	单位办公	军事
90	张福来旧居	民国	近现代重要史迹及代表性建筑	天津市市辖区和平区小白楼街道旅顺道居委会建设路69号	尚未核定为保护单位	单位办公	军事
91	王揖唐旧居	民国	近现代重要史迹及代表性建筑	天津市市辖区和平区劝业场街道林泉居委会沈阳道66号	尚未核定为保护单位	单位办公	政治
92	高星桥旧居	民国	近现代重要史迹及代表性建筑	天津市市辖区和平区劝业场街道花园路居委会辽宁路162号	尚未核定为保护单位	民居	经济
93	张浙洲旧居	民国	近现代重要史迹及代表性建筑	天津市市辖区和平区劝业场街道兆丰路居委会长春道184号	尚未核定为保护单位	民居	经济
94	曹汝霖旧居	1919年	近现代重要史迹及代表性建筑	天津市市辖区和平区劝业场街道林泉居委会山西路108号	尚未核定为保护单位	民居	政治
95	鹿钟麟旧居	1930年	近现代重要史迹及代表性建筑	天津市市辖区和平区劝业场街道静园居委会陕西路53号	尚未核定为保护单位	民居	政治
96	宁星普旧居	民国	近现代重要史迹及代表性建筑	天津市市辖区和平区劝业场街道静园居委会陕西路55号	尚未核定为保护单位	民居	经济
97	静园	1921年	近现代重要史迹及代表性建筑	天津市市辖区和平区劝业场街道静园居委会鞍山道70号	省级文物保护单位	博物馆	政治
98	郑士琦旧居	1925年	近现代重要史迹及代表性建筑	天津市市辖区和平区小白楼街道旅顺道居委会建设路41号	尚未核定为保护单位	空置	军事
99	刘汝明旧居	民国	近现代重要史迹及代表性建筑	天津市市辖区和平区体育馆街道安乐村居委会长沙路64号	尚未核定为保护单位	学校	军事

续表

序号	名称	年代	类别	地址	保护级别	利用方式	名人类型
100	周学熙旧居	民国	近现代重要史迹及代表性建筑	天津市市辖区和平区体育馆街道澳门路居委会澳门路3号	尚未核定为保护单位	单位办公	经济
101	李宝昨旧居	民国	近现代重要史迹及代表性建筑	天津市市辖区和平区体育馆街道安乐村居委会大理道21号	尚未核定为保护单位	单位办公	经济
102	赵以成旧居	民国	近现代重要史迹及代表性建筑	天津市市辖区和平区体育馆街道文化里居委会常德道69号	尚未核定为保护单位	民居	医学
103	常德道78号毕鸣岐旧居	民国	近现代重要史迹及代表性建筑	天津市市辖区和平区体育馆街道文化里居委会常德道78号	尚未核定为保护单位	不详	经济
104	陈调甫旧居	民国	近现代重要史迹及代表性建筑	天津市市辖区和平区体育馆街道安乐村居委会大理道贤邻别墅1号	尚未核定为保护单位	民居	经济
105	杨济时旧居	民国	近现代重要史迹及代表性建筑	天津市市辖区和平区体育馆街道育文坊居委会重庆道116号	尚未核定为保护单位	学校	医学
106	王荷舫旧居	民国	近现代重要史迹及代表性建筑	天津市市辖区和平区体育馆街道泰来里居委会岳阳道37号	尚未核定为保护单位	不详	政治
107	张轮远旧居	民国	近现代重要史迹及代表性建筑	天津市市辖区和平区体育馆街道福林里居委会岳阳道安庆里1号	尚未核定为保护单位	民居	文化
108	段祺瑞旧居	1920年	近现代重要史迹及代表性建筑	天津市市辖区和平区劝业场街道福明居委会鞍山道38号	省级文物保护单位	单位办公	政治
109	孙多钰旧居	民国	近现代重要史迹及代表性建筑	天津市市辖区和平区体育馆街道育文坊居委会大理道66号	尚未核定为保护单位	商业用房	政治
110	张学铭旧宅	1925年	近现代重要史迹及代表性建筑	天津市市辖区和平区体育馆街道三盛里居委会睦南道50号	全国重点文物保护单位	单位办公	政治
111	李叔福旧宅	1938年	近现代重要史迹及代表性建筑	天津市市辖区和平区体育馆街道澳门路居委会睦南道28号	全国重点文物保护单位	单位办公	经济

续表

序号	名称	年代	类别	地址	保护级别	利用方式	名人类型
112	孙殿英旧宅	1930年	近现代重要史迹及代表性建筑	天津市市辖区和平区体育馆街道澳门路居委会睦南道20号	全国重点文物保护单位	单位办公	政治
113	周氏旧宅	1933年	近现代重要史迹及代表性建筑	天津市市辖区和平区体育馆街道三盛里居委会河北路277号	全国重点文物保护单位	单位办公	文化
114	孙氏旧宅	民国	近现代重要史迹及代表性建筑	天津市市辖区和平区体育馆街道育文坊居委会大理道66号	全国重点文物保护单位	商业用房	经济
115	吴颂平旧宅	1934年	近现代重要史迹及代表性建筑	天津市市辖区和平区体育馆街道友谊里居委会昆明路117号	全国重点文物保护单位	商业用房	政治
116	李爱锐旧宅	民国	近现代重要史迹及代表性建筑	天津市市辖区和平区体育馆街道湖南路居委会重庆道38号	尚未核定为保护单位	单位办公	体育
117	顾维钧旧宅	1927年	近现代重要史迹及代表性建筑	天津市市辖区和平区体育馆街道湖南路居委会河北路267号	全国重点文物保护单位	单位办公	政治
118	孙传芳旧宅	1931年	近现代重要史迹及代表性建筑	天津市市辖区和平区小白楼街道泰安道居委会泰安道17号	省级文物保护单位	单位办公	军事
119	纳森旧宅	民国	近现代重要史迹及代表性建筑	天津市市辖区和平区小白楼街道泰安道居委会泰安道7号	省级文物保护单位	单位办公	经济
120	陶氏旧宅	民国	近现代重要史迹及代表性建筑	天津市市辖区和平区体育馆街道泰来里居委会成都道14号	全国重点文物保护单位	民居	文化
121	章瑞庭旧宅	1922年	近现代重要史迹及代表性建筑	天津市市辖区和平区劝业场街道花园路居委会花园路9号	省级文物保护单位	单位办公	教育
122	庄乐峰旧宅	1927年	近现代重要史迹及代表性建筑	天津市市辖区和平区劝业场街道花园路居委会花园路10号	省级文物保护单位	单位招待所	教育
123	李吉甫旧宅	1918年	近现代重要史迹及代表性建筑	天津市市辖区和平区劝业场街道花园路居委会花园路12号	省级文物保护单位	空置	经济

续表

序号	名称	年代	类别	地址	保护级别	利用方式	名人类型
124	张学良旧宅	1924～1931年	近现代重要史迹及代表性建筑	天津市市辖区和平区劝业场街道花园路居委会赤峰道78号	省级文物保护单位	商业用房	政治
125	元隆孙旧宅	1901年	近现代重要史迹及代表性建筑	天津市市辖区和平区劝业场街道花园路居委会新华路120号	省级文物保护单位	单位办公	经济
126	赵汉卿旧宅	清末	近现代重要史迹及代表性建筑	天津市市辖区和平区南市街道大福里居委会华安街162～164号	尚未核定为保护单位	单位办公	社会
127	林鸿赉旧宅	民国	近现代重要史迹及代表性建筑	天津市市辖区和平区体育馆街道安乐村居委会常德道2号	全国重点文物保护单位	单位招待所	经济
128	朋利言旧宅	民国	近现代重要史迹及代表性建筑	天津市市辖区和平区体育馆街道澳门路居委会郑州道35号	尚未核定为保护单位	单位办公	政治
129	乐达仁旧居	民国	近现代重要史迹及代表性建筑	天津市市辖区河西区下瓦房街道棉二大院居委会宁波道5号	尚未核定为保护单位	民居	医学
130	袁克定旧居	民国	近现代重要史迹及代表性建筑	天津市市辖区河西区下瓦房街道台北路居委会台北路6号	省级文物保护单位	单位办公	政治
131	毕桂芳旧居	民国	近现代重要史迹及代表性建筑	天津市市辖区河西区下瓦房街道福建路居委会奉化道5～9号	尚未核定为保护单位	民居	政治
132	桑志华旧居	1923年	近现代重要史迹及代表性建筑	天津市市辖区河西区桃园街道照耀里居委会马场道117号	省级文物保护单位	学校	文化
133	刘冠雄旧居	1922年	近现代重要史迹及代表性建筑	天津市市辖区河西区桃园街道照耀里居委会马场道123号	省级文物保护单位	学校	军事
134	朱启钤旧居	1922年	近现代重要史迹及代表性建筑	天津市市辖区河西区马场街道劳卫里居委会马场道164号增1号	省级文物保护单位	民居	政治
135	川岛芳子旧居	民国	近现代重要史迹及代表性建筑	天津市市辖区河西区下瓦房街道棉二大院居委会解放南路325号	尚未核定为保护单位	单位办公	政治

续表

序号	名 称	年代	类别	地址	保护级别	利用方式	名人类型
136	张勋旧宅	1917年	近现代重要史迹及代表性建筑	天津市市辖区河西区大营门街道浦口道居委会浦口道6号	省级文物保护单位	单位办公	政治
137	英商牛吗嗤·勃尔顿旧宅	1902年	近现代重要史迹及代表性建筑	天津市市辖区河西区下瓦房街道棉二大院居委会台儿庄路51号	省级文物保护单位	商业用房	经济
138	吴毓麟旧宅	1921年	近现代重要史迹及代表性建筑	天津市市辖区河西区下瓦房街道棉二大院居委会解放南路292号	省级文物保护单位	单位办公	军事
139	王仲山旧宅	1900年	近现代重要史迹及代表性建筑	天津市市辖区河西区大营门街道浦口道居委会浦口道21号	省级文物保护单位	单位办公	军事
140	达文士楼	1905年	近现代重要史迹及代表性建筑	天津市市辖区河西区桃园街道照耀里居委会马场道121号	尚未核定为保护单位	民居	经济
141	徐朴庵旧居	民国	近现代重要史迹及代表性建筑	天津市市辖区南开区鼓楼街道无居委会东门里大街202号	省级文物保护单位	博物馆	经济
142	王永泉旧居	1921年	近现代重要史迹及代表性建筑	天津市市辖区南开区兴南街道天海路居委会三纬路72号	省级文物保护单位	单位办公	军事
143	杨以德旧居	1921年	近现代重要史迹及代表性建筑	天津市市辖区南开区兴南街道紫光苑居委会南开二纬路41号	省级文物保护单位	单位办公	政治
144	张伯苓旧居	1920年	近现代重要史迹及代表性建筑	天津市市辖区南开区兴南街道无居委会南门外大街272号	尚未核定为保护单位	单位办公	教育
145	北门内孙氏旧宅	1932年	近现代重要史迹及代表性建筑	天津市市辖区南开区鼓楼街道无居委会北门内大街70号	尚未核定为保护单位	商业用房	经济
146	宁家大院	民国	近现代重要史迹及代表性建筑	天津市市辖区南开区兴南街道紫光苑居委会南开三纬路50号	尚未核定为保护单位	单位办公	经济
147	卞家大院	1914年	近现代重要史迹及代表性建筑	天津市市辖区南开区鼓楼街道无居委会北门里沈家栅栏三号（现鼓楼北街）	市、县级文物保护单位	民居	经济

续表

序号	名称	年代	类别	地址	保护级别	利用方式	名人类型
148	梁启超旧居	1914年、1924年	近现代重要史迹及代表性建筑	天津市市辖区河北区光复道街道建国道居委会，民族路12、16号	全国重点文物保护单位	博物馆	文化
149	冯国璋旧居	1912年	近现代重要史迹及代表性建筑	天津市市辖区河北区光复道街道庆安街居委会，民主道52～56号	省级文物保护单位	单位办公	政治
150	刘髯公旧居	中华民国	近现代重要史迹及代表性建筑	天津市市辖区河北区光复道街道建国道居委会，建国道66号	省级文物保护单位	单位办公	文化
151	曹禺旧居	清宣统二年（1910年）	近现代重要史迹及代表性建筑	天津市市辖区河北区光复道街道建国道居委会，民主道7～9号	省级文物保护单位	博物馆	文化
152	曹锐旧居	中华民国	近现代重要史迹及代表性建筑	天津市市辖区河北区光复道街道建国道居委会，民主道29号	市、县级文物保护单位	空置	政治
153	张廷谔旧居	中华民国	近现代重要史迹及代表性建筑	天津市市辖区河北区光复道街道建国道居委会，民主道35号	市、县级文物保护单位	部队	政治
154	易兆云旧居（民族路92号楼）	中华民国	近现代重要史迹及代表性建筑	天津市市辖区河北区光复道街道建国道居委会，民族路52、54号	市、县级文物保护单位	空置	军事
155	华世奎北安道旧居	中华民国	近现代重要史迹及代表性建筑	天津市市辖区河北区光复道街道建国道居委会，胜利路389号	市、县级文物保护单位	空置	文化
156	潘毓桂旧居	中华民国	近现代重要史迹及代表性建筑	天津市市辖区河北区光复道街道建国道居委会，民族路47号	省级文物保护单位	商业用房	政治
157	王卓然旧居	中华民国	近现代重要史迹及代表性建筑	天津市市辖区河北区光复道街道建国道居委会，博爱道22～24号	省级文物保护单位	空置	政治
158	卢鹤绂旧居	中华民国	近现代重要史迹及代表性建筑	天津市市辖区河北区光复道街道建国道居委会，胜利路403号	省级文物保护单位	空置	科学
159	程曦旧居	中华民国	近现代重要史迹及代表性建筑	天津市市辖区河北区光复道街道建国道居委会，民主道21～27号	尚未核定为保护单位	空置	政治

续表

序号	名称	年代	类别	地址	保护级别	利用方式	名人类型
160	张鸣岐旧居（民生路69号楼）	中华民国	近现代重要史迹及代表性建筑	天津市市辖区河北区光复道街道建国道居委会，自由道21～23号	市、县级文物保护单位	空置	政治
161	韩麟生旧居	中华民国	近现代重要史迹及代表性建筑	天津市市辖区河北区光复道街道建国道居委会，自由道28号	尚未核定为保护单位	民居	政治
162	杨天寿旧居	中华民国	近现代重要史迹及代表性建筑	天津市市辖区河北区光复道街道建国道居委会，民族路18～22号	尚未核定为保护单位	空置	经济
163	龚心湛旧居	1920年	近现代重要史迹及代表性建筑	天津市市辖区河北区光复道街道庆安街居委会，胜利路20号	市、县级文物保护单位	民居	政治
164	阎家琦旧居	中华民国	近现代重要史迹及代表性建筑	天津市市辖区河北区光复道街道建国道居委会，胜利路401号	市、县级文物保护单位	空置	政治
165	程克旧居	1912年	近现代重要史迹及代表性建筑	天津市市辖区河北区光复道街道建国道居委会，进步道36～40号	市、县级文物保护单位	空置	政治
166	杨豹灵旧居	中华民国	近现代重要史迹及代表性建筑	天津市市辖区河北区光复道街道建国道居委会，进步道99～103号	尚未核定为保护单位	空置	政治
167	进步道曹锟旧居	中华民国	近现代重要史迹及代表性建筑	天津市市辖区河北区光复道街道庆安街居委会，进步道48～50号	市、县级文物保护单位	单位办公	政治
168	王一民旧居	中华民国	近现代重要史迹及代表性建筑	天津市市辖区河北区光复道街道建国道居委会，民生路48～52号	市、县级文物保护单位	空置	军事
169	王郅隆旧居	中华民国	近现代重要史迹及代表性建筑	天津市市辖区河北区光复道街道建国道居委会，建国道74号	尚未核定为保护单位	单位办公	经济
170	鲍贵卿旧居	1920年	近现代重要史迹及代表性建筑	天津市市辖区河北区光复道街道庆安街居委会，平安街81号	市、县级文物保护单位	部队	军事
171	程季华旧居	中华民国	近现代重要史迹及代表性建筑	天津市市辖区河北区光复道街道庆安街居委会，胜利路24号	尚未核定为保护单位	空置	经济

续表

序号	名称	年代	类别	地址	保护级别	利用方式	名人类型
172	刘建章旧居	1919年	近现代重要史迹及代表性建筑	天津市市辖区河北区鸿顺里街道律纬路居委会，三马路114号	尚未核定为保护单位	民居	政治
173	郭文翥旧居	中华民国	近现代重要史迹及代表性建筑	天津市市辖区河北区光复道街道庆安街居委会，胜利路22号	尚未核定为保护单位	民居	政治
174	汤玉麟旧宅	193O年	近现代重要史迹及代表性建筑	天津市市辖区河北区光复道街道建国道居委会，民主道38号	省级文物保护单位	单位办公	政治
175	袁氏旧宅	1918年	近现代重要史迹及代表性建筑	天津市市辖区河北区光复道街道庆安街居委会，海河东路39号	省级文物保护单位	商业用房	政治
176	祖氏旧宅	中华民国	近现代重要史迹及代表性建筑	天津市市辖区河北区光复道街道建国道居委会，胜利路391～393号	尚未核定为保护单位	空置	社会
177	安氏旧宅	中华民国	近现代重要史迹及代表性建筑	天津市市辖区河北区光复道街道建国道居委会，民主道14～18号	尚未核定为保护单位	单位办公	经济
178	李叔同故居	清	近现代重要史迹及代表性建筑	天津市市辖区河北区光复道街道庆安街居委会，海河东路与滨海道交口东南角	省级文物保护单位	博物馆	文化
179	龚望旧居	民国（不晚于1936年）	近现代重要史迹及代表性建筑	天津市市辖区红桥区西沽街道桥北居委会桥口街24号	尚未核定为保护单位	民居	文化
180	韩家大院	清	古建筑	天津市市辖区红桥区西沽街道东庞居委会庞家胡同2号	尚未核定为保护单位	民居	社会
181	李家旧宅	中华民国	近现代重要史迹及代表性建筑	天津市市辖区西青区杨柳青镇六街乔家旮旯胡同8号	尚未核定为保护单位	单位办公、民居	社会
182	杜家旧宅	清	古建筑	天津市市辖区西青区杨柳青镇六街乔家疙瘩胡同12号	尚未核定为保护单位	单位办公、民居	社会
183	曹家旧宅	清	古建筑	天津市市辖区西青区杨柳青镇十四街板桥胡同9号	尚未核定为保护单位	民居	社会

续表

序号	名称	年代	类别	地址	保护级别	利用方式	名人类型
184	霍元甲故居	清	近现代重要史迹及代表性建筑	天津市市辖区西青区精武镇小南河村村内	省级文物保护单位	学校	社会
185	石家大院	清	古建筑	天津市市辖区西青区杨柳青镇估衣街47号	全国重点文物保护单位	博物馆	社会
186	安家大院	清	古建筑	天津市市辖区西青区杨柳青镇估衣街28号	省级文物保护单位	民居	社会
187	董家大院	清	古建筑	天津市市辖区西青区杨柳青镇八街猪市大街19号	省级文物保护单位	单位办公	社会
188	周家大院	清	古建筑	天津市市辖区西青区杨柳青镇八街猪市大街25号	尚未核定为保护单位	单位办公、民居	社会
189	安幸生故居	清光绪二十八年（1902年）	近现代重要史迹及代表性建筑	天津市市辖区北辰区双口镇中河头村富强大街海福巷	尚未核定为保护单位	单位办公	政治
190	黄金祥故居	清	近现代重要史迹及代表性建筑	天津市市辖区北辰区北仓镇王秦庄村光明大街	尚未核定为保护单位	民居	社会
191	郑家大院	清	古建筑	天津市市辖区津南区葛沽镇南大街17号	尚未核定为保护单位	学校	社会
192	小裕庄谢家旧宅	清	古建筑	天津市市辖区武清区上马台乡小裕庄村中心	尚未核定为保护单位	单位办公	社会
193	陈光远故居	清	近现代重要史迹及代表性建筑	天津市市辖区武清区崔黄口镇崔黄口村内西南部	尚未核定为保护单位	单位办公	军事
194	于方舟故居	1943年	近现代重要史迹及代表性建筑	天津市县宁河县俵口乡解放村北区一排	省级文物保护单位	单位办公	政治
195	陈四老公故居遗址	清	古遗址	天津市县蓟县官庄镇挂月庄村西	尚未核定为保护单位	单位办公	政治
196	张家大院	清	古建筑	天津市县蓟县出头岭镇官场村北	省级文物保护单位	单位办公	社会

附表二　消失的名人故居名单（相对于第二次全国不可移动文物普查）

序号	名称	年代	保护级别	类别	地址	消失时间	消失原因
1	刘汝明旧居	民国	尚未核定为保护单位	近现代重要史迹及代表性建筑	天津市和平区马场道150号	1992年	城市建设
2	靳少卿西安道旧居	1933年	尚未核定为保护单位	近现代重要史迹及代表性建筑	天津市和平区西安道64号	2001年	城市建设
3	石松岩旧居	民国	尚未核定为保护单位	近现代重要史迹及代表性建筑	天津市和平区河北路279号	20世纪90年代	城市建设
4	毛泽民旧居	1929年	尚未核定为保护单位	近现代重要史迹及代表性建筑	天津市和平区开封道先农里6条6号	20世纪90年代	城市建设
5	李魁元旧居	民国	尚未核定为保护单位	近现代重要史迹及代表性建筑	天津市和平区南京路110号	20世纪90年代	城市建设
6	孙振家旧居	1929年	尚未核定为保护单位	近现代重要史迹及代表性建筑	天津市和平区营口道125号	2001年	城市建设
7	毕鸣岐常德道78号旧居	民国	尚未核定为保护单位	近现代重要史迹及代表性建筑	天津市市辖区和平区体育馆街道文化里居委会常德道78号	2008年	倒塌
8	宋振刚旧居	民 国	尚未核定为保护单位	近现代重要史迹及代表性建筑	天津市河东区李地大街铁路二小学新16号	1997年年底	城市建设
9	德璀琳旧居	1877年	尚未核定为保护单位	近现代重要史迹及代表性建筑	天津市河西区马场道271号	20世纪初	旧城改造
10	刘奎龄旧居	清	尚未核定为保护单位	近现代重要史迹及代表性建筑	天津市河西区土城平建里2、3号	20世纪90年代	旧城改造
11	张锦文旧居	清	尚未核定为保护单位	近现代重要史迹及代表性建筑	旧城北门内龙亭街居民里	2003	旧城改造
12	王襄旧居	清	尚未核定为保护单位	近现代重要史迹及代表性建筑	旧城东门内大刘家胡同15号	2003	旧城改造
13	范竹斋旧居	民国	尚未核定为保护单位	近现代重要史迹及代表性建筑	旧城西门内大街99号	2003	旧城改造
14	马千里旧居	民国	尚未核定为保护单位	近现代重要史迹及代表性建筑	西门内祁东胡同14号	2003	旧城改造
15	齐耀珊旧居	1922年	尚未核定为保护单位	近现代重要史迹及代表性建筑	天津市河北区光复道1号	2003年	城区建设
16	宋棐卿旧居	民国	尚未核定为保护单位	近现代重要史迹及代表性建筑	天津市河北区北安道44号	2003年	城区建设
17	刘春霖旧居	清末	尚未核定为保护单位	近现代重要史迹及代表性建筑	天津市河北区李公祠大街48号	2000年	城区建设
18	范国璋旧居	1920年	尚未核定为保护单位	近现代重要史迹及代表性建筑	红桥区太平街12号、14号	1995年	旧城改造
19	李氏旧宅	民国	尚未核定为保护单位	近现代重要史迹及代表性建筑	天津市和平区马场道74号	1999年	城市建设
20	凌月波旧宅	民国	尚未核定为保护单位	近现代重要史迹及代表性建筑	天津市和平区赤峰道142号	2001年	城市建设
21	方若旧宅	1938年	尚未核定为保护单位	近现代重要史迹及代表性建筑	天津市和平区多伦道186号	20世纪90年代	城市建设

续表

序号	名称	年代	保护级别	类别	地址	消失时间	消失原因
22	孙殿英南京路旧宅	1930年	尚未核定为保护单位	近现代重要史迹及代表性建筑	天津市和平区南京路114号	20世纪90年代	城市建设
23	石友三旧宅	1932年	尚未核定为保护单位	近现代重要史迹及代表性建筑	天津市和平区唐山道26号	20世纪90年代	城市建设
24	齐燮元旧宅	民国	尚未核定为保护单位	近现代重要史迹及代表性建筑	天津市和平区新华路178号	20世纪90年代	城市建设
25	“快马张”旧宅	1900年	尚未核定为保护单位	近现代重要史迹及代表性建筑	天津市和平区浙江路16号	20世纪90年代	城市建设
26	冰窖赵家旧宅	清末	尚未核定为保护单位	近现代重要史迹及代表性建筑	天津市市辖区和平区南市街道大福里居委会华安街162～164号	2010年4月	城市建设
27	严氏旧宅	民国	尚未核定为保护单位	近现代重要史迹及代表性建筑	天津市河西区马场道155～167号	20世纪80年代	旧城改造
28	袁氏旧宅	民国	尚未核定为保护单位	近现代重要史迹及代表性建筑	天津市河西区南京路54号，56号	20世纪90年代	旧城改造
29	王占元旧宅	1921年	尚未核定为保护单位	近现代重要史迹及代表性建筑	天津市河北区自由道68号	2004年	城区建设
30	胡若愚旧宅	民国	尚未核定为保护单位	近现代重要史迹及代表性建筑	天津市河北区建国道27号	2003年	城区建设
31	杨以德建国道旧宅	民国	尚未核定为保护单位	近现代重要史迹及代表性建筑	天津市河北区建国道72号	2008年	地铁建设
32	张家大院	民国	尚未核定为保护单位	近现代重要史迹及代表性建筑	天津市和平区多伦道228号	20世纪90年代	城市建设
33	凌家大院	1880年	尚未核定为保护单位	古建筑	天津市河西区越秀路小王庄	20世纪初	旧城改造
34	“益德王”大院	民国	尚未核定为保护单位	近现代重要史迹及代表性建筑	北门内户部街56号	2004	旧城改造
35	徐家大院	民国	市、县级文物保护单位	近现代重要史迹及代表性建筑	东门内仓敖街48号	2003	旧城改造
36	王家大院	民国	尚未核定为保护单位	近现代重要史迹及代表性建筑	府署街邵家大门12～20号	2003	旧城改造
37	杨家大院	清、民国	市、县级文物保护单位	近现代重要史迹及代表性建筑	宫北大街13号	2003	旧城改造
38	姚家大院	清	尚未核定为保护单位	近现代重要史迹及代表性建筑	旧城东门内扛张胡同22号	2003	旧城改造
39	柳家大院	民国	尚未核定为保护单位	近现代重要史迹及代表性建筑	南门内大街131号	1997	旧城改造
40	王家大院	清末民初	尚未核定为保护单位	近现代重要史迹及代表性建筑	红桥区针市街166号	2003年	旧城改造
41	刘家大院	1920年	尚未核定为保护单位	近现代重要史迹及代表性建筑	红桥区北马路286号	2003年	旧城改造
42	黎元洪公馆旧址	1917年	尚未核定为保护单位	近现代重要史迹及代表性建筑	解放路256号	不详	城市建设
43	原庆云堂刘公馆	1938年	尚未核定为保护单位	近现代重要史迹及代表性建筑	成都道文星里7号	不详	城市建设

浅谈对博物馆绩效考评的思考
——以天津市首次博物馆绩效考评为例

徐　颖
（天津市文物管理中心）

摘要：2008年以后，随着博物馆免费开放的实施，门票收入不再成为博物馆评估的指标，因此建立更加科学严谨的博物馆考评体系显得更加重要。本文以2013年度天津市博物馆纪念馆绩效考评工作为基础，全面阐述博物馆绩效考评工作的基本要求、评估指标项、博物馆所面临的问题以及对考评工作的思考等。

关键词：博物馆　绩效考评　指标项

博物馆是人类收藏历史记忆凭证和熔铸新文化的殿堂，担负着保护、研究和展示人类及人类环境遗存，推动人类文明发展的重要职能。博物馆作为公共文化服务体系的重要组成部分，对实现文化遗存的保护和惠及民生，丰富公众文化生活发挥了积极作用。随着博物馆事业的发展，截至2014年1月1日，目前在天津市文物局注册、登记、接受年检且合格的博物馆共62座，其中文博系统内博物馆26座、行业博物馆19座、民办博物馆17座。

2014年年底，天津市文物局开展了首次博物馆绩效考评工作，对天津市各博物馆、纪念馆进行2013年度绩效考评。根据《天津市博物馆纪念馆绩效考评办法（试行）》的规定，依据《天津市博物馆纪念馆绩效考评表》的指标项，对本市提交绩效考评申请的49座博物馆、纪念馆进行了考评。

一、首次绩效考评的基本情况

2008年以前，博物馆的门票收入较为客观地反映出社会公众对博物馆展览和服务的认可度。随着博物馆实施免费开放，门票收入不能作为博物馆的评价指标，因此博物馆评估工作需要更加科学严谨的评价体系。博物馆评估的指标项应包括博物馆制度建设、场馆的硬件设施、藏品保管、消防安防、展览陈列、财务状况、社会服务、人力资源、观众人数、文化产品、科学研究、博物馆宣传、公众满意度、社会影响等方面的内容[①]。

天津市博物馆绩效考评主要从综合管理与设施、藏品管理、陈列展览、社会服务、科学研究等五个方面设计了指标项，进行量化打分，总分共计500分。每个指标项中包含若干分类项，综合管理与设施包括管理制度创新、管理制度完善、馆舍与环境、人力资源、财务管理、安全保障、消防安全、公共安全等；藏品管理包含藏品档案、藏品备案、藏品库房管理等；陈列展览包含基本陈列、临时展览、博物馆宣传、博物馆的声誉和旅游影响力等；社会服务包含对外开放、讲解服务、志愿者、参观游览服务、社会教育、巡展和活动、文化产品研发和经营等；科学研究包括学术会议、学术研究等，考评主要围绕博物馆具备的硬件条件、博物馆的运营和博物馆功能的实现等方面开展。从此次考评结果看，获得优秀等次的博物馆各方面发展比较均衡，功能比较齐全，各个指标项都能得到一定的分数，甚至完成得较为出色，如有的民办博物馆有自己的公共服务设施，可以为观众提供读书喝茶的空间。获得合格档次的博物馆往往有大的得分点缺失，如藏品档案和藏品备案的缺失，没有博物馆相关文化产品的研发，社教工作没有相应的证明材料予以佐证等；考核结果不合格的博物馆，其所提供的申报材料及自评分即为不合格。

此次博物馆绩效考评工作是天津市第一次开展，特别是对行业、民办博物馆的考评，在全国尚属首次。最终考评结果基本反映了目前天津市博物馆事业的发展概况，国有省级博物馆、纪念馆仍处在博物馆事业的领头羊位置，专题和区域博物馆的发展则呈现了不同的态势，文博系统、民办、行业博物馆各具规模，各具特色，在自身专业领域具备一定的影响力。天津市博物馆、纪念馆已经基本形成了以文博系统国有博物馆为主体，行业、民办博物馆为补充的体系。

二、天津市博物馆事业发展存在的问题及解析——以 2013 年度博物馆绩效考评为例

纵观此次绩效考评工作，虽然不同性质的博物馆发展模式各不相同，但通过对各参评博物馆申报材料的审查及现场复核，一些问题集中暴露出来，主要表现在以下几个方面。

1. 博物馆发展定位不够清晰，难以形成自己的办馆宗旨和自身特色

2004年《国际博物馆协会博物馆职业道德》明确要求："博物馆应当公开申明博物馆的使命、目标和政策，通过一个清晰的定位和发展目标来指引博物馆的发展。"所

① 单霁翔：《关于建立科学的博物馆评价体系的思考》，《中国博物馆》2013年第2期。

以博物馆发展的定位和使命不够清晰，直接给博物馆的收藏、科研、展览、教育等业务工作带来很多不良影响。绩效考评申报材料中“博物馆的发展规划”正是这项指标的体现，博物馆的规划既是指导性文件，也是管理工具，而此次绩效考评大多数博物馆的发展规划只是本馆年度的工作计划，在日常工作和发展建设中，年度计划并不足以作为博物馆发展的指引和导向。

博物馆的定位和使命归根到底是博物馆的宗旨，博物馆只要找准自身办馆宗旨，才能制定发展目标，围绕宗旨和目标制定符合自身特色的运营管理机制、征集藏品，明确科研方向，防止千馆一面，将自己办成填补博物馆门类空白和体现行业特性、区域特点的专题性博物馆。

2. 博物馆社会化程度有限，教育功能需要强化

博物馆作为一个为社会和社会发展服务的开放机构，社会化是博物馆赖以生存、发展的基本属性。《国际博物馆协会博物馆职业道德》也要求“博物馆加强其教育职能，吸引更广泛的来自社区、当地和服务群体的观众，与主导社区合作推广其遗产”。博物馆教育在国民教育体系中具有不可替代的重要作用，教育是博物馆的灵魂，是博物馆的核心功能，是评判一个博物馆存在价值与意义的重要标志。

在对博物馆的现场复核中我们发现，多数博物馆虽然在相关考核指标项的自评中给了自己近乎满分的评价，但拿不出具有博物馆专业水准的、有说服力的证明材料，或者所谓的教育活动方案缺乏操作性和目的性，较多流于形式。首先，博物馆缺少主动融入社会教育体系的意识。缺乏原创性临时展览，为公众可以提供的优良文化产品少，参观人数少，社区服务开展少，社会教育效果不理想，有的博物馆甚至不能保证240天的对外开放。其次，博物馆与教育系统没有建立长效机制，在为学校教育提供教学资源和发展教学项目方面十分薄弱，进校园、进社区的巡展举办不够，也很少组织策划针对不同受众群体的教育活动。

3. 博物馆专业化水平需大力提升，博物馆专业基础工作的规范化、标准化需大力加强。

在此次绩效考评工作中，民办、行业博物馆专业化程度较低，很多工作没有按照博物馆专业工作的标准和规范开展，基础较为薄弱。突出表现在以下几个方面。

（1）藏品档案缺失或不健全、不规范。参加此次博物馆绩效考评的大多数博物馆均只有藏品目录，未形成规范的藏品档案制度，特别是一些藏品数量较大的行业、民办博物馆，藏品档案管理问题较为突出。藏品备案，即藏品档案向市文物行政部门进行备案，这是藏品档案制度的延伸，我市大多数博物馆，包括文博系统博物馆，均未完成此项工作，更未进行藏品数字化建设。

（2）博物馆安全和藏品安全存在隐患。在现场复核过程中，大多数博物馆都有健全的安全保卫制度，设专人专岗，定时轮班，但仍有少数博物馆在安全保卫问题上疏于管理，设备陈旧，无人值班，造成了很大的安全隐患。

（3）博物馆的基本陈列体系不科学，文化含量不高，信息量低。在现场复核过程中，大多数博物馆的展览形式多样，展品布局清晰明确，展览手段也十分丰富，但其中仍有博物馆没有设置基本陈列，以临时展览替代，或者基本陈列过于陈旧，文物展品常年不做调整。甚至有的博物馆展览线路混乱，文物陈列无序，未达到博物馆的陈列要求。

（4）博物馆的综合影响力不高。这是文物博物馆行业发展的薄弱环节，大多数博物馆，尤其是行业和民办博物馆学术研究非常薄弱，不能有效支撑博物馆的可持续发展；不少博物馆对外宣传未能常态化，知名度不高。

问题与机遇往往并存，这次博物馆纪念馆绩效考评工作不仅是天津市文博行业发展现状的汇总和呈现，也为今后博物馆事业的发展指明了方向。灵活和动态的视角审视目前我市博物馆事业的发展，为下一年度的博物馆绩效考评工作做好充分准备。

三、关于博物馆绩效考核工作的几点思考

博物馆作为公共文化服务体系中的公益性机构，其运行有着自身的特性，博物馆的绩效考核应当兼顾各级各类博物馆的特点和可持续发展状况，对于博物馆进行科学评价、量化评价和上下左右的全方位评价。

1. 明确绩效考评的原则

博物馆绩效考评工作应当遵循“公正、公平、公开”的原则，所谓“公正、公平、公开”蕴含在绩效考评的每一个环节，一是考评指标项制定要公正。考评指标项的设定要具有科学性、系统性、可行性，体现动态的绩效特点，兼顾文博系统国有博物馆、行业博物馆、民办博物馆的特点，兼顾大中型博物馆和小型博物馆的特点，同时指标项要在深入调研和广泛听取专家意见的基础上设定。二是绩效考评工作要公平。绩效考评工作可以委托博物馆以外的第三方严格依照《天津市博物馆纪念馆绩效考评办法（试行）》中规定的程序开展，同时市文物局要组织绩效考评领导小组指导、监督绩效考评工作。三是绩效考评过程要公开。把绩效考评工作的整个流程公开，接受社会监督，如果博物馆对本馆的得分有异议，也可以到文物部门申请复核，了解本馆的绩效考评情况。

2. 设置具有本市特色的博物馆绩效考评指标体系

天津市博物馆纪念馆2013年度绩效考评工作中，绩效考评指标项中的博物馆制度建设、场馆的硬件设施、消防安防、人力资源等，这些带有博物馆评估色彩的指标项，作为首次开展的绩效考评工作，起到了摸清我市博物馆的家底，了解各博物馆的定位、特色的功效，但也仅表明了博物馆拥有什么样的资源，而没有反映出博物馆实现了什么样的目的。绩效考评作为每年都要开展的常态化工作，这些指标项体现不出各博物馆纪念馆的动态发展。

博物馆绩效考评的目的是“促进博物馆的发展”，帮助博物馆不断地改进工作和提高服务水平，以实现其对社会的贡献。因此，博物馆的绩效考评是文物管理部门获得决策依据的重要途径，是引导博物馆发展的重要手段，是管理部门和博物馆之间的政策对话工具，是建立博物馆与观众良性关系的必要途径，也是博物馆考评和激励的重要方式。

为了更好地完成此项工作，绩效考评的指标项就要处处体现“促进博物馆发展”这一目的，将上一年度绩效考评中博物馆存在的问题作为下一年度重点考评的内容。以2013年博物馆纪念馆绩效考评为例，绩效考评的结果将作为民办和行业博物馆发放补助资金的依据。按照《天津市民办和行业博物馆专项补助资金管理办法（试行）》的规定，补助资金主要用于民办、行业博物馆日常运行、业务开展、提升服务、人才培养等公益性支出。因此，补助资金的使用将作为博物馆绩效考评工作的重点考评指标项，并且应当具备“一票否决权”，即如果补助资金用于其他用途，如支付人员工资、福利、缴纳罚款、投资等，将取消下一年度绩效考评资格，同时依据《财政违法行为处罚处分条例》的规定追究法律责任。

另外，博物馆绩效考评工作应当对博物馆的管理和发展具有指导作用。结合考评工作所反映的博物馆现存问题，提前设定下一年度绩效考核的主要目标。诸如博物馆藏品备案问题，可以将博物馆的藏品备案作为博物馆绩效考核的主要指标项。文物主管部门可以给博物馆提供关于博物馆藏品档案建立的专题培训，并可以对民办和行业博物馆进行对口扶持，帮助各博物馆完成藏品档案建立和备案工作。又如市文物局制定了《天津市国有博物馆对口支援民办博物馆工作实施方案（试行）》，为了保障方案的落实，可以在绩效考评的指标项里适当体现。

3. 建立科学的绩效考评程序

依法合规的绩效考评程序是对该项工作客观公正、公开透明的根本保障。绩效考评工作由天津市文物局组织实施，市文物局组织设立天津市博物馆纪念馆绩效考评领导小组，由业务部门、财政部门、纪检监察部门和政策法规等部门组成，负责制定博物馆绩效考评规则和评估指标，指导和监督第三方开展绩效考评工作。绩效考评的具体程序应该是参评博物馆依照《天津市博物馆纪念馆绩效考评表》开展自评，填报《天津市博物馆纪念馆绩效考评申报书》，向市博物馆纪念馆绩效考评领导小组提出考核申请；市博物馆纪念馆绩效考评领导小组委托第三方审查申请材料，组织实施博物馆的实地考察、评估、量化打分，并提出考评意见；市博物馆纪念馆绩效考评领导小组组织复核，审核考评结果，并向社会公示，接受社会监督，公示期满无异议后，市博物馆纪念馆绩效考评领导小组签署意见，由天津市文物局向社会公布。

4. 委托第三方作为绩效考核的评估单位

为确保公平、公正的工作原则，此次绩效考评工作引入了第三方作为绩效考评单位的机制。第三方的选取应当采用遴选的形式，由文物部门公开发出招标公告，公布第三方单位具备的条件和遴选的程序，有意愿作为第三方的单位提出申请，申报工作方式、程序及经费预算等材料，文物部门选择最具有开展绩效考核工作能力的单位作为第三方开展此项工作。第三方的工作职责是开展考评工作、撰写考评报告，并根据在绩效考评过程中发现各馆存在的问题，对考评结果进行分析和深入研究，同时全面反馈给博物馆，转化为提升博物馆工作的意见和建议，并结合市文物局下一年度的工作重点，提出下一年度绩效考评指标项的修改建议。

5. 引进专家评估和公众评估相结合的机制

天津市博物馆绩效考评工作分为博物馆自评、专家评估、实地复核、社会评价等程序。自评是博物馆根据指标项结合自身情况进行评分，专家评估就是专家根据各博物馆的申报材料进行评分，而专家评分并不是仅从形式上审查博物馆提交的材料，而是要看其内容，即不仅看材料有没有，更要看内容是否符合要求。例如，博物馆的发展规划、博物馆藏品目录，是否是真正意义上的发展规划、藏品目录。而观众留言、讲解接待、观众调查等也体现了公众参与评估的方式，今后的绩效考评工作还要引进公众评估机制，这也会更加促进了博物馆社会化程度的深入。

总之，博物馆首先是一个公共文化服务机构，不断推出优良的文化产品，为公众提供周到的服务是博物馆的宗旨和当然的责任与义务。开展博物馆绩效考评工作是为了通过规范和强化管理促进博物馆提高效率、改善效果、增强效能，最终实现提高博物馆建设与发展的水平，使得博物馆积极主动融入公共文化服务体系，提高博物馆的专业化水平，使得博物馆事业走上科学、可持续性发展的道路。

作者简介：徐颖，天津市文物管理中心，副研究馆员，天津市和平区大理道44号，300050。

专题博物馆社会教育功能拓展途径刍议

——以天津李叔同故居纪念馆为例

李世敏
（天津博物馆）

摘要：天津是李叔同的诞生地。李叔同故居纪念馆作为专题博物馆，是展示天津历史文化的又一亮丽的窗口。本文就如何挖掘纪念馆自身价值，提升展示水平，创新服务模式，以及增强产业化服务意识，更好地拓展博物馆的社会教育功能等问题进行了阐述和探讨。在新时期，通过拓展专题博物馆的社会教育功能，借以弘扬中华民族优秀的传统文化，同时利用纪念馆特有的文化内涵，打造出具有明显识别体系和吸引力的品牌形象。

关键词：李叔同　故居　纪念馆　传统文化　教育功能

李叔同（弘一法师）是中国近代艺术及其启蒙教育的先驱和佛教律宗大师，他一生立公、立德、立言，为后世留下了咀嚼不尽的精神财富，深受世人景仰。天津是李叔同的故乡，这里记录了他青少年时期的美好时光，他一生的辉煌建树得益于津沽大地深厚文化底蕴的滋养。为纪念中国近代文化先驱、一代高僧李叔同，天津市委市政府复建了李叔同故居，成立纪念馆，于2011年岁末开馆并对外开放。作为天津文物宝藏中一颗璀璨的明珠，随着近年老城厢地区综合改造、鼓楼重建、海河文化风光带的建设，李叔同故居纪念馆及周边已形成新的旅游商贸中心，成为天津经济文化发展中的又一亮丽的窗口，其优越的地理位置和重要的历史人文价值日渐彰显。在新形势下，如何充分地利用好故居这个宝贵的人文遗产，最大限度地发掘其蕴含的文化内涵，宣传其历史价值和当代价值，满足人民群众日益增长的文化需求，拓展其作为专题博物馆的社会功能，无疑是我们开展业务工作的核心。

作为中国近代音乐、戏剧、美术教育的先驱，以及杰出的诗人和书法家，李叔同集传统文化和新学于一身，文化魅力日益彰显，历久弥新。作为一代高僧和律宗大师，李叔同重兴南山律宗的功德，“以戒为师”的操行，“念佛不忘救国”的精神，如一轮明月天心永耀。天津是李叔同的故乡，也是养育他的沃土。其杰出成就、传奇人生和高风亮节，已与这块沃土一起构成了天津深厚独特的地域文化和恢宏多彩的历史画卷。天津李叔同故居纪念馆成立至今，在弘扬中华传统文化、丰富市民文化生活、提高群众文化品位方面发挥着积极作用，并成为培养青少年文化教育的重要园地。可以说，天津李叔同故居纪念馆也是天津建城六百多年历史长河中不可或缺的文化积淀之一，体现着天津文化发展的痕迹，具有独特的历史文化价值。

习近平总书记在北京大学师生座谈会上的讲话中指出："中华文明绵延数千年，有其独特的价值体系。中华优秀传统文化已经成为中华民族的基因，根植在中国人内心，潜移默化影响着中国人的思想方式和行为方式。今天，我们提倡和弘扬社会主义核心价值观，必须从中汲取丰富营养，否则就不会有生命力和影响力。"①所以，我们必须重视发挥李叔同故居纪念馆在进行爱国主义、传统文化教育以及提高全民文化素质、建设社会主义核心价值观之间的作用，充分挖掘其特有的、最佳的教育功能，培育人们对家乡文化的了解和热爱。

一、不断挖掘自身历史文化价值，打造特色品牌

李叔同故居纪念馆总占地面积4000平方米，分为园林和故居两部分。其中，园林占地面积2600平方米，由太湖石假山、人工湖、纪念亭和凉亭等组成。园内芳草碧绿，花木繁盛，充满典雅、幽静的江南韵味。故居占地面积1400平方米，由四组院落、48间房屋组成，青灰色的砖墙、朱红色的门窗，凝重而庄严，李鸿章题写的"进士第"匾额，彰显着李家显赫的地位与身份。

李叔同故居在天津是独一无二的，要很好地发掘其价值功能，就必须要有品牌意识，要充分利用李叔同的影响和故居纪念馆独有的文化内涵，在弘扬优秀传统文化主旋律的同时，丰富展陈内容，在业界突出个性化、特色化。博物馆展陈手段和内容是博物馆的基础和灵魂，专题博物馆利用本馆特有的文化历史价值，整合资源，推出独具特色的展览陈列，满足观众需求，介绍地方特色文化，这是博物馆开展社教工作的基础。

在陈展内容形式上，明确思路和定位，力图建设具有故居明显识别体系和吸引力的品牌形象。依据李叔同故居自身历史文化价值和业务性质、特点，纪念馆设有李叔同生平图片展的基本陈列和故居专题展览，最大限度地复原当时李家的生活场景，如桐达钱庄、佛堂、起居室、洋书房、中书房、意园等。为彰显李家重视教育的家风，展现李叔同在书法、篆刻等方面的艺术成就，特在室外开辟艺术展区，展示一定数量弘一大师的牌匾、楹联、书法、篆刻作品等，力求突出专题纪念馆的特色。

在丰富充实现有基本陈列的基础上，纺念馆创造条件，不断开发新内容，如积

① 习近平：《青年要自觉践行社会主义核心价值观——在北京大学师生座谈会上的讲话》，《天津日报》2014年5月5日新闻版。

极收集资料展示大师在戏剧、话剧方面的杰出成就。纪念馆试图通过一系列陈展内容，比较全面地介绍李叔同个人生平及其在我国文化历史上的贡献，以及对世界的影响。同时注意结合天津地方文史资料，开展相关活动，如举办青少年参与的戏剧章节短剧展演，用歌舞戏剧表演的形式再现大师所倡导的文化魅力，寓教于乐，使原有的文物、图片等“静物”变得“鲜活”，加强青少年对中华多元文化的感悟和认同。还可以不定期举办一些相关的临时展览和知识竞赛活动，如举办戏剧知识讲座，宣传普及中华文化的源远流长、博大精深。总之，我们通过这种文图并茂、静动结合、老少皆宜、雅俗共赏的形式，深入浅出、通俗易懂的讲解，使观众在喜欢看，又看得懂中体味到中华文化的博大与精美，从内心感悟到李叔同故居纪念馆品牌独特的内涵与魅力，发掘故居纪念馆的价值功能。

彰显品牌特色，扩大纪念馆的知名度。一是利用各种媒体形态，围绕故居建筑，展开全方位、多角度、持续性的宣传推广和咨询活动，在社会上扩大知名度。在大学生中招聘志愿者参与李叔同戏剧章节展演，在周边群众中开展咨询，取得良好的社会效益。二是利用故居所处的优越地理位置，通过周边风貌建筑的宣传，揭示天津城市文化形成的原因和特点，进一步凸显故居的历史积淀和人文价值。故居所在的海河文化带物华天宝，遗迹众多，其中包括国家级在内的各级文保单位多达20余处。如单从建筑风格来看，有李叔同故居纪念馆这样具有浓郁北方民居特色的名人故居，有文庙这样的宫殿式建筑，又有典型西欧式近代建筑。这些风格殊异的建筑分别代表了古今中外不同文化，如中华传统文化、西方传教士文化、近代商人文化、市井民俗文化等，天津城市文化正是在这种多文化的交光互影中形成并发展，并造就文化底蕴中“开放性、包容性、多元性”的特征和“与时俱进”的品德①。李叔同故居纪念馆作为其中特征鲜明、内涵丰富、地理位置突出的历史文化载体，自然肩负着现身说教的特殊功能作用。实践证明，观众正是通过我们有意识地引导，通过互动的形式，才对天津城市文化发展，尤其是李叔同的品格和艺术成就有了较深的了解和感悟，受到历史文化艺术的教育和熏陶，也增强了他们对国家、对民族、对天津的热爱，提高了自身文化品位和鉴赏力。

二、努力转变观念，创新服务模式

为提高服务水平，增强竞争活力，我们努力学习贯彻“三创新”“三贴近”的原则，坚决改变旧的办馆模式和手法，积极探索和尝试拓展业务工作的新途径、新方法。

发展“以人为本”的博物馆文化，从服务观众的理念出发。施行零距离讲解，把

---

① 《天津的象征之一——小洋楼如是说》，房产资讯—搜狐热点，2015年5月14日。

过去只在展室内给观众讲解的方法，转变为大门外迎接，边走边讲的方式。我们利用故居纪念馆的建筑布局特点，组织工作人员在大门口迎接观众，将自己纳入到观众之中，采取边走边讲的方式，对园林、碑林、书法篆刻、故居主体、基本陈列等逐一介绍，使观众在参观具体陈展内容前便对故居整体布局和建筑风格，以及功能和艺术价值有了初步概念，待参观具体陈展内容后，观众更加深了对李叔同大师一生功绩的赞赏和对大师品格的仰慕。这样做，拉近了我们与观众的距离，增强了李叔同故居品牌的亲和力、感染力，同时，也了解了观众对我们工作的需求和自身知识的盲点，对培养讲解员敬业精神和服务水平都大有裨益。

三、积极开展馆际间交流合作

博物馆、纪念馆加强馆际交流，可以实现资源互补、优势互补，更好地解决一些博物馆、纪念馆深藏闺中少人知的现状，总结经验，找准专题博物馆、纪念馆社会教育功能的着力点和切入点，共同研究、开发、开展颇具精彩和时代特色的展览。通过馆际间的交流，可以使更多的人、更广泛的受众品味到精品展览，感悟大师一生的成就和思想品格的魅力。开展馆际间的交流合作无疑是拓展纪念馆社会教育功能的有效途径，也是传播中华优秀文化的有力手段。习近平总书记指出："文明因交流而多彩，文明因互鉴而丰富。文明交流互鉴，是推动人类文明进步和世界和平发展的重要动力。"

开门办馆，加强对外合作。为克服纪念馆自身经费、资料不足的困难，满足社会的需求，也需要我们坚持敞开大门，围绕纪念馆建立一系列合作关系。我们主动与各博物馆、图书馆、高校联系，积极参与有关的联谊会、民间收藏学会活动，在最大限度地谋求资源共享的同时，创造条件，发现、征集、整理新资料、新线索，不断地丰富馆藏，充实陈展内容，并引进现代科技手段，提高陈展水平。例如，在开馆之初即与天津市李叔同研究会共同举办了"大德共仰——著名书画家纪念弘一大师书画展"，将全国和天津市以及海外一些书画名家纪念和赞颂李叔同的书画作品呈献给观众，借此表达对弘一大师的尊崇与怀念，收到较好的社会效益。与浙江省桐乡市丰子恺纪念馆联合举办"有情世界——丰子恺书画艺术展"、与浙江省平湖市李叔同纪念馆、天津市李叔同——弘一大师研究会、天津市历史学学会艺术史专业委员会联合举办的"难忘恩师情——中国现代著名音乐教育家刘质平生平展"等展览，在发掘纪念馆自身价值，拓展社会功能上收到了很好的效果。

专题博物馆，不仅需要有行业专业的特色，而且也要结合地域特色。在普遍的行业专业中体现地域特色，在共同的地域中呈现行业专业特色。我们在与天津市博物馆业界开展交流合作的同时，也注重与外省市的李叔同纪念馆以及李叔同大师生前曾住持和讲经说法的佛教寺院展开互访交流，取长补短，在促进我馆陈展水平，拓展社会教育功能，以及加强管理工作等多方面，收获了良好效果。同时，笔者认为，在加强馆际交流上，于外地不能仅限于同类的李叔同纪念馆，也要放眼于其他人物的纪念馆。他山之石，可以攻玉。我们不仅要学习他人的具体做法，更应学习他人先进的办馆理念和管理方式。当年，李叔同从天津走向全国、走向世界。今天，从筚路蓝缕走向欣欣向荣的天津李叔同故居纪念馆，同样有这样的勇气与魄力，这朵盛开在天津海河之畔的文化之葩，必将伴随着大师的文化艺术和佛学成就，伴随着天津国际化大都市进程步伐的加快，而走向全国、走向世界！

四、加强青少年教育工作的开展

一方面开展多种适合青少年儿童参与的活动形式，如传统文化知识讲座，大师相关戏剧的片段编排演出，以喜闻乐见、通俗易懂的形式，增加青少年的参与互动。另一方面，积极走出去，加强与中小学校、幼儿园的联系，参与学校、幼儿园的有关地方文化名人的教育教学活动，戏剧、话剧知识的普及课程教学等；另外，我馆还开展李叔同生平事迹展的巡展讲解，深入河东区实验小学等学校以及社区开展巡展讲解工作，多形式、多角度地普及宣传大师对中华文化的杰出贡献，尽可能地增加公众特别是青少年对李叔同大师的了解和对家乡、对中华传统文化的热爱。

五、力争做大产业化服务意识

纪念馆要生存，要发展，却时时受到经费拮据的制约。当前市场经济的繁荣与发展，为故居纪念馆开展业务工作带来机遇和挑战。单纯保护故居不是目的，利用发掘其价值功能，并将其转化为社会和经济效益才是目的。因此需要我们积极探索兴办文化产业的思路和措施。当然，我们要牢记保护故居纪念馆服务社会的宗旨和使命，不能只要钱不要文化。一是开展人文旅游。鉴于旅游是当前三产中最具活力、方兴未艾的项目，而文化旅游和人文旅游又是当代旅游的重点，因此，我们将创办文化产业重点放在故居纪念馆特色资源的开发利用上，打造天津李叔同故居纪念馆这一旅游文化品牌。主动与旅行社联合，与周边博物馆合作，开展海河文化带连线旅游，如举办古文化街、文庙、戏博、老城博物馆、鼓楼连线旅游和有关工艺品、纪念品、文物仿制的代销。二是拓宽服务面。与有关单位联系，创办与李叔同文化有关的图书资料代销。三是积极创造条件举办李叔同生平事迹的讲座和相关戏剧、绘画知识的公益讲座和培训班，举办义务教育，满足群众要求。

深入发掘天津李叔同纪念馆内在的历史文化价值，不断地丰富和创新纪念馆的展陈内容和服务模式，科学发展，积极拓展专题博物馆特有的社会教育功能，为建设社会主义核心价值观更好地发挥其作用，是一项需要长期坚持而永无止境的工作。为此，我们李叔同故居纪念馆人，在不断地努力探索，也诚向兄弟纪念馆、博物馆学习经验，共铸辉煌！

作者简介：李世敏，天津博物馆，馆员，天津市文化中心，300201。

注　释

［1］　王宏钧：《中国博物馆学基础》，上海古籍出版社，1990年。

［2］　习近平：《青年要自觉践行社会主义核心价值——在北京大学师生座谈会上的讲话》，《天津日报》2014年5月5日要闻版。

［3］　单霁翔：《改革创新　规范管理　充分发挥博物馆事业在和谐社会建设中的突出作用》，《文物工作》，2005年11月。

［4］　王伟：《社会主义核心价值体系是建设和谐文化的根本》，《光明日报》2006年12月3日。

新时期科技博物馆运行管理的一些探索和尝试

李保平
（天津科学技术馆）

摘要：科技博物馆是宣传普及科学知识的重要公益机构，随着科学技术的进步，我国科技馆事业获得了蓬勃发展，科普场馆发挥其科普功能和作用日益凸显。天津科学技术馆就如何在新时期做好运行管理工作做了一些有益尝试，从而为各科普场馆探索研究运行管理工作方法提供了实践经验和依据。

关键词：科技馆　运行管理　尝试

科技博物馆（Science Technology Museum，以下简称科技馆）是向社会公众普及科学知识，弘扬科学精神，传播科学思想和科学方法的基础性设施，是社会公益性的科普教育机构。随着科学技术的进步，我国科技馆事业蓬勃发展。现在做好科技馆工作的标准越来越高，任务越来越重，如何发挥科技馆工作，充分发挥其作用，根据天津市具体情况，天津科学技术馆做了一些有益的探索和尝试，从而为新时期下如何做好科技馆的运行管理工作积累了经验、奠定了基础。

一、常设展厅免费开放，让更多公众受益

为更好地发挥科普场馆公益性基础设施的作用，服务天津市滨海新区开发开放大局，天津科技馆常设展厅从2008年9月20日开始向社会免费开放。这一举措开创了全国科技馆界先河，是一次大胆的尝试，也是落实《全民科学素质行动计划纲要》的一次具体实践。为此，我们从提高服务质量、确保观众安全入手，周密安排，细化流程，明确职能，确保观众安全有序参观。免费开放当天接待各界观众1217人次，在随后的“十一”黄金周期间，更是出现了观众排长队领票的火爆场面。七天时间，常设展厅累计接待观众近2.5万人次，是上一年度同期参观人数的3倍。多家主流媒体对此进行了相关报道，社会各界给予了广泛关注。常设展厅免费开放是天津科学技术馆寻求发展的一个新举措，免费开放后激增的客流也给场馆带来了新的挑战。据统计，2009年、2010年免费接待观众87.6万人次，自免费开放以来天津科学技术馆共接待273.6万人

次，平均每天接待1200多人次，是免费前的2.6倍（表一）。

表一　免费开馆前后的接待情况

年份	2008	2009	2010	免费开放以来
接待人数（万人次）	30.8	46.6	41	273.6

二、提升场馆形象，重新对外开放新馆效应明显

天津科学技术馆于2010年进行了历时一年半的全面提升改造，2012年4月29日重新面向社会开放。改造后的天津科学技术馆焕然一新，展览环境和服务功能都有所提升。常设展厅围绕“人与自然”这一主题，分为“探索发现”“智慧结晶”“认识自我”“和谐发展”和“梦想天地”五个展区。其中“梦想天地”展区是专门为少年儿童设置的，展区色彩鲜明，展品设计新颖，孩子们在这里可以轻松愉快地学习科学知识，提高素质和能力，促进身心健康发展。五个展区融会贯通，280多件（套）展品运用各种不同展示技术，将科学原理与综合应用相结合，科学技术与人文、艺术有机结合，向观众展示了人与自然的和谐统一。

重新开馆后参观场面异常火爆，“五一”三天假期共接待观众2.3万人次，日最高接待量达8100多人次，创天津科学技术馆单日接待历史新高。从重新开馆至6月底，开馆41天，接待观众10.9万人次，平均日接待2660人次，新馆效应非常明显（表二）。

表二　提升改造前后“五一”小长假接待情况

年份	2010	2011	2012
接待人数（万人次）	0.88	闭馆改造	2.3

三、积极申请项目资助，努力提升展品水平

展品陈旧、设施老化等各种制约场馆发展的现象是科普场馆的普遍问题。如何解决这些问题，提升场馆形象，天津科学技术馆近年来采取了以下措施：利用天津社会经济大发展的有利契机，创新工作思路，在相关单位的大力支持下，在改造硬件设施，完善展教功能等方面做了一些实事，取得了一些实效。近年来，多次对展厅环境和展品进行更新改造，不断增加创新性展品，力求以最新、最精的高科技展品吸引公众。相继改造扩建了“数学厅”“人体与健康”“机械与机器人”“认识自我”四个展区。还抓住建设创新型城市和滨海新区开发开放的有利契机，向天津市相关部委提出了研发高水平科普展项的申请并获得批准，分三年时间完成30件高水平展项的研制任务，以此来提升科技馆的展品水平，增强对公众的吸引力。30件展项的研制工作在三年内的科技周期间分别与公众见面，其中的模拟地震平台、垃圾发电、双摆杂技机器人、空客A320模拟驾驶和微操作机器人等展品形式新颖，造型独特，受到公众的普遍欢迎。

四、创新展教形式，延伸科普教育范围

在加强硬件建设的同时，天津科学技术馆从丰富展教内容、改变展教形式和提高服务质量入手，以软件建设提升展示效果，为展教活动增添亮点。相继推出了内容丰富、形式新颖的科普表演系列活动；针对公众关注的科技热点问题开展各种形式的主题活动；坚持每年举办4或5次公益性科普展览；举办各具特色的科普夏令营活动；利用宇宙剧场和市天文学会挂靠单位的有利条件常年开展天象观测、天文培训、“遨游太空之夜”、“天津市中小学生天文节”等系列天文普及活动，由于主题突出、内容丰富、特色鲜明，被中国科协评为“全国科普教育基地优秀特色科普活动”项目。同时，还利用宇宙剧场设备，自行研发了《认星空》《四季的形成》《太阳与太阳系》等多套深受观众喜爱的天文节目。目前，天文科普已成为天津科学技术馆的特色活动之一，各种天文知识培训和观测活动已成为天津市的一大亮点，深受社会各界和广大天文爱好者的好评。我们还通过编制科普读本、出版科普书籍、开展科普特色旅游、网上科普宣传等多种形式进行科学知识的普及，创办了《天津科技传播》内部刊物、策划并编辑出版的《分享我喜欢的图书》活动受到广大师生的欢迎，编辑出版的《中学生学天文》《小学生学天文》科普读物填补了此领域的空白。

近年来，作为全国首批“科技馆活动进校园”试点单位，天津科学技术馆配合学校课程改革，走进中小学校和社区广泛开展多种形式的科学普及活动，取得了显著成绩。足迹遍布河西区、红桥区、南开区、东丽区、蓟县和滨海新区等，涉及32个社区和50多所学校，受众人数近10万人。该馆自行编排的科普剧《谁是凶手》，互动科学表演《身边的科学》《眼见一定为实吗》《塑料的秘密》《奇妙的声音》，以及《好玩的数学》体验课、《认知食品添加剂》科普展览等深受社区居民和学校师生的喜爱。

五、采取得力措施，保证科技馆的可持续发展

强化内部管理，是增强科技馆活力的有效途径。为此，天津科学技术馆在建设一支高素质的科技馆人才队伍上下工夫，注重与国内外同行交流，积极参加各种学术交流活动，虚心学习先进科学教育理念，不断提高展教水平和管理水平，培养出一支组织结构完善、团结协作、专业过硬的科普展教队伍和研发队伍。同时，注重营造馆内的学术氛围和文化氛围，围绕加强队伍建设开展了多种专题教育活动，制订行之有效的学习计划，多次举办“天津科学技术馆学术年会”，在员工中掀起了学习理论，钻研业务的热潮。近年来，我馆加强基础性管理工作，完善内部科普工作机制建设力度，在工作实际中狠抓制度建设和落实，使各项制度深入人心，管理工作进一步规范

化、系统化，提高了工作水平和效率，员工整体素质明显提高，为进一步搞好科普工作打下了良好基础。

六、加强新闻宣传，提升科技馆知名度，吸引各界观众

如何让观众更好地了解科技馆、了解科技馆开展的各项活动，从而吸引观众参观受益，除了科技馆要在工作内容和形式上不断创新外，进行形式多样的宣传也是实现此目标的重要方法和途径。通过媒体对科技馆所开展的工作、活动、效果、观众评价、社会反响等方面的宣传报道，让更多公众逐步认知科技馆，吸引更多公众特别是青少年参与科技馆的活动，从而发挥科技馆科普阵地的作用，提高公众的科学文化素质，成为青少年的第二课堂。

尝试与各新闻媒体合作，结合社会的热点共同举办活动，既及时有效地进行了宣传，又提高了效率。天津科学技术馆近年来与《今晚报》策划组织的“迎‘五一’百名离退休劳模免费参观活动”、与北方网联合组织的“让科普的阳光照耀每个孩子”公益科普活动等，均取得了良好效果。

当今时代科技迅猛发展，网络大行其道，很多人都是通过网络资讯获取信息，充分利用网络资源进行宣传也是一条有效途径。天津科学技术馆先后在新浪微博、腾讯微博进行注册，开通了科技馆论坛和天津科学技术馆微信公众平台。通过以上渠道及时发布相关消息，让更多的网民及时获得信息，关注并现场参与科技馆的活动。

以上是天津科学技术馆近年来的一些做法，对于科普场馆在新形势下如何焕发新的生机，实现可持续发展方面做了一些探索性的工作，与其他科普场馆相比，还有很多不足，希望得到专家和同仁的指导和帮助。

作者简介：李保平，天津科学技术馆，馆员，天津市河西区隆昌路94号，300201。

四、考古新发现

蓟县东五百户村唐代墓葬

天津市文化遗产保护中心

东五百户村坐落于蓟县东南部，隶属于蓟县五百户镇，为镇政府驻地，是该镇面积较大的村落。东五百户村北依天津最大的水库——于桥水库，南临平缓的山坡，地势北低南高。2012年春天，村民农耕时，在该村南约300米的坡地上发现一个盗洞，盗洞边有碎青砖块。我中心知悉此情况后，随即派工作人员赴现场勘查，确定是一处古代墓葬（图一）。经天津市文物局批准后，我中心对古墓葬进行了抢救性发掘。

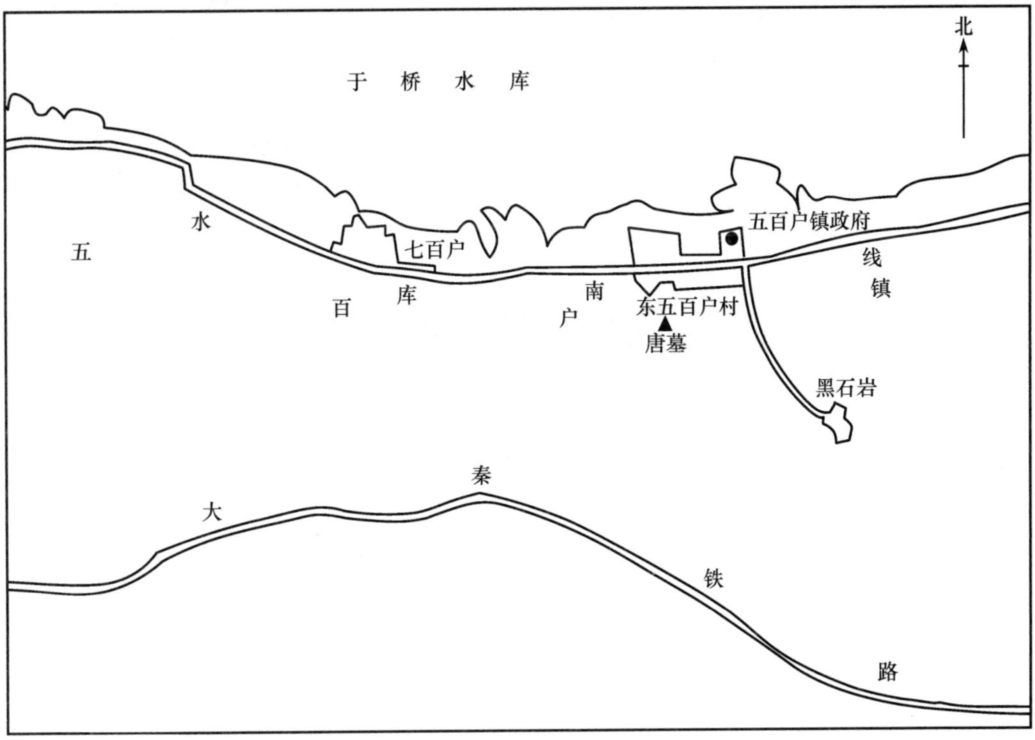

图一　蓟县五百户唐墓位置示意图

2012年5月，发掘工作正式开始。墓葬位于一片平整的不规则台地上，地表种植果树。为探明地下是否还有其他墓葬，我们对这片台地整体进行了考古勘探。经过勘探，发现2座古代砖室墓，编号为2012JWWM1、2012JWWM2（以下简称M1、M2），两墓东西并列，M1在西，M2在东，发现被盗的墓葬为M2。在勘探的基础上，进行了布方发掘，根据现场情况，将两墓置于一个9米×7米的探方内。经过将近一个月的工作，发掘结束。两墓均为单砖室墓，规模相当，形制基本相同。具体情况介绍如下。

一、墓葬形制

M1　开口于表土层下，墓向南，方向355°，由墓道、墓门、墓室组成。墓圹南北长4.2、东西宽1.6~2.14米。墓口距地表深0.75米，墓底距地表深1.43米（图二）。

墓道，位于墓葬南部，南高北低，平面呈长方形斜坡状。南北残长1.5、东西宽

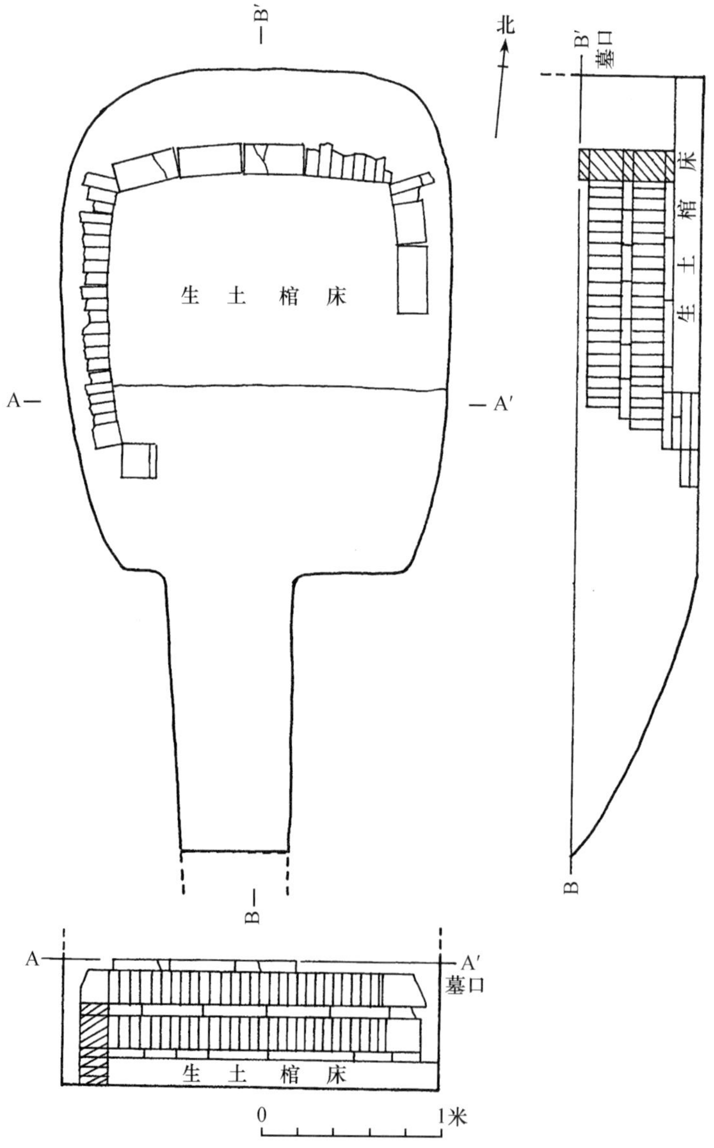

图二　M1平、剖面图

0.6~0.7、深0.68米，坡长1.64米。

墓门，位于墓道的北部，墓室的南部，破坏严重，砌门砖及封门砖都已不存在。

墓室，呈圆角方形，四边略向外弧，北部有生土棺床。墓室东西长1.6、南北宽1.44、残存高度0.68米。棺床东西长1.6、南北宽1.12、高0.16米，棺床上未发现有铺砖痕迹及棺木、骨架。

墓墙用青砖一平一竖垒砌，因遭到破坏，北墙、西墙残存5层砖，东墙仅剩一层砖。此墓建筑用砖长0.35、宽0.18、厚0.05米，系单面绳纹砖，所饰绳纹22条左右（图三）。

图三　M1墓砖拓片

M2　开口于表土层下，墓向南，方向358°，由墓道、墓门、甬道、墓室四部分组成。墓圹南北长约3.04、东西残宽2.2~2.6米，墓圹南、西、北三壁保存较好，东壁被彻底破坏。墓口距地表深0.75米，墓底距地表深2.15米（图四）。

墓道，位于墓葬南部，南高北低，南部被破坏，残长0.9、宽1.03~1.05、深1.4米。

墓门，没有发现封门砖。

甬道，东墙保存7层砖，西墙仅剩1层砖。东墙长0.7、宽0.54、残高0.68米。墙用青砖二平一竖垒砌。

墓室，呈圆角方形，四边略向外弧，北部有生土棺床，棺床上有一处砖印，应为砖墙的痕迹。墓室南北长2.14、东西残宽2.4米。棺床东西残长2.4、南北宽1.3~1.4、高0.16米。棺床上未发现棺木及骨架，但清理出2件残缺的银钗及4块白瓷片，4块瓷片可拼成1块。

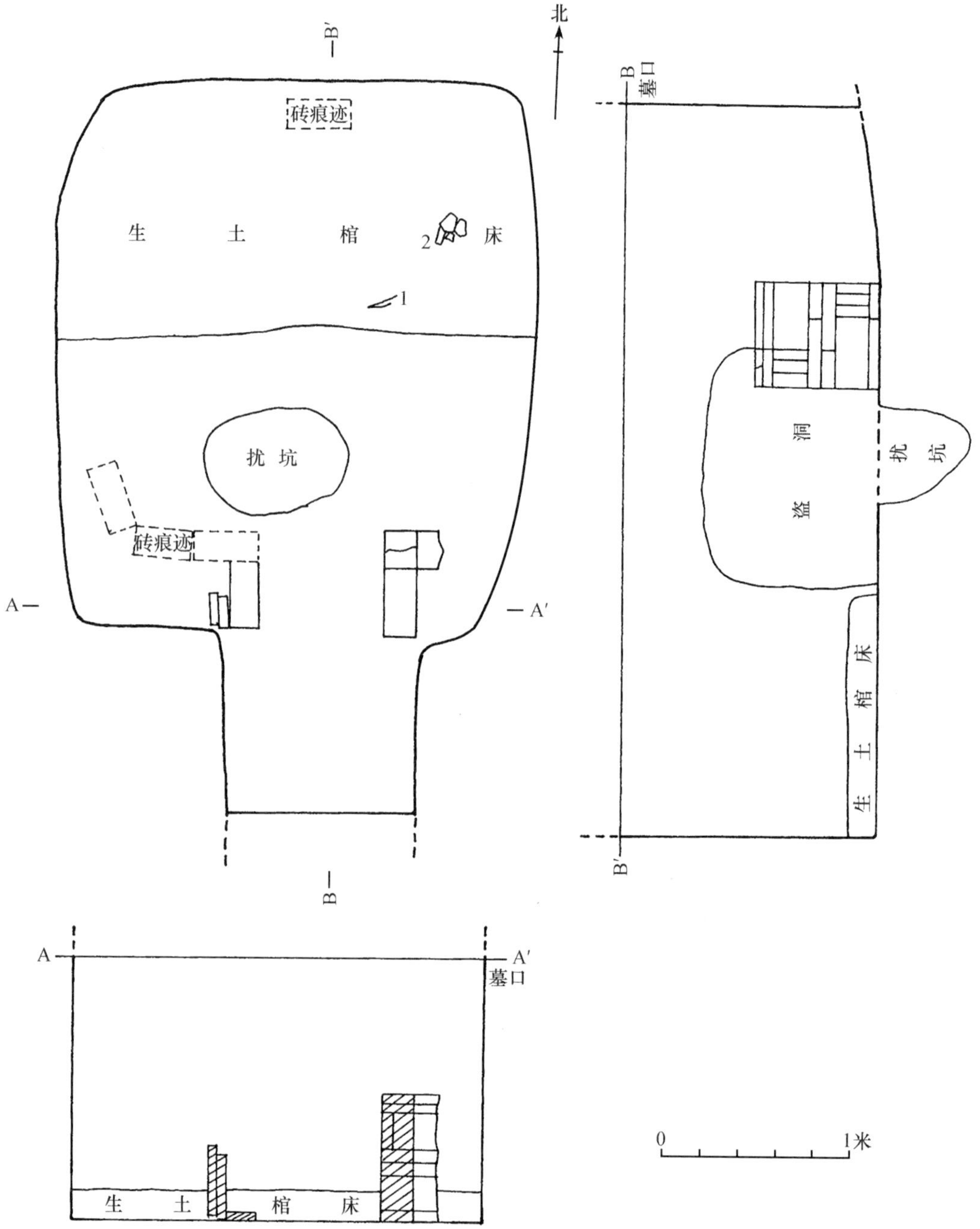

图四　M2平、剖面图

墓室底部有一个扰坑，深约0.5米，可能是为了墓室内排水所挖。墓室东侧有一个盗洞，为最近被盗时所挖，盗墓者就是从此处进入墓内的。

此墓建筑用砖长34.5、宽17.8、厚5.2厘米，系单面绳纹砖，绳纹为24条左右（图五）。

二、随 葬 品

M1由于被盗严重，没有出土随葬品。

M2虽然也被盗掘，但仍出土了少量随葬品，包括2件银钗及1件白瓷碗片。

银钗　2件。M2：1，分叉，头粗叉细。头宽1、通长8.6厘米（图六）。M2：2，长9.6、直径0.2厘米（图七）。

瓷片　1件。M2：3，白瓷碗片，敞口。外腹施半釉，釉色白中微闪黄。残高8.5、残长12.8厘米（图八）。

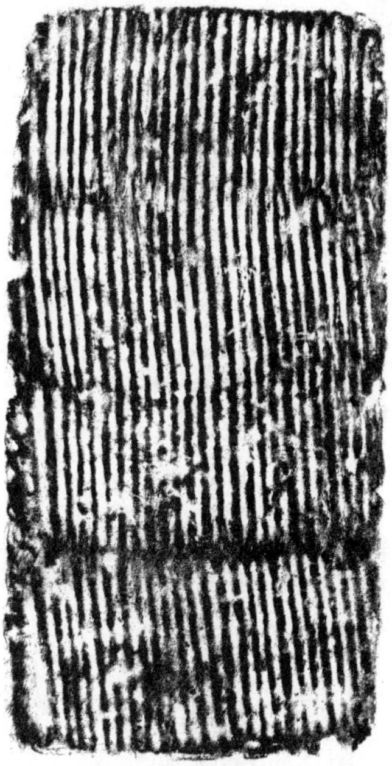

图五　M2墓砖拓片

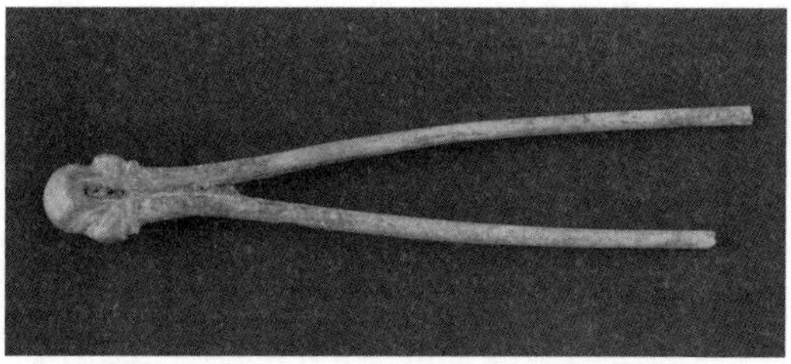

图六　银钗（M2：1）

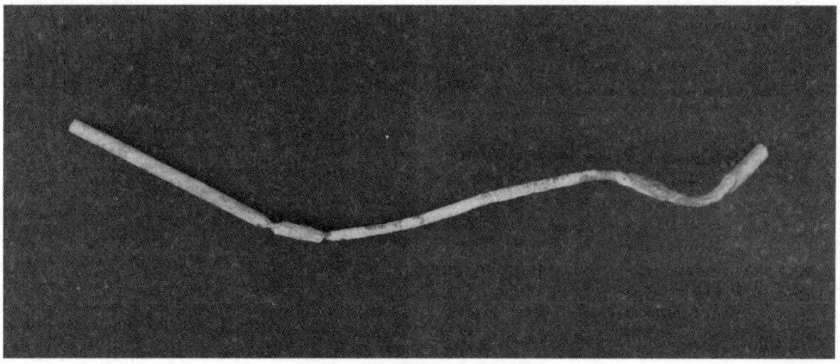

图七　银钗（M2：2）

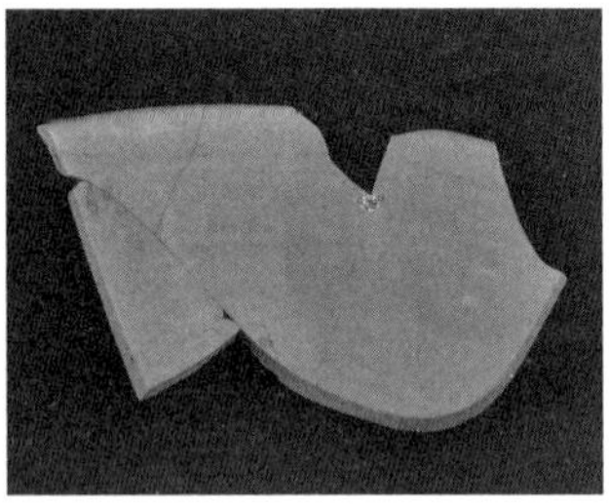

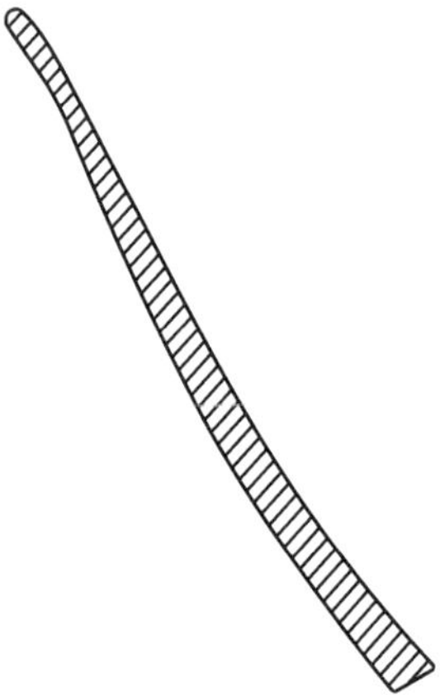

图八　白瓷碗片（M2：3）

三、结　语

两墓破坏较重，随葬品不多，也无纪年文字出土，为我们判断其年代带来一定困难。判断其年代，须参考本地区及周边地区的同类型墓葬，辅之以器物的对比。从墓葬形制看，东五百户砖室墓墓室为圆角弧边方形，带棺床。1992年发掘的蓟县白马泉晚唐墓M1墓室也为弧边方形，带棺床，只是白马泉唐墓的设计和施工档次要高一些①。2007年发掘的蓟县上宝塔唐墓，墓葬形制也与东五百户砖室墓类同②。总体上看，东五百户砖室墓与白马泉晚唐墓及上宝塔唐墓为同类墓葬，应属同一个时代。20世纪70年代发掘的北京昌平唐墓及清河唐墓的墓室也为弧边方形，与东五百户砖室墓的形制相似，而且东五百户M2出土的残白瓷碗与昌平唐墓出土的白釉碗在形制、胎质、釉色上很像，应为同时代的产物③。参考比较天津及周边地区发掘的唐代墓葬，综合来看，东五百户砖室墓应为唐代墓葬。

天津发现的唐墓很少，经科学发掘的有东丽军粮城唐墓1座④，蓟县白马泉唐墓2座，蓟县上宝塔唐墓1座。蓟县东五百户唐墓虽然破坏较重，出土随葬品不多，但为蓟县东南部山区第一次发现，依然是研究唐代墓葬不可多得的资料。

考古领队、照相、绘图、执笔：相军

① 天津历史博物馆考古队：《天津蓟县白马泉晚唐墓》，《文物春秋》1996年第4期。

② 天津市文化遗产保护中心：《蓟县上宝塔唐墓》，《天津考古》（二），科学出版社，2013年。

③ 北京市文物工作队：《北京市发现的几座唐墓》，《考古》1980年第6期。

④ 云希正、天津市文化局考古发掘队：《天津市军粮城发现的唐代墓葬》，《考古》1963年第3期。

五、文物与艺术史研究

神秘瑰丽——商代人形玉器浅析

刘 煜

（天津文博院）

摘要：中华民族是一个爱玉、崇玉的民族。玉器自发现以来，一直以其温润内敛的质感和深邃的文化内涵，受到世人的喜爱和推崇。人形玉器是商代玉器中一个较为特殊的类别，它是人们对自身不断的认知和发现的结果。本文以商代人形玉器为研究对象，通过对其分布规律、造型特点的分析梳理，尝试探索商代先民的物质生活方式和精神信仰。

关键词：商代 人形玉器 物质文化 文化内涵

从成汤灭夏至帝辛失国，商王朝经历了500多年的时间。盘庚迁殷后，商人结束了五迁其都的颠沛流离，开始过上了稳定的定居生活，随之手工业迅猛发展，玉器制造水平大幅度提高，出现了继新石器时代晚期之后中国玉器发展史上的第二个高峰。技术的进步使这一时期的人形玉器在刻画细节上更为具体，有益于对商代先民物质生活方式和精神信仰的探索。

一、发现与分布

根据目前公布的考古资料，有人形玉器出土的遗址和墓葬有河北藁城台西村商代遗址85号墓出土人面纹玉佩1件①；殷墟妇好墓出土各式玉人15件②；江西新干大洋洲商代大墓出土神人兽面纹饰1件、侧身玉人佩饰1件③；山东滕州市前掌大墓地46号墓出土兽首人身跽坐像1件④；山东泰安龙门口出土人形佩1件⑤；河南浚县大赉店出土

---

① 河北省文物管理处台西考古队：《河北藁城台西村商代遗址发掘简报》，《文物》1979年第6期。

② 中国社科院考古研究所：《殷墟妇好墓》，文物出版社，1982年，第154页。

③ 江西省文物考古研究所、江西省博物馆、新干县博物馆：《新干商代大墓》，文物出版社，1997年，第156~159页。

④ 中国社会科学院考古研究所：《滕州前掌大墓地》，文物出版社，2005年。

⑤ 金维诺：《中国美术全集·玉器》（一），时代出版传媒股份有限公司、黄山书社，2010年，第135页。

人首鸟身形玉佩1件[①]；河南安阳黑河路出土绿松石人1件[②]；河南安阳王裕口村南地出土高冠玉人1件[③]；河南安阳刘家庄出土绿松石人1件[④]；河南安阳小屯331号墓出土人首形饰1件[⑤]。人形玉器的发现大抵集中在以现今河南省为中心的商代都城遗址附近，在江西新干大洋洲和山东泰安两地偶有分布。

二、人形玉器的分类

（一）人 面 型

图一 藁城台西村商代遗址出土人面形玉饰

根据装饰手法的不同，又可大体分为浮雕人面像和圆雕人头像。浮雕人面像大多呈扁平状，以阴线刻和浅浮雕的雕琢方式表现人的面部特征，如河北藁城台西村商代遗址85号墓出土人面形玉饰（图一）1件[⑥]，青绿色，浮雕。平面近似长方形，正面雕有人面纹，方脸，张大口露有8颗牙齿，高鼻起棱，微雕出鼻翼，“臣”字眼，细眉上挑，额上雕出细密发丝。背面内凹，无纹饰。出土时握于墓主右手，可能是套在手上的装饰品。殷墟妇好墓出土的标本576[⑦]与这件形制基本一致，高鼻大眼，仅在发饰上有所不同，头上有两个上翘的“发髻”，背后内凹呈弧形，顶中部有

① 古方：《中国出土玉器全集·5》，科学出版社，2005年，第111页。

② 古方：《中国出土玉器全集·5》，科学出版社，2005年，第93页。

③ 中国社会科学院考古研究所安阳工作队：《河南安阳市殷墟王裕口村南地2009年发掘简报》，《考古》2012年第12期。

④ 古方：《中国出土玉器全集·5》，科学出版社，2005年，第94页。

⑤ 金维诺：《中国美术全集·玉器》（一），时代出版传媒股份有限公司、黄山书社，2010年，第151页。

⑥ 杨伯达：《中国玉器全集》上册，河北美术出版社，2005年，第164页。

⑦ 中国社科院考古研究所：《殷墟妇好墓》，文物出版社，1982年，第158页。

一斜孔可供佩戴或镶嵌。新干大洋洲商墓出土的1件人面形玉饰XDM：633[①]（图二），器形扁长偏薄，中部浮雕一人面，梭形眼，卷云眉，宽鼻大嘴，嘴角左右各有一个獠牙，面部两侧各起3个上卷扉棱代表大耳，耳下垂环。头戴高耸的平顶羽冠，由竖刻的11组放射状羽翎构成，该人面饰与石家河文化獠牙人面饰有相似之处，但是在细节上刻画更加细腻。此外还有一种侧面片状人像M103：1（图三）出土于安阳王裕口村南地[②]，青玉，大面积受沁白化，器身整体为弧形，下部残缺。将一人面琢于器体两侧，“臣”字大眼，外眼角上挑，宽鼻，嘴部微张，颈部有明显凹槽，头戴高冠，冠单面饰3组6条双阴线，中部有一孔。安阳小屯331号墓[③]出土的人首形饰与之类似，做侧面人头形，头戴羽状高冠，脸部以浅浮雕刻出五官。

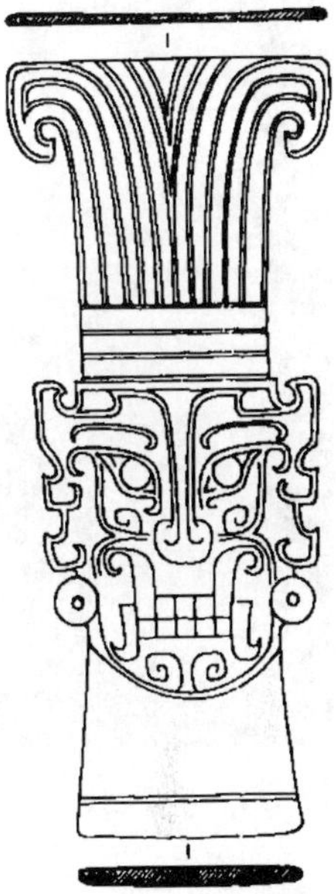
图二　新干大洋洲商代商墓出土的人面形玉饰（XDM：633）

图三　安阳王裕口村南地出土的侧面片状人像（M103：1）

圆雕人头像3件，皆出自殷墟妇好墓，标本577为双面圆雕人头像，一面较矮，细眉大眼，蒜头鼻，大嘴，两耳较大，头顶有发丝；另一面的眼、鼻、耳较清晰，头上有一对大角。标本534，方脸平顶，两眼微凹，张口，大嘴，大耳。头上留短发一周，发丝较粗。头下磨出一斜面，靠后处有一直径约1厘米的圆孔，可与由头顶垂直下透的圆孔相通，似作插嵌用。标本374与前两件较为不同，长脸，无眉无发，眼窝深陷，颇似盲人。以上3件圆雕人头像制作较为粗糙，应为当时奴隶的形象。

（二）全　身　型

根据装饰手法的不同，可分为浮雕全身像和圆雕全身像。

① 江西省文物考古研究所、江西省博物馆、新干县博物馆：《新干商代大墓》，文物出版社，1997年，第156页。

② 中国社会科学院考古研究所安阳工作队：《河南安阳市殷墟王裕口村南地2009年发掘简报》，《考古》2012年第12期。

③ 金维诺：《中国美术全集·玉器》（一），时代出版传媒股份有限公司、黄山书社，2010年，第151页。

图四　殷墟妇好墓出土的玉阴阳人（标本373）

浮雕全身像中较有特色的当属殷墟妇好墓出土的玉阴阳人标本373[①]（图四），裸体，一面为男性，一面为女性。男性为椭圆脸，双目微凸，大耳，长宽眉，头上梳两个卷状髻。耸肩，双手放于胯部，膝部略内屈，以不同线条表示肌肉。女性形象与男性相似，只有嘴较小，眉弯弧度较大，双手置于胯部。脚下有榫，似作插嵌之用。此时期出土的浮雕人像较多为弧形片状的侧身人像，殷墟妇好墓标本518（图五），似做侧身蹲踞状。头微抬，大眼，高鼻，张嘴，大耳。头戴冠，臂拳曲于胸前，膝上耸。小腿下有三角形榫，上有圆孔。标本357和标本987与之类似，只是标本987未作细部纹饰雕琢，疑为半成品。标本470亦为侧身蹲踞玉人，头部戴高冠，纹饰比标本518更加繁缛。此类器物还在安阳黑河路出土了1件（图六），为双面浅阳线浮雕人形，做蹲踞状，绿松石质地。

图五　殷墟妇好墓出土的浮雕人像（标本518）

图六　安阳黑河路出土玉人

圆雕全身玉人是商代人形玉器中最精彩的部分，无论造型纹饰还是制作工艺都达到了前所未有的高度，令世人惊叹。殷墟妇好墓出土的跽坐形玉人标本371，圆雕，跽坐，双手抚膝。长脸尖颌，细长眉，“臣”字大眼，大鼻小口。头梳一长辫盘于头顶一周，辫梢与辫根相接。头戴圆箍形冠，头顶露发丝，上有左右对穿的小孔。身着交领衣，窄袖，腰束宽带。腰左侧插一宽柄器，上端作卷云纹，下端弯曲，似蛇头，柄一面

① 中国社科院考古研究所：《殷墟妇好墓》，文物出版社，1982年，第154页。（本页所有殷墟出土的标本信息皆引自本书，故不再赘述）

饰节状纹和云纹，与衣纹上云纹不相连接。可能代表某种武器或象征物。这种带柄的圆雕玉人颇为少见。标本372（图七）与带柄玉人姿态类似，身略前倾，头微低，圆脸，细眉，大眼小嘴，两耳和鼻头都很大，头顶中心梳一条小辫，下垂至颈，辫上似有发绳。背部和四肢饰有衣纹，胸前无衣纹，雕兽面纹，似文身。头顶有左右相通的小孔供穿插之用。标本375（图八）与前两件姿态一致，面部特征较为不同，猴面宽额，"臣"字眼，洼鼻梁，蒜头鼻，小嘴，头顶留短发一周。显年轻，似为孩童，着窄袖衣，后领较高，背后饰云纹。殷墟妇好墓还出土了2件跽坐石人，其中一件为孔雀石质，姿态同玉人，但不见饰有衣纹，发型、头饰有所不同。河南安阳刘家庄[①]出土了1件圆雕绿松石人（图九），形态有别，人物张嘴眯眼，鼻梁

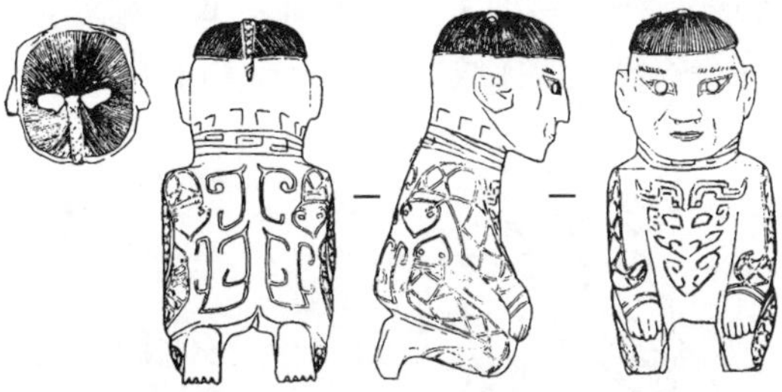

图七 殷墟妇好墓出土圆雕全身玉人（标本372）

图八 殷墟妇好墓出土圆雕全身玉人（标本375）

图九 河南安阳刘家庄出土的圆雕绿松石人

① 古方：《中国出土玉器全集·5》，科学出版社，2005年，第94页。

凸起，两手弯曲上举至肩部。腹部微鼓，左腿平伸，右腿盘曲于左腿下。雕刻手法简练，衣着平素无纹。从头上至裆下有一双向穿孔。

（三）人兽（神）合一型

图一〇　新干大洋洲出土的侧身羽人饰（XDM：628）

在商代遗址中出土了两件此类型玉人，都含有鸟的元素，或人首鸟身或肋生双翼，应有所象征。一件是新干大洋洲出土的侧身羽人饰（XDM：628）[①]（图一〇），圆雕，做侧身蹲坐状，"臣"字目，粗眉，大眼，钩喙；头顶部戴高冠，冠作鸟形，鸟尖喙，匍匐状，胸前凸，尾敛并后卷成一圆角方孔，再掏雕出三个相套的活环；双臂屈于胸前，膝部弯曲上耸，脚底与臀部平齐，脚下有方形短榫，榫部有一横凹槽，小腿下部有一斜穿孔可供佩戴。玉人腰背部阴刻鳞片，两侧各琢有羽翼，腿部也琢有羽毛，该羽人出土于死者的头顶部位。另一件是1952年在河南浚县大赉店出土的人首鸟身形佩[②]（图一一），青玉质，圆雕人首鸟身，呈站立状，双髻高隆，大鼻，"臣"字眼，阔嘴，胸前及背后刻对称的重环纹，上身两

图一一　河南浚县大赉店出土的人首鸟身形佩

① 江西省文物考古研究所、江西省博物馆、新干县博物馆：《新干商代大墓》，文物出版社，1997年，第159页。

② 李宏、姜涛：《中原文化大典·文物典·玉器》，中原出版传媒集团、中州古籍出版社，2008年，第121页。

侧及翅羽刻窃曲纹，下身似鸟尾，透雕3孔，足尖翘起。这种玉人造型颇为少见，构思巧妙。

三、人形玉器所反映的商代物质文化

商代是奴隶社会的高峰时期。自盘庚迁殷后，大批善于制玉的奴隶被聚集在王畿周围为商王室服务，琢玉成为独立的手工业部门，玉雕工艺得到了迅猛发展。而这一时期出土的人形玉器也如实的反映了这一特点，从雕琢技法上来看，商代人形玉器不仅有浮雕、镂雕等平面雕法，还出现了很多精美的立体圆雕作品，这是新石器时代人形玉所少见的。例如，殷墟妇好墓出土的几件跽坐玉人，比例合理，姿态生动，反映了当时极高的造型能力。从玉料的选择来看，商代的人形玉器多表现出的质地和颜色有所不同，经科学鉴定，这些玉料既有本地出产的南阳玉，也有岫玉，甚至有产自新疆的软玉，说明此时的玉器的选料已经摆脱了“就近取材”的局限，通过战争和掠夺商王室能够占有遥远地区的玉材，这在客观上为当时玉器制造业的发展创造了条件。“工欲善其事，必先利其器”，青铜工具的应用让人形玉器中发饰和衣纹等细节处理得更加完美，也使复杂形状玉器的制作成为可能，如新干大洋洲出土的玉羽人中便出现了最早的玉雕活环工艺。琢玉业的发展也与奴隶社会生产力的进步息息相关。

商代人形玉器所反映的物质生活。

以殷墟为代表的商代人形玉器中对服饰和发饰的刻画非常清晰，为我们研究商代衣着特点提供了大量的实物资料。

服饰。大体分为以下四种：第一种为衣长及足踝的大衣，身饰云纹，交领，长袖，腰间束宽带和蔽膝，蔽膝呈上窄下宽状。脚上穿履，头戴圆箍形“頍”，頍前连有卷筒状饰。见于妇好墓玉人标本371（图一二）。第二种似为孩童服饰，如妇好墓标本375，着长袖窄口衣，衣襟不显，后领较高，衣下缘及臀部。背后衣纹作云纹，穿鞋。第三种，敞襟，衣服后领较高，长袖窄口，衣下缘及小腿，衣上绣有蛇纹和云纹，见于妇好墓标本372，该玉雕人物胸前兽面纹神。第四种，基本不穿衣服，仅在腹前系一条窄条状蔽膝遮羞，下缘垂膝头戴圆箍形頍，如妇好墓标本376（图一三）。上文提到的蔽膝为一长条状的织物，从系法上看有点类似今天的围裙，只是面积较窄，古时作遮羞之用。頍大抵是用头巾卷成长条，绕额一周，束在发上，就像头箍一样。

发式。分为四种：第一种发向后梳成长辫一条，辫根从耳后上盘至头顶，绕脑后一周后，辫梢与辫根相接。这种发式在妇好墓出现过两次，且都佩戴有頍，这种盘发与頍的搭配似为固定组合。第二种为头顶留短发一周，似为上文中孩童的发式。第三种头顶上梳两个上翘的角状发髻，见于妇好墓标本373玉阴阳人和标本576浮雕人面。第四种为头顶中心梳小辫一条，下垂至颈，辫上似缚有发绳。

图一二　殷墟妇好墓出土玉人（标本371）

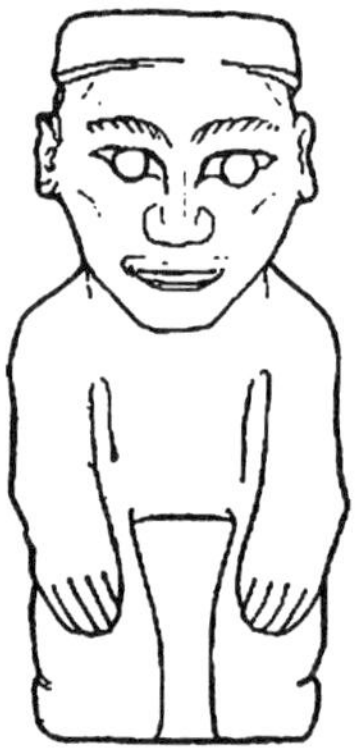

图一三　殷墟妇好墓出土玉人（标本376）

以上所列举的标本都为商代王畿附近的出土物，基本上可以反映出商代中原地区上衣下裳、袖口紧窄的服饰风格。并且各阶层人物着装风格差距很大，贵族冠帽齐备而奴隶贱民大多赤身裸体。

四、文化内涵

（一）祖先崇拜

谈到商代的文化内涵，首先要对“商”的含义有所了解。张光直曾经在《商名试释》一文中指出，在甲骨文和金文中，商字是由辛、丙、口三个字组成。“辛”是一个头戴章甫的贵族，代表商代祖先的正面形象，并且相传商人始祖契为高辛氏之子，那么用辛字来代表王室的祖先像是合理的。“丙”为祭几和供桌。“口”意作念念有词状。那么整个“商”字就是将祖先像放在供桌上进行祭祀，是“祭祖”和“祖先崇拜”的会意①。说明殷商时期祖先崇拜在国家政治生活中处于非常重要的地位。虽然同为以祭祀为主的宗教活动，商代的祖先祭祀与史前的原始宗教崇拜却已经有了很大的不同。原始社会末期生产力水平不断提高，剩余产品的产生带来了贫富分化的加剧，氏族中产生了不同的阶级。而认知水平的提高让人们不再盲目崇拜大自然的赐予，他们发现通过战争和掠夺，往往可以占有更多的社会资源，所以以军权为代表世俗权力不断膨胀，神权逐渐衰微。在史前人形玉器中占有绝对数量的巫觋形象在商代玉人中不再有单独的呈现，巫与巫术一起都成了商王朝统治阶级的工具，在这一时期行使大巫权力的是商王。人们相信，商王的祖先能够和主宰谷物丰收和战争胜利的天

① 张光直：《商名试释》，《中国青铜时代》，生活·读书·新知 三联书店，2013年。

地接触，而唯有商王可以和他的祖先进行交流。因此，对祖先的崇拜，为商王在政治上的统治地位提供了巨大的心理和意识形态上的支持[①]。商代出土的人形玉器中有部分雕琢精美、神情威严的圆雕人像就是商代的贵族形象，他们兼具巫的身份，承担着祖先崇拜的重任，如殷墟妇好墓标本371，无论从衣着和发式都彰显了她尊贵的身份，腰间还有一卷云状柄形器，可能为武器或礼器的一种，有人大胆推测这个带柄玉人可能就是妇好本人，因为其生前既是一位征战四方的将军，也是一位女祭司，“国之大事，在祀与戎”，这种军权和神权的统一双重身份，让她有别于其他王后，在死后拥有了如此丰厚的陪葬。而其墓葬中出土的裸体玉人很可能是生前为她服务的奴隶形象，死后为她殉葬。而河南浚县大赉店出土的人形玉器，表现为人首鸟身，这种人鸟结合的方式也是商代人兽合一型玉人表现的唯一主题，应该与商人的种族神话有关。《诗经·商颂》有云：“天命玄鸟，降而生商。宅殷土芒芒。古帝命武汤，正域彼四方。”这首诗歌描述了商族的始祖契是由玄鸟（即燕子）所生。而玄鸟正是接受了上帝的命令来诞生商族的。所以商人以玄鸟为族徽和图腾。人与鸟相结合的玉雕应该是源于商人对祖先充满浪漫主义的想象，契为玄鸟所生，所以他可能也是“鸟神”，具有超自然的力量，对神话了祖先进行崇拜应该会获得更多的庇护和赐予。笔者推测类似这种人鸟合一型的玉人在祖先祭祀中应是作为先祖的神偶排位，类似前文中“辛”字的象征作用。

（二）生殖崇拜

殷墟妇好墓中还出土了一件较特殊的人形玉器，即玉阴阳人。该器物为片状浮雕，一面为男性，一面为女性，两面皆可见性器官。这种男女合体的玉人在商代尚属首见，应该象征着阴阳合一的生殖崇拜。生殖崇拜的文化现象在古今中外各个民族中都普遍存在。这是因为“活着并引出新的生命，吃饭和生儿育女，这是过去人类的基本需求，只要世界还存在，也将是今后人类的基本需求”[②]。中国的生育崇拜发端很早，在原始社会生产力水平极端低下的情况下，人们对生育能力无法理解也无法掌控，只能希冀于通过巫术来实现更多的生育，从而出现了原始的生殖崇拜。商代以来，尽管生产力有所发展，但是战争、疾病造成的大量死亡，使人们依然十分苛求子孙的繁衍、人丁兴旺，来壮大本族的力量。这件玉阴阳人脚下有短榫，说明曾插嵌在漆木器具之上作祭祀之用。巫在施展生育巫术时，以这种男女合体的玉人为通灵法器，好让受法的妇女更容易获得神赐的生育能力。值得注意的是，商代的生殖崇拜不

---

① 刘莉：《中国祖先崇拜的起源和种族神话》，《南方文物》2006年第3期。

② 转引自叶舒宪：《神话——原型批判》，陕西师范大学出版社，1987年，第50页。

仅只有这一件证据，有学者指出妇好墓中出土的多个蹲踞状玉人也与生殖巫术有关[①]。蹲踞姿势是商人根据巫术中相似率的原则对青蛙四肢折曲姿态的模拟，蛙一直被认为有丰产的属性，一夜间即可产下无数蛙卵，这样的繁殖能力是其他动物所没有的，人将蛙的姿态转移到自己身上是希望可以获得和青蛙一样旺盛的生殖能力。这种蹲踞状的玉人还有一个较为明显的特征就是都佩戴有鸟形冠，殷墟妇好墓的玉人和洛阳黑河路出土的绿松石人皆是如此，这说明了这些蹲踞戴冠玉人在商代祭祀中是祖先崇拜和生殖崇拜的共同对象。

商代的人形玉器庄严敦厚，正如其瑰丽的青铜艺术一样，给人以威严、肃穆之感，即使玉雕仅有方寸之大，却让人不敢轻视。这应与商代重视军功和祭祀的社会风气息息相关。

作者简介：刘煜，天津文博院，馆员，天津市文化中心，300201。

① 李为香：《商代蹲踞仪式与生殖崇拜》，《东北师大学报（哲学社会科学版）》2013年第1期。

浅析周代青铜礼器及其文化内涵

赵晓月
（天津博物馆）

摘要：西周时期，周公制礼作乐，形成了一套完整的礼乐制度。在礼乐制度的推动下，以钟、鼎为代表的青铜礼器迅速发展，成为反映当时礼乐制度与时代氛围的鲜明特征；此外，铸于青铜器上的铭文也开始逐渐增多，这大大增强了青铜器的表意功能。本文将以钟、鼎及青铜铭文作为描述周代青铜礼器的切入点，通过简述发展过程，浅析其反映的文化内涵。

关键词：青铜礼器　钟　鼎　铭文　文化内涵

我国的青铜礼器，历史悠久、工艺精湛，蕴含着丰富的政治历史内涵及社会文化价值。殷商时期，礼乐制度尚未确立，此时的青铜礼器表现出了浓厚的神秘主义与宗教主义色彩；两周时期，为巩固奴隶主贵族的社会地位，一整套完备的宗法等级体制得以建立。此时的青铜礼器，直接体现了当时礼乐制度的发展，具有鲜明的社会内涵。在严格的礼乐制度下，伴随着生产力的不断提升，周代青铜礼器铸造快速发展，成为青铜礼器历史上的鼎盛时期。

郭沫若曾在《青铜时代》中提到：“一个时代有一个时代的文体，一个时代有一个时代的字体，一个时代有一个时代的器制，一个时代有一个时代的花纹。”作为周公制礼作乐的外在表象，以钟、鼎为代表的青铜礼器在周代迅速发展，成为反映当时礼乐制度与时代氛围的鲜明特征。此外，西周开始出现蔚为大观的青铜铭文（也称钟鼎文），大大增强了青铜器的表意功能，使其成为可以供人识读的器物，同时也是后人了解古代中国政治生态与社会文化的珍贵材料。因此，本文将以钟、鼎及青铜铭文作为描述周代青铜礼器的切入点，通过简述发展过程，浅析其反映的文化内涵。

一、鼎　与　礼

先秦礼制发展过程中，每一次礼制的变革都伴随着礼器的变化。礼制变化的重点，即体现在用器体制的变化上。西周是我国礼乐文明的奠基时期，同时也是礼乐制度对社会生态形成全面影响的启蒙阶段。在此期间，作为一种可以集中展现该时期精神风貌与物质建设的代表礼器，鼎具有十分重要的文化含义。

“率民以事神，先鬼而后礼”[①]——这是后人评价商、周文化区别的基本特征。据历史记载，殷商期间巫术盛行，大部分商代朝廷都设有沟通人与神的巫师。商王本人在担任政治领袖的同时，也是群巫之长。同时，商人追求“神人以和”，并把酒与巫术祭祀紧密相连。因此，商人嗜酒，酒器也在商代扮演着重要角色。

历代王朝早期，统治者多“战战兢兢、如临深渊、如履薄冰”[②]，希望通过吸取前朝教训以告诫后人，勿犯旧错。由于殷商酗酒、朝纲混乱、自取灭亡，因此西周成立之初，为避免重蹈商代亡国覆辙，整顿刚刚建立的社会秩序并安定百姓民生，周公颁布众《诰》，其中就包括“禁酒令”《酒诰》。《酒诰》中提到：“桀不率先王之明德，乃荒耽于酒，淫佚于乐，德昏政乱……惟天降命，肇我民，惟元祀。天降威，我民用大乱丧德，亦罔非酒惟行，越小大邦用丧，亦罔非酒惟辜”，“德将无醉”，“惟曰我民迪小子惟土物爱……”文中提出，商纣崇尚饮酒远胜夏桀，出现诸如“酒池肉林”“长夜之饮”等景象。纣王“荒耽于酒”，以至于国沸民怨，因此自取灭亡。所以，周公提出了“无彝酒”“饮惟祭”的政策，规定饮酒需要有所节制，百姓需严格遵守饮酒法规。可以说，这篇《酒诰》阐述的不仅是革除酗酒的恶习，同时也是周公制礼的实际探索，旨在通过规范社会教化，巩固西周政权。受此《酒诰》影响，酒器，特别是饮酒器爵、觚、觯，以及盛酒器尊、方彝等在西周大为减少，以至于即使饮酒，也将盛尊器命名为“禁”，如天津博物馆藏西周夔纹禁。“名之为禁者，因为酒戒也。”[③]相较于重酒礼器的减少，重食礼器（特别是鼎）则开始逐步增加，相关的用鼎制度也随之得到发展完善。自此，西周由商代的重酒礼器转变成为重食礼器，鼎作为食器的主要代表，其青铜礼器地位亦得以提升，出现了大盂鼎、大小克鼎、多友鼎、毛公鼎、颂鼎等诸多名鼎。

许慎在《说文解字》中讲：“鼎，三足，两耳，和五味之宝器也。”鼎是中国传统器物，最早产生于新石器时代，原本是日常生活中使用的器皿，具有较高的使用功能。然而，伴随社会的不断发展与贫富的持续分化，除去日常使用功能外，鼎被逐步赋予宗法礼数的特殊含义，演化成为一种可以象征使用者尊卑贵贱的外在表象，并发展成为礼仪活动中的重要器类。相传大禹治水时将其所经之地分作九州，同时“收九牧之金，铸九鼎”[④]，象九州。九鼎象征九州，也象征着天子对九州的统治。所谓“铸

① 《礼记·表记》：“殷人尊神，率民以事神，先鬼而后礼，先罚而后赏，尊而不亲。”

② 《论语》第八篇《泰伯》。

③ 郑玄：《仪礼·士冠礼》：“禁，承尊之器也，名之为禁者，因为酒戒也。”

④ 司马迁：《史记·孝武本纪》。

鼎像物”，目的在于“用能协于上下，以承天休”[①]。同时，倘若统治者奸回昏乱，九鼎则自动迁移。《左传·宣公三年》记载：“桀有昏德，鼎迁于商，商纣暴虐，鼎迁于周。”从商至周，皆将定都或建立王朝称之为“定鼎”，这表明鼎的转移即是王权的转移。所以，鼎所具有的宗法礼数含义，已远远超过其日常使用功能，具有了可以代表国家统治者权力的作用。

考古发现，用鼎制度在商代已经出现，在周代得到了进一步发展健全。商、周时期的用鼎是有区别的。商人用鼎以偶数形式，追求对称美；周人用鼎以奇数形式，通过突出“中央”位置，表达周天子至高无上的统治地位[②]。在西周的大小礼典中，天子用九鼎，诸侯用七鼎，卿大夫用五鼎，士用三鼎。用鼎数量越多，享受的肉食品种越丰富。以天子九鼎为例，第一鼎盛牛，称“太牢”，随后依次盛羊、豕、鱼、腊、肠胃、肤、鲜鱼、鲜腊；诸侯一般用七鼎，也称“大牢”，减少鲜肉、鲜腊二味；卿大夫用五鼎，称“少牢”，鼎盛羊、豕、肤、鱼、腊；士则用三鼎，盛豕、鱼、腊，也可只用一鼎的，盛豕[③]。用鼎制度通常还会与簋配合、以鼎为首，如天子九鼎配八簋，诸侯七鼎配六簋等。鼎为奇数、簋为偶数，符合“鼎俎奇而笾豆偶”。另外，奴隶主贵族在使用列鼎宴请四方来客时，鼎的摆放位置与方向也有严格要求：“上当碑，南陈。”[④]含义就是把最大的鼎“上”放在庭树碑的地方，然后按照大小顺序依次向南延伸摆放，可见周文化系统内的用鼎制度，集中体现了周人的礼制。

用鼎制度作为西周礼制的重要代表，出现在宴飨、祭祀、丧葬等各种典礼上，是贵族权力和地位的标志。它通过体现等级差异，成为奴隶主贵族统治的重要工具。平王东迁后，东周实力大减，贵族们不再拥有继续铸鼎的实力。而各个诸侯国则由于生产力不断发展，经济实力逐渐增强，并企图依仗自身实力，僭越礼数，出现了“天子微，诸侯僭，大夫强，诸侯胁”[⑤]的情况，并引出了“楚王问鼎”的历史事件。然而，从另一方面讲，虽然“铸鼎像物”的文化内涵依然存在，但鼎在作为王权象征的同时，还可以成为法制器具，如昭公六年，郑国子产铸“刑鼎”；或作为馈赠礼物，如晋侯曾“赐子产莒之二方鼎”[⑥]。由此看来，此时鼎与现实社会的关系进一步密切了。

---

① 左丘明：《左传·宣公三年》：“昔夏之有方德也，远方图物，贡金九牧，铸鼎像物，百物而为之备，便民知神奸。故民入川泽山林，不逢不若。螭魅魍魉，莫能逢之。用能协于上下，以承天休。”

② 李玉洁：《殷商与两周用鼎制度的区别研究》，《中原文物》2012年第2期。

③ 《礼记·聘礼》。

④ 《礼记·聘礼》。

⑤ 《礼记·郊特牲》。

⑥ 左丘明：《左传·昭公七年》。

二、钟　与　乐

新石器时期，陶鼓、陶铃等乐器在祭祀活动中大量出现，夏代与商代时逐步演变成铜铃和铜铙，西周时期则发展为甬钟和编铙，春秋时期又演变成为钮钟。

钟乃众乐之首。《周礼·天官·膳夫》："王日一举，鼎十有二，物皆有俎，以乐侑食。"钟在青铜乐器中的地位与食器中的鼎相当。由于"礼不下庶民，刑不上大夫"①，又有"礼藏于乐"之说，因此人们用"钟鸣鼎食"代指贵族。所以，钟与鼎是周代礼乐的典型代表。《礼记·乐记》称："乐至则无怨，礼至则不争。揖让而治天下者，礼乐之谓也。暴民不作，诸侯宾服，兵革不试，五刑不用，百姓无患，天子不怒，如此则乐达亦。"荀子《乐论》称："礼别异，乐合同。"礼是从外部规范人们的行为规则与秩序，乐则从内心使人们对这种规则秩序产生认同。因此，周公制礼作乐，提倡雅乐，崇雅抑俗，并通过乐悬制度，规范了用乐场合、乐队编制与用乐规模等，确定了不同人在不同场合、典礼中所使用的音乐与乐器类型，使乐具有了鲜明的政治含义，成为继鼎之外统治阶级财富、身份、等级、地位的另一象征。

乐悬原意是悬挂起来演奏的钟磬类大型乐器。周代乐悬制度成立于西周初年，完善于西周中晚期。凡周代祭祀、宴飨等盛大活动，皆需"金奏之乐"，这显示了周人对钟与钟乐的重视。西周的乐悬制度在继承殷商时期对乐器礼仪功能重视的同时，进行了补充与完善，形成了一套严格、完整的用乐制度。例如，从音阶制度讲，该时期的实际音阶体系已发展到五音，分别是宫、商、角、徵、羽。然而在西周乐悬制度中，编钟的音阶五音不全，独缺商音。《礼记·乐记》记载："宾牟贾侍坐于孔子，孔子与之言，及乐。曰'声淫及商，何也？'对曰：'非武音也。'子曰：'若非武音，则何音也？'对曰：'有司失其传。若非有司失其传，则武王之志荒矣。'子曰：'唯，丘之闻苌弘，亦若吾子之言是也。'"由此可推断，不用商音应是周公制礼作乐时的规定。究其原因，可能是因为周人灭商，周人以商为敌，因此在音阶使用中也将商音抹去，使西周音乐以其余宫、角、徵、羽四音为主。这一做法自然降低了音乐的欣赏性，但却使音乐的祭祖功能与礼仪特性反衬得更加强烈。其次，乐悬制度对乐器的摆放也有相关规定。《周礼·春官·小胥》中提到："正乐悬之位，王公悬，诸侯轩悬，卿大夫判悬，士特悬。"王享用的编悬乐器可摆列在宫室的东、西、南、北四面，诸侯则可以享用东、西、北三面的编悬乐器，位至卿大夫可以享用东、西两面乐器，而士则只能享用一面。可以看出，无论任何场合，不同级别的官员都不能僭越等级而用乐。另外，乐悬制度中的用器制度还规定了"天子诸侯悬皆有镈"，

① 《礼记·曲礼》。

“卿大夫士直有钟磬无镈”[①]等。也就是说，只有天子与诸侯有权利享受镈钟，卿大夫与士无权享用。乐悬制度证明，乐是有等级的，其本质依然是维护统治阶级利益的一种政治制度。

另外，周代还有“乐教”措施。据《乐论》记载：“夫乐者，乐也，人情之所必不免也……故人不能不乐，乐则不能无形，形而不为道，则不能无乱。先王恶其乱也，故制《雅》、《颂》之声以道之，使其声足以乐而不流，使其文足以辨而不諰，使其曲直、繁省、廉肉、节奏足以感动人之善心，使夫邪污之气无由得接焉。是先王立乐之方也……故乐在宗庙之中，群臣上下同听之，则莫不和敬；闺门之内，父子兄弟同听之，则莫不和亲；乡里族长之中，长少同听之，则莫不和顺。故乐者，审一以定和者也，比物以饰节者也，合奏以成文者也，足以率一道，足以治万变。”《礼记・乐记》中也提到：“乐者，通伦理者也。”“德者，性之端也；乐者，德之华也。”[②]从上述文字可以看出，乐具有“审一以定和”“足以率一道、足以治万变”的功效，作为“德之华”，可使群臣和敬、父兄和亲、长少和顺，长幼尊卑，次序井然。周代的“乐教”措施通过乐德、乐舞、乐语三个方面，对贵族子弟进行教导，使其明尊卑、知等级。其中“以乐德教国子，中和祗庸孝友”“以乐语教国子，兴道、讽诵、言语”“以乐舞教国子，舞云门、大卷、大咸、大磬、大夏、大茫、大武”[③]。《乐论》提出：“乐者，圣王之所乐也，而可以善民心，其感人深，其移风易俗。”这一套诞生于西周礼乐政治生态下的乐教体系，在对社会等级制度进行规范强化的同时，也表现出了对人的重视与对德行的重视，体现了以“德”配天的精神，符合孔子对周代“郁郁乎文哉，吾从周”[④]的描述，应该也满足其“暮春者，春服既成，冠者五六人，童子六七人，浴乎沂，风乎舞雩，咏而归”[⑤]的志向。

三、青铜铭文

青铜铭文，即指刻在青铜器上的文字，也被称为钟鼎文、金文、青铜器铭文等。铭文最早出现于商代，在商代晚期开始较多使用，但文字数量十分有限，通常为3~5个字，记录了该器为祭祀某人而作、由某人制作或具体用途等。西周早期，由于文化的滞后性，铭文依然延续着商代的铸造习惯。例如，天津博物馆藏太保鼎，即为西周早期铸造。呈方形，四柱足，双立耳，鼎腹内壁铸“大保铸”三字。“大保”即太保，

① 《周礼・春官・小胥》。
② 《礼记・乐象》。
③ 《周礼・春官・大司乐》。
④ 《论语》，第三篇，《八佾》。
⑤ 《论语》，第十一篇，《先进》。

是官职名称，乃监护与辅弼国君的重臣。可以看出，此鼎的铭文铸刻方式与商代并无差异。至西周中晚期，周人多作器铸铭，出现了蔚为大观的青铜器铭文。该时期的铭文记录了大量有关功赏、册命、训诰或政治制度等相关内容，叙事清楚、内容详尽，书史性质明显增强，是了解周代礼乐制度、政治生态的珍贵资料。以天津博物馆藏西周晚期克镈为例，镈是钟一类的乐器，此件克镈乃椭圆体、平口、四面有透雕夔纹凸棱装饰，鼓部有铭文79字，是研究西周晚期政治制度与军事活动的重要史料。

在周代的青铜铭文中，数量较多的是记录周王对臣下的册命典礼，如西周中晚期的颂壶，高63、口长21.2、宽16.9厘米。其铭曰：

唯三年五月既死霸，甲戌，王在周康卲宫，旦，王格大室，即立（位）。宰弘佑颂入门立中廷，尹氏受王命书，王呼史虢生册命颂。王曰："颂！命汝官司成周贾廿家，监司新造贾，用宫御。赐汝玄衣黹纯，赤市朱璜、銮旂、攸勒，用事。"颂拜稽首，受命册佩以出，返入觐璋。颂敢对扬天子丕显鲁休，用作朕皇考龚叔、皇母龚姒宝尊壶，用追孝祈介康、纯右、通禄永令，颂其万年眉寿，畯臣天子，灵终，子子孙孙宝用[①]。

铭文记载了三年五月甲戌日，周王在周康邵宫举行册命颂的仪式。其中，宰弘为傧相，尹氏为记录，史虢生传达王令。周王命贵族颂管理成周的商贾，并赏赐他大量物品。仪式完成后，颂为了感激天子美意、荣耀先父母而造此器，用以表达未尽孝思，祈求国家康乐大福、周王长命万年之意。颂壶的铭文详细记录了册命典礼的时间、地点、受册命者、佑者、王命内容等，是对西周时期册命典礼制度的极为细致的描写，从一个侧面清晰地展现了西周时期发展完备的礼乐制度。

《礼记·祭统》记载："夫鼎有铭，铭者自铭也，自铭者以称扬其先祖之美而明著之后世者也。"西周青铜器铭文也有大量称颂先祖功业与美德的内容，如周恭王的师望鼎，共十行93字："丕显皇考宄公，穆穆克盟厥春，哲厥德，用辟于先王，得屯亡愍，望肇帅井皇考，虔夙夜出内王命，不敢不遂不尽……用作朕皇考宄公尊鼎，师望其万年，子子孙孙永宝用。"

墨子认为："古者圣王必以鬼神为，其务鬼神厚矣。又恐后世子孙不能知也，故书之竹帛，传遗后世子孙。咸恐其腐蠹绝灭，后世子孙不得而记，故琢之盘盂、镂之金石以重之。"[②] 由于青铜器可以长时期的完好保留，因此器刻铭文也能够随器物流传后世。铭文记录的祖先德行功业，可以用以教化后世子孙，使"先祖之德善、功烈、勋劳、庆赏、声名，列于天下"[③]，永世不朽。因此，正如以上两例铭文所示，青铜铭文出现了"子子孙孙永宝用"的字样，并随后发展成为铭文结尾的固定用语。

---

① 李先登：《商周青铜文化》，中国国际广播出版社，2009年，第63页。

② 《墨子·明鬼》。

③ 《礼记·祭统》。

铭文的逐渐繁荣要归功于礼乐文化的兴起。周代礼乐文化的繁荣推动了贵族对记录功赏、册命、训诰等历史事件的需求，而青铜铭文作为文化的载体，不但可以记录历史，同时借助青铜器得以“子子孙孙永宝用”，使先祖之明德流芳后世。因此，铭文在经历了殷商的起步阶段后，在西周青铜礼器上开始大量出现。可以说，礼乐制度不仅为铭文的繁荣昌盛奠定了文化基础，也对铭文的快速发展起到了决定性的影响。

四、总　结

综上所述，在青铜时代的历史长河中，钟、鼎、铭文三项作为周代青铜礼器发展的阶段性特征，集中体现了该时期礼乐文化的外在特征。这其中，钟与鼎是青铜礼器的典范，铭文则是联结历史的纽带，从某一方面讲，它们都是礼乐制度的物化代表。

礼与乐皆源于宗教祭祀活动，仅就文字出现的前后顺序看，“乐”字比“礼”字出现得早，甲骨文中有多处对“乐”的记载。而“礼”字则既有学者（如王国维）认为其源于甲骨文“豊”字，也有学者（如徐复观）认为其直至西周时期才正式出现[①]。考虑到文字的出现具有滞后性，因此并不能以文字产生的先后推测其存在的早晚。但可以推断的是，礼乐本为一体，礼藏于乐，乐彰显礼，相辅相成，互为裨益。

西周时期的礼乐制度对于维护社会平稳发展、抑制社会动荡起到了不可忽视的作用，人们各司其职、规范有序。然而平王东迁后，各方诸侯借由生产力的不断发展，相继成为中原霸主，整个东周社会出现了前所未有的动荡局面，产生了僭越肆行、上下无序的社会状态。究其原因，既有受到生产力提高的影响，同时也因为以礼乐制度为代表的一套伦理道德与社会体系遭到了破坏。为重建礼乐制度，规范社会秩序，东周的统治者再次强调礼乐制度，并将其推向了前所未有的宣传高度。中国古代最重要的三部礼书《仪礼》《礼记》与《周礼》，便是主要记述两周时期古代汉民族礼乐文明、礼乐文化的著作。拥“礼”重“礼”成为东周贵族统治者的政策重点。在其推动下，“礼”超越了孝、友、德、刑等诸多道德名目，成为能够统领所有道德名目的最高要求。

钱穆先生曾经提出，要了解中国文化必须站得更高才能到中国之心。中国的核心思想就是‘礼’。“礼者，天地之序也。”[②]青铜礼器中的用鼎制度彰显了礼，乐悬制度彰显了礼，铭文铸刻彰显了礼，更重要的是，礼在随后的数千年中发展成了中国文化的核心代表，“礼仪之邦”也随之成为中国的代名词。受到“礼”的影响，中国文化在随后的发展中呈现出了如下特征：谦逊与“几乎没有宗教的人生”[③]。首先，所谓

① 徐复观：《中国艺术精神》，春风文艺出版社，1987年，第3页。

② 《礼记·乐记》。

③ 梁漱溟：《中国文化的命运》，中信出版社，2011年，第22页。

“谦以制礼”[①]，便是将谦与礼的关系紧密结合、相互促进影响。西周著《易经》，谦是其中一卦，称作“地山谦”。其卦象为高高的山峰顶端却是辽阔的平原。站在平原之上，看似平淡无奇，实则高耸入云。在六十四卦中，只有谦卦的六爻皆吉，平平吉吉[②]。可以看出，谦在中国文化中备受推崇。其次，关于“几乎没有宗教的人生”。以中国的偌大民族、偌大地域，想维持树立文化的统一，必有为整个民族社会所共信的精神支柱，使文化得以源远流长，即使外族入侵仍不为碍。这一精神支柱就是中国社会文化的中心——孔子之教化，礼仪的生活。可以说，中国文化是以礼仪而非宗教作为净化精神的主要手段。礼仪在满足人们精神需求、维系固有道德、凝聚不同族群等方面起到了和宗教相同的作用，同时也在加强文化认同与保障文明延续方面发挥了重要作用。

作者简介：赵晓月，天津博物馆，馆员，天津市文化中心，300201。

① 《易·系辞下传》。

② 南怀瑾：《易经系传别讲》，复旦大学出版社，2011年，第364页。

浅谈徐渭的个性与画品

李冠龙

摘要：徐渭（1521～1593年）是明代具有革新思想的、杰出的水墨大写意花鸟画家、文学家。其绘画、诗文、戏曲创作在明末文坛、画界，以奇肆狂放独树一帜。由于他坎坷的生活遭遇，使他有可能在创作中，对黑暗的社会现实有一定的揭露、控诉和抨击。他在写意花鸟画发展进程中所做出的贡献和影响，是十分巨大的。

关键词：明代　徐渭　绘画

明代具有革新思想的、杰出的水墨大写意花鸟画家、文学家徐渭，初字文清，后改字文长，号天池山人、田水月等，晚号青藤道人，山阴（今浙江绍兴）人。他出生于一个衰落的小官僚家庭，其父徐鏓曾任云南等地知州，晚年还乡纳妾，徐渭即为庶出。徐渭出生百日而父卒，后长兄经商又遭破产，家运急遽败落。徐渭自幼聪慧，8岁即学做文章。20岁中秀才，同年赴杭州应试未中。此后直到41岁，二十一年间八次乡试均落第，终生不得志于“功名”。

徐渭在37岁时被当时主持东南军务的浙闽总督胡宗宪聘为幕僚，颇得胡的器重。但胡宗宪是严嵩的同党，严嵩又是社会上公认的奸臣，徐渭痛恨奸臣，他当然不可能与胡宗宪合作。他经常布衣小帽出入总督衙门，毫无顾忌，时出“狎饮”，“大醉嚎嚣”，遇事召之不得，胡亦不介意。此时期的徐渭，于抗倭军事亦多筹划，尝亲赴前沿，考察地形，研究战略。曾做《倭寇歌》云：“夷女愁妖身画丹，夫行亲绶不缝衫。今朝死向中华地，犹上阿苏望海帆。”全诗充满了对敌寇的憎恨与鄙视。后来上层统治集团权力之争加剧，政治愈加黑暗。权臣严嵩失宠，胡宗宪被捕，后自杀于狱中。徐渭听到胡的死耗，一度因此发狂，以致精神失常，几近癫狂。据《明史·文苑传》记载[①]，他曾先后九次自杀：一次以利斧击头，“血流被面，头骨皆折”，幸而不死；又一次似鬼神附体，他引巨锥刺入左耳数寸，然后用头撞地，把铁钉撞入耳内，丝毫不觉得痛苦，又不死；后又用椎子击碎肾囊，仍不死。这些残酷、极端的自杀方式，远非常人所能想象。徐渭九死九生，屡次自杀未遂，但其“心疾”似乎并未

---

① 《明史》列传卷一七六《文苑四》。

缓解。后来他误杀老婆张氏，酿成了杀妻惨案，因此被捕入狱，判处死刑。后经他在京做官时诸多朋友的大力营救，才被免去死刑。徐渭在狱中被监禁六年多，在他52岁时，终于被朋友诸大绶（号南明）、沈明臣、张天复、张元忭等救出监狱。要把一个死刑犯免去死刑，最终无罪释放，其艰难困苦可想而知。首先是道义因素，其次还有时间、精力、金钱等诸多因素。但徐渭又是怎么看待这场营救活动的呢？当时出钱最多的是诸大绶，徐渭对张天复说："请写信告诉南明，他的钱我是绝对不要的。"张便问："那用什么来赎命呢？"徐答："我在狱中可以写字作画，卖给识货的人。"问："一时半会卖给谁去呢？"答："卖给南明。"问："那不是还花了南明的钱？"答："那是不一样的。"由此可见，徐渭对此事的认识，完全没有道义的观念，而认作是一个金钱的交易。出狱后，徐渭写了一首诗，其中有几句话："我系六年今始出，宝剑一跃丰城寒。登楼忽见梅花发，时有春意来姗姗。醉余皓首冲泥滑，欲跨白马呼银鞍。"

1580年，张元忭得知徐渭潦倒不济，便让他到北京去，意思让他去安享晚年。张元忭和徐渭都是绍兴人，张的父亲张天复与徐渭是好友。在徐渭入狱时，张家父子曾竭力营救过他。依照常理，徐渭算是张元忭的长辈，张也应该用对长辈之礼来待徐渭。但是，这时候张元忭已经做了大官，而徐渭却沦落到一介平民，地位相差悬殊。在徐渭眼里，好像张元忭就是个暴发户，一副小人嘴脸。于是他和张元忭的矛盾逐步加深。

其实，这种矛盾的产生主要是由于徐渭心理的不平衡。他失去了一切，成了一个彻底的潦倒书生，因而贫贱与高贵的对抗意识更加强烈。在北京时，徐渭放浪形骸，结交的人很是杂乱。张元忭对他耐心地规劝，希望他能约束自己的行为。但是，徐渭是个性十足之人，他实在无法接受这一点，曾说："吾杀人当死，颈一茹刃耳，今乃碎磔吾肉。"[①]大概的意思是，你张家父子援救了我，也不能把我当你张家的奴隶，我杀人当死，按大明律也不过当颈一刀，你给我讲什么礼法，不是要把我凌迟处死，一刀一刀的碎剐不成？把张元忭的规劝视作"碎磔吾肉"，比杀头还难过，直至反目，这于情于理都说不过去。然后他不辞而别，纵游大江南北，吟诗作画，彻夜狂饮。他对权贵十分蔑视憎恶，所谓"愤益深，佯狂益甚。显者至门，皆拒不纳。当道官至，求一字不可得"，至晚年贫病交加，被迫以卖书画糊口，常常"忍饥月下独徘徊"。

其实，并没有人真正陷害徐渭，但他把每一个人都当做陷害自己的敌人，甚至把救命恩人也视作利用自己才华之人，这就难免"君子亦憎之，小人尤不相容"。就是清代的松年在《颐园论画》中所指出的："古今作画人一有孤冷拒人之病，自觉清高，其实乃刁钻古怪之流，君子亦憎之，小人尤不相容。此等倘入宦途，必遭奇祸……细观画传，所传之人，大半皆有嘉言懿行，善政高文，不仅以几笔书画，即为

① （明）陶望龄：《徐文长传》。

不朽功业。吾辈所学之事，本属清高，切勿因此自抬声价。谦恭和蔼，尚不免遭忌忤人，况要名士脾气耶！愚谓处世谋生，先戒狂傲孤冷乖僻；矫枉寡情，此等人不可学也。凡人一入此障，必无福泽。纵是画到绝顶，亦属怪物，其笔下亦必不近情理。既己自误，更误后人不浅……惟徐天池恃才傲物，心地褊狭，修怨害人，以至身遭刑狱之苦……皆不善和光同尘之累耳。望诸君子勉之！”

徐渭具有多方面的艺术才能。他曾写了不少诗文和剧本，反映出其愤世嫉俗、打击权贵及冲击封建礼教等的进步思想。他的书法也很有成就，取法苏轼、米芾而自成一格，字体奔放，一如其人。徐渭中年始学画，至晚年趋于成熟，他的许多不朽名作，正是在其出狱至去世这一时期所创作。他自说“吾书第一、诗二、文三、画四”。而后人论述他，有“画最奇绝”之评。其实，徐渭于山水、花卉、人物、走兽、鱼虫、瓜果都很擅长，最突出的成就是水墨大写意花鸟画。

应当说，画品即人品，从正面角度看，徐渭的人品是不值得提倡的。那么，他的画品是不是也不值得提倡呢？读过苏洵的《上韩枢密书》就能理解人品虽然不堪，却同样可以在艺术上做出贡献。徐渭的人品只能同情，但可以给他的画品以高度的评价。苏洵说：“夫兵者，聚天下不义之徒，授之以不仁之器，而教之以杀人之事。夫惟天下之未安，盗贼之未殄，然后有以施其不义之心，用其不仁之器，而试其杀人之事。当是之时，勇者无余力，智老无余谋，巧者无余技。故其不义之心变而为忠，不仁之器加之于不仁，而杀人之事施之于当杀。及夫天下既平，盗贼既殄，不义之徒聚而不散，勇者有余力则思以为乱，智者有余谋则思以为奸，巧者有余技则思以为诈。于是天下之患杂然出矣。盖虎豹终日而不杀，则跳踉大叫，以发其怒，蝮蝎终日而不螫，则噬啮草木，以致其毒，其理固然，无足怪者。”

清末民初，梁启超在《中国近三百年学术史》中把隆万之际的士风概括为八个字：“上流无用，下流无耻。”“上流无用”就是指董其昌等上层的文人，作为既得利益者，于天下苍生事漠不关心，在其位而不谋其政，对社会持冷漠的态度，超凡脱尘，供养烟云。“下流无耻”就是指徐渭等下层的文人，作为未得利益者，为了出人头地而不断地折腾、闹事，对社会持仇恨的态度，怨天尤人，丧心病狂。

马克思也讲到“流氓无产者”的问题。流氓无产者处于社会的最底层，破坏性非常强。他可以破坏腐朽的旧社会，也可以破坏和谐的新社会。流氓无产者和流寇的性质与徐渭的性质是一样的，可以破坏社会，也可以成就革命。

再回到徐渭的画品和其癫狂个性的关系上，笔者认为正是他的个性造就了他在画品上大跨度的冲击和重大变革。徐渭泼辣豪放的画风与他的诗文、戏曲创作一样，在明末画坛上以奇肆狂放独树一帜。他的水墨花卉，以使气狂舞的笔墨，“不求形似求生韵”。由于他坎坷的生活遭遇，使他有可能在创作中融进对黑暗社会现实揭露、控诉和抨击的因素，抒发胸中的悲愤、哀痛，具有“推倒一世之豪杰，开拓万古之心胸”的强烈感情色彩和胆魄。例如，他在《田蟹图》中题诗云：“稻熟江村蟹正肥，双蟹如戟挺青泥。若教纸上翻身看，应见团团董卓脐。”对奸臣极尽嘲弄。又如为《野藤葡萄》题诗：“半生落魄已成翁，独立书斋啸晚风。笔底明珠无处卖，闲抛闲掷野藤中。”他常常酣饮大醉后作画题曰：“一涂一抹醉中嬉，醉里偶成豪健景。”又题《墨竹图》：“枝枝叶叶自成排，嫩嫩枯枯向上栽。信手扫来非著意，是晴是雨任人猜。”令人感受到他那种难以抑制的悲愤、凄楚、孤傲，以致凄绝、忧郁或冲动的壮烈情怀。另一《榴实图》笔式简劲，以奔放的草书自题：“山深熟石榴，向日便开口。深山人少收，颗颗明珠走。”徐渭虽力主“不求形似”的艺术观念，却不是一味脱离实际的胡涂乱抹。他笔下的水墨花卉、人物、树石，似未经意而又极经意，能充分掌握物象的结构规律。笔简意赅、横斜疏密，极为精彩，他有极其熟练地驾驭笔墨的能力。他亲自种葡萄、竹子、葫芦等，经常废寝忘食地细致观察。他的作品多为没骨画法，墨沈淋漓中见疏密、浓淡、轻重、依斜等丰富变化。笔墨奔放而极富节奏感，犹如一首乐曲中的轻重、舒缓、强弱的音阶，有奔腾飞舞之势，充满强烈的生命力，由此不难想见画家翰墨纵横时的狂放情态。面对这些墨韵横溢、激荡人心的杰作，不但能感到画家倾泻奔涌的激情，更可窥见“英雄失路，托足无门之悲”。正如他在《水墨牡丹图》中表现小雨初霁、丰润清新的意境时题句云：“五十八年贫贱身，何曾妄念洛阳春？不然岂少胭脂色，富贵花将墨写神。”

写意花鸟画在徐渭之后经过清石涛、八大山人、郑板桥直至吴昌硕等大家的发展丰富，终于确立了近代水墨花鸟画大写意这一派别。郑板桥曾刻过一枚“青藤门下走狗”的印章，齐白石亦有诗云：“青藤（徐渭）雪个（八大山人）远凡胎，缶老(吴昌硕)衰年别有才。我愿九泉为走狗，三家门下转轮来。”其钦佩之情可谓五体投地。

当然，徐渭的思想感情和作品是有着时代的痕迹和局限的。他对现实不满，又找不到出路，悲观绝望，在一部分诗画中表达了消极情绪。但在拟古成风、陈陈相因的明末画坛，徐渭无疑是一位极具革新精神的卓越画家。他在写意花鸟画的发展进程中所做出的贡献和对后世的影响，都是十分巨大的。

作者简介：李冠龙，天津博物馆，副馆长，天津市文化中心，300201。

心作良田百世耕——溥心畬其人其画

赵艳玲

（天津美术馆）

摘要：溥儒，字心畬，画工山水，兼擅人物、花鸟、鞍马及书法。联系其经历，本文阐述了溥心畬淡泊名利的隐逸思想和性情；结合其画作，通过山水、人物、花鸟、鞍马等题材，分析了溥心畬立足传统，融南、北宗于一体，秀丽典雅的作品艺术风格特征；最后根据作品的艺术风格，肯定了其在特定历史时代所处的地位和所发挥的作用。

关键词：淡泊名利　醉心传统　得其所哉

一、其人——淡泊名利修情性

溥心畬（1896～1963年），9月2日（农历七月二十五日）生于北京，后因与咸丰帝祭辰同月同日而改为农历七月十四日出生，本名爱新觉罗·溥儒，字心畬，后以辈分为姓。号西山逸士，又号松巢居士，室名省心斋、寒玉堂、二乐轩。河北宛平（今属北京）人，满族，清道光帝曾孙，恭亲王奕訢嫡孙，载滢贝勒的次子。他笃嗜诗文、书画，皆有成就，画工山水，兼擅人物、花卉及书法，与张大千有“南张北溥”之誉，又与吴湖帆并称“南吴北溥”，被公推为“北宗山水第一人”，与黄君璧、张大千以“渡海三家”齐名。

溥心畬幼年受到良好教育，据其自述：“余从七岁学作五言诗，十岁作七言诗，十一岁始作论文。曾记先师命作《烛之武退秦师论》，有警句云：‘（烛之武）谓之忠可也，谓之能可也，谓之有纯臣之度则不可。’为先师所嘉许。是时北京古文社，请耆德之士为社长，京师子弟，每月课余时为文请社长批改，佳者给以笔墨之类以为奖。余亦参加此文社，时得奖以为荣。”光绪帝驾崩后，据传溥心畬也曾为储君候选人，但他当庭大哭想家，结果落选。那时他已十三岁，这位从小饱读诗书，知晓宫廷礼仪的少年，这一哭恐怕不是无知无意，而是有意为之，因哭落选，等于主动放弃了皇权，这是对权力对富贵的最大淡漠。

辛亥革命后，溥心畬随母隐居北京西山戒台寺牡丹园，这里山清水秀，风景宜人，是读书治学的理想场所。溥心畬在这里终日读书，由经学入门，继而诸子百家、古文诗词，在文史方面所下工夫尤深。闲暇时，还常以作画来怡情。首都博物馆收藏的《秋山图》创作于1912年，溥心畬时年17岁。该画即为溥心畬隐居戒台寺时期的学画习作。溥心畬在西山清心寡欲，寄情山林，修身养性，读书作画，直到1924 年才返回恭王府定居，结束12年的西山隐居生涯。1925年，溥心畬（号松巢）与其他四位著名国画宗师: 溥雪斋（号松雪）、溥毅斋（号松邻）、关松房（号松房）、惠孝同（号松溪）一起发起成立了近代著名国画团体松风画会，画会以传统为根基，从四王入手追溯宋、元，以厚重、精湛为画风准则。画会的宗旨与溥心畬的性情相投，画风也正是溥心畬所钟情、追求的风格。1931年“九一八事变”爆发，伪满洲国成立，他拒绝谋伪满洲国官职，后作《臣篇》以明志。抗日战争期间，一度靠卖画为生，曾任中国画研究会评议，并于1934年至国立北平艺专执教，一直寡心名利。1936年春，在北京中山公园水榭举办画展，拒绝了日本关东军司令部参谋长的重金求画。

1949年春，杭州解放前夕，溥心畬收到叶剑英的信，信中说，已为他保留了西山别墅故居，希望他离杭北上。时任上海市市长的陈毅同志也告知溥心畬说中央最高首长请其重返北京，为人民服务，担任故宫博物院副院长之职。并且到京之后，所有封存西山溥儒家里的物件，当即返还。溥心畬当时是“坚辞未允也”。后来时任上海市副市长的潘汉年又“三次以函召之，敦促不已”。溥心畬说：“北返是可以，但副院长决不接受，如能做一个大学助教，至多讲师，副教授不能接受，如蒙照准，则全家车费，吾当开一展览会，以书画出售所得，可以自理，无需政府资助也。”足见其对名利的淡泊之心，当然后来他还是取道定海与儿子溥孝华乘小船经舟山去了台湾。

1949年溥心畬到了台湾以后，生活窘迫，衣食无着，立无锥地，面对人生地不熟的环境，他一筹莫展，无奈之中给蒋介石写了一封信，蒋介石于是就拨付了一套平房给他，蒋还欲聘其“国策顾问”“考试院委员”的职务，但都被溥心畬婉言谢绝了，溥心畬给蒋介石回信说：“政府给我房子，我要，给我个委员，我不敢当；我是有过荣华，好不容易荣华尽褪的人，我还是去教师范吧。”溥心畬后受聘于台湾师范大学，为社会培养了不少艺术人才，并以授徒的方式传承了中国古典文化。

二、其画——醉心传统艺自成

溥心畬自幼即受到传统礼教的熏陶，他的个性又内向好学，因而打下了深厚的传统文化基础。溥心畬的画风并无明确的师承，全由自己领悟古人的书法、名画、诗文而成，加以他出身皇族，自然多有观摩体悟皇宫书画珍藏的机会。他在《自述中》说：“我（学画）是没有师承的。从前我家里藏的古人名迹很多，举凡晋唐宋元各朝代都有。我把这些真迹取来临摹，再读书，再观察真山水真事物。”他常用孟子的语言告诫学生，“慎思之，明辨之，笃行之”。他的山水画“初学四王，后知四王少含蓄，笔多偏锋，遂学董、巨、刘（松年）、马、夏，用篆籀之笔。始习南宗，后习北宗，然后始画人物、鞍马、翎毛、花竹……”这是他的自述总结，也是他的事实写照。溥心畬正是靠着勤奋加天分，潜心钻研传统，临摹唐宋墨迹，并游览过无数名山胜迹，一次次、一遍遍地从实践中寻找出经验，并逐渐形成了自己的风格。在短短的几年中，名噪北平画坛，并于1925年在中山公园举办了首次个人画展，因作品丰富、题材广泛而声名大噪，获评“出手惊人，俨然马夏”。

溥心畬算是多产的画家，但代笔画也很多，市面上流传的他的画作水平良莠不齐，而为博物馆所收藏的水平则相对比较高，如收藏于天津博物馆的《设色山水》（图一），无年款，纸本设色，款识：“细路盘盘转石根，苍藤古木带斜曛，短穷不觉行来远，回首青山半是云。”此作既有马远、夏珪“斧劈皴”的潇洒雄浑，又有明四家唐寅用笔的挺健劲秀。真所谓铁划银钩，将北宗这一路刚劲的笔法“斧劈皴”表现的特质阐发无余，并兼有一种秀丽典雅的风格。山石、松树、茅屋是溥心畬绘画中常见的要素，也暗合了溥心畬醉心山林、离尘遁世的隐士心理，并再现了中国传统绘画的古意精神。

图一　设色山水

另一幅收藏于辽宁省博物馆的《寒林高士图》（图二），无年款，纸本设色，132厘米×55.5厘米，款识：“寒林过雨夕阳收，碧嶂岧嶤水急流。一夜西风吹木叶，片云忽作洞庭秋。浦溆炊烟起，溪桥旧板斜。行人向何处，归去白云家。心畬。”画面描绘了秋日雨歇，碧嶂如洗，溪水湍流，两高士吟咏于山林间，一人拄杖回望似与后人细语，一人回头仰望天际看舒云变幻，后有两书童相伴，其中一人抱琴徐行。云山戏墨，一派飘然尘世的隐逸图景。画中的山石由浓重的“披麻皴”和“解索皴”绘成，再染以青绿。溥心畬的山水画继承了宋元的画法，他对黄鹤山樵有过深入的研究，特别是在用笔上，此作颇有黄鹤山樵“披麻皴”加渴墨点苔的苍郁劲健。高士、隐士图是溥心畬特别偏爱的题材，这和他的个性以及生存境遇有关。据启功讲述：1955年溥心畬赴日本讲学，期间与老友张大千重逢，二人还合作过一幅《松下高士图》，溥氏绘松，张氏补山石高士，并题诗曰：“种树自何年，幽人不知老。不爱松色奇，只听榕声好。”

《烟峦结夏图》（图三），绢本设色，81厘米×28厘米，现藏天津博物馆，此作创作于1936年，是溥心畬这一时期的代表性作品，溥用料很讲究，他于20世纪30～40年代的作品喜用日本绢和熟纸，日本绢透明、厚密而有弹性，作画不宜控制，但溥心

图二　寒林高士图

畲熟识绢的特性，作起画来驾轻就熟。此作极其注重线条的勾勒，笔法挺健，结构谨严，山石的层次和质感由“雨点皴”堆叠而成，并经花青、石绿、赭石多次分染、罩染，将“北宗”之雄奇与“南宗”之幽淡融于一体，气韵雄强，翠沉淋漓。溥心畬在设色方面有独到之处，他曾经一再提醒学生说：“染色绝对不可以染一两次就算了，最好要在十次以上。次数越多，层次就越多，就越有深度，越有分量。现今有些人画一次就染完，简直不可想象。”他还说：“淡而后才能雅，清而后才能逸。世人都不知此（耻），急功好利。”此作可作为其艺术理念极好的佐证。

溥心畬的绘画成就主要体现在山水上，但他对人物、花鸟、鞍马亦样样精通。旅顺博物馆藏有其一幅《春郊童戏图》，无年款，水墨设色，95.5厘米×31.6厘米，款识：“春郊童戏乐无边，彩线迢迢放纸鸢。远望碧空愁不见，忽然飘落晚风前。心畬画并题。”人物衣纹飘逸，清雅脱俗。较之山水画，溥心畬的花鸟画笔法柔秀，更显清逸雅静，天津博物馆藏有其一幅《仙禽珍木图》，无年款，纸本墨笔，款识：“仙禽集珍本，天际露初圆。有良禽择木而栖之意，别有韵致。”现藏于沈阳故宫博物院的《竹猿图》，无年款，水墨设色，108厘米×47.8厘米，款识：“一片潇湘水，寒猿竹上鸣。孤舟惊客梦，断肠此时声。心畬画并题。”同山水画一样，此作也继承了宋人的画法，他画猿应该是从其家旧藏易元吉《聚猿图》中汲取了养分，并在此基础上参以他法，从而生化出自己的风格。

图三　烟峦结夏图

溥心畬还喜欢画鬼神，其山水画有诗意，画鬼神亦有诗意。心畬诗稿中《自题终南道士出游图》：“敝袍横剑气如云，缓步归来已半醺。小鬼相从尽童仆，不须空作送穷文。”在他的绘画作品中，“钟馗”是很常见的题材。天津博物馆藏有溥心畬的两幅《钟馗》，一幅钟馗人物刻画简洁流畅，用豪放的写意手法勾勒出钟馗身体的动态，将人物描绘得惟妙惟肖；另一幅钟馗独坐沉思，以简括的笔法将驱鬼逐邪之神表现得憨态可掬。溥心畬在他的鬼怪神志中寄寓了内心的世界。

此外，溥心畬还擅长画界画。《寒玉堂画论》中对界画有专门的论述，自清袁江、袁耀以降，能留心界画者恐怕也只有溥心畬了。天津博物馆藏有一幅其赠予友人的界画成扇，亭台楼榭，笔笔力透纸背，传统笔墨功底深厚，气韵脱俗，虽是工谨的界画，但营造的却是泛舟湖上，远离尘嚣的隐逸境界。

三、得其所哉

畬，是二年耕作之良田，溥儒字心畬，折射的是他所追求的传统农耕文明时代的隐士心理，不求富贵荣华，只望远离名利纷争，修身养性，寄情山林。心作良田百世耕，此乃溥心畬一生所愿。其画，从初学“四王”辨“南北”异同，到苦其心志自“北宗”出新意，再到定居台湾，专心画艺，纵观他一生的艺术探索都没离开“传统”二字，他被视为“文人画的最后一笔”。溥心畬的艺术价值取向远承宋人，在民初画坛新人辈出的时代，溥心畬或许内涵不同于前人，论艺术表现则更是创新寡见，对感应时代的开创性上或有不足，但就另一层面上来说，从民国到现当代，中国都处于急剧的社会变革和西方文化思潮强烈冲击的时期，中国文化与西方文化、传统与现代之间交织着矛盾与斗争、交流与互渗的复杂运动，中国画艺术开拓与复归并行，呈现出了“新”“旧”不一的审美诉求。我们在学习和了解异域艺术的同时，更认识到中国传统国画艺术精神的价值和意义。溥心畬保存了传统时代的作画技法和人文精神，并通过他的书画让这一精神价值得以延续，溥心畬相对于他所处的时代来说也可称之为“得其所哉”。

1963年11月，溥心畬患鼻咽癌在台北病故，年仅68岁，葬于阳明山。溥心畬去世后，遗物由其子溥孝华保存，1992年溥孝华过世后，因为没有子嗣，由他指定的遗物处理小组将溥心畬作品分成三部分，分别交由中国文化大学华冈博物馆、台北故宫博物院与历史博物馆托管。溥心畬的这些珍宝包括书法175件、绘画292件，以及其他收藏书画13件，砚石、印章、瓷器等58件，总计543件。华冈博物馆托管的为大小画作、各体书法、笔记、注疏及手稿等百余件；台北故宫托管的则大作、小品、立轴、长卷俱全，并包括难得的鬼趣图册、西游记册与自绘瓷瓶、瓷盘和四小幅自绘漫画，这是溥心畬在国外期间与人沟通的随笔之作。这些佳作、收藏能“入住”博物馆，也算“得其所哉”。

作者简介：赵艳玲，天津美术馆，馆员，天津市文化中心，300201。

松下骏马图臂搁辨伪

——兼论吴之璠竹刻艺术

张　旭

（天津市文物管理中心）

摘要：本文以史料及实物为基础，对清代竹刻名家吴之璠及其竹刻风格进行论述，并对天津博物馆藏吴之璠作品真伪进行辨析。

关键词：吴之璠　薄地阳文　马

臂搁是文人在用笔绘画、写字时承腕垫臂的器具，长覆瓦形，正背面可雕有图案，既是文房用具，又是别具艺术价值的欣赏品。天津博物馆工艺类藏品中，有一件吴之璠款竹刻松下骏马图臂搁，纵26.4、横7.8厘米。祥云古松，松下立一健马俯观松根，似在觅草。左下边刻有“之璠制”款。本文对这件器物的真伪及作者进行探讨。

一

中国的竹刻艺术悠远漫长，《礼记·玉藻》载：“笏，天子以球玉，诸侯以象，大夫以鱼须文竹。”由此可知，周代即有竹材加工，与玉牙同列。湖北江陵马山一号墓出土的天然竹根凭几，已有较高工艺水平。长沙马王堆汉墓出土的彩漆竹勺，采用浮雕和透雕工艺，技法更加先进。明代中期，国富民丰，文人士大夫标榜清高风雅，竹子那谦逊劲节之气、静雅萧疏之态正是文人雅士孜孜以求的精神境界。加之明代文人崇尚自然的生活观，讲究做人品位，追求生存格调，开始积极参与从事雕刻的创作活动。文人竹刻应运而生，从而彻底改变了竹木雕刻单纯追求工艺技法的倾向，成为文化艺术的奇葩。出现了闻名于世的雕刻家，形成不同的艺术风格和流派，一派是以濮仲谦为代表的金陵派，擅长浅浮雕，随形施刻，刀法简洁；一派是以“三朱（朱鹤、朱缨、朱稚征）”为代表的嘉定派，擅长多层镂雕技法，窿隆浅深可五六层。两派继承者很多，代有传人。尤其是嘉定派，流传不绝，历经数百年发展演变，表现形式丰富，文化内涵深远，始终成为竹刻艺术的主流。仅史料记载的名家有50余人，其中最著名的当属吴之璠，堪称三朱之后嘉定竹雕第一高手，也被称为清初竹刻第一人。

吴之璠，生卒年不详，有关史料记载主要有以下几项。

清嘉庆时期金元钰《竹人录》记载："之璠字鲁珍，号东海道人。所制薄地阳文最为工绝，今流传人物、花鸟笔筒及行草秘阁，秀媚遒劲，为识者所珍。天津马令素挹其名，延为上客，后马令去官，有殉知之契，从之偕往，遂不知所终。"①钱定一《中国民间美术艺人志》以白话文将《竹人录》的这一记载收录②。

清光绪七年（1881年）《嘉定县志》卷二十艺术类人物传中记载："吴之璠，字鲁珍，工人物花鸟，行草秀媚遒劲，自署东海道人而不名；竹刻尤称名手。初居南翔，徙天津邑中，流传绝少，所刻笔筒有贡入内府者，款镌槎溪吴鲁珍。乾隆乙未，上按问鲁珍何人？侍臣无以对，遍翻遗书，得之《南村随笔》，据以入奏，由是鲁珍之名大噪。"③乾隆乙未为乾隆四十年即公元1775年。

金西厓记载："鲁珍初居南翔，徙天津，邑中流传绝失。所刻笔筒有贡入内府者，款镌槎溪吴鲁珍。"④

《南村随笔》发行于清雍正十三年（1735年）作者陆廷灿，字扶昭，出生于江苏嘉定（今上海市嘉定区南翔镇），从小就跟随司寇王文简、太宰宋荦（1634～1713年）学，明理解人，精于吟诗作文，贡生，后被任为安徽宿松教谕。曾任福建省崇安县知县，撰有《续茶经》三卷、《艺菊志》八卷、《南村随笔》六卷，并重新修订了《嘉定四先生集》《陶庵集》。《南村随笔》记载了瓷器、竹刻等工艺技法。

《续茶经》目录完全与《茶经》相同，分为茶之源、茶之具、茶之造等十个门类。但自唐至清，历时数百年，产茶之地、制茶之法以及烹茶器具等都发生了巨大的变化，而此书对唐之后的茶事资料收罗宏富，并进行了考辨，虽名为"续"，实是一部完全独立的著述。《四库全书总目》称此书"一一订定补辑，颇切实用，而征引繁富，当为公允之论"，由此可见陆廷灿的著述史料价值非常高⑤。

史料中虽未明确记载陆廷灿的生卒，但据记载"自幼随太宰宋荦学"推断他应生活在清初康雍时期。从而进一步推断出吴之璠也应生活在康熙至雍正年间。

故宫博物院藏吴之璠"对弈图笔筒"，阴刻行书款"戊午夏日吴之璠制"戊午应为康熙十七年（1678年）。正如金西厓、王世襄所言：吴之璠有年款的作品多在康熙前叶。吴之璠生于清初卒于康熙晚期至雍正初，主要活动于康熙中晚期⑥。

---

①（清）金元钰：《竹人录》，杭州古旧书店，1983年。

② 钱定一：《中国民间美术艺人志》，人民美术出版社，1987年，第207页。

③ 光绪七年尊经阁本《嘉定县志》卷二十《艺术》，第19页。

④ 金西厓、王世襄：《竹刻艺术》，人民美术出版社，1980年，第29页。

⑤ 光绪七年尊经阁本，《嘉定县志》卷十九《文学传》，第29页。

⑥《中国美术全集·工艺美术编·竹木牙角器》，文物出版社，1987年，第5页。

二

从现存的作品中可以看出，吴之璠既擅长立体圆雕，又精于浮雕。他的雕刻技法，一是直接师承朱氏的浮雕刻法，如上海博物馆藏“二乔并读图笔筒”，画面描写三国时代东吴乔玄的两个女儿——大乔、小乔咏赏书卷的情景，作者采用高浮雕技法，人物发鬓纤毫毕现，丰肌美姿，神态栩栩如生，衣褶流畅，榻杌瓶花等道具陈设有序，镂刻精致。笔筒另一面刻七绝一首：“雀台赋好重江东，车载才人拜下风。更有金闺双俊眼，齐称子建是英雄。”所刻诗文，字体秀媚潇洒，尤其点画之间的游丝联系，充分体现书法的笔力和气势，刀工精绝，竹丝素地与纹饰相应生色，诗情画意融为一体（图一）。

另一种则是他自己首创的浅浮雕法，称“薄地阳文”，即去地浮雕法，系花纹仅略微向上凸起的一种阳文刻法，其刻法较明代的高浮雕要浅得多。吴之璠充分运用竹材特性，刮及竹理，任其光素，以微凸的浅浮雕技法雕出纹饰主题，刻画局部的一事一物，并留出大片空白，刻诗文以作衬托，宾主虚实分明，素地的竹丝与精雕细琢的图文形成对比，相应生色。图案布局上，吴之璠深得绘画之法，构图巧妙，通过景物的相互遮掩、叠压，使画面形成不同的层次，产生远近的效果，给人以透视深度之感。而且他还擅长描述人物与动物一刹那的动作与神情，有着鲜明的特色。其刀法更见峭劲洗练，力求将技法与材质完美融合，作品具有中国画的典雅意境与书卷气。清人金元钰对吴之璠的浅浮雕法极为推崇，称其“所制薄地阳文，最为工绝”“在纸发之隙，丝忽之间，见微妙之起伏，照映闪耀，有油水泛水，难于迹象之感”①。陆廷灿也赞其所刻薄地阳文“精细得神”②。“薄地阳文”一名遂成为吴之璠式浅浮雕刻法的代表术语。

薄地阳文虽是浅浮雕的一种，但经吴之璠发展变化，吸收了汉画像石和龙门石刻中的浅雕技法，别具面目，为识者所珍。乾隆皇帝对吴之璠的雕刻作品尤为喜欢，曾在他的一件竹雕笔筒上题诗曰：“刻竹由来称鲁珍，藏锋写像看传神，技哉刀笔精神可，于史吾为斥此人。”可谓是对吴之璠竹刻艺术的高度概括和真实写照。

上海博物馆藏“松荫迎鸿图笔筒”为其典型代表作，一老者赤裸上身，跣足坐于松树下，仰首目视飞鸟，悠然之情溢于眉间。松树前后穿插，树枝倒悬，画面清新开阔。无论是人物的神态，衣纹的线条，在刀刃起落之间生动有致。笔筒画面凸起的高度极微，但画面上还刻出多种层次，天空、山坡、松树前后交叠，松树身上团簇的松针，前后共分五个层次，通过作者的刻刀将书画艺术上遮掩压叠分远近的艺术效果充分表现了出来。作品在构图上有疏朗雅致的文人画趣味，清新开阔，生动有致。松树旁刻阴文行书“槎溪吴之璠”（图二）。

---

① （清）金元钰：《竹人录》，杭州古旧书店，1983年。

② 光绪七年尊经阁本《嘉定县志》卷二十《艺术》，第19页。

图一　二乔并读图笔筒

图二　松荫迎鸿图笔筒

三

马的形象在我国古代岩画中已不鲜见，汉代画像石画像砖中的马已趋向写实造型，具有很高的艺术价值。历代画马名家辈出，有唐代曹霸、陈闳、韩幹和韦偃，宋代李公麟，元代任仁发、赵孟頫，清代冷眉等。这其中艺术成就最高的当属赵孟頫。

赵孟頫（1254～1322年），元代著名画家，字子昂，号松雪道人，擅画山水人物，鞍马花鸟，画马学李公麟，绘画风格工整豪放，对后世影响极大。赵孟頫自小就对鞍马一科情有独钟，平生在这方面所下的工夫也当最多，而且注重对马的生活习性进行深入体察，苦心揣摩，几近痴迷，其妻管道昇曾从牖中窥见他“据床学马滚尘状”①。

故宫博物院藏《浴马图》《秋郊饮马图》为赵孟頫画马的代表作品。《浴马图》画卷溪水一湾，清澈透明，梧桐成柳，丝荫成趣，数匹骏马，或立于水中，或在岸上饮水吃草，有的昂首嘶鸣，有的卧立顾盼，体格雄健姿态各异；马官九人，或冲浴马身，或岸边小憩，人马动作相互呼应，生动有致，其线条凝重古拙，用色静穆柔和，构图严谨，画法精工细腻，风格清新秀丽，古意盎然。特别是对马的动态和结构处理可以看出赵孟頫深得韩干等名家画马之精髓，另一方面也是亲自体验马的动态特征而有所感悟（图三）。

① （清）吴升《大观录》卷十六，王丰登题赵孟睿《浴马图卷》中有这样的记载：“（赵孟睿）尝据床学马滚尘状，管夫人自牖中窥之，政见一匹滚尘马。”

图三　浴马图

明清文人刻竹中的马多以赵孟頫画的马为蓝本，吴之璠以马为题材的竹刻作品有以下几个。

台北“故宫博物院”藏“牧马图笔筒”，高15.5、口径7.4厘米，为吴之璠“薄地阳文”的代表作。一马卧地翻滚，马鬃散地怒张，掀鼻露齿，前二足弯曲左向，蹄足翻向右方。后二足蹴空而蹬，栩栩如生，作者抓住了圉人御马、骏马翻滚的一刹那画面，用浅浮雕技法雕出肌肉，一颗颗马齿，马尾扫佛尤为得势，刻画得形神兼备，栩栩如生，一丝不苟，并表现出深浅立体效果。“吴之璠制”四字款识结构疏朗，书法秀媚遒劲，笔画粗细有致，奏刀精准。反映出作者深谙书法，具有很高的艺术才能（图四）。

故宫博物院藏“吴之璠款松溪浴马图笔筒”，高16、口径14.8、足径14.9厘米。笔筒周身以浮雕技法刻画松溪浴马图，松枝苍劲，溪水淙淙，骏马肥壮，浴马者神态各异，全器刻三组人物，一为二马憩于坡草间，一马由圉人牵出水，山坡上二老者侧身观望；三人倚着松树，居高临下，观看二马翻滚跳跃；一老者双手端盆，俯身蹲地饲马神情专注（图五）。

图四　牧马图笔筒

图五　吴之璠款松溪浴马图笔筒

此笔筒采用薄地阳文技法，以画入竹，整个画面充实而不繁密，布局合理，运刀灵活，刻工精巧细腻，雕技圆浑生动，人马形态毕肖，堪为精品。王世襄先生评论此器“布局妥帖，刀法之娴熟，非鲁珍不能措手”，但对四字阴刻款提出质疑“失之矜持，未敢遽断其为原刻抑后刻”①。

四

故宫博物院藏有一件“无款松下饲马图笔筒”，高15.2、口径9.2、底径9厘米。马立松荫之下，丝韁搭于背上，似出行方归；圉人捧盆匍匐于地，貌温而谨，爱马之意浓郁（图六）。天津博物馆所藏“松下骏马图臂搁”与此笔筒图案相似，只少一饲马人，马头、鬃尾的朝向相异，两器景物皆取自故宫博物院藏“松溪浴马图笔筒”片段（图七）。

图六　无款松下饲马图笔筒

图七　松下骏马图臂搁

一般说来，竹刻名家多以景抒怀，表现个性，作品志趣高雅，较少将同一题材画面反复使用，而仿制者却多临摹，正如王世襄先生所言“康熙时吴之璠独步艺坛，每有新制，竞相摹刻或节临”②，如故宫博物院藏有一件无款“松溪浴马图笔筒”，构图刻工与吴之璠作品相同。这也表现出竹刻的共通与传承关系。

吴之璠作品中的松叶呈椭圆形团簇状，犹如蘑菇或撑开的雨伞一般，厚实蓬松，

① 《中国美术全集·工艺美术编·竹木牙角器》，文物出版社，1987年，第6页。

② 《中国美术全集·工艺美术编·竹木牙角器》，文物出版社，1987年，第7页。

如“松荫迎鸿图笔筒”，而“松下骏马图臂搁”松针松枝略显板滞、平坦，与“牧马图笔筒”　“松溪浴马图笔筒”相比，马身羸弱，肌理不足，颈部及尾部鬃毛软弱无力；松树枝干紧缩盘曲，不舒展，整个画面缺乏层次与生动感。

从款识上分析，吴之璠有深厚的书法功底，作品款识在纹饰的空白处，字体行草隶。行书常见，字体结构多左下往右上偏斜，舒展洒脱，笔势遒劲流动，光彩照人，有玉润珠圆之妙；隶书波磔分明，笔画粗细有致，秀媚强劲，字间距离较为疏朗（图八、图九），极具书法艺术之美。而“松下骏马图臂搁”款识书法冗弱呆滞，摹刻痕迹较重，与真迹相比书法高下，相去甚远。

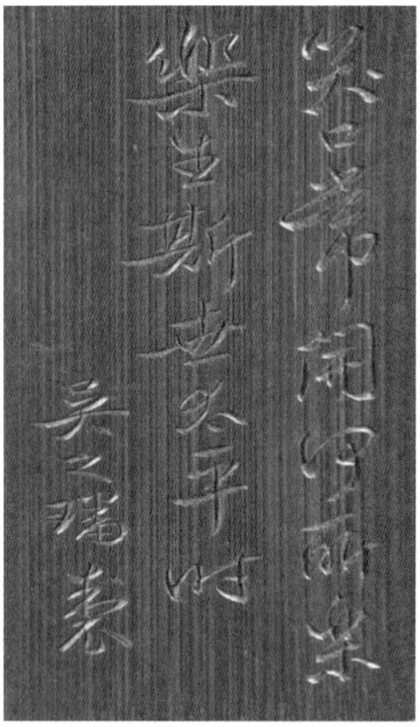

图八　吴之璠作品行书款

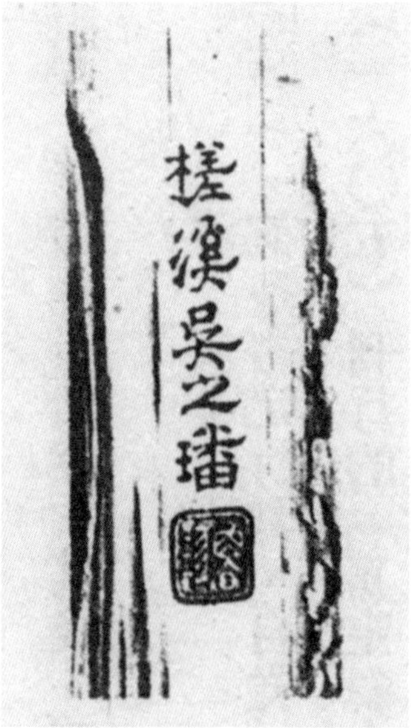

图九　吴之璠作品隶书款

目前刻有“吴之璠”“吴之璠制”“槎溪吴之璠”款识的作品经王世襄、朱家溍等名家鉴定确认真迹较多；而“之璠”“之璠制”款作品目前多尚未确定为真迹。

吴之璠之后，朱文右、王之羽、王琦、王梅邻等得其技法，承袭了一些稿本，依稿摹刻，但从功力书法等方面仍可分高下。正如王世襄所言“原刻极精工，且游刃自如，畅行无碍，故于缜密中有劲挺之致。摹刻的部位不差，纤索悉备，但过于矜持，唯恐不肖，遂刻不出爽利自然的意趣”[①]。

综合各方面分析，笔者认为“松下骏马图臂搁”为清代中后期吴氏弟子或同时期的竹刻艺人仿吴之璠的作品。

作者简介：张旭，天津市文物管理中心，副研究馆员，天津市和平区大理道44号，300050。

① 王世襄：《刻竹辨伪》，《文物》1983年第2期。

乾隆帝收藏印浅说

武　玲
（天津博物馆）

摘要：历代珍贵书画的积聚渊薮内府最为丰富，尤其清乾隆帝将大批书画入藏内府。在书画中经常使用的印玺大多数是乾隆最珍爱的收藏。乾隆印玺成为鉴定乾隆皇帝御览、御笔书画真伪和断代的重要依据。乾隆帝印玺在书画上的钤用与他的政治态度、文化修养、文人情趣是紧密相连的，乾隆广为搜罗、精心收藏，过目书画之多、收藏钤印之繁，罕有可相匹者。也足见乾隆帝对内府收藏的笃爱。使用的印文都有着深刻含义而且反映了乾隆在不同时期的心路历程。

关键词：内府收藏　乾隆帝　玺印　印文释义

中国书画的收藏具有悠久历史。史载皇室内府收藏始于汉武帝所创之秘阁，而后南朝诸帝搜罗奇珍名画，隋代建“妙楷台”庋藏法书、“宝迹台”收藏名画。经唐、宋因内府高度重视数量甚丰。至元、明两代主要是接收前朝内府所藏仍值得骄傲。历代珍贵书画的积聚渊薮清内府秘籍最为丰富，书画收藏数量远超前朝。此时许多私人鉴藏家的藏品也陆续归入内府，几乎将传世的唐、宋、元、明法书名画网罗无遗。故从乾隆、嘉庆奉敕编纂的《石渠宝笈》《秘殿珠林》来看就足以征信当时内府收藏的盛况。我们从中也足见乾隆帝对内府收藏的笃爱。

清内府所藏多钤有皇室收藏印，而它又以乾隆帝为最，且是有讲究和格式的，一般依据入选《石渠宝笈》《秘殿珠林》正编、续编、三编的著录情况和在内府收藏的地方（宫殿玺）加钤“五玺（‘乾隆御览之宝’‘乾隆鉴赏’‘三希堂精鉴玺’‘宜子孙’‘石渠宝笈’或‘秘殿珠林’）”；选入重编的精品加钤二印（“石渠定鉴”“宝笈重编”或“秘殿新编”“珠林重定”）成“七玺”；宝藏于内府中的乾清宫、养心殿、重华宫、御书房等地方的则加钤“* * *鉴藏宝”或钤“宁寿宫续入石渠宝笈”成为鉴藏“八玺”。有时也有减至“一玺”“三玺”，加钤其他玺印。乾隆皇帝在当了太上皇以后，又命人在一些作品上加盖了“太上皇帝”“古稀天子之宝”“八徵耄念之宝”“寿”“古稀天子”等。

在天津博物馆收藏的古代书画中有40余件为清宫旧藏，我们从中就可以看到乾隆鉴藏印玺的真面目。例如：

北宋（治平四年）《摩诃般若波罗蜜经》卷，钤有："乾隆御览之宝、秘殿珠林、乾隆鉴赏、三希堂精鉴玺、宜子孙、秘殿新编、珠林重定、乾清宫鉴藏宝。"

宋赵孟坚《水仙图》卷，钤有："乾隆御览之宝、乾隆鉴赏、石渠宝笈、御书房鉴藏宝、三希堂精鉴玺、宜子孙。"

元钱选《花鸟图》卷，钤有："乾隆御览之宝、石渠宝笈、御书房鉴藏宝、乾隆鉴赏、三希堂精鉴玺、宜子孙、石渠定鉴、宝笈重编。"每段除有钱选自题诗外还有乾隆御题诗。

明宋克《急就章》卷，钤有："乾隆御览之宝、石渠宝笈、 乾隆鉴赏、三希堂精鉴玺、宜子孙。"

明（摹本）王羲之《干呕帖》卷，钤有："乾隆御览之宝、石渠宝笈 、御书房鉴藏宝。"

明王榖祥《春雏得饲图》轴，钤有："乾隆御览之宝、乾隆鉴赏、石渠宝笈、养心殿鉴藏宝、三希堂精鉴玺、宜子孙、石渠定鉴、宝笈重编、八征耄念之宝。"有乾隆御题一首后钤"古稀天子、犹日孜孜"。

明陆治《虎丘塔影图》轴，钤有："乾隆御览之宝、乾隆鉴赏、石渠宝笈、三希堂精鉴玺、宜子孙。"乾隆御题后钤"乾" "隆"二玺。

明沈周《虎丘送客图》轴，钤有："乾隆御览之宝、乾隆鉴赏、石渠宝笈、三希堂精鉴玺、宜子孙。"

明文征明《林榭煎茶图》卷，钤有："乾隆御览之宝、乾隆鉴赏、石渠宝笈、三希堂精鉴玺、宜子孙、石渠定鉴、宝笈重编、宁寿宫续入石渠宝笈、乐寿堂鉴藏宝。"

明金润《溪山真赏图》卷，钤有："乾隆御览之宝、乾隆鉴赏、石渠宝笈、三希堂精鉴玺、宜子孙、石渠定鉴、宝笈重编、宁寿宫续入石渠宝笈、乐寿堂鉴藏宝。"

明项圣谟《且听寒响图》卷，钤有："乾隆御览之宝、乾隆鉴赏、石渠宝笈、三希堂精鉴玺、宜子孙、石渠定鉴、宝笈重编、御书房鉴藏宝。"

明钱贡《城南雅逸图》卷，钤有："乾隆御览之宝、乾隆鉴赏、石渠宝笈、三希堂精鉴玺、宜子孙、石渠定鉴、宝笈重编、重华宫鉴藏宝。"

清弘历（乾隆帝）临《三希帖》卷，钤有："烟云舒卷、三希堂、意在笔先、乾、隆、鉴古、观天地生动气象、乾隆宸翰、几暇临池。"

清张宗昌《仿大痴山水图》卷，钤有："乾隆御览之宝、乾隆鉴赏、石渠宝笈、三希堂精鉴玺、宜子孙、石渠定鉴、宝笈重编。"卷首有乾隆御题。

清《（缂丝）明皇试马图》轴，钤有："乾隆御览之宝、乾隆鉴赏、石渠宝笈、三希堂精鉴玺、宜子孙、乐寿堂鉴藏宝、古稀天子。"

清代各朝皇帝的印玺均有印谱称宝薮。乾隆帝一生所用玺印数量巨大用料繁多，《乾隆宝薮》记录了乾隆印玺1000余方，根据《乾隆宝薮》以及从乾隆《宝典福书》

和《圆音寿耋》等未集入《乾隆宝薮》中的玺印统计，乾隆制作印玺有1800余方。《中国书画家印鉴款识》一书载乾隆图章172方。乾隆所用图章的质地品种有白玉、碧玉、墨玉等各种玉质；有青田石、昌化石、寿山石等各种石料；还有金、铜、象牙、澄泥、水晶、玛瑙、蜜蜡等质地。他们大多钤印在自己的御笔书画和古代书画作品上。

纵观乾隆玺印的印文涉及许多内容，如早期名章“弘历图书”“皇四子章”等；未做皇帝时“居敬存诚”“爱竹学心虚”等；登基后“四海有民皆视子”“敛福宜民”等；退位后“太上皇帝”“归政仍训政”；以及“几暇临池”“落纸云烟”“半榻琴书”等表明自己学识、艺术兴趣等内容的印文不一而足。乾隆帝使用的印文都有着深刻的含义，其中许多出自古代经史典籍、诗文及自己的御制诗文，每遇国事家事也镌刻印章来记事纪盛以资纪念，如为纪念其在位期间十次远征边疆的武功，特镌刻了“十全老人”。乾隆御制文《十全记》曰：“十功者：平准噶尔为二，定回部为一，扫金川为二，靖台湾为一，降缅甸安南各一，即今二次受廓尔喀降合为十……，幸而五十七年之间十全武功……”凡此种种都反映了在不同时期乾隆的心路历程，今天读来仍然叫我们有些许感慨。

1. 八征耄念之宝

八征是指《尚书·洪范篇》中的洪范九畴之第八念用庶征，即称“八征”。乾隆帝在《八征耄念之宝记》说：“一日未息肩，万民恒在怀。庶征之八可不念乎！庶征即所以念万民曲体。”[①]乾隆五十五年（1790年）又逢乾隆八十大寿，乾隆帝亲自审定镌刻“八征耄念之宝”后仍不尽意，另镌刻副宝“自强不息”，并解释说：“予既镌‘八征耄念之宝’，复副以‘自强不息’；亦犹七旬时刻‘古稀天子之宝’，副以‘犹日孜孜’，皆铭乾惕之志也。”

乾隆帝使用“八征耄念之宝”是勉励自己虽已是耄耋之年，仍须孜孜剔惕，体天爱民念念不忘万世帝王治国之源的“八征”。

2. 自强不息

出自《易经》：“天行健，君子以自强不息。”乾隆在御制文中解释道：“……且天之行健日日在人目前，……君子以为法，自强不息焉！”[②]

乾隆帝刻制此印用自然界四季的变化为借鉴，勉励自己永不停息的勤于政事。

---

① 乾隆《御制文三集》卷八《八征耄念之宝记》。

② 乾隆《御制文三集》卷一《天行健，以自强不息》。

3. 为君难

“为君难”为孔子语。出自《论语 · 子路》“……孔子对曰：言不可以若是其几也。人之言曰：‘为君难，为臣不易。’如知为君之难也……”

2009年台北“故宫博物院”举办的“雍正大展”就有一方北京故宫收藏的雍正帝印玺“为君难”。雍正帝曰：“为君难，为臣不易，但知难诸事是矣！为君为臣原是一苦境，不过尽此天地父母所生之身，利益社稷苍生，造他日之福耳！”

乾隆帝登基也似乎对先帝雍正“为君难”感同身受，故此也镌刻了一方“为君难”。乾隆帝曰：“甄古今之得失，综政典之治乱，无知难而不兴之世，亦无不知难而不亡之朝。”又道：“然而知难非空言。”

4. 惟精惟一

引自《尚书 · 大禹谟》：“人心惟危，道心惟微，惟精惟一，允执厥中。”

意为：人欲自私险恶难测，天理虽然隐微不显，但却公正易行。只有精妙纯一，才是人们应当遵循的正道。

乾隆帝使用此印是号召臣子团结、百姓虔诚而服从统治。

5. 信天主人

信天含义引自《易 · 系辞》。易曰：“自天祐之，吉无不利。”子曰：“祐者助也。天之所助者，顺也；人之所助者，信也。履信思乎顺，又所尚贤也。”

意为：要想得到天的保佑，必须履行诚信，处处想到顺应天道、举贤任能方能做到国泰民安、风调雨顺。

乾隆帝使用此印认为自己是天赐的君职，要忠实于民、施德政于民，做天下之主人。

6. 所宝惟贤

引自《尚书 · 旅獒》：“不宝远物，则远人格，所宝惟贤。则迩人安。”

意为：不去侵夺远人的利益，远人受到感动，而来服从统治。珍惜和任用贤才近人就会敬佩，由此远人近人都能诚心诚意为君做事。

乾隆帝使用此印是为表白夸耀自己的贤德，同时为加强政权统治。

7. 五福五代堂古稀天子宝

五福指《尚书·洪范篇》九畴之第九向用五福：一曰寿，二曰富，三曰康宁，四曰攸好德，五曰考终命。康熙帝曾题："五福堂"赐给雍正。"五代堂"是指乾隆本人及儿子、孙子、曾孙、元孙（因避康熙帝讳玄改元）

乾隆五十二年（1787年）乾隆帝曰："古稀有七，曾元绕膝，是宜题堂，以芗其事。"①乾隆帝七十四岁已是五代同堂。在八十一岁时奢望九十岁可得来孙六世同堂。于是在乾隆五十六年道："……元孙业已长成……朕寿跻九旬时，又可见六代来孙同堂称庆。敬惟鸿贶……"②可惜在嘉庆四年（1799年）乾隆八十九岁时与世长辞未能如愿。

8. 太上皇帝之宝

《礼记》："太上贵德。"是乾隆帝归政后做太上皇帝时刻制的印玺。乾隆于丙辰1736年即位，又于第二个丙辰1796年归政。在御制《丙辰元日传位子皇帝并都上尊号诏》："六十年于兹矣，回忆践祚，初元曾默吁上苍，若纪周甲当传嗣子，……皇太子于丙辰正月上日即皇位，朕亲御太和殿躬授宝玺，可称朕为太上皇帝其尊号。"③

9. 心愿符初

心愿是指自己定下的志愿，符初是指实现立下的心愿。与"太上皇帝之宝"的印文内容十分密切。乾隆帝《咏荷一律识语》："纪元周甲，心愿符初。今岁元正大廷授玺，称太上皇帝，幸为千古全人。"④表达了乾隆在位六十年归政后称"太上皇帝"，并夸耀身体健康实现了去享受林泉之乐的宿愿。

10. 箕畴五福

箕是指商朝的贵族箕子。畴是指箕子对周武王所讲的洪范九畴。五福《尚书》上所记载：一曰寿、二曰富、三曰康宁、四曰攸好德、五曰考终命。乾隆帝在《五福颂

---

① 乾隆《御制文三集》卷七《避暑山庄五福五代堂记》。

② 《承德府志》卷首二《乾隆元孙射》。

③ 乾隆《御制文余集》卷一。

④ 《承德府志》卷首五《乾隆咏荷一律识语》。

有序》中说："余以为寿、富、康宁及考终命皆受之于天，而好德则修之于人。"并指出"德者福之基，福者德之致"[①]。

此印是乾隆归政后经常使用的重要印玺之一。乾隆意在教人修身正心行善积德而获五福，也即"大德足为五福"。

11. 归政仍训政

意为乾隆归政后把勤政改为训政。乾隆帝诏曰："归政后，……仍当勅几体健，躬亲指教。"[②]"……而训政勅几，仍未敢一日稍懈。"[③]充分说明乾隆做太上皇帝训政三年的历史事实。

12. 古稀天子之宝

乾隆曰："自三代以下帝王年逾七十者：汉武帝（刘彻）、梁高祖（萧衍）、唐明皇（李隆基）、宋高宗（赵构）、元世祖（忽必烈）、明太祖（朱元璋）凡六帝，昨七旬庆典……古稀之六帝元明二祖为创业之君……其余四帝予所不足为法。"[④]

乾隆帝使用此印是借此夸耀自己是古稀全人。

与"古稀天子之宝"经常在一起使用的还有一方"犹日孜孜"，犹日是如同过去一样之意，孜孜是指勤勉不怠之意。乾隆御制《古稀说》中曰："余从今年登七袠，因用杜甫句（人生七十古来稀）刻'古稀天子之宝'[⑤]。"其次章即曰"犹日孜孜"，乾隆御制《古稀说》中又曰："盖予宿志有年八旬有六即归政，而颐志于宁寿宫，其未归政之前，不敢弛乾惕，犹日孜孜，所以答天庥而励己躬也。"[⑥]

另在《八征耄念之宝记》中乾隆曰："予年七十时因用杜甫句刻古稀天子之宝，而继之曰犹日孜孜，不敢怠放政也。"[⑦]

乾隆帝使用这两方玺印目的就是告诫勉励自己虽已是古稀之年，但仍要同过去一样宵衣旰食、孜孜不倦的勤于政务。

---

① 乾隆《御制文二集》卷三十七《五福颂有序》。

② 《国朝宫史续编》卷七。

③ 乾隆《避暑山庄林下戏题碑》，《林下一首五叠乙未韵》诗注。

④ 乾隆《御制文二集》卷六《古稀说》。

⑤ 乾隆《御制文二集》卷六《古稀说》。

⑥ 乾隆《御制文二集》卷六《古稀说》。

⑦ 乾隆《御制文三集》卷八《八征耄念之宝记》。

13. 奉三无私

奉是指敬奉之意，三是指天、地、日月而言，无私是指自然界不会受到任何事物影响按照规律运转之意。

“三无私”引自《礼记·孔子闲居》曰：“天无私覆，地无私载，日月无私照。奉此三者，以劳天下，以之谓三无私。”乾隆帝使用此印意在勉励自己要像天、地、日月那样无私治理国家还有寓意自己同样有天、地、日月一样的治国胸襟。

14. 德日新

德指品质和道德规则，日指一日又一日之意，新指增进新的品德。德日新就是德要日日有所增加。

《论语·大学》：“自天子以至于庶人，壹是皆以修身为本。”修身的目的为“明德”。

乾隆帝使用此印章用意是“盖君子自强不息，即所以进德也”[①]。

乾隆使用的许多印章都是引经据典的箴言警句。其他如“四知书屋”引自《易·系辞》“君子知微知彰知柔知刚”等。今天我们仔细研读，从中不仅可以窥见精湛的篆刻书法艺术，在鉴赏之余也为乾隆帝“政在养民”“万国农桑寤寐中”励精图治的治国理念中彰显出来的谦谦君子风范所折服。

作者简介：武玲，天津博物馆，馆员，天津市文化中心，300201。

① 乾隆《御制文二集》卷一《日新谓之盛德》。

天津博物馆馆藏清代户部官票初探

尹　航
（天津博物馆）

摘要：户部官票是清代发行的纸币之一，具有重要的历史价值及收藏价值，是研究当时政治、经济、社会变迁等问题的重要实物资料。天津博物馆收藏的户部官票面额种类齐全、发行年代较早，有很高的研究价值。本文旨在介绍天津博物馆清代户部官票的收藏情况，并择要对其价值做初步分析。

关键词：清代　纸币　户部官票

户部官票即银票，与大清宝钞同是清朝政府在全国各省发行和流通的两种纸币。官票是以银两为单位，宝钞是以制钱文为单位。这两种货币发行量大，流通范围广，影响较大，人们习惯上把这两种纸币简称为“钞票”。从此“钞票”一词就成了纸币的代名词，一直沿用至今。

一、户部官票发行背景

清政府发行纸币起源于顺治八年（1651年），因“经费未定，用度浩繁”，遂效仿明朝货币制度发行纸币，与铜钱并行。从是年起每年造钞，上下流通，民间仍以铜钱为主。至顺治十八年（1661年），因库藏逐渐充裕，停止发行钞贯，直至咸丰二年（1852年），此间清政府没有发行过纸币。1851年太平天国战争爆发，清政府收入急剧减少，另外由于鸦片战争赔款数额巨大，国家财政濒于崩溃。清政府实行了通货膨胀政策，其中一项重要举措就是发行纸币。清政府对纸币本持否定态度，但财政困难，不得不考虑推行之道，于咸丰三年五月开始制造银钞，即官票，与后来发行的大清宝钞、一直使用的铜钱并行，成为这一时期的主要货币。

官票发行，其格式、种类、面额、印制面额比例、发行措施等，都由户部拟具章程办法，经廷臣审议，由咸丰帝批准做了统一规定，由户部通知京师及各省执行。官票格式由户部统一规定长宽、大小、文字、编号、钤印等，在京印刷好后一并颁发各省，票钞由各省加盖大印。

二、户部官票形制基本特征

官票为长方形，与现在的纸币类似，不同之处在于竖排单面印刷，靛蓝色。官票用苔纸和高丽纸印制，有极细的纤维丝，用以防伪，票面主色调均为蓝色和红色，其票面上端方框中有“户部官票”四字，左面是满文，右面是汉文，均为双行书写，中间标明“准二两平足色银××两”，规定的是银两成色。面额中所谓的“二两平”，就是每百两比京城市平少二两，比户部库平少六两。而每百两比户部库平少六两，即每两比户部库平少六分[①]。左上侧龙纹外有一行“每两比库平少陆分”汉字，“库平”即库平两。在旧中国，由于各种秤的分量不一致，故分为库平、关平、漕平、市平等。库平两是清朝国库征收租税、出纳银两所用的衡量标准，是康熙年间制定的，库平一两为37.301克[②]。这是为防止贪官奸商从中舞弊，但早期官票无此字样。三边有龙纹，下边为浪花。“两”字前大写数字即为面额，并有加盖“户部官票永远通行”（左满右汉）方印以防伪。票左侧一般骑缝加盖“户部官票所关防”（左满右汉）长方印。官票的票根很少见实物。但官票的正面两侧均见有骑缝章，有的背面也有骑缝章，说明是发行前加盖的。现见有大英博物馆收藏的一张一两官票，右侧带有票根，横约7.5厘米，除标有同样编号外，还有主政徐的签字和准二两平足色银壹两及骑缝汉满文“户部堂印”章，证明右侧票根是发到某部门后，由该部门留存作为凭据，左侧可能是户部发出官票后留的存根，但迄今未见该存根的实物。官票下面写“户部奏行官票，凡愿将官票兑换银两者与银一律，并准按部定章程搭交官项，伪造者依律治罪不贷”，分五字八行或四字十行排布。左下角有黑色花押。发行日期以直行载于票面的左侧，序号则印在票面右侧。银票右侧竖排写着“×字第××”号，官票上的冠字及是为了推行户部官票，按千字文排列。编号则是根据同期发行总额配发到各冠字中的排序，理论上有一定数目，所以有的收藏家以官票中编号超过排序最大数目者为赝品，其实不然，除咸丰三年的官票外，以后发行的皆为超额填发，这也是后来官票信誉不佳的一大原因。

官票背面为空白，供书写流通记录、加盖印鉴之用。从实物背面记录来看，其中有研究价值的图章和文字如“藩库戳记查验鲜明”，表明该官票是真品；“×年×月×日××收藩库发出钞票”，既有年号又有收发单位和地点；“房钱库”表示发出部门；还有如“×年×月×日验讫”“户部乾丰官号”“节慎库发”“×年×月内由××领回”等。纸币每收付使用一次，便有收付人或机构记录下收付日期和收付人姓名的押字、签名、钤印等。新旧记录交错十分随意。一张官票上的背书越多，说明这

---

① 邵凤芝：《介绍几件馆藏清代纸币》，《文物春秋》2010年第2期。

② 邵凤芝：《介绍几件馆藏清代纸币》，《文物春秋》2010年第2期。

张官票流通越广、信用程度越高。官票的背书为我们的研究提供了丰富的材料。

总体来说，户部官票较之前历代纸币有如下几个特征：一是纸币上不但有年号，并填写有制钞年月日，这在元代至元、至正宝钞、明代大明宝钞上都是没有的。二是纸币上开始有编号和冠字，无论制钞年月日或编号、冠字均逐张填写，并且字体非常工整。三是初期户部官票在右上角加盖付库日期，左上角盖有诸如“正郎××”“副郎××”验讫骑缝印，表明其发行有严格的制度。四是背面空白，可填写流通记录。五是印钞纸张上已加上细的纤维丝，加强其防伪性[①]。由此可见户部官票在发行之初是中国货币史上的一大进步。

三、天津博物馆馆藏户部官票情况

天津博物馆馆藏户部官票总计36张，以面额论，一两13张，三两11张，五两1张，十两2张，五十两9张；以发行年份论，咸丰三年（1853年）8张，咸丰四年（1854年）16张，咸丰五年（1855年）8张，咸丰六年（1856年）4张。现将馆藏官票基本信息列表如表一所示。

表一　天津博物馆馆藏户部官票

面额	面额书写	发行日期	付库日期	冠字	编号	每两比库平少陆分	备注
一两	手写	咸丰三年六月十五日	六月廿七	天	六千三百三十八号	有	
	手写	咸丰三年六月二十四日	七月初二	天	八千一百十二号	无	
	加盖	咸丰三年九月初八	六月廿七	天	六千三百三十八号	有	甲子颁发杨镇粮台，有一不明印章
	加盖	咸丰三年九月二十日	无	仁	七千二百十五号	有	粮台
	加盖	咸丰四年二月初九	二月廿一	月	一千五百二十五号	有	甲子颁发杨镇粮台
	加盖	咸丰四年四月初八	无	观	一万七千八百五十五号	有	甲子颁发杨镇粮台
	加盖	咸丰四年八月二十日	无	观	七万五百七号	有	直隶
	加盖	咸丰五年二月十一日	无	列	一万五千四百六十一号	有	甲子颁发杨镇粮台
	加盖	咸丰五年二月十一日	无	列	一万八千四百四十九号	有	甲子颁发杨镇粮台
	加盖	咸丰五年五月十一日	无	緑	二万七千六百四十二号	有	南河
	加盖	咸丰五年十月十一日	无	緑	四万三千二百四十五号	有	甲子颁发杨镇粮台，南河
	加盖	咸丰六年正月二十一日	无	暑	四千五百八十一号	有	甲子颁发杨镇粮台
	加盖	咸丰六年八月十一日	无	甲	二万六千四百八十号	有	甲子颁发杨镇粮台

① 赵隆业、徐枫：《咸丰户部官票研究》，《中国钱币》1994年第4期。

续表

面额	面额书写	发行日期	付库日期	冠字	编号	每两比库平少陆分	备注
三两	手写	咸丰三年七月初五	七月十一	日	一千六百号	无	甲子颁发杨镇粮台
	加盖	咸丰三年八月初七	无	殿	三百二十一号	无	直隶
	加盖	咸丰四年六月初三	无	盈	七千二百八十二号	有	直隶，屠维协恰方印
	加盖	咸丰四年七月十一日	无	盈	一万八百八十号	有	甲子颁发杨镇粮台
	加盖	咸丰四年闰七月十一日	无	飞	五万八百三十六号	有	直隶
	加盖	咸丰四年八月初一	无	盈	一万一千八百十三号	有	直隶
	加盖	咸丰四年十一月初一	无	飞	六万一千六百七十四号	有	甲子颁发杨镇粮台
	加盖	咸丰五年四月二十七日	无	仙	九千七百四十九号	有	甲子颁发杨镇粮台
	加盖	咸丰五年七月初八	无	张	一万八千一百四十八号	有	甲子颁发杨镇粮台
	加盖	咸丰六年正月二十一日	无	往	一百九十九号	有	甲子颁发杨镇粮台
	加盖	咸丰六年九月十一日	无	对	二万三百二十三号	有	甲子颁发杨镇粮台
五两	加盖	咸丰五年正月二十	无	寒	一千四百五十三号	有	直隶，屠维协恰方印
十两	加盖	咸丰四年三月二十日	无	写	一万四千六十五号	有	甲子颁发杨镇粮台
	加盖	咸丰四年四月二十三	无	写	二万一千九百七十六号	有	直隶
五十两	手写	咸丰三年五月初二	五月廿一	宙	十二号	无	直隶，十年夏季颁发直隶
	手写	咸丰三年六月二十六日	七月初一	宙	八百五十六号	无	直隶，七年夏季颁发安徽粮台
	加盖	咸丰四年八月初一	无	畫	二万一千一百十六号	有	直隶，六年十月再颁直隶，部颁二次
	加盖	咸丰四年八月初一	无	畫	二万一千七百八十八号	有	直隶，七年秋季颁发直隶，十年夏季颁发直隶，大红印“庚”
	加盖	咸丰四年十一月十一日	无	畫	二万二千五百三十七号	有	直隶，十年夏季颁发直隶
	加盖	咸丰四年十一月十一日	无	畫	二万四千四百四十三号	有	直隶，××颁发直隶
	加盖	咸丰四年十一月十一日	无	畫	二万四千四百四十七号	有	直隶，××颁发直隶
	加盖	咸丰四年十一月二十日	无	畫	二万六千一百八十七号	有	直隶，十年夏季颁发直隶
	加盖	咸丰五年四月二十日	无	启	八千四百八十□号	有	直隶

由表一大致可以看出，咸丰三年早期的官票左上角大多没有“每两比库平少陆分”字样，右上角多有手填付库日期，当然也有例外。另外虽然一般认为官票上的年号最晚只到咸丰七年，但官票没有停止发行，而是使用已有的官票进行二次发行，所以很多官票有加盖如“七年夏季颁发直隶”字样印章，并重新改冠字和编号。官票实

物最常见的是红色加盖直隶、南河地名印章，另一种则是加盖“粮台”作为军饷。这些加盖均可跨省流通，但颁发粮台的要比颁发省藩库的官票数量少很多，因此加盖“粮台”字样的较为珍贵。还有不少加盖有“甲子颁发杨镇粮台”字样，应为后来加盖，最近的甲子年是1864年，此时官票已停止发行，但某些地方仍在使用。“屠维协恰”是古代纪年的一种方式，“屠维”和“协恰”分别为天干中的“己”和地支中的“未”[①]。“屠维协恰”即“己未”，1859年。

咸丰三年五月初二首发第一批官票，面额中有“壹两”“伍两”“拾两”“伍拾两”四种，七月初三又加印了“叁两”的面额。天津博物馆馆藏中这五种面额齐全，实属不易。第一批官票一两冠字为“天”，五两为“地”，十两为“宇”，五十两为“宙”，之后七月初三发行的三两官票冠字为“日”。因此通过冠字就可初步判断官票的批次。据最初拟定试行官票章程十八条，初次造票十二万两，发行比例是每一万两发一两票50张、五两票40张、十两票250张、五十两票100张，所以十二万两中应有一两票6000张、五两票4800张、十两票3000张、五十两票1200张，因此天、地、宇、宙四种票冠字的最大号码相应的是“陆仟”“肆仟捌佰”“叁仟”和“壹仟贰佰”。但是实际上有的号码超过此数，如十两票宇字已见有4151号，表明当时的发行量已超过原规定的十二万两[②]。

第一批官票在京城发出时，太平天国北伐军已跨过黄河，户部顾不得观察官票试行的后果，在咸丰三年七月廿一日经咸丰帝旨批官票向全国推行。加紧印刷200万两，共18万张官票。其中颁发粮台25万两，各省藩库175万两。一两、三两、五两、十两及五十两冠字分别为仁、义、礼、智、信和宫、殿、盘、郁、楼。根据咸丰三年七月二十一日奏准推行的官票章程六条，其配发比例：每一百两有一两票2张、三两票1张、五两票1张、十两票4张、五十两票1张计算，则各冠字应有的最大票号为，仁字5000张，义字2500张、礼字2500张、智字10 000张、信字2500张、宫字35 000张、殿字17 500张、盘字17 500张、郁字70 000张、楼字17 500张。但是据实物观察，颁发粮台的除咸丰三年以外，以后肆、伍、陆、柒年对仁、义、礼、智、信等冠字还继续填发。这些冠字除“天”“地”“宇”“宙”“日”字为手写外，均用黑色木戳加盖。据实物观察各年份所采用的冠字，按发向京城、各省藩库和粮台而有所区别，详见表二。

表二　官票冠字

面额	咸丰三年		咸丰四年		咸丰五年		咸丰六年		三四五六七年
	京城	省藩库	京城	省藩库	京城	省藩库	京城	省藩库	粮台
一两	天	宫	月	观	列	采	暑	甲	仁
三两	日	殿	盈	飞	张	仙	往	对	义
五两	地	盘	昊	图	寒	灵	秋	楹	礼

① 陈娟：《河南博物院藏清咸丰宝钞、官票述考》，《中原文物》2010年第1期。

② 赵隆业、徐枫：《咸丰户部官票研究》，《中国钱币》1994年第4期。

续表

面额	咸丰三年		咸丰四年		咸丰五年		咸丰六年		三四五六七年
	京城	省藩库	京城	省藩库	京城	省藩库	京城	省藩库	粮台
十两	宇	郁	辰	写	来	傍	收	肆	智
五十两	宙	楼	宿	画		启	冬	筵	信

这些冠字基本按千字文排列，但也有很多跳过。同一冠字除颁发粮台外均没有见跨年的。咸丰三年以后冠字的编号数没有记载，但大部分均有几万号[①]。

馆藏中发行最早的一张为咸丰三年五月初二发行（图一），纵31.5、横18.6厘米，日期手写且为大写，宙字第十二号，右上角手填付库日期五月廿一日，面额五十两为手写体。票面红色加盖“直隶”和“十年夏季颁发直隶”，左下角改“庚字五千九百二十五号”，说明此票颁发过两次。左上角边框外无“每两比库平少陆分”字样，骑缝盖有“主政张”印章。背面右侧有四枚骑缝章，其中一枚为黑色圆章，右上角书写“二月廿一日收本钞总局”“八月二十九日交库”，另有书写“贞字三号”“天字一百五十六号”字样。还有一“内务府”红色印章，内务府是清代管理宫廷事务的机构。其余字迹、印章尚未辨识，推测多数为日期、人名。王允庭在《户部官票版式初析》一文中谈到五十两面额尚未发现早期票[②]。而王允庭先生《户部官票版式谈》文中说：“而存世京师首发品应是咸丰三年五月三日编号天字第92号，壹两官

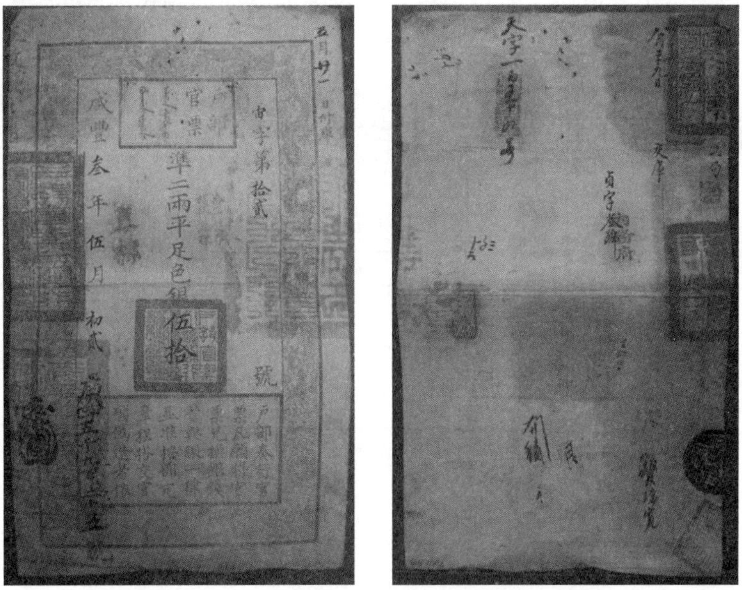

图一 咸丰三年五月初二发行的五十两票

① 赵隆业、徐枫：《咸丰户部官票研究》，《中国钱币》1994年第4期。

② 王允庭：《户部官票版式初析》，《中国钱币》2008年第4期。

票。”要比马先生所谈咸丰三年六月七日发行的壹两票（编号177号）早发近一个月，而编号提前85号[①]。天津博物馆收藏的这张五十两官票，符合上述初期官票的特征，填写日期即官票首发日期，宙字第十二号，可以认为是全部五十两面额官票中的第十二张，五十两面额又是五种面额中数量最少的。时间如此之早、编号如此靠前的大面额官票目前未见于公开资料，背面又有丰富的流通记录，因此极为珍贵，应该予以重视。

四、结　　语

官票虽然比现银便捷，但因为面额较大、找补不易，且政府缺乏现银，经常不能兑现，只可兑取宝钞，流通立见阻滞。清政府以纸币作为军费的支付手段，滥发官票，且监管不力，贪污腐化形成恶性通货膨胀，票钞迅速贬值。官票从1853年发行后，便渐渐不能兑现，受到多方抵制，京城市面收者渐少。到1856年年底，银票市价贬值到票面价格的30%。1861年秋后，因官票贬值，物价飞涨，官府拒收、民间拒用，纠纷日起，清政府不得不停止发行，民间所存官票几同废纸，完全成为搜刮民脂民膏的工具。时至今日，这些记录着清代纸币发行与流通印记的清代户部官票，品相完好、字迹清晰者较为难得，背书丰富者尤为珍贵，曾经变为“废纸”的大清户部官票，因其独特的历史地位而具有重要的文物价值。天津博物馆收藏的清代户部官票，年代跨度较大、面额齐全、背书丰富且不乏珍稀品种，不仅仅是馆藏钱币体系的重要组成部分，更是清代政治、经济和社会变迁的重要实物见证，在未来的展览和学术研究中应该加以利用。

作者简介：尹航，天津博物馆，助理馆员，天津市文化中心，300201。

① 胡学源：《户部官票京师试行版考析》，《中国钱币》2014年第1期。

六、展览回眸

博物馆书画类文物原创展览的策展思路与工作程序

——以天津博物馆“海上风华”展览为例

陈　晨
（天津博物馆）

摘要：博物馆展览职能一直是博物馆的工作重心。天津博物馆于2014年策划举办的“海上风华——馆藏‘海派’绘画作品展”（简称“海派”展览）是天津博物馆新馆建成以来书画类文物原创展览“策展人”项目体制的第一次实践。本文以此展览为例，将策展思路与展览策划中的工作程序，以及该展览存在的问题与可提升空间做出归纳总结，以期对天津博物馆的未来的策展工作起到借鉴作用。

关键词：天津博物馆　书画　海上风华　策展

引言：书画类文物展览的选题类型

从展览构成角度来讲，博物馆的展览无论什么内容大致都可以分为原创展览、引进展览与合作办展（参展）三种情况（图一）。事实上，博物馆每年都会引进、输出、参加一些展览。所谓的原创性展览可以输出到其他馆进行展览，对其他馆而言就成了引进展览。当然，如果一个博物馆的策展人以自己馆的藏品为基础，策划出一堂展览，并从国内外各个馆借展品来丰富展览，这种情况也属于原创性展览。所以，原创性展览的概念近年来在博物馆界越来越被重视。

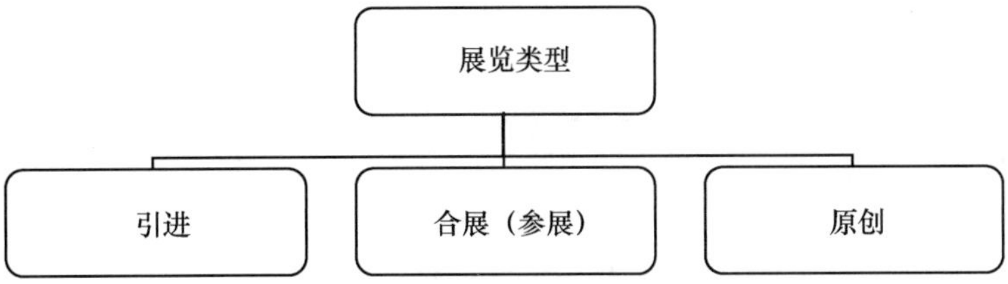

图一　博物馆展览类型分类

国内博物馆书画类文物展览大致分为两种情况：第一种是馆藏书画无主题性陈列，此种陈列方式是基于馆藏书画类展品丰富的前提条件之上，在馆藏精品展出过多次之后，需要更换其他展品，这些展品也具有较高的艺术价值，只是不能和其他展品拼凑成系列性，所以只有独立散点式展出。这种展览方式相对来讲操作性较为容易，展览筹划周期较短，并且可以将馆藏许多不能拼凑成系列的小名头画家的优秀作品展示出来。展览周期也可以相对较短，比如每季度一次，如此循环，使馆藏众多藏品都能有机会得到展示。第二种是主题性的书画陈列，这种陈列方式是近几年博物馆界较为普遍使用的策展方式。通过展品来介绍一类绘画风格或一位画家，从而体现出该绘画类型或画家的艺术风格，以及学术界的研究成果。虽然这类策展方式具有相当重要的学术意义与艺术价值，但是操作起来也相对复杂，一般藏品较少的博物馆很难策划此类展览，需要向其他省市博物馆进行借展。由于这种展览操作性较为困难，需要筹备的工作较多，所以策展人需要花费的时间与精力较为长久。

主题性的书画类展览可以根据不同的分类方式划分出若干种类型，笔者归纳为十类（图二）。第一类是按照绘画作品题材分类，绘画题材又可以分为宏观与微观两

图二　原创性展览的选题类型

种。宏观的绘画题材主要指山水画、人物画、花鸟画等几个大类；微观的绘画题材如仕女、道释、梅兰竹菊等具体内容。第二类是按照绘画技法分类，有工笔画、写意画、没骨画等种类。第三类是按照画家身份分类，有宫廷画家、文人画家、职业画家、女性画家等。第四类是按照时代分类，如明代、清代等，这种分类方法可以与前几类相结合，如明代花鸟画、清代宫廷画等。第五类是按照作品形制分类，一般以扇面、册页等小品展览比较常见。第六类是按照绘画派分类，常见的有浙派、吴门画派、松江画派、金陵画派、安徽画派、虞山画派、娄东画派、扬州画派、海上画派、京津画派、岭南画派等，这也是近年来比较常见的选题方法。第七类是按照地域或画家籍贯分类，这比较普遍被用于地方性博物馆的展览中。很多书画家名头较小，仅在一定的地区内产生影响，为了弘扬地方文化艺术，所以按照地域性或画家籍贯来组织展览，如闽籍画家、天津画家等。第八类是按照习惯性并列称谓的画家群体分类，如青藤白阳、南陈北崔、画中九友、四王吴恽、海上四任、南张北溥等。第九类就是比较常见的个案展览，为比较著名的书画家个人举办独立的展览，有时会加入该画家的师友与弟子，从横向纵向各个角度将展览做得更加丰富。第十类则是以收藏家或捐献人分类，这些藏品本身也许没有什么内在关联，但是它们都曾经有过一个共同的主人。这些收藏家将作品捐献给博物馆，有的博物馆甚至将捐献者的名字命名为展厅的名字，如过云楼捐赠、孙志飞捐赠等。当然，除了上述这些展览主题分类方式外，还有很多种方式，如以一件展览为主体，配合展出与它相关的展品，如“《富春山居图》合璧展”等，但是这种展览方式的前提条件必须是这件主体展品有一定的学术价值与知名度，不然很难成立。

一、“海上风华”展览的选题价值与策展思路

（一）天津博物馆的书画类展览思路

天津博物馆的书画类展览在经过原天津市艺术博物馆的初始、2005～2010年的调整、2012～2014年的尝试拓展三个阶段后，已经开始趋于规范化、系统化、制度化的策展模式发展。天津博物馆新馆（文化中心馆）于2012年5月面向社会开放，同时策划举办了各类原创性展览11个。其中书画类文物展览主要有“寄情画境——馆藏明清绘画陈列”与“线走风姿——馆藏明清书法陈列”两个展览，分别挑选出馆藏的明清绘画与书法精品展示。其中“寄情画境——馆藏明清绘画陈列”以明清绘画流派为展览主线，将有明以来的明清各绘画流派做一简要梳理，将各流派代表画家的代表作品进行展览。天津博物馆书画类展览策展思路就是依据此展览为基础，将明清各流派按照倒序进行排列与个案研究。2014年，天津博物馆按照倒序以清代最后两个绘画流

派“海派”与“扬州画派”为主题策划展出了“海上风华——馆藏‘海派’绘画作品展”和“见‘怪’非怪——馆藏扬州画派绘画精品展”两个原创性主题展览，更加突出了展览的主题性，以画派作为展览主题，并且开始尝试“策展人制度”的策展方式，对于策展人的职能有了基本的划分。2015年，则继续按照流派倒序规律将清初的金陵画派、新安画派、娄东画派、虞山画派等为主题策划展览。

（二）海上画派在美术史上的重要地位

中国绘画发展到清末民初，已经到了一个结点：作为中国绘画两大体系之一并受到宫廷肯定的“四王”画风呈现了创作程式化、笔墨公式化的板结状态，而另一路以“扬州八怪”为代表的文人画也因表现的概念化、笔墨的草率化而陷入迷惘境地。宫廷派画家较多注重技法意识的发挥、传统功力显示；而在野派画家则注重艺术观念的宣泄、情感意趣的抒发。因而前者的绘画风格往往是工稳典雅、精湛华美，在技巧上体现得十分完善；而后者的绘画风格往往是郁勃率简，狂放恣肆，在意境诗化上展现得十分丰盈。宫廷画派在清末已随着清王朝的没落而衰弱，而在野派画家也面临着商品经济与市民文化的冲击而陷入困境，整个绘画艺术面临着文化的变更与艺术的再选择。正是在这个不进则退的转折点上，“海派”绘画应运而生，勇敢地占领了书画市场，对濒临绝境的中国绘画大胆加以改造，创造出一种广大市民阶层、为新兴的资产阶级所喜闻乐见的新型绘画形式。其具有鲜明的时代感，明显的商品性，做到“谐俗”，并且大胆吸收西方绘画的艺术语言，最终演绎成近代绘画史上影响巨大的艺术流派。另外，上海的正式开埠、租界的建立、经济的繁荣等都对“海派”的产生与繁荣起到了重要的促进作用。

（三）天津博物馆藏“海派”绘画作品的收藏情况

天津博物馆的书画类藏品在全国具有较高的知名度，事实上天津博物馆的前身天津市艺术博物馆就已经拥有了丰厚的书画类藏品。2004年天津市历史博物馆与天津市艺术博物馆合并，又进一步丰富了馆藏，锦上添花。据不完全统计，天津博物馆收藏宋元明清及近现代书画作品共计15 000余件，其中包括原天津市历史博物馆书画类文物7000余件、甲骨1700余件、碑帖1000余件。其中包括书画类一级品文物100余件，二级品文物300余件，三级品文物400余件。其中明清与近现代书画占据比例较大，重要的书画家名头相对较为全面，且精品较多。

“海派”绘画是天津博物馆书画藏品中的重要一项，据粗略估算约计1200余件，画家名头分布平均，其中不乏偏僻名头，具有研究价值。对于任伯年、吴昌硕等重要画家，则精品甚多（表一）。

表一　天津博物馆收藏“海派”绘画作品参考情况 *

画家	作品件数	画家	作品件数	画家	作品件数
沈焯	8件	沙馥	13件	沈心海	3件
包栋	3件	蒲华	6件	吴庆云	24件
张熊	12件	钱慧安	37件	黄山寿	18件
秦炳文	5件	任熏	33件	王同愈	1件
刘德六	9件	吴大澂	12件	郑文焯	1件
周棠	1件	顾沄	10件	俞礼	4件
张槃	6件	杨伯润	11件	吴观岱	5件
王礼	11件	胡锡珪	3件	顾麟士	5件
莲溪	13件	任颐	47件	丁宝书	1件
周闲	5件	吴滔	5件	王震	23件
任熊	20件	何维朴	9件	程璋	21件
朱熊	1件	吴昌硕	38件	金梦石	3件
费以耕	8件	胡璋	3件	任霞	3件
费以群	2件	吴秋农	10件	汪洛年	5件
胡远	7件	高邕	1件	姚叔平	3件
徐祥	8件	陆恢	9件	赵云壑	9件
虚谷	13件	潘振镛	3件	赵叔孺	11件
秦祖永	4件	何煜	4件	俞原	3件
朱偁	18件	吴淑娟	3件	胡郯卿	11件
戴以恒	2件	任预	18件	吴待秋	29件
赵之谦	8件	倪田	21件	冯超然	16件
王师子	10件				

* 由于书画类文物的统计方式不统一，且其中作品真伪有待考证，本表统计数据只可作为参考。

二、“海上风华”展览的文物展品挑选与单元结构划分

（一）“海派”时间节点的界定与文物挑选

目前学术界普遍认为从1843年上海开埠至20世纪30年代，是“海派”绘画的最具代表性和深具影响力的时期，也有学者称之为“前海派”。而20世纪30年左右已形成风格的以吴湖帆、贺天健、唐云等时期为“后海派”时期。程十发、刘旦宅、方增先等成长在新中国之后的画家群体则为“新海派”时期。所以本展览选取1843～1930年

活动的“海派”画家作为展览对象，而民国之后的“海派”画家则不在本次展览的展出范畴之列。

文物展品挑选是展览策划体系中最重要的组织部分。在确定“海派”画家的时间节点之后，策展人首先按照库房文物索引目录将这些画家的作品进行归纳整理，形成一套全部画家作品表格，并将其展品信息置于其中。其展品信息主要包括：库房位置、文物号、画家、作品名称、质地、尺寸（画心尺寸）、尺寸（外尺寸）、完残程度、套内开数（册页）、备注信息等。将这些信息打印成表格，在挑选文物的同时要做出详细的记录。

在选择文物展品时，首先要注重画面的完整度，尽量选择画家的代表作或者画面品相较好的作品。每一个画家都有代表其风格的题材与作品，针对“海派”展览而言，并非某一位画家的个展就能将其全部绘画风貌展出，所以只能选择其代表作品。其次对于画作的装裱品相也有相对的要求。在画作品相完好的基础之上，装裱的完整性也相当重要，尽量选择其整体完整的画作，免去修复工作。当然，针对个别重要的画作，即使装裱有所残破也要选择，但后期需要进行修复工作。再次对展品的形制也有所要求，这是针对展线和展柜的客观条件而言。要考量平面柜与立面柜的展出位置来对某一位画家作品形制进行挑选。一般来讲，立轴放在立面柜比较适宜，而手卷、册页、扇面则尽量放置在平面柜之中。当然，如果因展线的客观因素限制，在立面柜搭建展台也可以展示手卷、册页、扇面形制作品。最后，尽量选择曾经较少展出的作品。这样既可以使观众对展品有所新鲜感，又对书画类文物的保护产生了较好的循环作用。

“海派”展览最终选择50位海派画家的80件（套）作品进行展出（表二）。

表二　“海上风华”展览上展文物作品

名称	形制	质地
真然《饲蚕仕女图轴》	轴	纸本设色
任熊《观花仕女图轴》	轴	绢本设色
任熊《薰笼图轴》	轴	纸本设色
费以耕《梅妻鹤子图轴》	轴	绢本设色
费以群《汉宫秋月图轴》	轴	绢本设色
徐祥《桃花源图轴》	轴	纸本设色
沙馥《麻姑进酒图轴》	轴	纸本设色
钱慧安《富贵寿考图轴》	轴	纸本设色
钱慧安《鹿门采药图轴》	轴	纸本设色
钱慧安《百子图册》	册	绢本设色
任薰《瑶池霓裳图轴》	轴	纸本设色
任薰《人物图轴》	轴	纸本设色
任薰《人物花卉草虫图册》	册	纸本设色
胡锡珪《梅花仕女图轴》	轴	纸本设色
任颐《人物图屏》	轴	纸本设色

续表

名称	形制	质地
任颐《钟进士斩狐图轴》	轴	纸本设色
任颐《凭栏远眺图页》	页	绢本设色
任颐《花鸟图册》	册	纸本设色
任颐《紫藤双雀图页》	页	绢本设色
任预《樵夫晚担图轴》	轴	纸本设色
倪田《牛郎织女图轴》	轴	纸本设色
沈心海《风尘三侠图轴》	轴	纸本设色
黄山寿《仕女图轴》	轴	纸本设色
俞礼《三羊开泰图轴》	轴	纸本设色
王震《喜从天降图轴》	轴	纸本设色
王震《刘海握蟾图轴》	轴	纸本设色
王震《荷花图轴》	轴	纸本设色
王震《拒霜双禽图轴》	轴	纸本设色
包栋《山水人物图册》	册	绢本设色
潘振镛《仕女图册》	册	纸本设色
沈焯《满庭春色图轴》	轴	纸本设色
周棠《博古花卉图轴》	轴	纸本设色
王礼《梅竹鹊雀图轴》	轴	绢本设色
虚谷《梅鹤图轴》	轴	纸本设色
虚谷《佛手图轴》	轴	纸本设色
虚谷《杂画图册》	册	纸本设色
朱偁《花卉鹰石图轴》	轴	纸本设色
朱偁《黠燕紫藤图轴》	轴	纸本设色
赵之谦《岁朝图轴》	轴	纸本设色
赵之谦《柏树图轴》	轴	纸本设色
吴昌硕《菊花图轴》	轴	纸本设色
吴昌硕《桃石图轴》	轴	纸本设色
吴昌硕《冷艳图轴》	轴	纸本设色
吴昌硕《神仙寿眉图轴》	轴	纸本设色
何煜《桃花八哥图轴》	轴	纸本设色
丁宝书《仿华喦花鸟图轴》	轴	纸本设色
程璋《狸奴芍药图轴》	轴	纸本设色
程璋《花卉鸽子图轴》	轴	纸本设色
赵叔孺《莲塘图轴》	轴	纸本设色
胡郯卿《花鸭图轴》	轴	纸本设色
张熊《花果草虫图册》	册	绢本设色
刘德六《花卉草虫图册》	册	绢本设色
王礼《花鸟紫红图卷》	卷	纸本设色

续表

名称	形制	质地
周闲《古香流露图卷》	卷	绢本设色
舒浩《花卉图册》	册	绢本设色
秦炳文《仿石谷山水图轴》	轴	纸本墨笔
胡远《水阁联吟图轴》	轴	纸本设色
秦祖永《秋山图轴》	轴	纸本设色
戴以恒《梅阁倚吟图轴》	轴	纸本设色
吴大澂《湖楼清夏图轴》	轴	纸本设色
顾沄《山居图轴》	轴	纸本设色
杨伯润《疏篱茅屋图轴》	轴	绢本设色
蒲华《百叠青山图轴》	轴	纸本设色
蒲华《山川出云图轴》	轴	纸本设色
吴滔《秋江独钓图轴》	轴	纸本设色
何维朴《秋林图轴》	轴	纸本设色
胡璋《千嶂秋色图轴》	轴	纸本设色
吴榖祥《仿各家山水图屏》	轴	绢本设色
吴石仙《溪山烟雨图轴》	轴	纸本设色
吴石仙《柳岸残月图轴》	轴	纸本设色
吴石仙《江城雨意图轴》	轴	纸本设色
吴石仙《山水图册》	册	纸本设色
高邕《拟石涛山水图轴》	轴	纸本设色
陆恢《狮子岩图轴》	轴	纸本设色
陆恢《山水图册》	册	纸本设色
顾麟士《松树灵芝图轴》	轴	纸本设色
俞原《仿谢时臣山水图轴》	轴	纸本设色
吴徵《松壑奔流图轴》	轴	纸本墨笔
吴徵《深山秋色图轴》	轴	纸本设色
吴观岱《西溪读书图卷》	卷	纸本设色

（二）展览单元结构划分与简述

“海派”展览的单元结构是按照题材划分，分为人物画的复兴、花鸟画的创新、山水画的承续三个单元。

元代以来随着文人山水、花鸟画创作逐渐成为画坛主流，曾经作为早期中国画重要内容的人物画日渐式微。而“海派”绘画中，人物画的创作则呈现繁盛的景象。在这个单元中，又分为婉约唯美、城隍民俗、夸张变形三种风格。分别将以胡锡珪、沙馥等为代表的“改费”风格，以钱慧安为代表的民俗风格，以“四任”为代表的陈洪绶变形人物风格进行展示。

“海派”花鸟画在晚清花鸟画坛最为醒目，这不仅表现为画家众多，创作活跃，更为重要的是“海派”作品的创新发展和多样化风格。赵之谦、吴昌硕以金石书法入画，创造了写意花卉画的新风格。以张熊为代表的宗法陈淳、华嵒、恽寿平等小写意的清新花鸟画风也是时代的主流。除此之外，还有以虚谷为代表的禅意冷拙之风与以程璋为代表的西式撞粉风格。

“海派”山水画创作较之人物画和花鸟画稍显逊色。大部分画家，如秦祖永、顾沄、吴滔、何维朴、陆恢、顾麟士等仍延续着清代“四王”一系的绘画风格。也有的画家展现出山水新意，胡远的山水多用湿笔，笔墨爽利畅快，与清代山水画普遍崇尚干笔皴擦的画风拉开距离。“海派”诸家中山水画最具新意的当属吴石仙，其作品讲求空间感的营造，擅长用渲染技法描绘烟雨迷蒙的江南景色和落日余晖的醉人景象。他的山水画景致真切、优美，具有广泛的受众，其风格最能代表“海派”山水的绘画特色。

三、“海上风华”展览的展线布局与形式设计

（一）展览形式设计元素与辅助展品

一个展览首先需要有一个主题设计，也就是在设计专业中俗称的“CI”。“CI”的中文解释是“视觉识别系统”，规范一个企业或一个活动的颜色、标志等视觉内容。比如一个展览的主体色调、题目文字的字体、标志、说明牌的材质等。这需要策展团队中有专门负责美术设计的人员来负责，这对一个展览的格调品位与视觉规范十分重要，也会对观众的参观的意愿产生催进作用。

针对“海派”展览，其首先确定“海浪”图形作为设计元素反复出现。“海派”的产生不能脱离上海这个城市的地理位置与其特殊的政治经济因素，所以，“海浪”图形（图三）可以作为“海派”文化的符号出现在该展览之中。

除设计元素之外，在形式设计中辅助展品也具有重要作用。然而，书画类展览不同于其他门类展览，辅助展品的分量相对较轻。在“海派”展览中，加入了清末时期的上海老照片，使观众进入展厅便可直接融入特殊的时间与地域环境之中（图四）。

图三 “海上风华”展览设计元素

图四　“海上风华”展览辅助展品——老上海照片

（二）展览展线与展柜布局

天津博物馆适合书画类展览的展厅有两个，均位于五层，共计1600余平方米。两个展厅呈“内环”“外环”环绕状，可开可合。“内环”面积较小，“外环”面积较大，便于策划各种规格的展览。其中，“海派”展览的展厅使用面积较小的“内环”展厅，其展线与展柜摆放条件如图五所示。

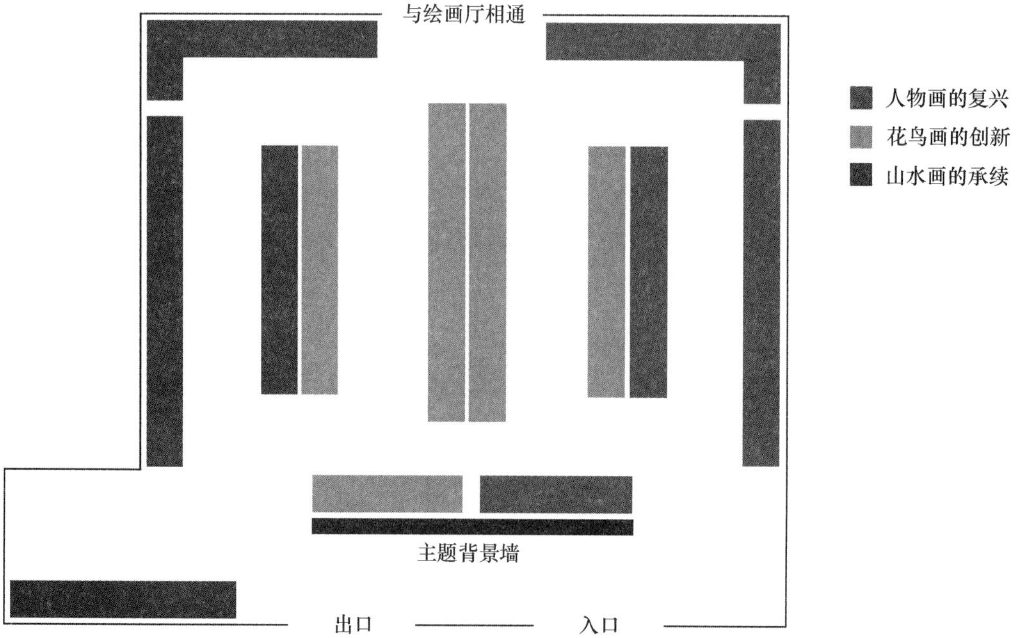

图五　“海上风华”展厅展线分布图

总体上来讲，“内环”展厅分布较为对称。由于展览分为三个单元，于是策展人也按照对称的格局对单元进行相应的展柜分布。并且将立面柜完全呈现立轴展品，没有在其中搭建展台，而是将所有手卷和册页放置在平面展柜之中，避免审美错乱之感，效果更加整体和谐。

四、“海上风华”展览的衍生教育活动

（一）展览宣传手段

宣传事实上是关系一个展览成功与否的较为重要的工作。一个展览策划得再好，没有较大的宣传力度，也不会有很好的社会效益。一直以来，博物馆的工作人员将“陈列”与“宣传”分工明确，这样虽然可以各司其职，但也会产生工作不对接的情况，不适于当代社会的策展项目体系。“海派”展览突破天津博物馆其他展览的宣传方式，由策展人撰写媒体宣传稿，并进行宣传折页的设计工作（图六、图七），使展览的主题与细节统一。

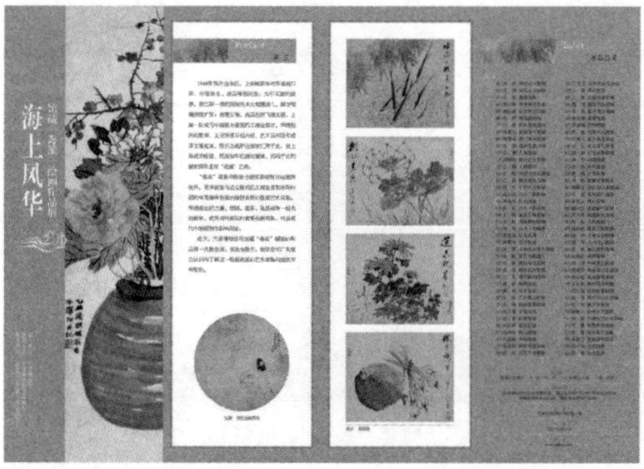

图六　“海上风华”宣传页设计图正面

图七　“海上风华”宣传页设计图反面

如图六、图七所示，宣传折页为正反面四折折叠，所涵盖内容主要为前言、展品目录、展览基本信息与重点展品图片组成。将宣传折页放置在展厅入口处，可供观众免费取阅，既能参考展览信息，又可留作纪念。

（二）讲解员与志愿者培训

为了更好地服务观众，使观众能够深入理解“海派”展览内容，需要讲解员与志愿者向公众进行讲解服务。但是讲解员与志愿者也非专业出身，对展览文物的相关知

图八　策展人针对“海上风华”展览对讲解员和志愿者进行培训

识没有深入的了解，更不能领会策展人的展览思路。这就要求策展人在开展之前需要与讲解员、志愿者进行沟通交流，撰写重要文物的讲解词，并对讲解员和志愿者们进行培训（图八）。

（三）公众讲座与公众导赏

公众讲座是策展人将展览思路、主要内容与观众进行的近距离沟通。天津博物馆一直致力于社会公众服务教育，从2012年新馆建成伊始就开设了“天博讲堂”（现已改名为“文博讲堂”），请专家学者针对相关展览与学术热点为观众进行讲座。就“海派”展览而言，策展人设计了四场公众讲座，分别为“海上风华——漫谈‘海上画派’及其馆藏作品导赏”“论海上画派”“海派名家蒲华的艺术成就及影响”“海派人物画浅说”（图九）。其中，特别荣幸地请到了上海博物馆研究馆员、书画研究部原主任单国霖先生为天津观众进行了“海派”艺术的相关讲座（图一〇）。

图九　策展人针对“海派”展览进行公共讲座

图一〇　单国霖先生对“海派”展览进行公共讲座

图一一　策展人进行导赏讲解

除了公众讲座之外，策展人还针对“海派”展览进行了“策展人导赏”活动。正值“5·18”国际博物馆日，策展人进入展厅向观众对展览进行讲解，使观众能够近距离地与策展人就展览内容进行沟通与交流（图一一）。

五、“海上风华”展览的不足与有待提升空间

每个展览都不是完美的，无论是从内容设计上还是从形式设计上，都会存在一些遗憾与不足之处。对一个展览成果的总结，不仅可以梳理整体工作流程、保存档案资料，更重要的是总结经验与教训，为下一个展览提供改进与提升的空间。就“海派”展览而言，其遗憾与不足主要总结有以下几点。

（一）受展厅局限性所致，不能展出更多的海派绘画作品

前文提到，“海派”展览选择是在天津博物馆五楼的“内环”展厅展出，该展厅的展览面积不是非常充裕，且天津博物馆所藏的“海派”绘画精品又十分丰富，所以只能精中选精，这样就会使大量同样品相精美的海派绘画不能展出。针对此问题，事实上可以将“海派”展览形成“系列”展览，将所有“海派”作品排成序列，每三个月展出一期，如此一来，可以在一年至两年期间内展出馆藏全部的“海派”绘画。但是因为展厅档期安排较满，此方案没能施行，希望今后在策划如此丰富馆藏画派展览的时候可以采纳此方案。

（二）形式设计创新性力度不够，不能从视觉效果上吸引观众眼球

许多从事书画类文物展览的策展人或研究人员普遍认为，在书画展览中，形式设计的重要程度远达不到文物本身。但事实上，对于许多不了解书画艺术的观众而言，专业的书画展品是他们所不能理解的。“朴实无华”的形式设计再加上“高深莫测”的中国书画，很难让他们愿意走进书画展厅。笔者认为，形式设计是文物展品的补充与修饰，确实不宜喧宾夺主，但是也需要将所展示文物的文化内涵表现出来，并且每一个展览都要有所变化。针对“海派”展览而言，所使用的展厅原先是“线走风姿”书法展览，所以在主题背景墙的设计上是多种书法文字的组合，并且制作成了毛毯形式。这对于书法展览而言无疑是非常贴切的，但是当“海派”展览展出的时候，书法“毛毯”却成了鸡肋。一方面不舍将这么精良的毛毯废弃，但另一方面却实与“海派”主题不相呼应。最后还是因为经费不足而选择保留原先设计，只是在上面加以修饰而已。事实上，对于观众而言，如果不细心观察，会认为展览没有变化，只是“换了个题目，换了几幅作品”而已。

策展人对展览花了一番心血，却得不到观众更大的重视，这确实是一个值得反

思的问题。究其原因一是历史遗留问题，如果在“线走风姿”展览的形式设计时考虑到后期展览的循环使用问题，相信就不会出现今日的尴尬局面。二是展览经费不够充裕，不能支撑其重新搭建展题结构。所以，针对这些问题，需要策展人在策划当下展览的同时，还要兼顾考虑可重复利用的问题。

（三）相关学术、教育活动还应该更加丰富创新

现如今国内外的许多大型展览都在展览开展的同时推出学术研讨会、出版展览图录，以及举办一系列的相关教育活动。“海派”展览的策划与筹备时间较短，并且需要赶在春节之前开展，许多基础工作都没有来得及准备，故没有召开学术研讨会，也没有编纂论文集，只是计划出版相关展品图录。在教育活动方面，也仅是在“5·18”国际博物馆日的当天开展了“策展人导赏”活动，并没有其他活动形式的创新。事实上，策展人除了策划展览本身之外，还应当对宣传和教育活动有所策划。制定宣传方案、接待媒体采访、设计教育活动项目等工作都应该是策展人或策展团队的职责范畴。

（四）文化衍生产品没有设计生产

当代博物馆的职能更侧重对公众的服务性与博物馆自身的经济效益，文化衍生产品的设计开发无疑是符合时代的产物。但是目前天津博物馆还没有针对某个特展开发设计文化衍生产品，如何开发设计出符合观众审美需求的文化衍生品，确实是策展人应该思考的又一问题。

即使“海派”展览目前看来还是存在一些遗憾与瑕疵，但是就对观众的调查情况来看，总体的反响还是较为满意的。毕竟这是天津博物馆新馆建成以来“策展人项目”工作体系的第一次尝试。期待通过笔者对此展览地梳理总结可以对未来的展览策划有所帮助与借鉴，使策展人的策展能力可以更加全面发挥，展览品质从而不断提升。

作者简介：陈晨，天津博物馆，馆员，天津市文化中心，300201。

标本意义与价值传播

——兼谈南通博物苑“三韵”基本陈列

曹玉星

（南通博物苑）

摘要：2015年是中国博物馆事业和南通博物苑建苑110年，南通博物苑经过近5年的酝酿、课题研究，投资2000多万元，用文物标本1882件（套）对新馆基本陈列进行了提升更新。文物标本架起沟通的桥梁，本文就标本的历史性、艺术性、科学性，在文化沟通与价值传播上彰显的重要作用做一探讨。

关键词：标本　价值传播　陈列

标本，是动物、植物、矿物等实物，采取整个个体甚至多个个体，或是一部分成为样品，经过各种处理，如物理风干、真空、化学防腐处理等，令之可以长久保存，并尽量保持原貌，借以提供作为展览、示范、教育、鉴定、考证及其他各种研究之用。

一、标本的历史性

中国标本历史有“南唐北刘”之说。标本唐家源自福州，一个家族的五代人在100多年间专门从事动物标本制作工作，成为世界著名的制作动物标本的世家。唐家在动物标本制作上对中国乃至世界都有重大贡献，唐春营采用欧式技法始创了“唐氏标本制作技术”，是现在中国唯一一个最早从事动物标本制作的家族，开中国许多地区的动物标本制作之先河。其标本制作技术以讲求动物的动态和灵气而著称。

唐家迁徙的一个背景是20世纪初中国知识分子对民主科学的倡导，高等院校现代学术机构的建立。现代科学改变了中国人认识自然的角度，也改变了唐氏家族的命运轨迹。家族技艺由此参与见证了中国现代自然学科，尤其是生物学科的发展轨迹。

唐家见证中国现代生物学科发展的方法是独特的。技艺只有体系化地纳入教学领域才能扩散和流传，然而在中国，动物标本制作技术的扩散不是以教育而是以一个家族男丁的迁徙来实现的。

刘树芳（1892～1952年），北京动物园著名标本制作技师，是中国最早一批受过专门培训的标本制作技师，在长期的工作中，他创始了“北派标本制作技术”。

刘氏在掌握传统制作技法的同时，不断改革和创新充分利用现代的新科技、新材料、新方法。其特点是制作标本以写实为基础，注重原始模型的运用。总结出了一套传统与现代标本制作技术相结合的新方法。

刘树芳及其弟子与源自中国南方的标本唐家被人们称为动物标本制作领域的两大世家，人称“南唐北刘”。

标本的历史性，也许可以从标本一词的英文翻译“root and branch of meridian” 或者“muter”反向理解：“标”原意是树梢，引申为上部，与人体头面胸背的位置相应；“本”是树根，引申为下部，与人体四肢下端相应。根与梢，路由与经络，不正是历史的脉络嘛。

南通博物苑新的基本陈列有三大版块，分别是讲述南通古代文明的“江海古韵”、呈现博物苑精品文物的“馆珍遗韵”及陈列江海鲸类及生物资源的“巨鲸天韵”。笔者把他们简称“三韵”基本陈列。

浙江省博物馆馆长陈浩在南通博物苑“博物馆发展与展陈更新专题研讨会”上说“博物馆反映的不仅是历史、文化，还有这个地区的经济、自然、艺术，应该是一个综合性的博物馆 ”，博物馆基本陈列的表达方式有很多，切入点也比较多样，关键是怎样选择反映这个地区特色的东西，“在单元中讲好故事”。他建议，可以结合南通本地特色、博物馆的特点及馆藏文物，反映南通地域文化的特质。“不仅要让外地人知道城市的历史和文化，更要让南通人认识自己。”

“要遵循创办人张謇的办馆宗旨，同时体现地方的个性和特色。”江苏省文化厅副厅长、南京博物院院长龚良建议，应该切合南通地方文化状态，挑选能够展示自身特色的内容；从内容到形式设计要层层递增，有节奏感和旋律感；减少陈列设计中平淡无奇的部分，进一步明确主题，力争将基本陈列做成让本地人自豪、让外地人赞美的精品。

正是按照这样的意见和建议，反映南通古代文明的“江海古韵”一开始的“曙星初临”作为南通地区人类文明的曙光，集中反映海安青墩、吉家墩新石器时代的遗存，主要是想说明，早在五六千年前的新石器时代，南通土地上就曾经有人类的活动。青墩遗址出土的大量遗物，不论是石器、陶器还是玉器、骨角器，都是新石器时代远古先民在滨江临海地带创造的最先进的生产或生活用具，其制作技巧、加工精度、审美水平，都令人惊叹不已。

青墩遗址出土的动植物化石或亚化石遗存，无论是完整或者局部骨骼标本，其历史意义已经证明南通的文化层历史不晚于5500年。中国科学院考古研究所和广州地球化学研究所^{14}C年代测定最小5015年± 85年到最大5818年 ± 30年。

南通博物苑新的基本陈列“巨鲸天韵”讲述了当年曾有张謇先生将垦牧公司在南

通吕四垦牧区滩涂上挖到的鲸骨运送至博物苑制成标本的豪情，有20世纪70年代，南通博物苑恢复自然博物工作入藏的第一件标本即为鲸的巧缘，更有21世纪初南通博物苑热情演绎的护鲸、救鲸的动人故事。

“巨鲸天韵”一开始就通过早期藏品长须鲸*Balaenoptera physalus*（头骨残存）讲述与鲸结缘的故事。此长须鲸头骨残存为张謇先生采集于吕四垦牧区滩涂，为离乳期不久的长须鲸。1937年，抗日战争爆发，南通博物苑遭受日本侵略者的严重破坏，该鲸仅存头骨残存至今，为我国二级重点保护野生动物。历史情感的缔结与故事的续写，不仅仅停留在博物苑对鲸类标本的收藏与研究，更深层地流露出博物苑历代工作者对创始人张謇先生的敬崇与怀念！

二、标本的艺术性

标本的艺术性，包括标本色彩的原真性、姿态的各种静态、动态的艺术性等。

标本艺术一直以来备受人们的关注。从早期的生物研究范畴到如今的标本艺术化，越来越多的人将标本作为一种艺术，欣赏之余，将其作为艺术品珍藏。正是因为标本的特殊性质，它的真实性与生动性为其添上了一笔永恒而真实的美感，不夸张、不造作，成为最真实而隽永的艺术品。

“江海古韵”中展出的部分青墩遗址出土的动植物化石或亚化石遗存，局部麋鹿骨骼标本，以及“巨鲸天韵”中展出的长须鲸*Balaenoptera physalus*头骨残存骨骼标本，大须鲸*Balaenoptera borealis*骨骼标本（长约12米），拟大须鲸*Balaenoptera edeni*骨骼标本（长12米），小鰛鲸*Balaenoptera acutorostrata*骨骼标本（长4.6米），糙齿海豚*Steno bredanensis*骨骼标本（长2.5米），江豚*Neophocaena phocaenoides*骨骼标本（约1.1米），均很好地保持了标本骨骼色彩的原真性。

另外，“巨鲸天韵”中展出的锯缘青蟹*Scylla serrata*，香螺*Neptunea cumingi*，红螺（海螺）*Rapana bezoar*，厚壳贻贝*Mytilus coruscus*，口虾蛄*Oratosquilla oratoria*，远海梭子蟹（花蟹）*Portunus pelagicus*，毛蚶*Scapharca subcrenata*等35件干制作标本也很好地保持了标本色彩的原真性。

而更多的是“巨鲸天韵”中展出的生态标本共239件，有斑海豹*Phoca largha*，北海狮*Eumetopias jubata*，海龟*Chelonia mydas*，玳瑁*Eretmochelys imbricate*，中华鲟*Acipenser sinensis*，丹顶鹤*Grus japonensis*，白鹳*Ciconia ciconia*，池鹭*Ardeola bacchus*，绿头鸭*Anas platyrhynchos*，红头潜鸭*Aythya ferina*等，加上6件骨骼标本，这些经过精心挑选、制作、布置的标本，或游或潜，或仰或俯，或停或飞，或觅食或嬉戏，无论静的形态还是动的姿态，其艺术性，也许在你看了展览后就会体会到南通江海生机森然的自然生态、和谐多样的生物物种、得天独厚的资源特产。江海自然宝库的神奇与瑰丽，这是大自然对人类的厚爱！

了解标本独特的美，让标本隽永而真实的艺术进入大众视野。“巨鲸天韵”是一个好的窗口。

三、标本的科学性

标本大致可分为：兽类标本、鸟类标本、鱼类标本、昆虫类、植物标本、骨骼标本、虾蟹类标本、化石类标本等。标本在教学及科研领域中发挥着重要作用，动物标本种类主要包括浸制标本、剥制标本、骨骼标本、干制标本、玻片标本等。

蜡叶标本对于植物分类工作意义重大，它使得植物学家在一年四季中都可以查对采自不同地区的标本。目前一些大的植物标本馆往往收藏百万份以上的蜡叶标本，植物学家借助这些标本从事描述和鉴定。16世纪后半期植物分类的迅速发展在相当大程度上是由蜡叶标本这种新技术促成的。

蜡叶标本的意义并不局限于植物分类学的研究，蜡叶标本的采集与制作在普通人眼里更多的是出于一种对自然与生命的感悟，出于一种博物学的传统和情结。当然，蜡叶标本本身带给人们的美感也是一个重要的方面。

按照科学研究的目的，标本还可分为解剖标本、系统发育标本、比较标本等。

解剖标本：制作目的在于观察、研究植物某一器官的内部组织结构。

系统发育标本：制作目的在于观察研究植物的生活史。

比较标本：比较标本主要是比较不同植物的某一器官的异同。

按照技术手段分，有还软、针插、液浸、整姿、干燥、鞣制、防腐、保存等。现代标本技术使用了大量新材料、新工艺，如制作假体的材料，使假体既精巧又坚固，而且轻便，做出来的作品逼真生动。还有各种黏合剂、环氧材料、无毒无收缩黏土、塑料、醋酸纤维等的应用，极大地丰富了面部造型手段，终于使标本制作成为一门高雅的艺术，完全脱离了粗劣的形象。在清洗、毛皮保护、光泽的反映、色彩的复原等上也引入了大量新材料。可以说，标本制作的进步，就是材料的进步。现代标本不再仅仅把眼光集中在标本上，单单制作完标本，工作才进行了1/3，还要为标本提供一个环境，给整个作品带来一种意境，表达制作者的理念和思想，使作品脱离匠气成为艺术。

南通博物苑新的基本陈列“巨鲸天韵”展示标本329件，其中，国家一级重点保护野生动物标本7件，二级重点保护野生动物标本34件。49件浸制标本有解剖标本、系统发育标本。除第一板块“结缘鲸类”，主要展示苑藏鲸类标本，讲述它们的故事外；第二板块“与鲸共舞”，共有四小块，主要展示与鲸类休戚相关的黄海、长江中的生物及周边湿地大的生态系统的盎然生机。“浊海渔歌”主要展示与鲸类共生的黄海鱼类及其他海洋游泳动物；“滩涂靓影”主要展示黄海滩涂经济贝类、虾类、蟹类，辅以展示海边栖息鸟类；“大江浪曲”主要展示与江豚伴生的长江鱼类及内陆河口鱼类及其他淡水伴生物；“湿地鸟语”主要展示长江口北支湿地自然保护区的鸟类。

四、“三韵”基本陈列的价值传播

基本陈列是一个博物馆的根基和灵魂，最能体现馆藏实力和研究成果。通常来说，博物馆界公认的基本陈列更新周期一般在5年左右。

南通博物苑诞生于1905年，是我国第一座公共博物馆。苑区西南是该苑的新展馆，新、老馆舍沿着博物苑原址形成的两条轴线铺开，巧妙地连为一体。它的设计者是两院院士、清华大学教授吴良镛。

新展馆一楼的基本陈列，制作于2005年百年苑庆之际。从对外开放至今，累计接待海内外游客300多万人次。

然而使用了多年的展具已显陈旧，通柜式陈列淹没了很多值得仔细观赏的珍贵文物，公众体验和互动的设施少……随着时间推移，受当时条件等多方面限制，其展陈形式、内容、公共服务等各方面都不能适应时代的要求，与国家一级博物馆要求存在较大距离。

2010年，南通博物苑启动重点课题——南通博物苑新馆陈列的内容设计，并将新馆展陈改造列入工作日程。这项工作得到了市委、市政府的高度重视，多次召开座谈会，面向全市文史专家、社会知名人士听取意见。经过反复论证，最终形成了新展馆基本陈列内容设计文本。新的基本陈列将分为三个主要部分，即“江海古韵——南通地区历史遗存陈列”“馆珍遗韵——博物苑精品文物展”“巨鲸天韵——江海鲸类及生物资源专题陈列”。基本陈列更新方案着重凸显三大亮点：完善公共服务，并贯穿开放区始终；展示手法严格尊崇“以物为本”原则，让文物标本说话；以文物标本唱主角，张扬本土本色。

“江海古韵——南通地区历史遗存陈列”，从“自然、经济、政治、人文”四个方面演绎了南通江海历史遗存。与以往陈列不同，新布置的展馆十分注意讲故事，以多方位的呈现方式将观众们带回悠久年代的大背景里，自行感受、品味。“盐棉兴邑”板块讲述了南通盐棉经济的发展，一进门映入眼帘的便是一块足有一人高的盘铁，据其文字资料显示：“盘铁是古代煮盐工具，由数块拼合成直径一丈左右的大盘，称为‘牢盆’，盆下砌灶燃薪。盘铁由国家铸造，以限制私盐生产。”为了还原近代南通人民制盐、纺纱的场景，博物苑工作人员在南通各地民间收集到了不少老器具，包括国家一级文物5件、二级94件、三级365件等共1421件（套），这些藏品都是第一次展出。展陈结合了不少多媒体设备，将文物背后的故事通过画面生动地展现出来。

“馆珍遗韵——博物苑精品文物展”，主要介绍南通博物苑所藏的陶瓷器、玉器、金属珐琅等精品文物共132件（套），包括国家一级文物6件、二级46件、三级59

件。除了四周的橱柜，中间几个单独的橱柜格外醒目，里面不乏国宝文物、镇苑之宝越窑青瓷皮囊式壶（晚唐—五代），以及其他如黑釉剔花牡丹纹罐（西夏）、红绿彩人物花卉大罐（元末明初）、刻花龙泉瓶（元代）、仿哥窑梅瓶（明·宣德）、霁红釉太极洗（清·康熙）等精品文物。

“巨鲸天韵——江海鲸类及生物资源专题陈列”，则突出介绍了南通博物苑与收藏鲸类标本的历史情缘。在展览路线设计上展馆一层、二层均是顺时针路线，沿线而行有远观近赏的便利，能对厅中的陈列作局部和整体相结合的观察和欣赏。在展馆一层看过了“海大鱼”，往前走，迎接观众的是“浊海欢歌”单元。包括大黄鱼、小黄鱼、带鱼、鲳鱼、梅童鱼、海鳗、鳓鱼、黄鲫、马鲛鱼、乌贼等在内的20多种海洋类水产的标本，“不但是‘大鱼’的食物，也是丰富人们餐桌的美味”。

拾阶而上，展馆二层打头阵的则是沿海滩涂上的“虾兵蟹将”，文蛤、青蛤、竹蛏等各种贝类穿插其中。“大江浪曲”单元，展示了鲥鱼、刀鱼、长吻鮠、暗纹东方鲀等长江水产“四大名旦”为首的淡水鱼类。“湿地鸟语”单元则被布置成了各种珍稀、野生鸟类栖居的快乐家园，“所有展示鸟类的身影都曾在南通本地出现过”。另外，还有多媒体放映区与观众互动。通过标本的科学性体现展陈的科学性，以“分享自然的奥秘，展现自然与人的和谐与矛盾，激发人类对自然的好奇心与责任感”，以“回忆过去、定义现在、教育未来”的价值观，全方位、多视角地展现南通靠江靠海的鲸类自然生活，再现自然发展的历程及人类活动的足迹，营造一个能够让人们心灵震撼、用心思考的科学殿堂。

纵观“三韵”基本陈列，江海古韵：和谐幸福之韵；馆珍遗韵：标致美丽之韵；巨鲸天韵：自然情趣之韵。

“三韵”基本陈列是南通博物苑“回忆过去、定义现在、教育未来”的价值体现。

作者简介：曹玉星，南通博物苑，副苑长。

参 考 文 献

［1］　彭捷：《论文物在社会中的价值特点》，《中国博物馆》1994年第1期。

［2］　苏东海：《博物馆的沉思：苏东海论文选（卷三）》文物出版社，2010年。

［3］　郑茜：《意义还原与价值传播》，《中国博物馆》2014年第3期。

七、中非兵器展专栏

中国彝族与中部非洲赞德-沃格拉族传统兵器之比较研究

涂小元
（天津文博院）

摘要：中国彝族与中部非洲赞德-沃格拉族虽然远隔千山万水，其传统兵器也各不相同。但是，战争是降临所有人类（不论居于何地）的一种暴力行为，各个民族发明的传统兵器均有共通之处。本文从中国彝族的传统兵器、中部非洲赞德-沃格拉族的传统兵器和中国彝族与中部非洲赞德-沃格拉族传统兵器之比较研究等三个方面对两个民族的传统兵器进行了研究，特别是在“中国彝族与中部非洲赞德-沃格拉族传统兵器之比较研究”中，分别从功能、来源、质地等三个层面进行了粗浅的比较研究。

关键词：中国彝族　中部非洲赞德-沃格拉族　传统兵器　比较研究

战争是人类产生了私有财产和阶级以后才出现的，它是解决阶级之间、民族之间、国家之间和政治集团之间的矛盾的最高斗争形式。人类的历史，无论是改朝换代，还是社会制度的变革，无不同战争联系在一起。战争的决定因素是人，但兵器也是一个重要因素。由于“武器的生产又是以整个生产为基础的”①，社会生产力的发展也会首先反映在兵器发展上，许多科学成就，几乎无一不被军事工业所利用。因此，兵器的发展又体现着科学技术的进步程度。

人类最初是将生产工具或狩猎器具用于战斗，随着战事频繁，逐渐生产出了专门用于战斗的兵器。兵器分为冷兵器和热兵器两大类。所谓冷兵器，是指不需要火药产生推力或爆炸力而在战斗中使用的武器，热兵器则反之。人类在距今1100多年前生产的兵器都是冷兵器。

中国与中部非洲国家一样，都是多民族国家，在许多方面都有共通之处，传统兵器亦然。笔者不揣鄙陋，拟将中国彝族与中部非洲赞德-沃格拉族的传统兵器做一个比较研究，有不当之处，敬请方家指正。

---

① 恩格斯：《反杜林论》，人民出版社，1970年，第164页。

一、中国彝族的传统兵器

彝族，旧称“倮倮”“罗罗”。中华人民共和国成立后，将有歧视之意的“倮倮”“罗罗”改为“彝族”。

彝族是中国古老的民族之一。3000年前，彝族已广泛分布于中国西南地区的云南、四川、贵州等地。

彝族长时期保持着奴隶制。唐玄宗开元二十六年（738年），彝族联合各族上层建立了南诏国。

南诏国曾长期统治彝族地区，其疆域包括今我国云南全境，贵州、四川、西藏，以及越南、缅甸的部分地区，对当地奴隶制的存在与发展产生了深远的影响。唐昭宗天复二年（902年），南诏国覆灭。南诏国虽然灭亡了，但奴隶制依然长期存在于彝族地区。

清康熙、雍正年间，清王朝在彝族地区推行“改土归流”政策。随着社会生产力的发展，部分地区比较迅速地由奴隶制向封建制转变。

19世纪末至20世纪初，中国中原地区的军队已经大量购买、仿制西方国家先进的热兵器，冷兵器几乎销声匿迹，军队的近代化水平得到了很大的提高。但在彝族居住区，这股文明之风尚未吹拂进来，彝族的勇士们仍在使用冷兵器。

彝族的传统兵器主要分为长兵器、短兵器、射远兵器和护体装备等类。长兵器主要有长刀、长矛等，短兵器主要为短剑，射远兵器主要是弓箭，护体装备主要有皮质甲胄。

（一）彝族的长兵器

图一　长刀

1. 长刀

（1）长刀发展简史。长刀又名“战刀”“腰刀”（图一），是彝族勇士的随身之物。

彝族长刀的起源，至今没有明确的文字记载。彝族史诗《勒俄特依》、彝族神话《长刀》和彝族典籍《物种起源》等，都记载了远古时期彝族英雄阿尔师傅利用天上落下的陨铁打造长刀的传说。

由于长刀既是作战的利器，又是彝族勇士向众人炫耀、展示威武的心爱之物，所以长刀皆由优秀的工匠倾力打造，在方便施展、经久耐用的基础上，力求美观。从刀体至刀鞘全为手工制作，刀柄、刀鞘多用金银装饰。据史料记载：彝族“佩长刀，生子时即以铁三四十斤入火烧锤炼，一年数炼，炼至十五六岁时，铁止七八斤，造为长刀，镶以金银把，锋芒甚利”[①]。

彝族勇士有在刀背上刻痕的习俗。“打仗结束时，主人家用猪血来洗打仗归来人的手，杀人刀柄上打刻个杀人的记号才吉利。”[②]

19世纪末至20世纪初，彝族家支[③]林立。为争夺土地、财物，战乱濒仍。战争是男子的主要活动之一，长刀则是彝族勇士威武勇猛的象征。根据清《宁远府志》记载：“倮倮人性狠，好杀……佩刀剑，居板屋，刀耕火种，喜猎，事事以艾炙羊膊卜吉凶，有事以刀刺人或自刺而死，轻生乐斗。”

因其精美、耐用，最迟至宋代彝族长刀即作为礼品向朝廷进贡。据史料记载，宋太宗端拱二年（989年），“邛部川蛮部都鬼主诺驱遣弟少盖等350人，供……金银饰蛮刀2”[④]。直至20世纪50年代，彝族长刀方才彻底退出历史舞台。

（2）长刀的形制和特点。彝族居住地皆为崇山峻岭，与外界甚难交往，加之封建统治阶级对彝区的封锁和围困，造成彝汉隔阂，形成了彝族封闭、保守的心态，使其拒绝接受外来文化，许多事物一成不变。彝族长刀也不例外，千百年来，其形制并无大的演变。

A.刀柄，刀柄由柄首和柄身组成。

柄首（图二），多以直径4～5厘米的硬木制成，以防止在劈砍时刀从手中脱落。有的还在顶部装配圆形金属盖，并錾刻各种精美花纹。

图二　柄首

柄身（图三），因彝族长刀皆为单

① 转引自龙建民：《从彝族的“十二兽”纪念日集会到集场考察市场的起源》，《彝族文化》1985年增刊。

② 罗布合机：《战时彝族》，《彝族文史研究》1999年第3、4期合刊。

③ 家支即家族支系，是以父系为中心、以血缘关系为纽带结合而成的社会集团。主要采取父子联名的办法来保持血缘关系的巩固和延伸，若干代以后形成一条家支链，凡是本家支成员都可以从这链条上找出自己的名字。

④ 转引自朱钟圣：《彝族历史地理研究——历史时期四川凉山彝族地区经济开发与环境变迁》，第111页。http：//www.docin.com/p-214064796.html

图三　柄身

图四　刀颚

图五　刀刃

图六　刀背

手持刀，故柄身较短，为8～10厘米。近刀处则做成扁钟形，便于包容刀身。柄身多以木质为主材，以皮革和金属物缠绕，以防破损。

B.刀身，一般为铁质或钢制，长度为60～75厘米。

刀颚（图四），是指紧贴刀面、自柄首与刀身之间装配的金属物，以增加刀身与刀鞘之间的摩擦力，使刀身在刀鞘之中不易滑脱。刀颚多用铜质材料，并刻有精美的花纹。

刀刃（图五），因彝族长刀多用于劈砍，故刀刃并不十分锋利。

刀背（图六），一般宽约0.4厘米。

刀尖（图七），尖锐度较低，穿刺能力不强。

刀面（图八），为斜面，宽3～3.5厘米，其横切面为等腰三角形，使刀身维持良好的强度，并适当减轻重量；刀锋角度很小，易于打磨。

C.刀鞘（图九），由鞘头、鞘身、鞘孔、护环、鞘端、鞘带组成。

鞘头（图一〇），是指刀鞘最上端至鞘身穿绳孔部分。一般采用银、铜等金属物为鞘口箍，以防刀鞘鞘口崩裂。

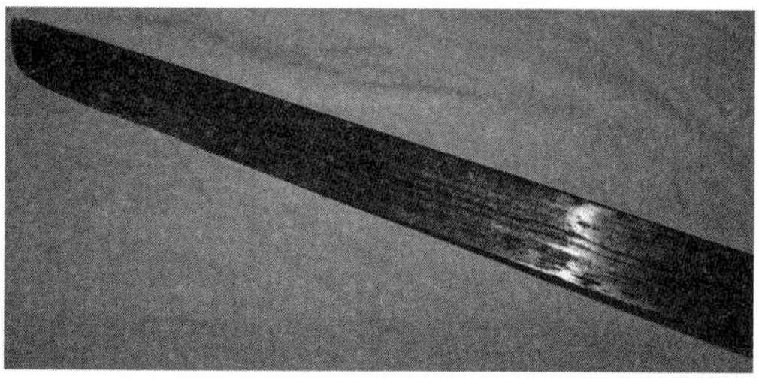
图七　刀尖

图八　刀面

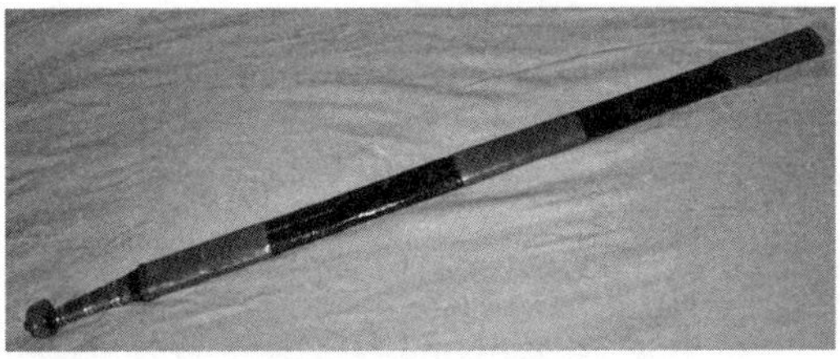
图九　刀鞘

图一〇　鞘头

为起到装饰和显富作用，多錾刻太阳、花卉、钱币等图案。长10～15厘米。

鞘身（图一一），多用硬木制成，大多呈椭圆形。一般长于刀身2～8厘米，上端宽，至鞘下端逐渐收紧。刀鞘内室呈刀体状，刀身与刀鞘紧密结合，不易脱落。在硬木外，大多包裹皮革或牛肠，并髹黑、棕红漆。

图一一　鞘身

鞘孔，是指鞘身1/2以上部位，用于系穿鞘带的两个孔洞。鞘孔有圆形、三角形、椭圆形和长方形等形制。鞘孔最宽处一般不超过0.8厘米，两个孔洞的距离不等。设孔的方式一般有两种：一种是在鞘身之木质上直接钻孔；二是用皮革缝制护环，在皮革上开孔。两个鞘孔之间分别用佩带相连。

护环，是指材质为皮革、纯铜或贵金属银的环箍。护环有两大功能：一是为保护刀鞘，以防崩裂；二是在皮革护环上开孔作为佩带之用，所以又称“带环”。纯铜或银质护环的主要功能是装饰，环上錾刻精美的图案，加固鞘身的功能较弱。金属护环上一般不开鞘孔。

鞘端（图一二），为刀鞘尾端收头用之护套。多为皮质或铜质，一般长6～10厘米。铜质护套大多为素面，少数錾刻纹饰。

鞘带（图一三），俗称“英雄带”，一般用皮绳编制而成，以红布或黑布为衬里①。

2. 长矛

长矛（图一四），亦名梭镖或标枪，可手执亦可投掷。彝族长矛通常长达4.85米左右，也有长达5米以上者。矛头基本上为前锐后叉型，矛柲一般缀以三层缨子，柲尾端安有尖形鐏。

鐏，同“樽”，原意为酒杯。为使柲尾端不易损毁，至迟在西汉时期即在中原地

① 关于彝族长刀的描述，请参考陈小虎：《凉山彝族战刀研究》，《西南民族大学学报（人文社会科学版）》2011年第12期。

图一二　鞘端

图一三　挥舞长刀、斜跨鞘带的彝族勇士

图一四　手执长矛的彝族武士

区的长兵器上使用了。《礼记·曲礼》记载："进戈者前其鐏。"《注》解释为："锐底曰鐏，取其鐏也。"《疏》进一步解释道："鐏在尾而钝，钝向人为敬，所以前鐏后刃也。"《说文解字》也说鐏是"柲下铜也"。彝族长矛柲尾端安装的尖形鐏，应是从中原地区传过来并加以改进的。

由于彝族长矛过长，基本上只能在开阔地区使用，而彝族居住地区多高山密林，限制了长矛的使用，所以，彝族勇士使用长矛的机会并不多，遗留下来的实物就更少了。

（二）彝族的短兵器

彝族短剑（图一五），又名"彝族波长剑"，源于清代。刃体宽大，近尖处略窄。剑体作火焰形或波浪形，左右曲折，刃之下部尤为弯曲。刃长65厘米左右，柄长18厘米左右，柄与鞘之形式无定制。柄与护手略为十字形，护手之一边另有一直形护手。剑柄首作圆盘形，上有小塔形之尖顶。全柄为钢制，刃上深刻三兽形，或蹲或驰，相间刻有一颗星形花纹。

（三）彝族的射远兵器

弓箭，彝族制造之弓，材质基本为小圆木或竹，再在两个末端绑缚绳索并使之绷紧，即成为一张弓（图一六）。彝族制弓十分简单、粗陋，似新石器时期之弓。彝族之弓，应为单体弓[①]。

图一五　短剑

图一六　手执弓箭的彝族武士

彝族制造之箭，一般是用细竹为杆，三角形铁镞，有些箭在箭杆尾端安装很短的羽，有些则不装羽。箭筒大部分是截取粗直之天然竹而成，将箭镞一端放置于箭筒之内，一个箭筒基本上能装七八支至十余支箭。

（四）彝族的护体装备

皮质甲胄（图一七）。人类最初进行战斗时，是没有护体装备的。随着战争次数的不断增多、战争规模的持续扩大，为抵御敌方的矢石矛斧，人类自然需要护体装备。人类开始制造护体装备，可能是受到动物“孚甲以自御”的启发[②]。

中国的护体装备究竟是从什么时候开始出现的，现在还不清楚。根据古史传说，

① 单体弓，又称“单材弓”，是指由单一材料制作的弓（弓弦除外）。

② 《释名》卷七《释兵》第二十三。

图一七　皮质甲胄（四川大学博物馆藏）

有的人认为是蚩尤首先制造出来的[①]，也有的人则将功劳归于少康之子、夏朝第七任君主姒夏杼[②]。

最早的护体装备是用平常容易找到的材料制造的（如藤木或皮革）。但藤木制成的护体装备无法很好地抵御敌方士兵武器的攻击，遂逐渐退出了战争舞台，而皮质护体装备则一直传承下来。

最初的皮质护体装备是将整张兽皮披裹在身上，后在战争实践中逐渐认识到应将皮革加以裁制加工，使之更合身、更能有效地保护躯体的主要部位（如头、胸、背部等），遂出现了具有一定形制的整片的皮质铠甲（简称“皮甲”，下同）。由于整片的皮甲穿用不便，为了增强防护能力，以后逐渐按照护卫的身体部位的不同，将皮革裁制成大小不等的革片，然后再连缀成甲，但在前胸与后背仍旧使用大片的厚皮加以防护，而在肩臂、腰胯等处，则使用较小的皮甲片编缀起来，便于活动。为加强头部的防护，亦用皮革制成简单的兜鍪。

从原始社会至战国时期一直以皮甲为主要的护体装备。虽然在商朝时期发明了青铜制兜鍪[③]、战国时期发明了铁制兜鍪[④]，但防护身体其他部位的仍然是皮甲。

至迟在西汉武帝时期，铁制铠甲出现了[⑤]，并逐渐成为最主要的护体装备。当铁制铠甲成为护体装备的主角之后，皮甲仅仅是降为配角，仍然作为一种重要的辅助性的护体装备而存在，一直沿用至清末，即热兵器彻底代替了冷兵器，所有甲胄均退出历史舞台之后方才彻底消失。

与中原地区不同，身处中国西南地区高山密林之中的彝族，因与中原地区甚少交往，加之缺乏大批量开采、冶炼金属的技术与人力，彝族的护体装备一直以皮甲为主。

彝族皮甲出现的时代应当是在原始氏族社会向奴隶社会过渡的时期，即中原地区的战国至西汉时期。民国时期，大量的热兵器传入彝族地区，彝族勇士们遂扬弃冷兵器而改用热兵器，作为传统兵器的一种——皮甲亦一同被抛弃。

---

① 《管子·地数篇》：“葛卢之山发而出水，金从之，送（蚩）尤受而制之以为剑铠矛戟。”

② 《尚书·费誓》正义引《世本》：“杼作甲。”

③ 陈梦家：《殷代铜器》，《考古学报》1954年第7期。

④ 河北省文物管理处：《河北易县燕下都44号墓发掘报告》，《考古》1975年第4期。

⑤ 中国社会科学院考古研究所：《满城汉墓发掘报告》，文物出版社，1980年。

为起到保护作用，彝族皮甲通常髹漆。因彝族尚黑，黑色亦有“高贵”之意；红色代表瑞兆，具有勇敢、不怕死的意思；而黄色则寓意着吉祥、美丽、光明。所以，彝族皮甲一般髹以黑、红、黄漆。同时，还在髹漆上面绘制以几何纹和动植物纹为主的纹饰。

彝族皮甲的色彩和纹饰是彝族社会意识形态的反映，折射出彝族的原始信仰，体现了彝族人民的精神追求①。

四川大学博物馆收藏了一套完整的清代时期的彝族皮甲，包括兜鍪、铠甲、护裙等。高约183厘米，制作方法是按照护卫身体部位不同，将皮革裁成大小不同的革片，然后再连缀成甲。前胸、后背及两腿，仍旧使用大片的厚皮防护，而在肩臂、腰胯等处，则使用较小的甲片编缀起来，便于活动。挎带以小白贝为饰。整套皮甲髹黑、黄、红漆，并经桐油浸泡。在兜鍪之上，有许多刀剑砍痕，可知这套皮甲的主人曾经历过众多惨烈的战斗。

二、中部非洲赞德-沃格拉族的传统兵器

赞德-沃格拉族是赞德族的一个分支。

赞德族，又称阿赞德族、尼安-尼安族、尼扬尼扬族和桑德族，是分布于中部非洲国家刚果民主共和国、南苏丹共和国和中非共和国等国的一个少数民族。

据1978年的统计数字，赞德族共有244万人，主要分布在刚果民主共和国（170万人）、南苏丹共和国（47万人）和中非共和国（27万人）。

赞德族为尼格罗人种，使用赞德语，属尼日尔-科尔多凡语系尼日尔-刚果语族。赞德族大部分信奉原始宗教，少部分信奉伊斯兰教。其原始住地一说在白尼罗河和科尔多凡地区，一说在乍得西部，后逐渐南迁。17世纪时形成部落联盟，19世纪初成立“赞德”国。1894年和1899年，“赞德”国及其赞德族居住的地区被英国、法国、比利时殖民者瓜分。经过长期斗争，于1956年和1960年赞德族同当地各族人民一起分别获得各所在国的独立（南苏丹共和国于2011年7月9日从苏丹共和国中分离出来独立）。

赞德-沃格拉族的传统兵器主要分为长兵器、短兵器、投掷兵器和护体装备等类。长兵器主要有击打棍棒、刺矛等，短兵器主要是匕首，投掷兵器主要为投掷长矛、飞刀等，护体装备主要有柳条编织的盾牌。

1. 赞德-沃格拉族的长兵器

击打棍棒（第24件展品）（图一八），木质，长96厘米。

① 关于彝族皮甲的描述，请参考包燕丽：《彝族皮甲探源》，《南方文物》2001年第1期。

刺矛（第35件展品）（图一九），材质为铁和铜，长203.5厘米。

2. 赞德-沃格拉族的短兵器

匕首（第123件展品）（图二〇），材质为木、铁、珠饰、皮革，刀柄与刀身通长22.5厘米，刀鞘长17厘米。

3. 赞德-沃格拉族的投掷兵器

投掷长矛（第27件展品）（图二一），铁质，长184.5厘米。

图一八　赞德-沃格拉族传统兵器——击打棍棒

图一九　赞德-沃格拉族传统兵器——刺矛

图二〇　赞德-沃格拉族传统兵器——匕首

图二一　赞德-沃格拉族传统兵器——投掷长矛

图二二　赞德-沃格拉族传统兵器——飞刀一型

图二三　赞德-沃格拉族传统兵器——飞刀二型

图二四　赞德-沃格拉族传统兵器——柳条编织盾牌

飞刀，分为二型。

飞刀一型（第300件展品）（图二二），材质为铁和铜，长47厘米。

飞刀二型（第301件展品）（图二三），铜质，长45厘米。

4. 赞德-沃格拉族的护体装备

柳条编织盾牌（第342件展品）（图二四），藤质，高125厘米。

三、中国彝族与中部非洲赞德-沃格拉族传统兵器之比较研究

中国彝族与中部非洲赞德-沃格拉族虽然远隔千山万里，迄今为止也没有发现在历史上两个民族之间有人员或物资的往来，其传统兵器也各不相同。但是，由于战争是降临所有人类（不论居于何地）的一种暴力行为，各个民族发明的传统兵器均有共通之处。中国彝族与中部非洲赞德-沃格拉族亦然。

第一，均没有攻城守城战具。

为保护自己的胜利果实，自古以来许多民族或部落就在自己的居住地周围建筑围墙。随着战争的不断升级、兵器的持续改进，较为简陋的围墙逐渐演变成坚固的城堡。一座牢固的城堡，通常就是一个国家、部落、家族或家庭的军事防线和要塞。为守住自己的城堡并能攻破别人的城堡，中外众多国家或民族均十分重视研究、改进攻城与守城战具。

中国彝族主要居住在高山密林、水网遍布之中，有峰峦河川作为天然屏障，同时又没有名城大邑需要防守。一旦敌人入侵，如敌兵人数较少时就依靠有利地形与敌周旋；如敌兵较多时，则退入高山密林，防守险要隘口，使敌不得进入。所以，没有必要发明攻城与守城战具。

中部非洲赞德-沃格拉族主要居住在刚果民主共和国、南苏丹共和国和中非共和国交会处的阿赞德高原，以热带草原和热带雨林为主。因地势险要，同样没有建筑城堡的必要，所以，也没有攻城和守城战具。

第二，均有从狩猎器具中演变而来的兵器。

人类最早是将生产工具或狩猎器具用于战斗，随着战事频繁，逐渐生产出了专门用于战斗的兵器。但是，许多兵器在形制上仍然留有最初的痕迹。

彝族主要居住在中国西南地区的云南、四川、贵州等地，动物种类众多，为彝族先民们从事狩猎活动提供了天然的保障，由此也诞生了许多狩猎器具（如标枪、弓箭等）。当进入阶级社会后，彝族的先民们就将狩猎器具用于战争，并加以改进，成为

更适用于战斗的兵器。

赞德-沃格拉族主要居住在阿赞德高原，动物种类同样众多，亦为赞德-沃格拉族的先民们提供了良好的捕猎动物的机会。当战争来临时，遂将平时用于狩猎的器具（如刺矛、投掷长矛、飞刀等）变为杀人的兵器，并加以改进。

第三，均使用铁制兵器。

人类最早的兵器主要是石质和木质，这个阶段即所谓“石器时代”。至新石器时期晚期，发现了自然铜（即红铜）。但自然铜质软，不能做兵器。之后不久，又发明了青铜。青铜是铜锡合金，质地坚硬，适于制造大型器具和兵器，“青铜时代”就此来临。

至迟至公元前13世纪，人类就已开始认识铁，只不过当时使用的铁是天然铁——陨铁。经过一个漫长的历史发展过程，到了公元前7世纪左右，发明了人工冶铁。从此，人类进入到“铁器时代”。

彝族的传统兵器也是从“石器时代”“青铜时代”过渡到“铁器时代”。19世纪末至20世纪初，彝族的传统兵器均以铁制为主。

中部非洲各个民族（包括赞德-沃格拉族）使用金属的历史是从冶铁开始的，即从“石器时代”直接过渡到了“铁器时代”。

赞德-沃格拉族主要居住于刚果民主共和国、南苏丹共和国和中非共和国，这三个国家均蕴藏着丰富的铁矿石资源，为发达的冶铁业提供了无尽的原料。

关于中部非洲冶铁技术的起源，有人认为是来自北非的腓尼基人或上尼罗河地区；也有人认为是撒哈拉以南地区的非洲人自行发明的；还有人认为可能是外地影响与内部本身创新的结晶。

赞德-沃格拉族用铁制造出许多兵器（如刺矛、投掷长矛、匕首、飞刀等），成为战场上的杀敌利器。

第四，均使用护体装备。

随着战争的不断扩大，人类越来越重视对自身的防护，护体装备由此诞生。

护体装备主要有甲胄和盾牌两大类。依据现有资料，彝族既使用甲胄（皮甲）又使用盾牌。清光绪三十年（1904年），法国驻云南府名誉总领事奥古斯特·弗朗索瓦（A. Francois）在途经四川大凉山时拍摄了一组彝族勇士的照片。在其中一张照片中，清楚地展现了当地彝族勇士们的武器装备情况——腰挎长刀、手执长矛和圆形盾牌。虽然不知盾牌为何种材质制造的，但大致可了解彝族盾牌的形制：圆形，较小，只能护卫身体最重要的部分——头和前胸，与清军使用的藤制盾牌在形制上十分相似。

从影视资料和照片中了解到赞德-沃格拉族只使用柳条编织的盾牌作为护体装备，不穿甲胄，这可能与当地气候过于炎热有关。

因为没有甲胄进行贴身的防护，赞德-沃格拉族使用的柳条编织的盾牌比较高（高125厘米），可以使身体的绝大部分免受敌人攻击。可以说，彝族和赞德-沃格拉族都注意到了护体装备的重要性，都从自身和居住地区的气候条件出发，制造出了适宜的护体装备。

四、结　　语

中国彝族与中部非洲赞德-沃格拉族虽然远隔千山万水，但中非人民的友谊源远流长，两个民族都创造出了光辉、灿烂的文化。兵器发展史虽然只占其中很小的一个部分，但同样可以反映出人类社会的进步历史。今后应加强中非各个方面的沟通与研究，让中非友谊万古长青！

作者简介：涂小元，天津文博院，研究馆员，天津市文化中心，300201。

参 考 文 献

［1］ 周纬：《中国兵器史稿》，百花文艺出版社，2006 年。

［2］ 杨泓：《中国古兵器论丛》，文物出版社，1980 年。

［3］ 杨泓：《中国古兵器论丛》（增订本），文物出版社，1985 年。

［4］ 杨泓、于炳文、李力：《中国古代兵器》，外文出版社，2002 年。

［5］ 魏治臻：《〈清实录〉彝族史料辑要》，云南民族出版社，1986 年。

［6］ 《中国彝族通史纲要》编委会：《中国彝族通史纲要》，云南民族出版社，1993 年。

［7］ 易谋远：《彝族史要》，社会科学文献出版社，2000 年。

［8］ 马长寿遗著、李绍明整理：《彝族古代史》，上海人民出版社，1987 年。

［9］ 张福：《彝族古代文化史》，云南教育出版社，1999 年。

［10］ 云南社会科学院楚雄彝族文化研究所：《彝族文化研究文集》，云南人民出版社，1985 年。

［11］ 朱文旭：《彝族原始宗教与文化》，中央民族大学出版社，2002 年。

［12］ 唐楚臣：《从图腾到图案——彝族文化新论》，德宏民族出版社，1996 年。

［13］ 〔英〕E.E. 埃文斯 · 普里查德著、覃俐俐译：《阿赞德人的巫术、神谕和魔法》，商务印书馆，2006 年。

［14］ 〔英〕爱德华 · 埃文斯 · 普里查德著、冷凤彩译：《论社会人类学》，世界图书出版公司北京公司，2010 年。

［15］ 〔英〕E.E. 埃文斯 · 普里查德著、孙尚扬译：《原始宗教理论》，商务印书馆，2001 年。

［16］ 杨人楩：《非洲通史简编——从远古至一九一八年》，人民出版社，1984 年。

［17］ 彭菡苕：《埃文斯 · 普里查德〈阿赞德人的巫术、神谕和魔法〉研究》，中央民族大学硕士学位论文，2011 年。

非洲地区的冶铁生产及相关民间信仰问题

臧天杰
（天津博物馆）

摘要：非洲是世界上最早使用铁的地区之一，而且维持早期生产形式的时间也最长，一定程度上还保留着许多原始的因素。非洲地区冶铁生产中的若干现象，蕴含着自然崇拜、祖先崇拜及生殖崇拜的观念，并且已经脱离了原始宗教的层面，逐渐演变成被大众所认可、接受并广泛流行的民间信仰。

关键词：非洲　冶铁　民间信仰

广袤的非洲大陆，是世界上最早使用铁的地区之一，冶铁一直处于金属制造与使用的主体地位，制品广泛用于战争及日常生活领域。非洲地区冶铁生产中的若干现象，往往蕴含着当地历史悠久的民间信仰。本文尝试以此为切入点，结合冶铁发展史与中、非两地考古学发现，以人类学视角探讨这一地区的冶铁生产活动中所反映的相关民间信仰问题。

铁的使用在非洲地区既古老又神秘。一般观点认为，铁的冶炼要晚于金、银、铜等自然金属的使用。丹麦考古学家汤姆生（C. J. Thomsen）曾经把人类的史前史，按照考古学方法分为石器时代、青铜器时代与铁器时代，以此印证了工具在人类历史发展进程中的重要意义。与世界其他文明不同的是，非洲地区铁的使用并不晚于铜器的出现，常被认为直接从石器时代过渡到铁器时代。

人类最早使用的铁，大多来自于陨星，而非冶炼。陨星是从星际空间穿过大气层降落到地球表面的星体，其中一般含有铁和镍合金，故而这种铁又常被称为陨铁。最早的陨铁制品出现于公元前4000年左右的古埃及与两河流域的苏美尔地区，如在当时古埃及的墓葬之中即有陨铁制成的铁珠等物品发现。目前中国发现的时代最早的铁制品是河北省藁城台西商代遗址出土的一件铁刃铜钺，这件器物的制造年代约为公元前14世纪前后，经过科学手段测试，证实这件器物的铁刃是用陨铁制成的[①]。此后类似的铁刃铜钺在北京市刘家河商墓中也有发现[②]，证明当时使用陨铁制造器物已经并非偶然，这种技术已经初露锋芒。由于陨星的稀有特殊性，并不能轻易获得，因此陨铁在

---

① 李众：《关于藁城铜钺铁刃的分析》，《考古学报》1976年第2期。

② 北京市文物管理处：《北京市平谷县发现商代墓葬》，《文物》1977年第11期。

当时是较为贵重的金属。尤其是陨铁特殊的来源，对于当时尚处于原始状态的人类来讲，更增添了它的神秘性，也为铁矿石冶炼技术的形成奠定了基础。

同样在公元前14世纪左右，小亚细亚地区的赫梯帝国已经掌握了人工冶铁技术，并开始大量生产和使用。随后，这一技术由北非逐渐向非洲内陆传播，在当时深深影响了农业技术的改进与农耕文明的扩展。目前，我国发现最早的人工冶铁制品是出土于河南省三门峡虢国墓地的铜柄铁剑，年代约为西周晚期，这件器物已经使用了块炼铁技术。春秋战国时期铁制品的种类和数量都显著增多，冶铁技术也有了显著发展。可以说，古代中国使用陨铁和人工冶铁的实践虽然都略晚于西亚、非洲地区，但中国的铁器生产一经出现便很快达到了世界先进水平，并在之后很长一段时间内都处于领先地位。例如，中国至迟于春秋中晚期（约公元前6世纪或更早）就能够使用高温液态还原法来熔铸生铁，大大提高了铁的生产率。而直到14世纪，这一方法才在世界范围内普遍使用，至于非洲的一些部落则仍然保持使用块炼法这种低温还原技术生产①。由此可以看出非洲地区的冶铁生产不仅出现最早，而且维持早期生产形式的时间也最长，一定程度上还保留有许多原始的因素。直到近代非洲地区的一些部落，许多原始宗教的表现在冶铁生产中还一直延续，但此时的诸如自然崇拜、祖先崇拜及生殖崇拜的观念已经逐渐脱离了原始宗教的层面，演变成为被部落大众所认可、接受并广泛流行的民间信仰。

信仰是指人类在无限的空间和永恒的时间中建构的“宇宙模式”；在复杂多变的社会生活中确定的“社会模式”和价值尺度；在盲目的人生旅途上认定的目的和归宿②。简言之，信仰便是人们对于某种物质或某种精神的信服与崇拜，并用以作为自己的精神寄托和行为准则，是人们在社会生活中所遵循的原则和信念的外化形式。这是一种高级的精神层面的活动。所谓“民间信仰”，顾名思义是民间人群中流行的信仰活动。在民俗学中，民间信仰又称民俗信仰，是在长期的历史发展过程中，在民众中自发产生的一套神灵崇拜观念、行为习惯和相应的仪式制度③，应该属于精神民俗的范畴。它是人类在认识自然和改造自然与社会的过程中形成的心理经验，这种经验成为集体的心理习惯，并表现为特定的行为方式，时代传承。民间信仰，以及仪式和象征等一系列文化现象具有双重特性：一方面，它们颇类似于原始巫术和万物有灵论的遗存并与“世俗生活”分不开；另一方面，它们与宗教现象有相当多的类似之处④。因此，本文中的民间信仰，应是指民众自发地对具有超自然力的精神体的信奉与尊重。它包括原始宗教信仰在民间的传承、人为宗教信仰在民间的渗透及一般民众普遍的俗

---

① 华觉明：《中国古代金属技术——铜和铁造就的文明》，大象出版社，1999年，第294、295页。

② 冯天策：《信仰导论》，广西人民出版社，1992年，第4页。

③ 钟敬文：《民俗学概论》，上海文艺出版社，1998年，第187页。

④ 王铭铭：《社会人类学与中国研究》，生活·读书·新知三联书店，1997年，第152页。

信。民间信仰是在一定的政治、经济、社会、文化诸因素的基础之上形成的，伴随着人类的生产、生活方式逐步发展、完善，成为民众社会生活中的一个组成部分。在非洲地区的冶铁生产活动中，铁匠在群体中的重要地位及冶铁生产过程中性与生殖的隐喻皆可看做是原始的自然崇拜、生殖崇拜演变成为民间信仰的映射。

人类学研究的目的之一便是人类历史的还原，即把人类已经湮没的过去的行为考证出来，使我们后来的人能够晓得原来的情状①。相对于平民，非洲一些地区的铁匠往往具有较为优越的社会地位，与统治阶级、宗教人士存在着千丝万缕的联系，甚至有被赋予某种神秘力量而神化的趋势。这一方面取决于他们所从事的冶铁活动的重要性，体现了民间信仰中的功利色彩。

狩猎是早期人类最重要的活动之一，从最初的赤手空拳到慢慢学会使用兵器，如偶然拾起的石头与树枝，并且在这一过程中逐渐改良自己的兵器，而战争中的兵器则往往会成为事关生死存亡、部族兴衰的关键因素。在农耕社会，农业生产对工具更是有着相当高的依赖，铁制工具的出现大大提高了农业生产的生产力。因此，铁匠生产制作的铁器在一定程度上可以维系当时社会的发展，是直接为统治阶级服务的人员，其重要性也就不言自明。透过民间信仰中的“民间”一词，可知民间信仰应是一种非官方的文化，源自一种生活的寄托，功利性占据了其中的重要地位，民间信仰中的宗教因素只是一般民众在生活中的衣、食、住、行各个领域祈福脱困的对象，这时的宗教因素已没有了对宗教经典的研读，没有了对宗教教义的思考，没有了制度化的宗教。这是民间信仰中的宗教因素有别于宗教信仰的一个重要特征。可见，官方宗教的目的在求国家社会的福祉，民间信仰则多半为了民众自身一己的利益。他们的差别不在于其根本的宇宙观，而在于他们各自所关心的问题②。民间信仰以民众的现实需要为基础，与信仰民众自身的利益息息相关。在特定的社区范围，如部落之中，民间信仰的信徒大部分也是虔诚的宗教信徒，在其思想中，或许没有明确的宗教意识，只是生活在宗教的世俗氛围中，以此作为精神寄托。因此，铁匠这种能够改变人类生活，并且与民众的生产、生活结合更为紧密的职业就会受到统治者的青睐以及更多人的崇拜与信奉。

另外，铁匠的这种崇高的地位也是原始宗教中自然崇拜、祖先崇拜观念在民间信仰中的延续。人类学家探讨自然崇拜，认为这种观念的产生是由于原始人类对于生命的观念是以活动的能力和物体的变化为准，所以常把无生物当做有生命，如云的集散、日月星的出没，白昼与黑夜的变换等变化。如前文所述，陨铁作为最早的天然铁原料，来源于自然界，在时人心中陨铁应该是一种具有某种神秘力量的存在，这也深深影响着处于原始状态的人类的认知，甚至会将这种自然界的神秘力拟人化进行崇拜。伴随人工冶铁技术的发明，铁匠作为能够生产制造铁器的人，自然会被视为具有

---

① 林惠祥：《文化人类学》，商务印书馆，1996年，第17页。

② 蒲慕州：《追寻一己之福——中国古代的信仰世界》，上海古籍出版社，2007年，第16页。

神秘的知识与能力，是此前陨铁所蕴含的神奇力量的继承者。

祖先崇拜认为死去祖先的灵魂依然存在，并且会影响子孙的生存状态，因此会通过各种类型的祭祀等仪式活动来完成这种对于祖先的精神寄托，祈求保佑后人。从此次展览中众多的精美藏品中可知，非洲铁匠生产制作的铁制兵器，有大量被应用于各种仪式之中，如各式各样的仪式性斧头等。这些仪式往往拥有悠久的历史与庄重的含义，其中的仪式性兵器或许是祖先曾经使用过，或许与祖先也有着密切联系。这类兵器在造型上与其他斧类兵器一样，但不具有实际用途，使用者多属于高级贵族、首领、先知或灵媒等，代表了他们崇高的社会地位。人们相信通过神圣的祖先或动物图腾可以增强武器的力量，将普通的战斗兵器或工具转化成宗教器具。铁匠在生产制作某一类器物时，势必会蕴含着在特定的时空环境之中他们所信奉的某种信仰、某种祈求。因此受祖先崇拜这种信仰的驱使，人们对于能够制造出与祖先有关的器物，甚至能够与祖先“通灵”的铁匠自然就会刮目相看。而一些非洲的国王也曾将自己比作铁匠，说明冶铁工作与其部族起源的神话英雄息息相关，如古代非洲墓葬中发现随葬有冶铁工具，并不代表埋葬的是一名铁匠，而有可能是政治领袖的象征配备①。体现了古人对祖先的崇拜与敬畏。

非洲冶铁生产中，除了上述与自然崇拜、祖先崇拜两类民间信仰的社会互动，与冶铁相结合的性或生殖隐喻在非洲不少地区也随处可见。例如，将冶铁的熔炉设计成女性的形象，用泥塑上乳房或刻画出女性常见的文身图案；通常将熔炉设于远离村庄的地方，除了绝经的女子，其他女性一概不准接近；参与冶炼的男性需要禁欲，冶炼过程如同分娩般重要，一旦有人不守规矩，冶铁就会失败等。民间信仰在产生、流传的过程中难以脱离人类的社会活动，体现出一定的社会性，也可以说是一种全民性，表现出个人与社会的不可分割性。只有得到集体的响应和施行，民间信仰才能够得以传承，在广泛的时空范围内流传。而在流传过程中会不断有新的因素加入，这种新的因素无不与当时、当地的社会生活、民众心理意识密切相关，进而使得民间信仰能够不断充实、完善，甚至表现出全新的面貌。生殖崇拜产生于远古时期，是万物有灵观念的具体反映。人们将自然界的生成变化、动植物的繁育，以及人类自身的生殖等现象通过联想加以神秘化，并由此产生某种崇拜观念②。这些非洲冶铁生产中具有生殖崇拜意味的行为，将冶铁生产与生殖行为联系到一起，通过对人类繁殖能力的赞美和向往衬托出冶铁工作的重要意义，说明在非洲农耕社会的发展过程中，铁制工具发挥了至关重要的作用。

综上所述，本文仅对非洲冶铁生产中蕴含的民间信仰等问题加以浅析，期待日后能对此问题有更深层次的思考。

作者简介：臧天杰，天津博物馆，副研究馆员，天津市文化中心，300201。

---

① 〔美〕威廉·杜威：《铁匠、国王与他们的铁制品》，《中非传统兵器文物展图录》，第24页。

② 李锦山：《史前生殖崇拜及其信仰》，《中原文物》2004年第2期。

浅析中非兵器与成人礼

李　君
（天津博物馆）

摘要：中非大地上产生了璀璨的人类文明，中非传统兵器即是中非传统文化的一个见证与载体，在相当长的历史阶段中见证了中非自然、社会、文化的变迁与发展。成人礼作为人生的重要仪礼之一，广泛存在于世界各地各民族之中，具有丰富的形式与内容，并随着社会历史的发展而发生着不同的演变。物质与文化密不可分，物质是文化的载体，文化是物质内涵的外在表现。文章试图以非洲成人礼为主线，通过中非传统兵器，管窥蕴含在这些实物中的中非文化。

关键词：中非　兵器　成人礼　弯刀　割礼

非洲位于亚洲的西南面，是世界第二大洲。东濒印度洋，西临大西洋，北隔地中海与欧洲相望，东北角习惯上以苏伊士运河为非洲和亚洲的分界。大陆东至哈丰角（东经51°24″，北纬10°27″），南至厄加勒斯角（东经20°02″，南纬34°51″），西至佛得角（西经17°33″、北纬34°45″），北部至吉兰角（东经9°50″、北纬37°21″）。面积约3020万平方千米（包括附近岛屿），南北约长8000、东西约长7403千米。非洲约占世界陆地总面积的20.2%。

人们最早称非洲为“利比亚”（Libya）。“利比亚”一词来自希腊文或者埃及文，它在《创世纪》里指利布人或利宾斯人的土地。自罗马时代起，“阿非利加”（Africa）一词取代了原先的“利比亚”。“阿非利加”原来指北非沿海地带，从公元前1世纪末开始，成为对整个大陆的称呼。关于其由来，学术界有许多说法。比如有人认为是来自居住在迦太基南部的一个柏柏尔人部落的名称；有人认为是来自腓尼基词，意为富饶地区和水果之乡；有人认为可能起源于拉丁语，意思是“阳光明媚”；或者来自希腊语，意思是“没有寒冷”，等等。

非洲有着世界上最大面积的沙漠、茂密的森林、广袤的草原和丰富的矿藏资源，其人文及工艺的发展同样蕴含着迷人和耀眼的魅力。

根据地理位置、地形、气候和民族特点，非洲大陆在地理上分为北非、西非、东非、中非和南非五个地区。其中南非和北非分别位于南半球和北半球；东非、西非和中非则跨赤道地带，位于南北两半球内。撒哈拉沙漠以南的中部非洲通常包括乍得、中非、喀麦隆、赤道几内亚、加蓬、刚果（布）、刚果（金）、圣多美和普林西比，有时也把赞比亚、津巴布韦和马拉维作为中非的一部分。这里有丰富的地貌特征、气候条件、生物种类，同样在多彩的自然条件之上产生了中非独特的文化内涵。中非传统兵器即是产生于这片非洲大地上的、反映中非传统文化的一个见证与载体。

传统中非兵器直至欧洲火器大量输入才逐渐退出历史舞台，在此之前它的制造和使用已有超过两千年的历史，因此这些传统兵器在相当长的历史阶段中见证了中非自然、社会、文化的变迁与发展。文章将以非洲成人礼为主线，通过中非传统兵器，管窥蕴含在这些实物中的中非文化。

一、与成人礼有关的中非兵器

提到中非传统兵器，就不能不提到冶铁技术的发展。面积达800多万平方千米的撒哈拉沙漠把非洲一分为二，沙漠以北地区被称为北非，沙漠以南地区被称为撒哈拉以南非洲。由于沙漠的阻隔，北非和撒哈拉以南非洲难以发生联系，因此两个地区的历史发展具有各自不同的特点。北非地区与外部世界（欧洲和亚洲）的联系较多，而撒哈拉以南非洲在近代以前，处于比较封闭的发展状态。因此位于撒哈拉沙漠以南地区的中非与其他地区冶铁技术的发展并不同步。虽然冶铁等技术的发展并不同步，但是无论是北非还是撒哈拉沙漠以南的非洲都创造了璀璨的人类文明。

尽管非洲人类活动的时间较早，非洲进入石器时代的时间也较世界其他地区早，但是，非洲经历的石器时代的时间很长，从而使石器时代向金属器时代的过渡显得十分缓慢。在北非，公元前2000年左右，出现了青铜器制造的生产工具；在7世纪，埃及已经普遍使用铁器，著名的麦罗埃成为重要的冶铁中心。

在撒哈拉以南非洲，情况与北非不同。除个别地区（苏丹和毛里塔尼亚部分地区）外，绝大部分地区都跨越了青铜器时代，由石器时代直接进入铁器时代。考古研究显示，西非是撒哈拉以南非洲最早掌握冶铁技术的地区。在撒哈拉以南非洲，至5世纪时，冶铁技术已经传播得十分广泛。东非的卢旺达、乌干达、肯尼亚和坦桑尼亚等地，都发现了2～5世纪的铁器生产遗址。此外，在中部非洲和南部非洲的扎伊尔、赞比亚、南非等地都发现了铁器的生产遗址。

中非的传统兵器大致可分为攻击型兵器、防御型兵器等。其中攻击型兵器包括结构简单的兵器（一般以木材制作）、矛、斧头、刀具等；防御型兵器包括盾牌、胸部和背部的保护、头盔等。本文所要提到的与成人礼“割礼”相关的兵器即属于中非传统兵器攻击型兵器中刀具的一种。

在中非传统兵器中，刀具是很重要的一类内容。非洲刀具分为三大主要类别：直刀（对称刀）、弯刀（不对称刀）、飞刀。其中直刀指的是，若从刀尖至手柄划一直线，刀身左右两边均对称。弯刀则是指从刀尖处划一直线至手柄，左右并不对称，而有些极为罕见的弯刀样本可能会左右对称，一边开锋另一边没有。飞刀是非洲的发明，旨在从远距离击打敌人或物件。非洲的飞刀由一个主干、握把及至少有一个分支组成，可根据地理位置细分为南北两种形式。用于成人礼“割礼”中的刀具属于弯刀的一种。

弯刀多见于古刚果王国，刀身呈弯曲状，且只有一边刀刃。我们之所以称这些刀具为弯刀，是因为其刀身都呈弯曲，而“刀”（代表只有一边刀刃）也最适合形容这种兵器。马刀是弯刀的一种，刀刃位于外弯或刀尖外侧10～20厘米处，主要用于劈打。刚果民主共和国东西南部（与安哥拉、刚果布拉萨、加彭邻近地区）都可发现从同一种马刀演变而来的刀具，但这种弯刀较小，甚至有点类似厨刀。刚果王国的中心地带，这些弯刀多是马刀的缩小版。

刚果南部的弯刀刀刃通常比手柄宽，而刀刃可以是笔直或大幅弯后。一些弯刀可用于戳刺，但其实大部分都不是实用兵器，而是作为代表威望的物品。某些弯刀也用于为男女童进行割礼。

从大西洋沿岸及上述分布地南部至坦干依喀湖（Lake Tanganyika），这些刀具的刀鞘都以不同材质制成，有皮革包覆的木制刀鞘，皮革刀鞘，甚至钣金属刀鞘，有时也会雕刻上头像或塑像。

二、成人礼及中非成人礼

（一）成人礼及其类型

成人礼又称成丁礼、成年礼、入社式或成年仪式。通过成人礼这种仪式，表明青年男女已从少年时代进入成年人的行列，在社会上获得了一定的地位，开始被认为是社会的正式成员，目的是以此表明他们从此以后就不再是孩子， 而是大人了。成人礼与出生礼、婚礼、葬礼并称为人生四大仪礼，它是个体由家庭进入社会并且被社会承认的一个重要阶段和过程。成人礼作为一种具有显著民族特点的风俗习惯曾广泛存在于世界各民族的社会历史发展过程中，直至近现代在不少国家和地区还有不同程度的表现。从世界范围来看，从古至今，成人礼的类型和形式是多种多样的，但其共有的特征主要是限定年龄、广泛性、民族特色明显；主要功能是标志成人，为了承认年轻人具有进入社会的能力和资格而举行的仪礼。成人礼仪式本身意味着告别“旧我”，迎接“新我”，意味着个体进入群体， 实现从生物人向社会人的转变， 是个人获得身份的标志与象征。在个体生理发育进入青春期时为其举行仪式， 其用意不仅是对个体生理发育期的认同，更是社会文化意义上的角色转化。所以， 人们借助仪式的方式实现文化的传承与人的培养与塑造， 仪式的实施就是最好的教育方式。

成人礼的形式和内容丰富多彩，成人礼是生活在地球上不同地区的各民族在其社会历史发展进程中，基于某种要求、动机和信念逐步形成的。除此以外，成人礼的形式和内容还要受地理环境、社会、经济和宗教等其他条件和因素的影响和制约。根据民族学资料，可将成人礼初步归纳为五个类型，即开导型、标志型、装饰型、象征型及考验型。

开导型成人礼以女子多见，其主要形式有隔离、洗浴等。目的是教导少女如何过婚后的生活、生育和抚养孩子、操劳家务等。但该种成人礼也不仅限于女子。例如，中国瑶族在男子16～22岁时为其举行“度戒”（也称“过法”）仪式。同样，在成人仪式上对青年人的教育，其内容并不只限于爱情、婚姻和家庭的主题，还有怎样做人、怎样生存和怎样适应环境的主题，以及天文、历法、劳动技能、宗教仪式等各个方面，几乎无所不包，只是各有侧重而已。

标志型成人礼的目的是将成人与未成人用非常直观的形态加以区别，以使成人者在享受成人权利的同时，也遵守成人所需要遵循的各项禁忌。其主要形式包括染齿、黥面、文身、更换服饰与头饰等。后来，这类成人礼逐渐发展成为装饰型成人礼。

装饰型成人礼是由于某种形式的标志在青年男女中产生一种美感，而逐渐成为成年男女必要的一种装饰。但是，这种装饰在不同时代、不同民族中有不同的内容和形式。例如，在中国有些地区当女孩出嫁前夕，要请人帮助用两三股棉线绞去脸面上的“乳毛”，谓之“开脸”，以示成年，使女子更显整洁、俊秀。

象征型成人礼出现较晚，其主要是通过物化或仪式，象征性的表示成人的形式。还有一些民族将传统的成人礼变成了各种名目的象征性节日，如日本的成人节等。

在这五种类型的成人礼中，考验型成人礼是最复杂，也最残酷的。考验型成人礼包括刺额、割生殖器、凿齿、拔牙、剁指、烧身、禁睡、禁饮食、拔指甲、鬼吓等形式。这类成人礼通常是几种形式一并进行，有时是分几个阶段进行，但实行的形式不同民族又各具特点。

（二）中非成人礼及其渊源探析

上文中所提到利用弯刀进行的割礼即属于考验型成人礼。所谓割礼，一般是指对人身体的某一部分进行切除或切割。例如，用“刀子轻轻地切伤婴儿的耳朵”，或者“只限于把包皮割成圆圈而后把这个割下的圆圈当做指环套在左手的中指上”。文中所提到的割礼是指对男女两性生殖器进行加工的手术和仪式，原始时代曾经流行于世界各地，现代非洲依然较为普遍地流行女性割礼仪式。对女性实行的割礼，是在女孩进入青春期前后，将她的阴蒂、大阴唇、小阴唇切割掉，将阴道口缝合起来，剩下一个排尿的小孔，直到女孩进入婚姻状态，才拆开这道封锁。对男性实行的割礼，主要是指对男性生殖器的包皮进行切除或切割手术。

对于割礼起源的意图和观念，通过实行割礼地区的现代居民的表述可归纳为两种看法：第一种认为，割礼是为了性的洁净，因为那些割除的东西是脏的；第二种看法认为，割礼是为了审美的需要，因为这样是美的。关于割礼的起源，有着各种推断与传说。其中在非洲的许多部族中流传着一种古老的观念，创造万物的神明根据需要塑成了一对四体齐全、百骸无缺的男女，然后分别在男、女的周围照了两个重叠的阴影，即两个灵魂，其中一个呈阳性，一个呈阴性。人类的这两位祖先看见自己身边的叠影后，一下扑倒在上面，两个阴阳叠影就这样一齐分别地附在了男人和女人身上。于是，人类从最早开始就具有两个不同性别的灵魂。对于男子，呈阴性的灵魂附在自己的包皮上，而女子的阳性灵魂则附在阴蒂上。后来神明预感到人类不能这样阴阳同体地生活，必须像开创宇宙时那样使阴阳分位，为了明确男女的性别，就必须从男子身上将阴性灵魂割除，从女子身上将阳性灵魂割除，只有这样才能算得上真正的男人、女人，才会有旺盛的生命力。从这一传说可以看出，或许割礼的起源是由于人类避免阴阳同体而分别割除包皮与阴蒂，从而使割礼成为一种人们用以最终确定性别的仪式。而这正与用割礼作为成人礼，确立男子、女子正式成为社会的一员，确立在社会中的地位这一功能相符合。

割礼能够成为被人们广泛接受，并将其作为男女成长过程中必须要完成的标志性、神圣性的仪式，或许与社会心理中社会认同理论与符号互动论密不可分。

社会认同理论是一个关于群体间行为的理论。群体间行为指的是群体制约下的个体之间的相互作用。社会群体指的是，持有共同的社会认同或将自己视为相同的社会类别成员的一群个体。社会认同理论的基本含义是，一个人所落入的或感到其所属的社会类别（如民族、政治团体、运动团体），提供给此人根据这一类别的自身特点来界定自己的倾向——这种自我界定是自我概念的组成部分。社会认同源自对自己所属社会群体及这一群体所共有的价值和情感特征的认识。社会认同将个体与社会类别、社会位置或社会地位等联系起来。社会认同源自我们所属的群体（所属群体）；但我们也可认同我们所属群体之外的群体（参照群体）和个人。社会认同总是与特定的社会参照对象（通常来说是一个社会群体）联系在一起。认同或社会认同是涉及我是谁或我们是谁、我在哪里或我们在哪里等的反思性理解。认同，通常又被译成同一性、统一性或身份，它是对某一事物与其他事物相区别的认可，其中包括其自身统一性中所具有的所有内部变化和多样性。这一事物被视为保持相同或具有同一性。对成年的男女进行割礼，就是将成年男女与其他未成年男女，即未进行割礼的男女童进行区别，使这一类人群具有同一性、统一性，具有成人的身份，使这类成人对自己在社会大群体中的社会定位形成明确的认识，使这类人群成员之间形成相互认同，也使位于社会大群体之中而在这类人群之外的人们也对这一类人群有清晰的认识。

符号互动论，一种主张从人们互动着的个体的日常自然环境去研究人类群体生活的社会学和社会心理学理论派别，又称象征相互作用论或符号互动主义。符号互动论认为事物对个体社会行为的影响，往往不在于事物本身所包含的世俗化的内容与功用，而是在于事物本身相对于个体的象征意义，而事物的象征意义源于个体与他人的互动（这种互动包括言语、文化、制度等），在个体应付他所遇到的事物时，总是会通过自己的解释去运用和修改事物对他的意义。符号互动论认为，人的行动是有社会意义的，人们之间的互动是以各种各样的符号为中介进行的，人们通过解释代表行动者行动的符号所包含的意义而做出反应，从而实现他们之间的互动。在符号互动论中，符号是基本的概念。符号是指在一定程度上具有象征意义的事物，比如语言、文字、动作、物品甚至场景等。一个事物之所以成为符号是因为人们赋予了它某种意义，而这种意义是大家（相关的人们）所公认的。例如，结合本文提到的割礼，一定年纪的男女童实行过割礼，即成为大家所公认的一种符号，这种符号被人们赋予了区分成年与未成年、区别男女性别、奠定一个人走进社会的地位的特殊意义，而且这种意义为大家所公认。

在历史的变迁发展中，割礼作为男女成人标志的符号成为社会中人们的共同认知，在整个大的社会群体之中形成某一特定类型的人群，即在整个大的社会群体中形成成人这一群体，而将是否实行割礼作为群体之间的辨别要素，形成群体成员对自己的认识、对他人的认识、对自己与他人之间关系的认识。这或许能从一定程度上解释割礼成人礼形成，并为人们所接受，作为区分男女走入社会的成人仪式的渊源。

三、结　　语

人类学家习惯于将文化区分为可观察部分和不可观察部分，而可观察文化由物质文化（技术文化）、社群文化（伦理文化）和精神文化（表达文化）构成。其中，物质文化是指一个民族适应自然环境的生计方式，表现在衣食住行各方面，因而也是最为具体可见的部分；社群文化是指一个民族的社会组织及伦理关系；精神文化则是指这个民族的文学艺术及宗教。后两种文化也可通过实物显示其成就。因此，在一定程度上可以认为实物是文化的载体，实物蕴含着丰富的文化内涵，文化通过实物以物化的形式得以展现。

成人礼作为人生的重要仪礼之一，广泛存在于世界各地各民族之中，具有丰富的形式与内容，并随着社会历史的发展而发生着不同的演变。中非成人礼中的割礼通过中非兵器用于该仪式的弯刀，使人们更为直观地获得了关于中非割礼成人礼的认识。借由兵器中的弯刀，使中非成人礼这种文化实现物化，更为真切地将其中蕴含的社会文化发展变迁、社会心理内涵展现出来。

除去文章中所提到的用于成人礼的弯刀，还有其他一些兵器也与文化等内容密不可分。例如，仪式性斧头是代表身份地位的标志或王权的标志。仪式性斧头的造型、大小都与原始兵器十分相似，不同的是其装饰更加丰富，或加上装饰用铜合金，有的会饰以铜或其他罕见材料，有的斧锋的造型、大小皆夸张奢侈，有的斧头则是在斧柄或斧锋饰雕刻雕像。其中一些仪式性斧头仍然保留了自己作为战斧原有的攻击功能，而有一些非常小的仪式性斧头，只纯粹象征身份地位，已与原本的造型相去甚远。

还有沿蒙加拉河而居的人们与生活在周边地区的人都有将某些战俘斩首的传统，仪式上使用“ngulu”类型的刀处决战俘，西方的武器收藏者通常把这种类型的刀叫作“处决刀”。而“ngulu”就是“恩古鲁”，即西部镰刀第二分支造型。西部镰刀兵器可能是源于对飞刀的改进，主要分布在喀麦隆南部、刚果布拉萨北部、中非共和国南部、刚果民主共和国北部及苏丹西南部。由于当地人从草原向热带雨林地区迁徙过程中，带来的飞刀在雨林中并不实用，因此，将其改进成劈打用的镰刀形兵器。第二分支的造型恩古鲁，位于刚果河及乌班基河两岸，金沙萨（Kinshasa）以上至利萨拉（Lisala）以下地区。这种模型出现双重变化，共有两个镰刀身，实质上也就是短剑。镰刀的直边与外弯边及顶部内锋都相当锋利，可见是用于击打的乐器。北部的样本具有简朴的木制手柄，而其他地区的木制手柄则较大极富雕刻装饰（罕见的例子中有象牙制手柄）。森格勒（Sengele）及利阿（Lia）最南边的模型，具有两面相同的弯面。

由此可见，物质与文化密不可分，物质是文化的载体，文化是物质内涵的外在表现。中非传统兵器按照文化的变化及需要，造型与功能发生着相应的变化，而通过兵器造型、功能及其演变，人们又可以窥探出这一地区的人文特色、文化特征及文化的发展变迁。

作者简介：李君，天津博物馆，馆员，天津市文化中心，300201。

参考文献

[1] 舒运国：《非洲史研究入门》，北京大学出版社，2012 年。

[2] 何芳川、宁骚：《非洲通史 · 古代卷》，华东师范大学出版社，1995 年。

[3] 钟毅平：《社会认知心理学》，教育科学出版社，2012 年。

[4] 〔美〕拉尔斐 · 比尔斯等著，骆继光、秦文山等译，周庆基校：《文化人类学》，河北教育出版社，1993 年。

[5] 伊力奇：《“成人礼”的来源、类型和意义》，《中央民族学院学报》1986 年第 3 期。

[6] 戴庞海：《成人礼的类型与特征》，《河南科技大学学报（社会科学版）》2006 年第 5 期。

[7] 卢海英：《成人礼的历史发展状况及其社会价值》，《兰台世界》2013 年第 4 期。

[8] 李娟：《成人礼文化传承及变迁探析》，《阜阳师范学院学报（社会科学版）》2005 年第 3 期。

[9] 张伶俐、吉成名：《论成人礼的教育功能》，《历史教学（高校版）》2007 年第 3 期。

[10] 李平清：《割礼的形成与意义》，《社会科学战线》1983 年第 1 期。

[11] 摩罗：《非洲割礼的文化背景》，《粤海风》2007 年第 5 期。

[12] 贾建明：《物质文化史研究在博物馆实物研究中的意义》《南开学报》1998 年第 2 期。

八、文化遗产保护

天津博物馆文物温湿度环境监测分析

张艳红　刘根亮
（天津博物馆）

摘要：在文物库房和展柜内放置温湿度表，监测和记录环境中温湿度变化，并通过现代化的调温调湿设备及各种调湿缓冲材料进行调控，是文物预防性保护工作的基本内容之一。为了解天津博物馆馆藏文物保存温湿度环境现状和实施有针对性的调控，需对现有的温湿度数据进行分析评估。

关键词：文物保护　温湿度监控　预防性保护

一、馆藏文物环境研究概述

馆藏文物保护研究的基本内容包括文物检测分析、文物保护修复和文物预防性保护。当前，馆藏文物科技保护的理念，已经从以抢救性保护修复、被动维修受损文物，向以预防性调控环境、主动保护防止文物产生劣化方面转变。预防性保护即采取有效的质量管理、监测、评估、调控等预防措施，抑制各种环境因素对文物的危害作用，努力使文物处于一个“稳定、洁净”的安全生存环境，尽可能阻止或延缓文物的物理和化学性质改变乃至最终劣化，达到长久保存文物的目的。馆藏文物保存环境是指收藏与展示各类可移动文物的相对封闭空间的总体。包括文物库房、展厅、展柜、储藏柜（箱、盒）等空间中影响文物保存的物理、化学、生物等条件①。博物馆“稳定”环境，是指控制温度、湿度等环境因素在适宜指标下的平稳性，防止出现较大幅度的波动，这里的“适宜指标”指文物本身已经长期良好适应的温湿度环境状态。博物馆“洁净”环境，是指文物收藏、展示环境空气中特征污染物浓度达到科学合理的安全极限值以内。不同材料对各种环境因素的敏感程度不同，即不同材质文物的主要环境影响因素可能是不同的，尤其是代表性的特征污染物浓度的影响。其中，温湿度是影响文物长久保存的最基本要素，也是最普遍关注的环境指标之一。在文物库房和展柜内放置温湿度表，监测和记录环境中的温湿度变化，并通过现代化的调温调湿设

---

① 《馆藏文物保存环境检测气体扩散采样测定方法 甲酸和乙酸的测定》（WW/T 0046-2012）。

备及各种调湿缓冲材料进行调控，是预防性保护工作的基本内容之一。为了解天津博物馆馆藏文物保存温湿度环境现状和实施有针对性的调控，需对现有的温湿度数据进行分析评估。

二、文物库房温湿度数据分析

（一）概　　况

天津博物馆文物库区面积约为11 000平方米，已投入使用的库房将近50间。库区安装了恒温恒湿空调系统，共有11台机组，可独立控制各区域的温湿度。在新馆投入使用之初，按照计划存放文物的材质分成两类温湿度控制预设指标，一类是湿度较高的20℃，55%±5%；一类是湿度较低的20℃，45%±5%。

为了解新馆库区空调机组的运行情况，选择了B12、A6、A16和A23库房作为监测点，利用德国产Testo 175-H1型温湿度连续记录仪，记录了2013年8月1日至2014年11月13日库房内温湿度变化情况（每10分钟记录一次）。

（二）库房温湿度年变化情况

2013年8月至2014年11月，温湿度连续记录结果如图一～图四所示。

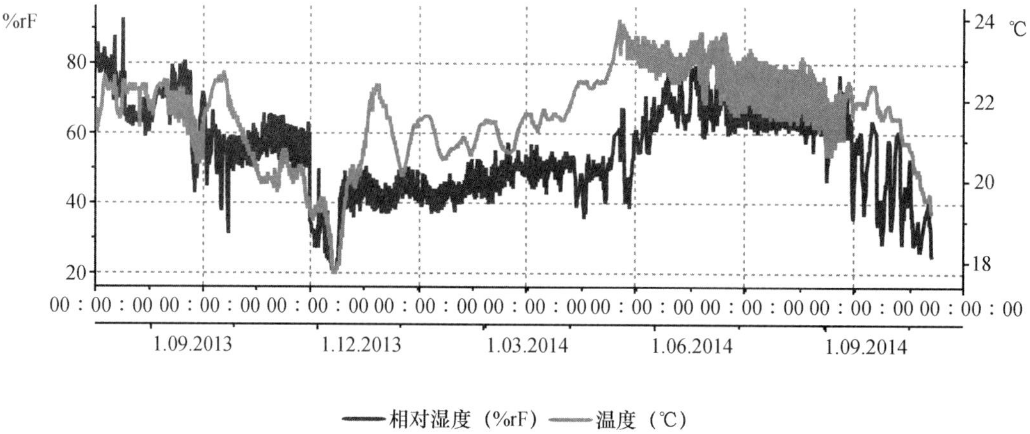

图一　B12库房内温湿度变化趋势图（2013年8月1日至2014年11月13日）

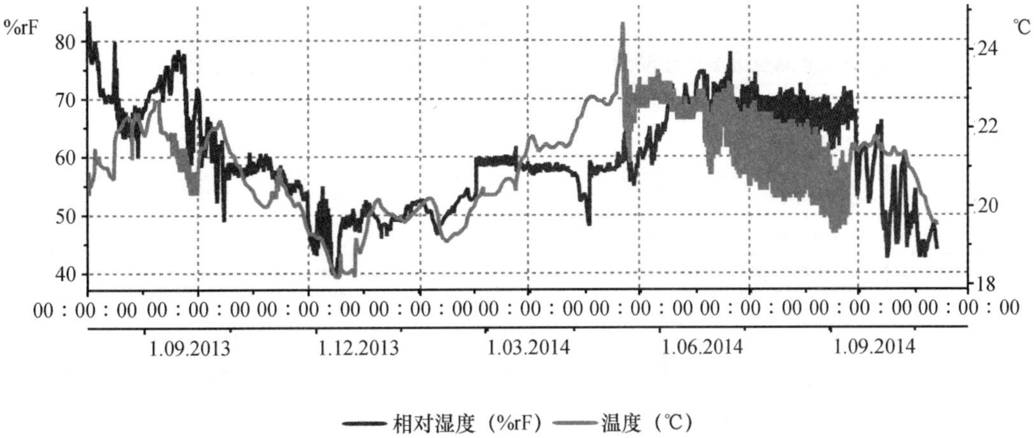

图二　A6库房内温湿度变化趋势图（2013年8月1日至2014年11月13日）

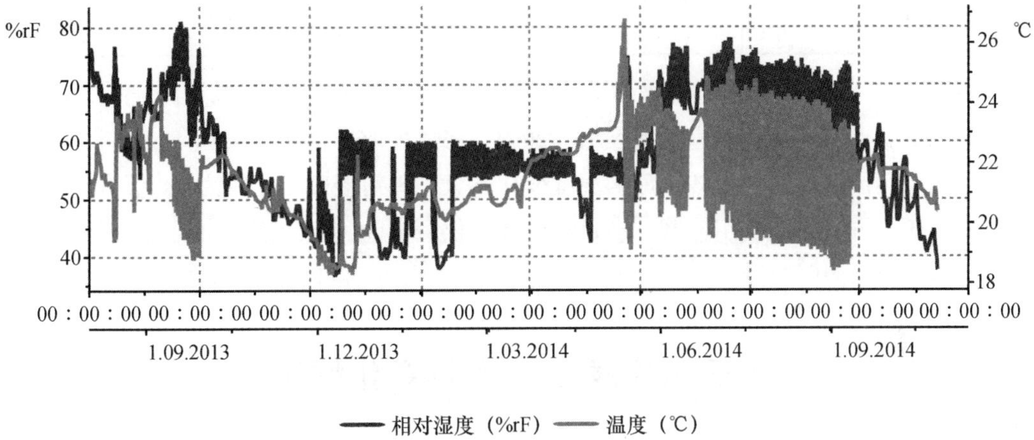

图三　A16库房内温湿度变化趋势图（2013年8月1日至2014年11月13日）

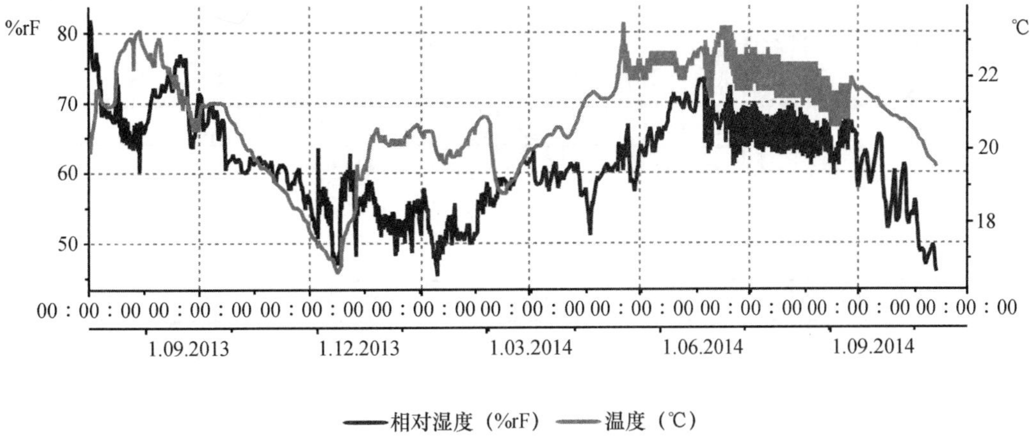

图四　A23库房内温湿度变化趋势图（2013年8月1日至2014年11月13日）

2013年8月至2014年11月，温湿度变化情况汇总如表一所示。

表一　库区监测点温湿度波动情况汇总（2013 年 8 月 1 日至 2014 年 11 月 13 日）

序号	位置	项目	最低	最高	平均	幅度
1	B12库房内	温度（℃）	17.7	24.0	21.6	6.3
		相对湿度（%）	19.7	92.8	54.9	73.1
2	A6库房内	温度（℃）	18.2	24.8	21.1	6.6
		相对湿度（%）	39.4	83.7	59.8	44.3
3	A16库房内	温度（℃）	18.2	26.8	21.5	8.6
		相对湿度（%）	36.4	81.4	57.3	45.0
4	A23库房内	温度（℃）	16.5	23.6	20.9	7.1
		相对湿度（%）	45.2	81.9	61.4	36.7

这四个库房各由独立恒温恒湿空调控制，其中A23库房的空调预设值为20℃，45% ± 5%，其余三个库房的空调预设值为20℃，55% ± 5%，会根据实际环境要求进行调整。从图一至图三和表一可知，库房温度变化不大，相对湿度变化较为复杂。虽然这四个库房属于不同的调湿机组控制，在每年的集中供暖期间和供冷期间，温湿度变化趋势基本一致。相对湿度的最大值出现在夏季供冷期间，最小值出现在冬季供暖期间。

（三）库房温湿度月变化情况

2014年9月1日至30日，温湿度连续记录结果如图五～图八所示。

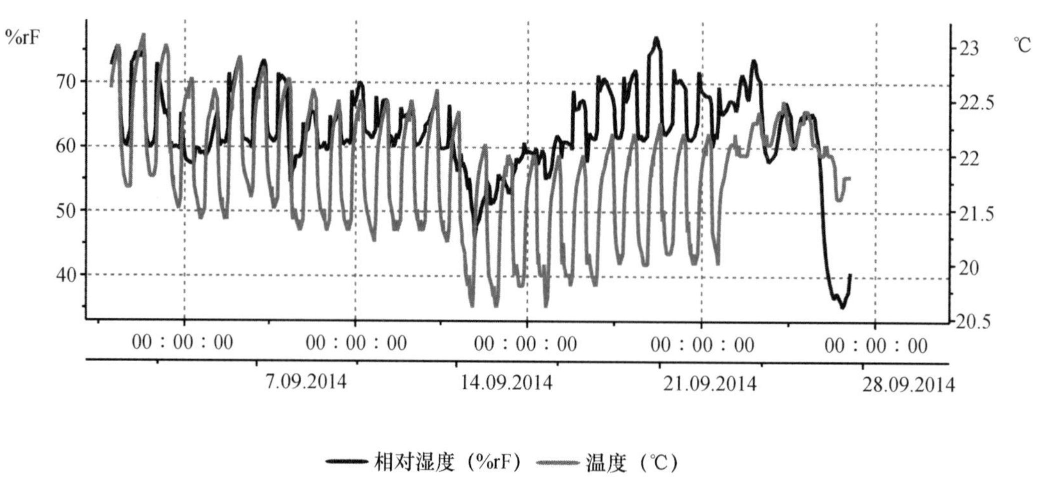

图五　B12库房内温湿度变化趋势图（2014年9月1日至30日）

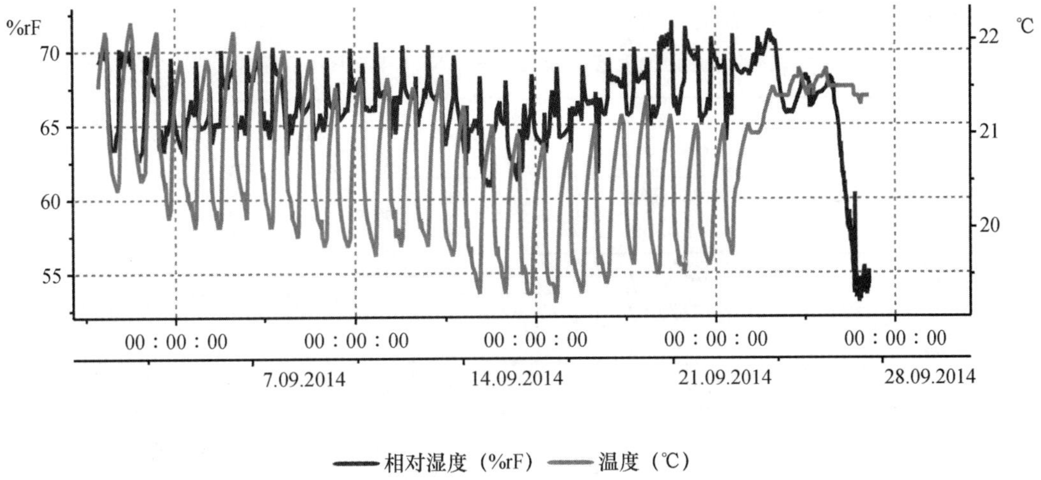

图六　A6库房内温湿度变化趋势图（2014年9月1日至30日）

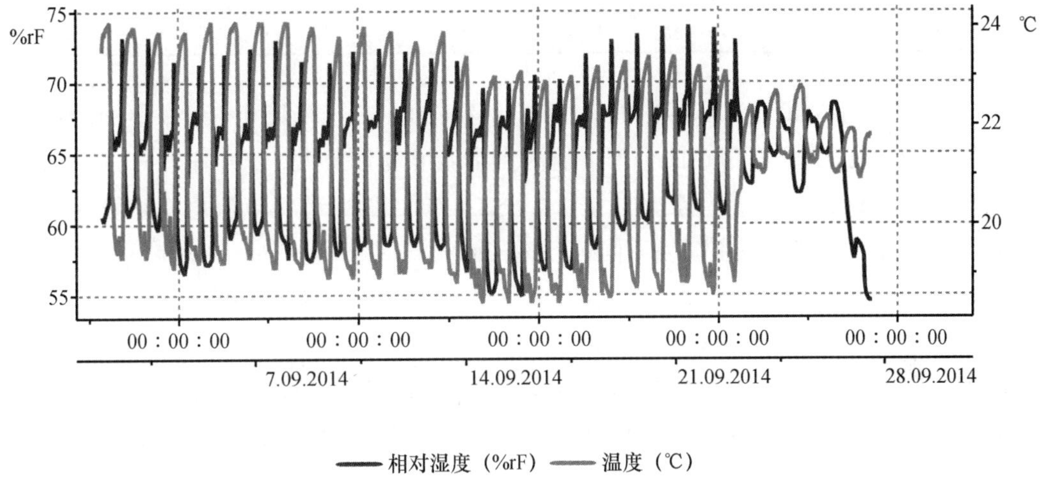

图七　A16库房内温湿度变化趋势图（2014年9月1日至30日）

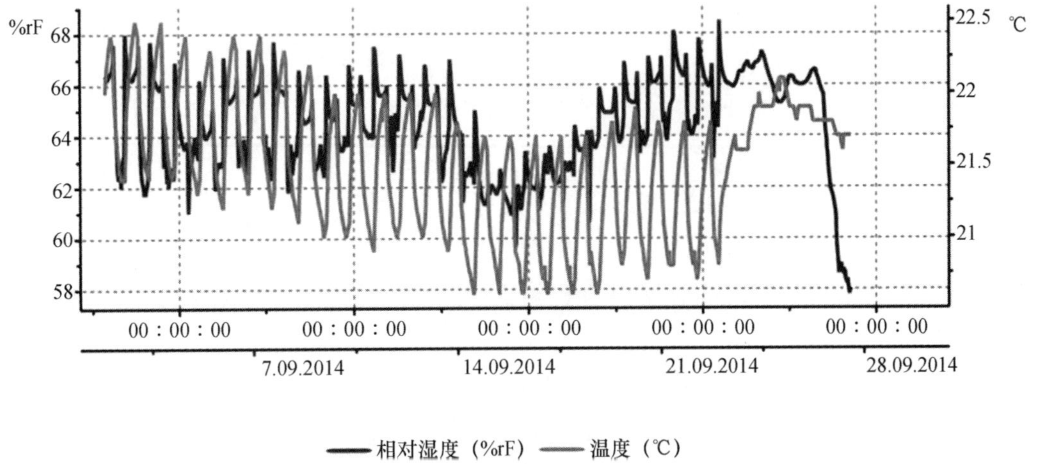

图八　A23库房内温湿度变化趋势图（2014年9月1日至30日）

2014年9月，四个库房监测点温湿度变化情况汇总如表二所示。

表二　库区监测点温湿度波动情况汇总（2014 年 9 月 1 日至 30 日）

序号	位置	项目	最低	最高	平均	幅度
1	B12库房内	温度（℃）	20.6	23.1	21.8	2.5
		相对湿度（%）	35.1	77.5	62.4	42.4
2	A6库房内	温度（℃）	19.2	22.2	20.7	3.0
		相对湿度（%）	53.0	72.0	66.3	19.0
3	A16库房内	温度（℃）	18.4	24.1	21.2	5.7
		相对湿度（%）	54.4	74.3	63.8	19.9
4	A23库房内	温度（℃）	20.6	22.5	21.5	1.9
		相对湿度（%）	57.8	68.5	64.4	10.7

2014年9月1～30日，库房内的温度在18.4～24.1℃，最低值和最高值均出现在A16库房。因此，A16库房在四个库房监测点中温度变化最大，其余三个库房内温度变化较小（在仪器本身误差范围内）。从表二可知，四个监测点湿度变化较大，受空调调控和各库房密封保湿效果不同，各库房内的湿度分布不均；相对湿度平均值在62.4%～66.3%，湿度偏高。从温湿度波动图中可以看出，受调温调湿空调运作模式的影响，湿度在其调控范围内有频繁的波动，其中A16库房内波动幅度最大，A23库房内波动幅度最小。由于不同质地文物对温湿度的敏感性不同，所以对于受温湿度影响较大的有机质文物应尽量放入囊匣和储藏柜中，减少温湿度的剧烈变化对其造成损害。

三、文物展厅温湿度数据分析

（一）概　　况

天津博物馆新馆于2012年5月开馆，展厅分为五层，展厅大环境全年为舒适性空调，空调系统预设参数为：夏季，温度为26℃，相对湿度为65%；冬季，温度为18℃，相对湿度为40%。部分展柜内安装有恒温恒湿机组，可实现温湿度的独立控制。2012年12月至2014年11月，陆续使用我国台湾产AZ 8829型温湿度仪、德国产Testo 608-H1和Testo 175-H1型温湿度仪，监测展厅中重点展柜内温湿度变化趋势。经过长期使用和对比可知，德国产Testo 175-H1型温湿度仪具有连续记录功能，精准度较高，适合应用于馆藏文物保存环境温湿度数据的采集。现将近期利用德国产Testo 175-H1型温湿度仪在部分展柜布设情况汇总如表三所示。

表三　Testo 175-H1 型温湿度仪布设信息

编号	监测点位置			采集时间
	展厅	展柜中文物名称	展柜类型	
监测点1	安和常乐展厅	雕漆十二辰寿字盒	壁柜	20130318～20141110
监测点2		蝠柄犀角杯	壁柜	20130318～20141110
监测点3	志丹奉宝展厅	春华秋实御墨	平面柜	20130318～20141110
监测点4		草书孤山观梅诗卷	壁柜	20130318～20141110
监测点5		篆书散氏盘铭十二名屏	壁柜	20130318～20141110
监测点6	中华百年看天津展厅	吉鸿昌生前使用过的物品	平面柜	20130318～20141110

（二）展柜内温湿度年变化情况

2013年3月至2014年11月，六个展柜监测点温湿度连续记录结果如图九～图一四所示。

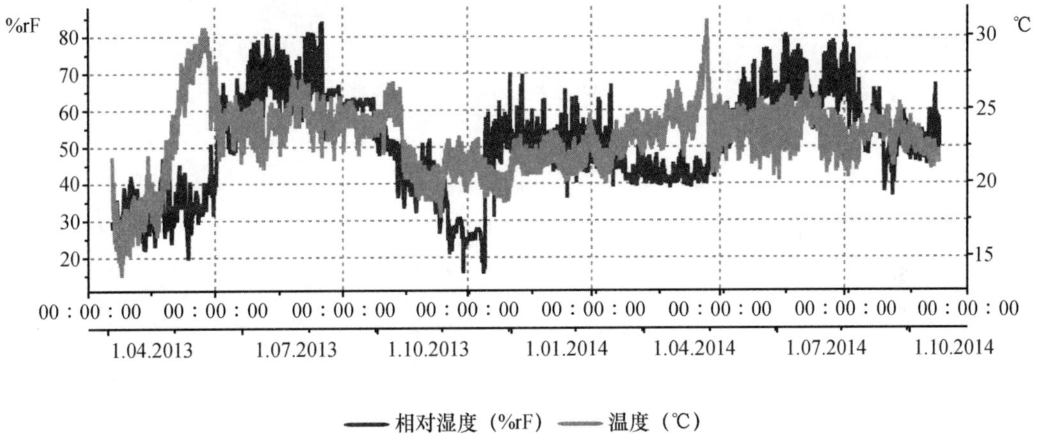

图九　安和常乐展厅中雕漆十二辰寿字盒展柜温湿度变化趋势图（2013年3月18日至2014年11月10日）

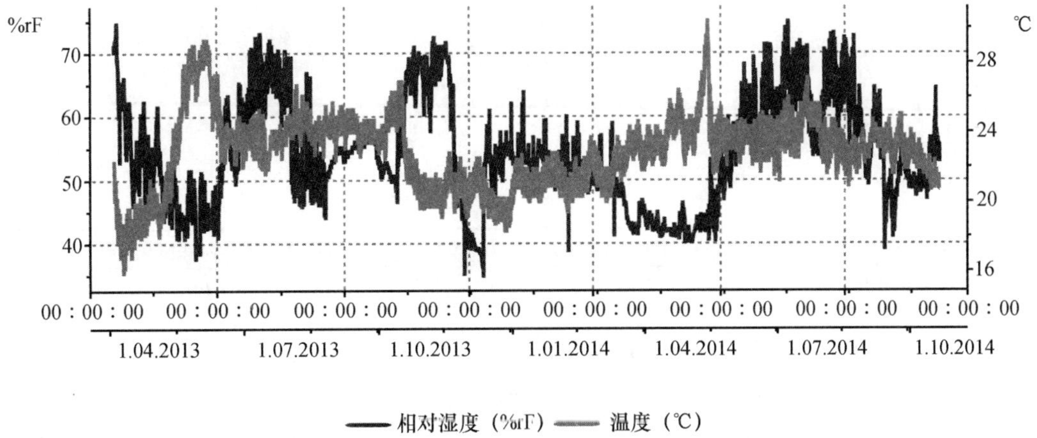

图一〇　安和常乐展厅内蝠柄犀角杯展柜温湿度变化趋势图（2013年3月18日至2014年11月10日）

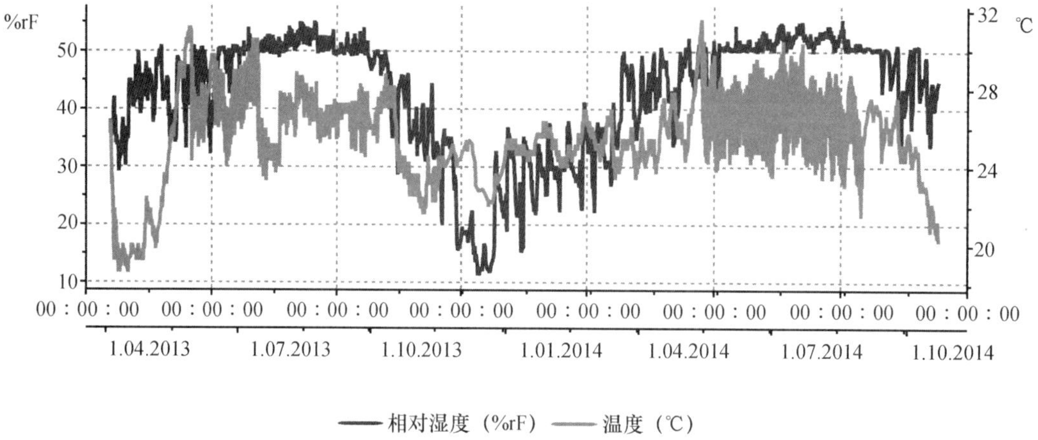

图一一　志丹奉宝展厅内春华秋实御墨展柜温湿度变化趋势图（2013年3月18日至2014年11月10日）

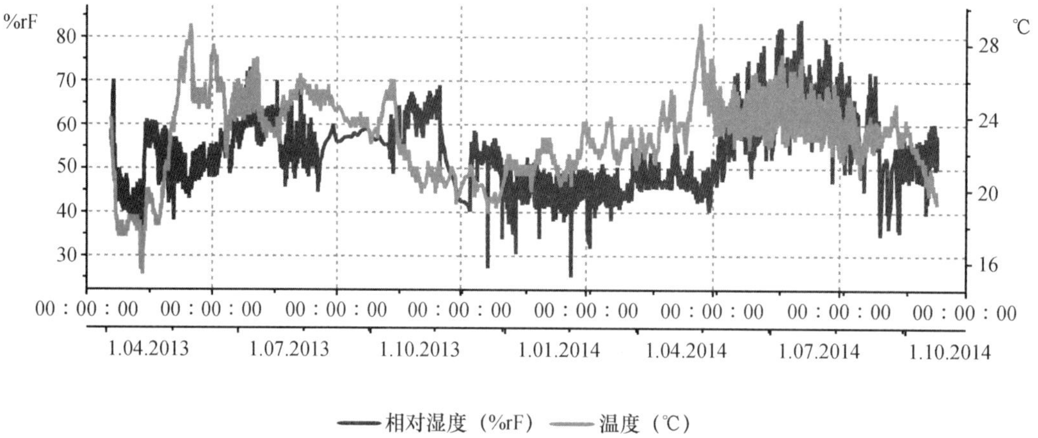

图一二　志丹奉宝展厅内草书孤山观梅诗卷展柜温湿度变化趋势图（2013年3月18日至2014年11月10日）

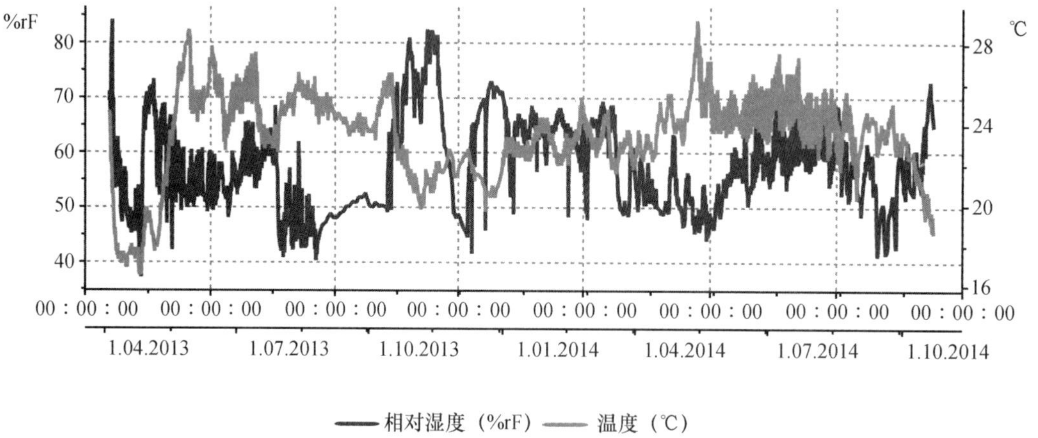

图一三　志丹奉宝展厅内篆书散氏盘铭十二名屏展柜温湿度变化趋势图（2013年3月18日至2014年11月10日）

图一四　中华百年看天津展厅内吉鸿昌生前使用过的物品展柜温湿度变化趋势图
（2013年3月18日至2014年11月10日）

2013年3月18日至2014年11月10日，温湿度变化情况汇总如表四所示。

表四　展厅监测点温湿度波动情况汇总（2013 年 3 月 18 日至 2014 年 11 月 10 日）

编号	展柜位置（以展出文物命名）	项目	最低	最高	平均	幅度
监测点1	雕漆十二寿字盒（安和常乐展厅）	温度（℃）	13.5	31.1	22.8	17.6
		相对湿度（%）	14.4	84.7	51.1	70.3
监测点2	蝠柄犀角杯（安和常乐展厅）	温度（℃）	15.6	30.5	22.7	14.9
		相对湿度（%）	34.6	75.3	54.2	40.7
监测点3	春华秋实御墨（志丹奉宝展厅）	温度（℃）	18.4	31.6	25.5	13.2
		相对湿度（%）	10.9	55.6	42.7	44.7
监测点4	草书孤山观梅诗卷（志丹奉宝展厅）	温度（℃）	15.2	29.4	22.9	14.2
		相对湿度（%）	25.1	84.2	53.3	59.1
监测点5	篆书散氏盘铭十二名屏（志丹奉宝展厅）	温度（℃）	16.4	29.2	23.4	12.8
		相对湿度（%）	37.1	84.2	57.6	47.1
监测点6	吉鸿昌生前使用过的物品（中华百年看天津展厅）	温度（℃）	16.6	31.3	23.6	14.7
		相对湿度（%）	22.5	55.5	37.2	33.0

由图九～图一四和表四可知，温度变化趋势基本一致，夏季供冷期间一般高于冬季供暖期间，其中监测点6最为明显；湿度变化趋势相差很大，监测点1的相对湿度变化最大，最低值为14.4%，最高值达到84.7%，变化幅度高达70.3%。监测点1～5均位于展厅五楼，监测点6位于展厅三楼。由于三楼展厅内的平面柜均未配置恒湿机，展柜内外的温湿度变化趋势基本一致，监测点6的湿度变化具有一定规律，按照一定的波形逐渐推进。监测点1～5所属展柜均安装恒湿机组，但湿度变化趋势相差很大，

这可能与恒湿机组的工作周期、出风口的位置、管道布设的远近、展柜自身的密封性等原因有关。

（三）展柜内温湿度日变化情况

2014年8月5日至2014年8月10日，六个展柜监测点温湿度连续记录结果如图一五～图二〇所示。

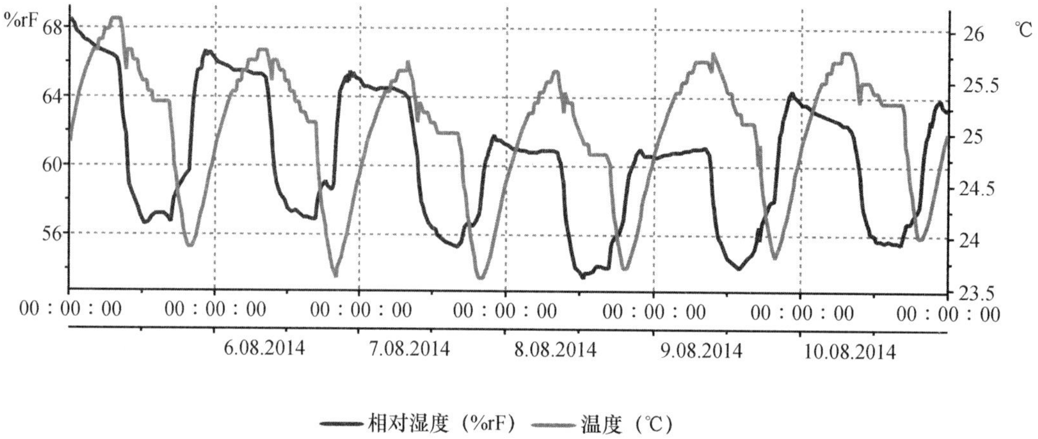

图一五　安和常乐展厅中雕漆十二辰寿字盒展柜温湿度变化趋势图（2014年8月5日至2014年8月10日）

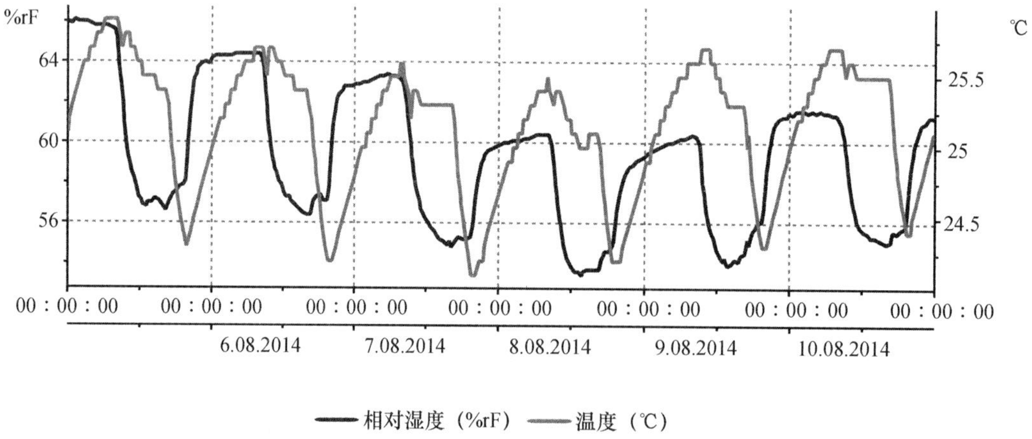

图一六　安和常乐展厅内蝠柄犀角杯展柜温湿度变化趋势图（2014年8月5日至2014年8月10日）

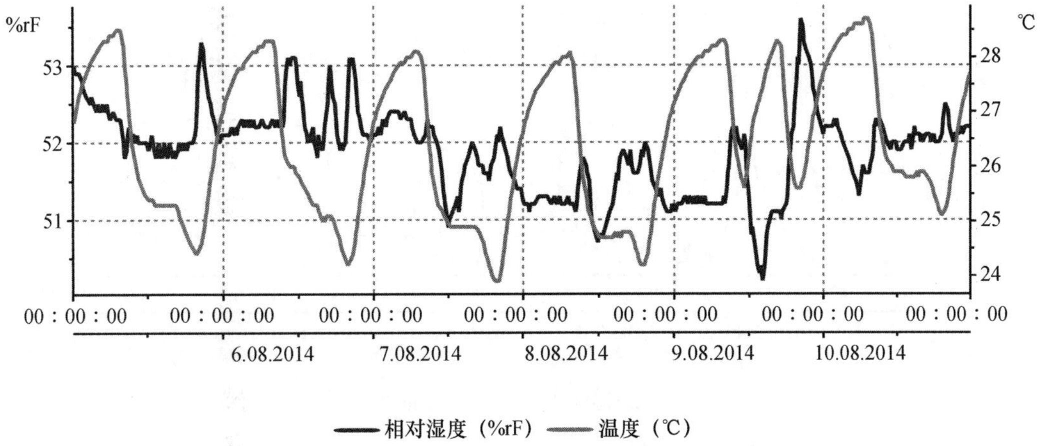

图一七　志丹奉宝展厅内春华秋实御墨展柜温湿度变化趋势图（2014年8月5日至2014年8月10日）

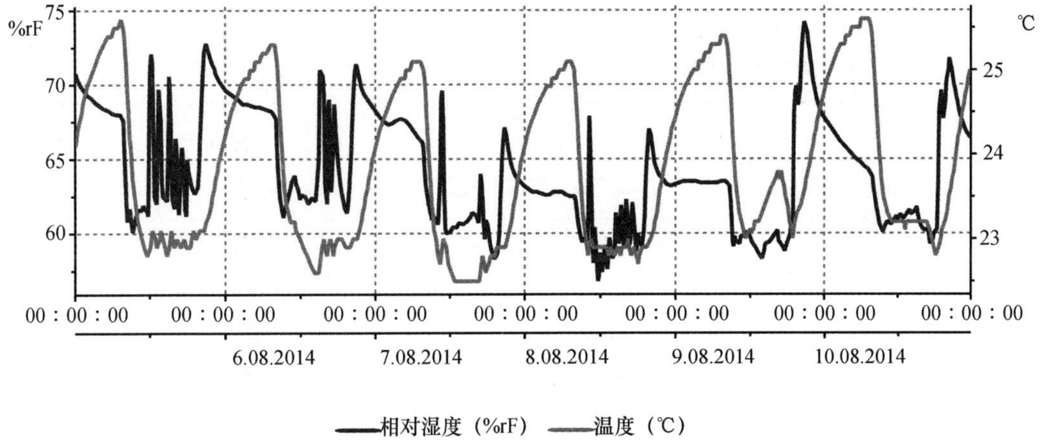

图一八　志丹奉宝展厅内草书孤山观梅诗卷展柜温湿度变化趋势图（2014年8月5日至2014年8月10日）

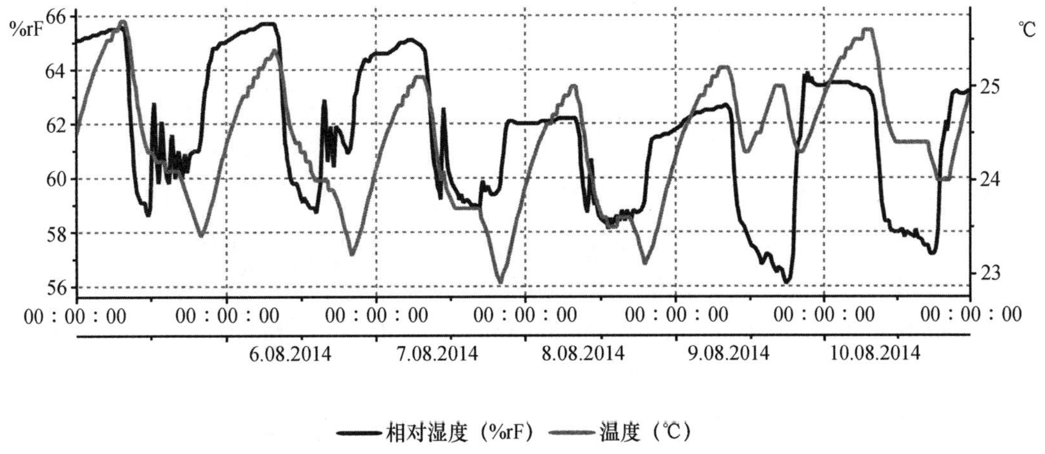

图一九　志丹奉宝展厅内篆书散氏盘铭十二名屏展柜温湿度变化趋势图（2014年8月5日至2014年8月10日）

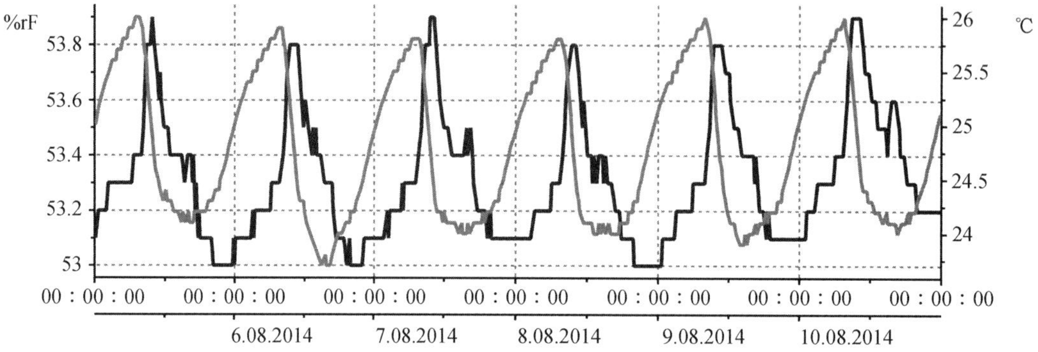

图二〇　中华百年看天津展厅内吉鸿昌生前使用过的物品展柜温湿度变化趋势图
（2014年8月5日至2014年8月10日）

2014年8月5～10日，温湿度变化情况汇总如表五所示。

表五　展厅监测点温湿度波动情况汇总（2014 年 8 月 5 日至 2014 年 8 月 10 日）

编号	展柜位置（以展出文物命名）	项目	最低	最高	平均	幅度
监测点1	雕漆十二寿字盒（安和常乐展厅）	温度（℃）	23.6	26.1	25.0	2.5
		相对湿度（%）	53.5	68.5	60.3	15.0
监测点2	蝠柄犀角杯（安和常乐展厅）	温度（℃）	24.1	25.9	25.2	1.8
		相对湿度（%）	53.4	66.1	59.3	12.7
监测点3	春华秋实御墨（志丹奉宝展厅）	温度（℃）	23.9	28.7	26.5	4.8
		相对湿度（%）	50.2	53.6	52.0	3.4
监测点4	草书孤山观梅诗卷（志丹奉宝展厅）	温度（℃）	22.5	25.6	23.9	3.1
		相对湿度（%）	56.8	74.4	64.3	17.6
监测点5	篆书散氏盘铭十二名屏（志丹奉宝展厅）	温度（℃）	22.9	25.7	24.4	2.8
		相对湿度（%）	56.1	65.8	61.6	9.7
监测点6	吉鸿昌生前使用过的物品（中华百年看天津展厅）	温度（℃）	23.7	26.0	24.8	2.3
		相对湿度（%）	53.0	53.9	53.3	0.9

结合图一五～图二〇和表五可见，四个壁柜监测点均受调温调湿机组控制，温湿度变化情况较为一致，温度的日波动幅度较小，在1.8～3.1℃；相对湿度的日波动幅度较大，在9.7%～17.6%。在温度日变化中，温度在早上八点左右达到最大值，之后逐渐降低，直到晚上八点达到最小值，之后逐渐升高至第二日早上八点左右再次达到最大值；湿度与温度同步变化，只是达到极值的时间稍有不同。在湿度日变化中，开馆期间比闭馆期间湿度高，波动幅度较大。

两个平面柜监测点的温度变化趋势与壁柜基本一致，湿度变化较为复杂。春华秋实御墨展柜内配置了独立恒湿机，湿度主要受恒湿机工作周期影响，其变化趋势具有一定的特性。监测点6所属展柜未配置恒湿机，湿度变化趋势与展厅环境一致，是中央空调调控的结果。

四、展　　望

近些年，随着互联网技术的不断发展和完善，其在文物保护中的应用也越来越被重视。正在实施的天津博物馆预防性保护项目（一期），即利用了综合传感器和无线射频等互联网相关技术，实现了对库房和展厅环境数据的大范围远程监测。监测范围包括室外气象环境、文物库房、展厅，尤其注重展柜内和文物囊匣微环境的监测。室内环境监测项目包括温度、湿度、光照度、紫外辐照强度、二氧化碳、VOC、二氧化硫和粉尘等。在室外建设了一个多参数监测气象站，可监测大气温度、湿度、露点、照度、紫外辐照强度、风速、风向、大气压力和降水量等。

文物的保存需要稳定的环境，温湿度的波动会导致有机质文物反复涨缩，从而引起不可逆的物理化学损伤。在采集大量有效的环境指标数据后，对文物保存环境实施有效调控是今后预防性保护工作的重点。

作者简介：张艳红，天津博物馆，馆员，天津市文化中心，300201。
刘根亮，天津博物馆，馆员，天津市文化中心，300201。

试述独乐寺观音阁微小环境日常监测的流程

赵智慧　杨　蕾
（蓟县文物保管所）

摘要：独乐寺为全国首批重点文物保护单位，具有极高的科学、历史、文化和社会价值。本文尝试从日常监测的角度了解文物的一些信息，探索古建文化遗产保护体系中信息采集、管理分析的具体流程。

关键词：独乐寺观音阁　日常监测　监测内容　监测流程

独乐寺为全国首批重点文物保护单位，始建于隋，重建于辽统和二年（984年）。主体建筑观音阁是我国现存最早的木结构楼阁，代表了当时木构架所能达到的极高水平。阁内主像十一面观音为辽代原塑，是国内同时期留存下来的最大泥塑像，另有两尊胁侍菩萨，都不失为辽代泥塑的上品。观音阁下层四壁满布彩色壁画，画面至今色泽艳丽，保存基本完好。

独乐寺荟萃建筑、塑像、壁画三大艺术，具有极高的科学、历史、文化和社会价值。对独乐寺观音阁进行微小环境日常监测，不仅可以全面了解文物的一些信息，而且对探索古建文化遗产保护体系中信息采集、管理分析也有所帮助。

一、独乐寺观音阁微小环境日常监测的背景

随着对文化遗产价值认识的不断提高，我国相继出台了相关法规、规章和规范性文件，初步建立了我国文化遗产监测的管理框架。但是并没有制定专门文件和提供技术规范等方面的指导。在这种前提下，一些遗产地根据自身保护管理需要逐步摸索自己的监测经验，各自具备不同的特色。但大部分遗产地还处于被动接受国家和社会监督的阶段，遗产监测工作无论是制度层面、管理层面，还是操作层面都十分薄弱。

1998年独乐寺主体建筑观音阁保护性大修之后，塑像研究与保护的工作也相继展开。有关部门还做了关于独乐寺院内和周边地区的保护规划。

近年来，国内外的科研机构和著名高校相继进入独乐寺进行项目课题研究。文化遗产保护方面业务培训的积极开展，使基层职工参与文物保护的意识大大增强。

在这种背景下，引进“预防性保护”的新理念，文物保管部门依靠岗位工作人员对文物本体、微环境进行长期日常监测的工作得到尝试性开展。

二、独乐寺日常监测的概念及观音阁微小环境日常监测的内容

日常监测采用仪器记录与人工观察相结合的方法，根据不同监测内容以实时监测或周期监测的频率进行，对获得数据进行定量分析与定性研究，从而找到古建筑损毁的主要影响因素。独乐寺日常监测包括区域环境、室内微环境、建筑本体及游客监测四个部分。区域环境监测为独乐寺周边环境的气象监测；室内微环境监测包括热环境、光环境、二氧化碳及生物监测；建筑本体监测为结构、材质，以及壁画、雕像等病害监测；游客监测主要对其进出时间、路线与人数进行统计。由于专业、技术、仪器等多方面的限制，独乐寺日常监测工作以观音阁微小环境监测方面作为切入点。由观音阁岗位的普通工作人员操作执行，对观音阁内长期稳定的温度、湿度、光照、动物危害情况等方面进行观察、记录、总结、分析，建立主动式的遗产监测管理模式。

通过基层工作人员的观察监测、记录总结，积累一些基础数据，并建立观音阁温湿度、动物危害数据库与其他信息平台。分析这些因素作用于文物本体的机制，提出预防性保护措施。通过采集到的数据及信息，分析问题、发现问题，为科学制定保护方案提供必要数据和可靠依据；调查观音阁微环境的总体现状及其发展变化规律，为分析塑像、壁画、木构架损害原因、发展及如何进行有效保护提供基础数据；更好地确定观音阁保存的状态，为进一步有效开展管理与接待提供参考依据。

根据员工和观音阁的具体环境情况，将监测内容定为四个方面：温湿度监测、生物活动情况监测、光线照射情况监测、文物受破损情况监测。由于此种监测涉及的范围很小，称之为观音阁微小环境日常监测。

三、观音阁微小环境日常监测流程，试行经验总结，注意事项、结论防治措施等

（一）基本工作日记

准备一个日记本，坚持每日随手记录以下内容。

（1）温湿度情况。

（2）光线照射壁画的时间、位置、影响因素。

（3）鸽子、蝙蝠、沙燕出现和消失的时间、位置、破坏文物情况及预防措施等。

（4）观音阁受雨淋情况，包括漏雨情况，墙壁、台基、门窗的潲雨情况。

（5）脊兽和瓦当掉落、收集情况。

（6）塑像损坏情况、色彩掉落情况。

（7）与专业机构、专家学者交流情况。

工作日记是最基础、最原始的资料。要求每天的工作日记要细致和真实，基本工作日记设计要简洁明了（表一）。

表一　基本工作日记

2014.1.1	
天气情况：晴 温湿度情况：2.0℃，30%	发生事项： （1）有鸽子活动 （2）掉落斗拱色彩片 （3）光线照射东西墙壁画

年终把日记本的内容进行总结并输入电脑，就有了观音阁一年365天温湿度、事项发生表（表二）。

表二　2014 年温湿度、事项发生汇总表

时间/天气	温湿度（早中晚平均）	事项
2014.1.1　晴	1.2℃，30%	鸽子、光线照壁画
2014.1.2　晴	2.2℃，35%	鸽子、光线照壁画
2014.6.3　雨	24℃，58%	鸽子、蝙蝠、沙燕，雨淋外墙、台基
2014.7.2　阴	28℃，45%	鸽子蝙蝠沙燕，潮湿

表一为日记内容，便于记录、资料的查看。表二为汇总表格，是一年观音阁监测记录内容的简要总结。复杂的监测记录可以另外专项观察、记录总结、分析汇总。

（二）专项监测方法与记录总结、分析汇总

可分温湿度监测、动物监测、光线监测、文物受损情况监测四个专项。

1．温湿度监测

观音阁内温湿度的监测，以年为周期、日为单位记录早中晚的温度湿度情况。

监测观音阁内空气温度、湿度的变化情况，首先用温湿度表测量观音阁各个角落的一天不同时间的温、湿度，选择一个相对稳定的点作为监测基准点。每日测早、中、晚温湿度，并做记录（表三）。由此可分析早、中、晚的温湿度变化规律。年终汇总时，另取平均值，绘一年365天温湿度变化曲线图。

表三　温湿度记录表

时间及天气	温度			早中晚最大温差	平均温度	湿度			早中晚最大湿度差	平均湿度
	早	中	晚			早	中	晚		
2012.5.15 晴	17.8℃	19.1℃	21.0℃	3.2℃	19.3℃	34%	30%	24%	10%	29%
2012.5.16 晴	18.9℃	19.4℃	21.4℃	2.5℃	19.9℃	33%	31%	30%	3%	31%
2012.5.17 晴	19.3℃	20.6℃	22.9℃	3.6℃	20.9℃	43%	44%	40%	4%	45%

早、中、晚平均温湿度还可以用图例显示，通过Excel统计表转化为曲线图，利于对比。

由表三可做如下分析：按春夏秋冬四季分析数据，以2013.3.1～2014.3.1的数据为例。

（1）一天内早、中、晚的最大温差规律和温度变化规律。根据计算、统计分析所得结论：早、中、晚的最大温度差大多在0～5℃。观音阁内一天早、中、晚的室内温度一般呈缓慢上升趋势。只有极特殊的骤变天气才能打破这种规律。

（2）一年周期内，春夏秋冬各季节温度特点。春季温度上升很快。3月温度较低，大多在2～10℃，4月气温回升较快，温度大多在9～15℃，其中10～15℃占19天。5月温度较稳定，大多在20℃左右。6～8月的夏季日平均温度在22～31℃，26℃以上为60天。9月温度比较稳定，大多在20～25℃。10月上旬温度在20℃左右，下旬下降稍快至10℃。11月缓慢下降，大多在6～11℃。12月至第二年2月的冬季，阁内温度在5～−5℃，其中温度零下为24天。最低温度为−4.7℃。

（3）分析观音阁内湿度特点。春季前期时，晴天观音阁内比较干燥，湿度在20%～40%，阴雨天45%～70%。到了春季后期，即使晴天，湿度也在30%～45%。春季90天里，湿度达到60%以上仅9天。夏季观音阁内日平均湿度大多在50%～84%，占86天，其中70%以上为42天，闷热潮湿天气使观音阁湿度大，塑像泛潮，观音阁地面、阁内柱子根部、壁画周围的地面都很潮。秋季观音阁内湿度在28%～78%，其中40%～60%的天数为40天，70%以上13天。观音阁在冬天的日平均湿度大部分在20%～68%，其中20%～40%占66天，40%～68%占58天。

（4）年与年之间的对比。按春夏秋冬四季，比对不同年度的温湿度情况。具体分析方面见（2）（3）。

在温湿度的记录和总结分析中发现：湿度大于60%时，对阁内文物造成一定影响，测定出相应时间段后，可以采用安排工作人员排班，在合适的时间和位置通风、选择专业性器具除湿去潮，避免不良影响。

2. 动物监测

鸽子、蝙蝠、沙燕观察记录的方法、总结记录的方法、活动规律和防治措施。

（1）鸽子活动情况。观测及记录方法：

鸽子一年四季都在观音阁上层屋檐下栖息、繁殖，2013年我们重点对鸽子的数量和具体位置做了调查。调查的方法就是每天随机数鸽子的只数做记录，然后总结梳理记录。观音阁上层屋檐下共有18个斗拱，把这18个斗拱按坐标标记法进行标记，西南角的铺作记做A1，向东依次为A2、A3、A4、A5、A6，再向北依次为B6、C6、D6、E6，再向西依次为E5、E4、E3、E2、E1，再向南依次为D1、C1、B1，随机数鸽子只数做记录（表四）。

表四　2013 年度鸽子记录表

时间	鸽子总数	鸽子具体位置	鸽子粪便位置	备注
2013.3.1　8点	12只	A1：6只 A6：3只 A10：3只	A6，A10	有新出窝的小鸽子
2013.3.21　7点	19只	A1：5只 A3：2只 A6：4只	A1，A6 A10，A15	

分析表四的具体方法：按年度的月份做分析总结。以2014年3月为例：

2014年3月观音阁鸽子观测总结：

3月观测45次。其中无鸽子次数：1次；观测到有1～5只鸽子次数：28次；观测到有6～10只鸽子次数：15次，最多11只（有一次观测到11只鸽子）。

鸽子位置总结，即45次观测中，每个斗拱间有鸽子的次数。

A1：20 次，A2：0次，A3：0次，A4：0次，A5：0次，A6：32次；B6：16次，C6：5次，D6：8次；

E6：28次，E5：1次，E4：0次，E3：3次，E2：3次，E1：18次；D1：2次，C1：2次，B1：1次。

由上可知鸽子较多停留的斗拱为：A1、A6、E1、E6。试着分析四处斗拱的特点，可做如下总结或结论。

观察发现：这四处斗拱是观音阁上层屋檐下的四个转角斗拱。每处转角斗拱各有三个方台，鸽子方便在那里孵化繁殖，转角斗拱间有不少空隙方便大小鸽子停留出入方台。转角斗拱硕大，每个转角斗拱可供鸽子停留的位置有30处左右，其他柱头斗拱空隙较少，也有可供鸽子停留的空间。

解决鸽子问题的关键就在于封堵A1、A6、E1、E6斗拱的适合鸽子停留位置的空间。可采用可逆性的方法进行空间封堵，可大大减少鸽子的数量。

关于鸽子粪便数量的记录，可在每次打扫卫生时把鸽子粪便用小桶收集，称出一桶粪便的重量，记录一年收集粪便的桶数，对于无法收集的粪便大致估算一下，从而计算出观音阁鸽子粪便的大致重量。

鸽子对于观音阁的影响主要是粪便污染腐蚀观音阁上层四个转角铺作的木构件、污染腐蚀上层外回廊的地面、栏杆及下层屋顶。外回廊地面的鸽子粪应采取即时清理收集的办法，然后集中搬离建筑。对于斗拱间和屋顶、屋檐的鸽子粪，应该找专门人员一年清理几次。

（2）沙燕活动情况。观察与记录的内容：①年度内，沙燕出现的时间、增多与减少的时间、消失的时间。②沙燕破坏文物情况、沙燕繁殖孵化情况、沙燕窝的位置和数量。

以2013年度为例，沙燕活动情况记录总结如下：

3月底4月初沙燕出现，6月明显见多，7月中旬明显减少，7月底独乐寺上空不再有沙燕。

沙燕在独乐寺低空盘旋，在观音阁暗层搭窝繁殖，不断从斗拱空隙、栱眼壁孔洞、椽椀与挑檐抟的缝隙钻进钻出，破坏栱眼壁、斗拱间的泥质栔、挤掉椽椀，2013年夏季有两块椽椀掉下。沙燕粪便污染暗层里的遮椽板，污染建筑墙壁。沙燕窝主要在暗层和顶层空间，据2013年8月29日统计，共有82个沙燕窝。

（3）蝙蝠活动情况。以2013年为例，具体说明一下蝙蝠的观测方法及观测总结。

蝙蝠活动的观测方法：蝙蝠喜欢藏身于观音阁的木质斗拱间、顶层和暗层天花板、泥塑观音像的裂缝。有时能够看到它们的形体，也可依靠它们的粪便、声音来了解其存在。2013年我们细致地观察了观音阁内的蝙蝠存在情况，采用的方法是跟踪观察蝙蝠及其粪便、声音。例如，2013年7月1日早晨打扫卫生前发现阁内一层D2柱根有蝙蝠粪，以后每天早晨就特别注意观察D2柱根的地面上是否有蝙蝠粪便，同时白天还注意观察D2斗拱是否有蝙蝠声音，用手电照照斗拱缝隙是否有蝙蝠身影。对于观音阁内上下层的斗拱、暗层天花板、长方形平座的斗拱、观音泥塑的裂缝这些地方藏匿的蝙蝠，都可以采用这种跟踪的方法监测，并做文字记录。另外，还可以把蝙蝠存在的位置标注在图纸上，直观地在观音阁平面图纸上反映蝙蝠存在的具体位置。根据记录情况做整理（表五）。

表五　2013 年度蝙蝠记录表

蝙蝠位置		存在时间	判断蝙蝠存在依据
一层	A1、A6、E1、E6四个转角铺作	2013.4～7，时有时无	台基四角有粪便
	B3铺作	2013.7.10	蝙蝠声音，柱根粪便
	B4铺作	2013.7.9～10	蝙蝠声音，柱根粪便
	B5铺作	2013.6.17、8.21～24	蝙蝠声音，手电照可看见
	C2铺作	2013.5.16、6.15～7.1、7.10～17	蝙蝠声音，手电照可看见
	D2铺作	2013.7.2～11	蝙蝠声音，每日早晨柱根地面有几百粒粪便
二层暗层位置	A5～B5的天花板上靠西一点的位置	2013.7.2～8.15	蝙蝠倒挂在天花板的平板枋上，可看见，对应蝙蝠位置地板上有不少蝙蝠粪
	A6～B5中间的天花板的平板枋上	2013.6月上旬 2013.6.25～7.2	看见倒挂的蝙蝠，对应蝙蝠的地板上有粪便
	D6～D5靠北一点的天花板的平板枋上	2013.7.3～7.8 2013.8.21～29	看见倒挂的蝙蝠，粪便
	D4～E4靠东一点天花板上		看见粪便
二层长方形空井位置	B2铺作	2013.6.15～19	蝙蝠声音
	B3～B4的补间铺作		粪便
	B5铺作		粪便
	C5铺作		粪便
	B5～C5补间铺作	2013.7.28～29	蝙蝠声音、粪便
	D5铺作	2013.8.20～9.4	蝙蝠声音，手电照可看见
	C5～D5补间铺作	2013.8.29～30 2013.7.3～8	蝙蝠声音，手电照可看见
	D4铺作		对应铺作的地板有粪便
	D3铺作		对应铺作的地板有粪便
	D3～D4的补间铺作		对应铺作的地板有粪便
	D2铺作	2013.6.15～19	蝙蝠可见，有粪便和声音
	C2铺作	2013.7.17～24	蝙蝠可见，有粪便和声音
三层	C1铺作	2013.5.24～26	蝙蝠粪便
	D3铺作	2013.6.17	蝙蝠粪便
	B5铺作	2013.6.24～28	蝙蝠声音，粪便
	D5铺作	2013.7.24～29	蝙蝠声音，粪便
	C5铺作	2013.8.29～9.8	蝙蝠声音，粪便
	C2铺作	2013.9.10～9.14	蝙蝠声音
	B2铺作	2013.9.15～9.25	蝙蝠声音
	D2铺作	2013.9.29～10.6	蝙蝠声音
	A1、A6、E1、E6铺作	夏季偶尔有蝙蝠	蝙蝠声音

续表

蝙蝠位置		存在时间	判断蝙蝠存在依据
观音塑像	塑像身前腰部璎珞裂缝	2013.6.4 ~ 6.10	蝙蝠声音，手电照可看见
	塑像右腋下	2013.6.23 ~ 7.1	蝙蝠声音，手电照可看见，莲花座有不少粪便
	塑像左腰部铁箍下裂缝	2013.7.2 ~ 4	声音，手电照可看见
	塑像右耳与红色头巾之间缝隙	2013.7.11 ~ 7.13	声音，手电照可看见

根据2013年4 ~ 10月的观察总结分析，观音阁的蝙蝠并不多（估计最多200只左右），它们不固定在同一时间段同一位置，而是分散在观音阁的不同位置，某一位置的蝙蝠存在一段时间就消失（很可能转向另外的位置）。最多的时候，观音阁有5个位置有蝙蝠，很多时候2或3个位置有蝙蝠。蝙蝠在一个位置最多存在10天左右（如长方形空井D5位置存在14天，观音塑像右耳位置存在12天），最少存在一两天。

暗层里的蝙蝠不藏在孔洞和空隙里，而是聚集在天花板上的木枋上，木枋弧形的外露面很适合蝙蝠的抓扯。根据暗层天花板蝙蝠掉在地板粪便的多少和声音的强弱作为参考，可以大致判断别处无法看到的蝙蝠数量。

斗拱里的蝙蝠有时候用手电照可以看得见，它们掉落在柱根地板的粪便的多少有无与斗拱缝隙的大小深浅很有关系。

长方形空井位置斗拱的蝙蝠有时不在缝隙里，而在斗拱上的一小块天花板上叮着，很方便目测。

塑像裂缝的蝙蝠对泥塑危害很大，应多加重视。

按照表五的格式填写其他年份的蝙蝠位置和时间表，进行年度之间的比对和总结。

3. 光线监测

光线监测记录方法：观音阁在正常开放情况下一层、三层的南门是敞开的，太阳光线能够从门口照射到观音阁内东西墙壁画和塑像身上。

光线的记录有两种：一是文字记录，二是图像标记。观测光线时，注意年度光线开始和结束的时间，每日有光线时上下午受光线照射的分别是东西侧不同的壁画。注意光线照射的时间段、照射壁画的范围及范围变化趋势。还要注意观察光线照射过程中所受遮挡情况。

经过观测发现，观音阁内东西墙面壁画及塑像受太阳光线照射，具体情况如下。

文字记录：以2014年9月29日为例（5：30观音阁关门下班）。

东门光线：3：45光线照在东墙壁画1号罗汉上，光线强。80度关东门东扇可遮挡光线。

4：45光线照在东墙壁画1号罗汉上，照射范围向壁画上侧、南侧移动。面积比3：45时增大。受观音阁外面的柏树影响。

5：25受独乐寺西院侧海棠树的遮挡，光线弱。

中门光线：4：45 中门光线可照射在东墙壁画1号罗汉上，光线强。关中门东扇可遮挡阳光。

5：24受独乐寺西院海棠树的遮挡，光线消失。

西门光线：5：00西门光线可照在东墙壁画1号罗汉上，光线强。关西门东扇150度可遮挡。

5：05光线受观音阁一层B5柱子遮挡，光线不照射壁画。由于不可能天天都是晴天，所以记录无法规定具体日期。大致半个月记录一次即可。一个年度日照光线的记录下来可做如下总结。

东墙壁画：光线可照射第1～5尊罗汉，面积大约15平方米，每天光线照射60～120分钟，从9月中旬持续到翌年3月。光线有时受观音阁外面月台上的柏树和观音阁西南的柳树遮挡，光线较弱。

西墙壁画：光线可照射第9～11尊罗汉，面积大约10平方米。每天光线照射20～100分钟（阴天除外），从10月初持续到翌年4月上旬。

穿过观音阁三层门口的阳光有时照射十一面观音塑像的手部、手臂、胸部、披肩，光照部分为小块状，多时能有五六个小块光团，光照点变化快、范围小、强度大。另外，观音塑像东西两侧的胁势菩萨的手、裙也受光线照射、强度大。

减少或防止观音阁壁画受太阳照射影响有两个易行方法：一是在观音阁外面附近种植树木遮挡光线；二是工作人员适时调整观音阁南面三道门的开关方式，因为观音阁南面有东、中、西三道门，每道门都有四扇，完全可以在光线影响大的时间段尽可能用门遮挡。

图像标记：配合文字记录，用图像标记的方法把光线照射壁画的范围变化趋势可以直接明了地表现出来。用摄影的方法把东西墙的壁画拍摄整理出来，打印图像，在图像上直接标注几个时间点的光线照射范围。可以直观地看出每日内光线照射东墙或西墙壁画的面积的变化趋势。两个星期记录一次，可以看出年度内光线照射范围的变化过程。

4. 文物受损情况监测

（1）建筑。对于建筑的日常监测包括以下几方面。

A.淋雨情况。雨后漏雨情况的检查与记录，包括屋面漏雨情况、台基、墙壁、门窗、上层外回廊栏杆与地面、乾隆十八年的支顶柱的淋雨情况记录。

以2014年6月16日夜间大雨，早晨上班的记录为例：

观音阁屋顶：未漏。

观音阁台基：东南西北四面台基全部湿透。

一层门窗及墙：南侧门槛及门底部淋湿，南墙未淋湿。

北侧门槛及门下部淋湿，北墙轻微潮湿。

西侧墙潮湿。

北门一层E3和E4柱根淋湿10厘米，础石有少量积水。八个乾隆十八年支顶柱淋湿，柱础有少量积水。

上层外回廊栏杆西侧北侧淋湿较重，东侧南侧淋湿较轻。外回廊地面西侧北侧淋湿，东北角严重，有流水痕迹。北侧墙面淋湿，北门小部分淋湿。西侧阑额潮湿。

B.动物破坏文物情况，包括蝙蝠、沙燕、鸽子钻破或抓坏的具体位置、时间的记录。

结合沙燕的监测，记录沙燕对栱眼壁的破坏、沙燕窝的位置。

结合鸽子的监测，记录鸽子粪便的位置及大体数量（清扫鸽子粪便时用小桶收集，先称重一小桶粪便重量，一年收集多少桶粪便登记桶数，估算未收集到的粪便大致与收集到的差不多同样多。由此结论：若不清理，一年污染建筑的鸽子粪便的重量＝1桶鸽子粪重量×桶数×2）

记录马蜂的活动时间与位置。麻雀的破坏活动。

C.瓦饰、脊兽、筒瓦损坏、掉落的记录。

瓦饰、脊兽、瓦当等掉落下来要用塑料袋收集，登记掉落物的名称、位置、掉落日期、掉落日期的天气情况。把登记情况卡片留存一份，放在塑料袋一份。

D.斗拱色彩或栱眼壁色彩掉落的记录与收集。

雨后或连续多日潮湿天气，斗拱和栱眼壁的色彩容易掉落，把掉落物收集在小塑封袋里，塑封袋外面贴登记标签。可以进行掉落物的名称、日期、天气情况及收集人的登记。

E.其他。屋顶除草、抹缝的记录，每年沙燕窝的记录。

（2）塑像与壁画。监测方法采用目测和仪器相结合，相机定时、定位置，进行照片对比，十一面观音像下铺布，观察掉落物，并进行收集、记录。塑像与壁画掉落物的收集与记录同上文斗拱色彩掉落的记录收集。

结合蝙蝠的监测，记录蝙蝠粪便、尿液污染塑像的位置及时间。总结塑像受损情况（表六）。

表六　塑像受损情况登记表

监测文物	毁坏现状	备注
十一面观音像	裙摆局部已有空鼓现象，裂隙竖纹较多，并发现有多处断纹，多处露出泥皮；腰部裂缝较大，呈横向环形，几乎绕佛像一周，西半部裂隙最大；西北侧从腰部（第二道铁箍）至肩部有一道大的裂隙，长度约2米；胸部爆皮褪色	连续多年有大块色彩皮脱落，夏季常有带有色彩的小渣掉落。蝙蝠粪便、尿液污染痕迹

续表

监测文物	毁坏现状	备注
东胁侍菩萨	裙摆和腰部均有较小裂缝	
西胁侍菩萨	腋下、裙摆和左臂有较小裂缝	
壁画	出现裂缝、霉变、腐蚀等病害，特别是东西墙南部壁画问题更为严重，褪色严重，下面露出泥皮，并有泥皮脱落	夏季返潮严重

（三）监测记录、总结、汇总分析材料等的整理与管理

基本的监测记录有基本工作日记、日早中晚温湿度记录、鸽子蝙蝠原始监测记录。

基本工作日记本记录内容比较杂，方便对各种资料的查找，也便于按某种线索总结一些内容。

由早、中、晚温湿度记录可以总结出观音阁一年温湿度情况（表三），由此做观音阁温湿度规律的总结。配合基本工作日记的发生事项（表二），可以总结出观音阁一年温湿度及发生事项表。

沙燕、鸽子、蝙蝠监测记录按年度总结，可以配合图示标志（把鸽子、蝙蝠和沙燕窝的位置标记在建筑的平面图上），如蝙蝠在塑像的位置、雨淋台基的记录、缺失瓦饰瓦当的记录等。

注意收集建筑、塑像、壁画掉下来的构件、色彩片，分类进行整理并保存。

发现某些问题时，文字记录的同时注意配合拍照。

四、观音阁微小环境日常监测的意义

文物保管部门工作人员参与的观音阁微小环境日常监测是一种有益的尝试，可以调动基层工作人员参与文保工作的积极性、创造性。即使遗产监测得以更加普遍、高效的展开，也得以与遗产合理利用相结合，使遗产监测得以普及化。文保单位工作人员参与遗产监测的路线一旦展开，将在文保单位起到良好的带头示范作用，对古建筑的日常保养、历史信息的留存意义重大。

作者简介：赵智慧，天津市蓟县文物保管所，馆员，天津蓟县城内武定街 41 号，301900。

杨蕾，天津市蓟县文物保管所，助理馆员，天津蓟县城内武定街 41 号，301900。

浅谈自然类藏品的化石模型制作

韩　军
（天津自然博物馆）

摘要：天津自然博物馆作为中国著名的自然史博物馆之一，馆藏标本达40万件，尤以大量珍贵的古生物化石享誉世界。化石是研究地球生命起源和演化历史最可靠的科学依据，最古老的化石大约可以追觅到38亿年前。但是能够完整保存下来的化石标本是极其稀少的，所以专业技术人员在不断地研究、探讨制作化石标本模型的新技术、新方法。本文通过对化石标本模型制作方法的阐释，让更多的人去了解化石模型技术。

关键词：化石模型　母模　着色

化石是保存在沉积岩石中古代生物的遗骸或遗迹，包括生物实体化石、印模化石、遗迹化石和分子化石等，如大家熟知的恐龙、恐龙蛋和恐龙脚印化石。化石是研究地球生命起源和演化历史最可靠的科学依据，最古老的化石大约可以追觅到38亿年前。但是能够完整保存下来的化石标本是极其稀少的，所以专业技术人员在不断地研究、探讨制作化石标本模型的新技术、新方法，使之更生动地为观众展示地球亿万年的历史。

化石模型技术的应用，随着现代化的进程以加速度的趋势深入到广阔的领域之中。在化石模型、现代动植物标本制作、陈列、科普宣传及科学研究中，较为广泛地使用模型技术，以解决和克服传统工艺所不能解决的困难。在动物标本方面，从器官发展到整体结构，从内部结构发展到外部形态，都可应用现代材料和模型技术来达到仿真效果。

一、制作石膏母模前的准备

古脊椎化石在不同自然化境下，因不同矿物质的渗透，加之年代久远，其坚硬程度也有所不同，为了复制方便，通常需要进行硬化处理，即在有裂缝的地方或易断易脆的部位用稀胶加固，以免做模时损坏。

制模时，根据其形状需要计划分块。分块一般是在标本的高棱、高点的地方划分线。分块不当，就会损坏标本。为了使制作的母模易与标本分开，二者之间常涂分离剂，如凡士林油或黄油。不过在使用时要调以液状石蜡（夏天酌减）。标本上涂分离剂时，要注意涂得薄而均匀，以防止复制时纹理不清。

再调制做母模的石膏液时，应事先了解所用石膏的性质。因各地所产石膏的性能不尽相同，所以最好先用少量做实验，了解其凝固时间和软硬程度，这样操作时才不至于手忙脚乱，因为所有工作都必须在石膏液变稠之前完成。

二、制作母模

调制的比例是石膏和水各半（约计重量），把熟石膏粉徐徐加入盛水的容器内，调匀成石膏浆，并用手轻轻振荡容器，使气泡和杂质浮于表面，用小勺去掉浮在上面的泡沫。灌石膏液时要由一个部位缓缓倒入，不要太快，否则压住空气会出现小气泡，翻制出的母模易有“砂眼”。当灌进的石膏浆完成后，可用勺背在浮面上轻轻挤压，使石膏液注入标本的细小缝隙里去。母模上如有少数砂眼，可用湿毛笔蘸石膏粉修补。

母模有三角、长方、圆、多边、梯形等各种不同规则的形状，而且每件标本的母模都由几块以至几十块模片组成。每块模片的接触面都要平整、光滑，便于拼码、捆紧。母模做好后，拆开取出化石标本，再把模拼好，捆绑结实，垫好放平。尤其是长方形的模，不平整容易变形。制作比较复杂的模，既要考虑拆模的问题，还要编号，便于拆模时按先后次序。有些大型的模，可加20%左右的水泥，以增加石膏的强度，防止变形。另外，模型的细小部位，如某些动物的牙齿尖端部位，灌进石膏液时会因压住空气而灌不满。如在这种部位，模与模相挨面上，可由内向外用小刀划出一条线，灌石膏液时就可排除空气，避免灌不满的现象。

一般的母模，都需要有一个灌铸孔，为复制模型灌注石膏液用。选孔最好是在化石标本凸起或在化石不太重要的位置上，如人类头骨，灌铸孔多在枕骨大孔上。

不同形状的标本制模方法有异，现分述如下。

1. 凹陷模

有些化石标本存在凹陷部分，如眼窝，应在凹陷部位分块分片，一般要做2或3块小模，小模薄厚要掌握适当。为操作方便，常标注箭头，写出号码，指出揭模时所移动的方向和顺序。此类模在制作时可在该块模的石膏液凝结前加上一个粗糙适当的铅丝环，以备将来取模时用提勾打取模。

2. 圆形模

如鸟类或爬行动物的蛋，外形要做出棱角来，否则模子不好捆绑。

3. 托模

制作托模是常用的一种方法，比如一窝恐龙蛋化石附在一块岩石上，只有一个表面，总的形体起伏很大，用一块模显然是不行的，只有分成小块做，小块模做完了还要在小块模上加一块大的托模，托住这些零碎的小块模。有时也可把最后一块扩大为托模。

三、制作材料探讨

除了石膏外，近年来还使用其他一些原料制模，如缩合型硅橡胶和乳橡胶等。缩合型硅橡胶有三四个型号，可酌情采用。用硅橡胶制模比石膏方便耐用，小的结构、纹理都能显示出来。如果说一个石膏母模能翻两个模型，那么一个硅橡胶模可翻4～6个模型甚至更多。它最突出的优点是不会相互粘连，容易脱模；标本上的弯曲部位用石膏需要做好几块模，而硅橡胶有弹性，一块模就完全可以了。

把硅橡胶盛在容器里，加上1.5%的固化剂调匀，也可以用2%～10%的正硅酸已醋（增塑性）和1%～5%二月桂酸二丁基锡（聚合剂）这两种配剂，与硅橡胶掺和调匀后倒进围好油泥墙的标本上，约1小时就能凝结，然后在硅橡胶外加一块石膏托模。先做一半模，再做另一半模，为防止硅橡胶模接触面粘连，需抹凡士林油或肥皂水进行隔离。

乳橡胶韧性强，富有弹性，好揭模，使用简单，做大件标本比较合适，较硅橡胶经济。

用油画笔把盛在容器里的乳橡胶一遍遍地刷在标本上，六七遍即可。为缩短制模时间，每刷一遍后，最好用吹风机吹干。常用丙酮、漆或凡士林油作为分离剂，避免接缝处相黏结。在做好的乳橡胶外膜上需做一块石膏托模。

四、复制模型

复制模型也有很多种材料和方法。用石膏灌铸空心模型是做头骨经常用的一种方法。灌铸空心模型，首先要把放干的母模用肥皂水反复烫洗，两至三次，最后一次用毛巾把肥皂沫拭去，手摸有光滑感。必要时需涂上一层薄薄的凡士林油，使其不再吸收水分，然后把一块块的分模拼好捆牢，把调好的多半碗石膏液顺灌铸孔倒进模内，再用湿布把灌铸孔堵住，然后托起母模上下来回转动。等第一次石膏液在模内不流动时，挖开灌铸孔，再注进半碗石膏液继续转动，这样两次即可成型。石膏液不要太稠，稠了凝结太快，刷不均匀，有薄有厚；但也不要太稀，稀了制出的模型不结实。有时模型紧粘在母模上揭不开，可放入热水中浸烫一下，就容易脱膜了。人类及其他动物的肋骨细长易断，应在中心部位加铁条或粗铁丝，这样就比较牢固，不易折断了。

五、着　色

模型复制出来以后，如果沾有油污，需用棉花轻轻擦去，便于着色。

我们要先把复制的模型打底色，再根据标本的最浅或总体基调是什么颜色，调颜料。调制好的颜料略比所要求的标本颜色浅些，因为丙烯颜料涂到树脂模型上干后，要比刚涂完时略深些。所以用丙烯颜料调制底色前不可操之过急，一定要找准化石最浅处和总体基调，再逐步调剂颜料，一直调到与标本基本色相近，满意为止。给小型模型涂色可用油画笔小板刷和调色板。调颜料在容器里再加适量的水稀释调匀，直到把树脂模型刷满为止。

给模型上第二遍颜色时，要根据模型的大小多少，所需用颜料挤在调色板上随用随挤以免浪费。一般不要在没调剂颜料中点水，个别时候用毛笔蘸点水稀释一下颜色，如爬行类模型，可直接上深色。而对于模型颜色总体是发浅的，而浅中时常夹杂着斑点，成片深色的色彩比较复杂的模型，如哺乳类的化石模型，需循序渐进，先上深色次上中色，最后上浅色。最关键一节是给模型涂色时一定认清标本是什么地区、什么地层、什么年代的化石，才能用什么颜色着色。如不了解化石的发掘地往往涂上的颜色就以中生代或以复旧为主，这是概念上的错误。

正如对古建筑的维修要本着“修旧如旧”的原则一样，恐龙化石模型的复原与着色也应该在这个原则指导下进行，使修补与添加部分的质感和色泽尽可能同原化石的本色保持一致，做到在色相、纯度与明度三要素上同化石接近。这当是化石模型复原着色最基本的原则。

化石模型着色的材料，也可用油画颜料，调和油选用的是挥发性较强的松节油。油画颜料的结合剂是一种半干性植物油“亚麻仁油”，用松节油调和，可增加挥发干燥的速度，并减去光泽。用于化石模型着色的主要颜色有土黄、赭石、土红、熟褐、锌白、象牙黑等。用这些颜色可以调配与化石一致的褐灰色，这几种颜料的稳定性好、附着力强，加白色具有很强的覆盖力，能将白色的石膏全部遮盖。用松节油稀释又具有透明感，可用作加色罩染。

在用油画颜料着色之前，必须先在石膏的表面打一层胶质的底子。这一道工序十分重要，胶底是一个很好的隔层，它可以封住石膏表面的细小孔洞，使颜料不渗入石膏层，因而更能显示出油画颜料的色泽，同时胶底也可以增加石膏的强度。

胶底的材料选用胶片漆（是一种虫胶），而不能用乳白胶，因为乳白胶易老化，时间一久常常会出现龟裂，造成色层的剥落，而胶片漆则无此后患。

胶液的制作：将胶片漆侵入14～18倍的酒精中，浸泡数周后，使胶片漆溶化后即可使用。

刷胶：用油画刷将胶液薄薄地均匀涂刷与模型化石的石膏表面，晾干后即可着色。

首先，要上一道底色，即将油画颜料调配成接近化石本色，在底色层进行罩染，这样增加色彩的变化与厚重感，使模型化石更加接近真实。操作时着色者要像画家一样发挥自己对色彩的感受能力，凭感觉把握好化石色彩的分寸。

其次，还要用薄油色层罩染。用较多的松节油，加入褐灰色、白色可稍多，使其比真化石的颜色明度高一些，色浆较饱和。用油画刷或较大号油画笔将色浆涂布于打胶底的模型化石表面。注意色层宜薄不宜厚，为遮盖住底子的地方可反复薄薄地涂刷几次，直至盖住为止，但用笔力度要轻，以免触伤石膏表面的肌理。

还有，需进一步强化肌理效果。在塑造复原模型化石时，要注意化石肌理的微妙变化，有意识地做好化石的肌理效果。上完底色后，我们可使用布头、毛巾或泡沫蘸上颜色，在模型化石表面凸凹的粗糙部分加色，以增加色彩的丰富性，增强化石的骨纹肌理效果。因为化石在展厅中处于灯光照射下，故这次上色可以适当跳跃一些。

再就是需要统一做退光处理。当前面几个步骤完成后，着色的工作就基本完成了，模型化石已经取得了与真化石一般的颜色，但因为是用油画颜料着色，松节油用量少或上色层次多的地方会产生局部发油光的感觉，这就需要进行一次全面的退光处理。具体方法是，用干净的松节油，干净的油画笔、刷，把上过色的化石涂刷一遍，待松节油挥发后，颜色表面的油光就没有了，质感就更接近化石的本色了。值得注意的问题有两点：一是必须等颜料充分干透后才能涂松节油；二是涂刷松节油时手法一定要轻柔，不然就有可能把底色翻起来，造成不良的效果。

模型制作技术的基本原理是相通的，随着科学技术的发展，在人们的实践中，会有更方便的、更好的新型材料出现，这就要求制作者在工作中不断发现和总结。愿模型制作技术的后继者们不断探索，不断进取，把我国的模型制作技术推向新的水平。

作者简介：韩军，天津自然博物馆，馆员，天津市文化中心，300201。

九、文化刍议

读《明钞本〈瀛涯胜览〉校注》札记

赵耀双
（天津市文化广播影视局）

摘要：马欢《瀛涯胜览》一书出自亲历下西洋的通事之手，具有原始资料性质，史料价值颇高，是研究郑和下西洋的重要参考文献。书中内容丰富，记各国地理环境、人物土产、气候风俗、典章制度、宗教信仰等，是六百年前东南亚、南亚、西亚及东非地区的实录。

关键词：《瀛涯胜览》　札记　马欢　郑和

1402年，朱元璋的四子朱棣率领大军攻进南京城。南京陷落时，“宫中起火，帝不知所终”。这个帝就是朱元璋的孙子、朱棣的亲侄子建文皇帝。不知所终有许多说法，比较流行的是“建文帝为僧遁去”，也有的说跑到海外去了，总之是活不见人死不见尸。为此朱棣心里总觉得不踏实，“成祖疑惠帝亡海外，欲踪迹之”（《明史·郑和传》）。这位永乐皇帝采取了一个果断的措施，命心腹内监郑和率舰队出海，搜寻建文帝的下落。于是，1405～1433年，也就是明永乐三年至宣德八年，郑和率领当时世界上最大的船队，克服了重重困难，七下西洋（现在南洋、印度洋一带），遍访亚洲、非洲30余国和地区，最远到达非洲东部和红海沿岸，比欧洲航海家远洋航行早半个世纪。郑和下西洋促进了中外文化、经济的交流，在中国航海史上是一个壮举，在世界航海史上也是一个创举。然而，郑和七下西洋的档案并没有完整保留下来。郑和本人也没有留下著作。今人所见下西洋的原始资料只有三部文献，即费信《星槎胜览》、巩珍《西洋番国志》和马欢《瀛涯胜览》。都是当时跟随郑和下西洋的人所著。据前人研究，《瀛涯胜览》一书由于出自亲历下西洋的通事之手，更具有原始资料性质。史料价值在三部书中最高，是研究郑和下西洋的重要参考文献。

《瀛涯胜览》一书早已蜚声中外，它不仅是清修明史外国传的重要史料来源，也是古代中外交通史影响最大的史籍之一，可与玄奘法师的《大唐西域记》比肩。在国内外都有很大的影响。

全书不分卷，依次为作者马欢的序言，瀛涯胜览纪行诗、诸番国名、宝船与人员，以及书中所记诸国为占城国、爪哇国、旧港国、暹罗国、满剌加国、哑鲁国、苏门答腊国、那孤儿国、黎代国、南浡里国、锡兰国、小葛兰国、柯枝国、古里国、溜山国、祖法儿国、阿丹国、榜葛剌国、忽鲁谟厮国、天方国，最后是正统十四年（1449年）监察御史刘弘的后序。

马欢字宗道，自号会稽山樵，浙江会稽（今绍兴）人。因通晓阿拉伯语，于永乐十一年（1413年）、永乐十九年（1421年）、宣德六年（1431年），以通事，也就是翻译的身份三次（第四、六、七）跟随郑和下西洋。访问过亚非20多个国家和地区，回国后整理撰写了这部《瀛涯胜览》，瀛指大海，涯指天涯海角，胜指风景胜地，览就是游览。所谓瀛涯胜览就是海外游记的意思。马欢以此名书，意在“使人皆得以知异域之事，亦有以见圣朝威德之所及若是其遂也”（《瀛涯胜览・序》），也就是让更多的世人了解郑和下西洋的盛事。

这部书具有丰富内涵。明朝以前对海外的记录多为传闻，元代汪大渊作《岛夷志略》，虽有亲身经历，但大部分还是得自传闻，而马欢的这部书则其亲历的实录。

书中内容丰富，记各国地理环境、人物土产、气候风俗、典章制度、宗教信仰等，是六百年前东南亚、南亚、西亚及东非地区的实录。如作者所说，由于该书“措意遣词不能文饰，但直书其事而已”，因此读起来通俗易懂。书中所记今日读来仍颇有趣味，如记各国物产，水果有波罗蜜“如冬瓜之样，皮像川荔枝，皮内有鸡子大块黄肉，味如蜜甜，中有子如腰子样，炒吃味如栗子”（占城国）。又如“莽吉柿”，“如石榴样，皮厚，内有桔囊样白肉四块。味甜酸，甚可吃”（爪哇国），此“莽吉柿”即我们现在吃的山竹。再如“有一等臭果，番名赌而焉，如中国水鸡头样，长七八寸，皮生尖刺，熟则五六瓣裂开，若臭牛肉之臭，内有栗子大酥白肉十四五块，甚甜美可吃，肉中有子，炒而食之，其味如栗”（苏门答腊国），此臭果即“榴莲”也。酸子，“番名掩拔。如大消梨样。颇长，绿皮，其气香烈。欲食击去其皮，挑切外肉而食，酸甜甚美，核如鸡蛋大”（苏门答腊国），这个则是芒果。

书中记载了许多珍禽异兽。描写福鹿“如骡子样，白身白面，眉心细细青条花起满身至四蹄，条间道如画青花”，此福鹿乃索马里语“faro”的对音，即斑马也（阿丹国）。“驼鸡”则是“其身匾，颈长如鹤，脚长高三四尺，每脚只有二指，毛如骆驼，吃绿豆等物，行似骆驼，以此名为驼鸡”（祖法儿国），即今之鸵鸟也。此外还有麒麟，“前两足高九尺余，后两足高六尺，长颈，抬头高一丈六尺，首昂后低，人莫能骑。头生二短肉角在耳边，牛尾鹿身，蹄有三跲，匾口，食粟豆面饼”，此麒麟亦是索马里语“giri”的对音，古罗马称之为驼豹，中国古代曾称其为“駞牛”。晋代李石《续博物志》：“拨拔力国有异兽名駞牛，皮似豹，蹄类牛。无峰，颈长九尺，身高一丈余。”拨拔力即索马里古班平原临亚丁湾的伯贝拉。而这个麒麟就是产于非洲撒哈拉以南的长颈鹿（阿丹国）。

书中记录各国的杂技表演，以驯兽最为精彩，“又有一人同其妻以铁索拴一大虎，在街市牵拽而行。至人家演弄，即解其索，虎坐于地。其人赤体单稍，对虎跳跃，拽拳将虎踢打。其虎性发作威，咆哮势扑，其人与虎对攧数交。其人又以一臂伸入虎口至其喉，虎不敢咬。弄毕，仍锁虎颈，虎伏于地讨食，其家则与肉啖之，及与其人钱物而去”（榜葛剌国，即今之孟加拉）。

不同民族的丧葬习俗，亦各不相同。其中有犬葬，“人家父母将死，为子女先问其父母，随心所愿而嘱之，死后即依遗言而送之。若欲犬食者，则抬其尸至海边或野外，土有犬数十来食尽尸肉，无余为好，如食不尽，其子女悲号哭泣，将余骸弃水中而归”（爪哇国）。还有鸟葬，“平常人死，抬尸于郊海边，放沙际，随有金色之鸟如大鹅者，三五十数飞集空中，下将尸肉尽食而去。余骨家人号哭就弃海中而归，谓之鸟葬”（暹罗国）。又记殉葬陋俗“有富人及头目尊贵者将死，则手下亲厚婢妾先与主人誓曰：‘死则同往。’到死后出殡之日，先以木搭高跳，下垛柴堆，继火焚。报候焰盛之际，其原誓婢妾二三人则满头戴草花，身披五色花手巾，登跳哭泣良久，撺下火内，同主尸焚化，此为殡葬之礼”（爪哇国）。记穆斯林的葬礼“如人死之家，便用致细白葛布为大殓小殓之衣，用瓶盛净水将尸从头至足浇洗三次既净，则以麝香、片脑填尸口鼻，才服殓衣贮棺内，随即便埋。其坟以石砌，穴下铺净沙五六寸，抬棺至彼，则去其棺，止将尸放石穴上，石板盖定，加以净土，厚筑圹堆甚坚，整洁”（忽鲁谟斯国）。

所经各国，大多信奉回回教（伊斯兰教）和佛教。也有信奉印度教者，其表现为对牛的崇拜，“人将牛粪烧灰遍擦身体，不食牛肉，只食其乳。牛死即埋之，若私宰牛者，王法罪死”（锡兰国）。

许多国家由于信奉伊斯兰教，历法也使用回历。“日月之定，无闰月。准以十二月之大小，若头夜见新月，明日即一月也。四季不定，自有阴阳人推算某日为春首，后果花草开荣；某日是初秋，则木叶凋落；及乎日月交蚀，风雨潮汛，无不准者”（安丹国）。

各国气候也大不相同，如“柯枝国”，“其地气候常暖如夏，亦无霜雪。每年至二三月，夜间则下阵雨一二，番人家即整盖房屋备办食用。到五六月，日夜滂沱大雨，街市成河，人莫能行，大家小户坐候雨信过。七月才终，八月半后晴起，要点雨也无。直至次年三月才又下雨”。柯枝国在今印度西南岸柯钦（Cochin）一带，此即印度南部的旱雨两季热带季风气候的真实写照。又如记天方国的热带沙漠气候“其地气候常热如夏，并无雨电霜雪。夜露甚重，草木皆凭露水滋养。夜放一空碗，盛至天明，有三分在碗底”。

书中对天方国（位于今沙特阿拉伯境内的麦加、麦地那）有比较详细的描述，如麦加之风土人情“其回回祖师始于此国阐扬教法，至今国人悉遵教规行事，不敢有违。其国中人物魁伟，体貌紫棠色。男子缠头，穿长衣，足着皮鞋。妇人俱戴盖头，不见其面。说阿拉毕言语”。又记麦加黑石殿及穆斯林之朝觐：“天堂礼拜寺，其堂番名恺阿白。外周垣有城，有四百六十六门。门之两旁皆用白玉石为柱，共有四百六十七个。前计九十九个，后计一百一个，左计一百三十二个，右计一百三十五个。其堂以五色石垒砌，四方平顶样。内用沉香木五条为梁，采以黄金为阁，满堂内墙壁皆是蔷薇露、龙涎香和土为之，馨香不绝。上用皂纻丝为罩之。畜二黑狮守其堂门，每年十二月十日，各番回回人一、二年远路的，也到堂内礼拜，皆将所罩纻丝割取一块为记，念念而去。剜割既尽，其国王预织其罩复罩之，年年不绝。”又记麦地那“到一城名蓦底纳，其马哈麻祖师陵寝正在城内，至今墓上毫光日夜侵云而起”。

做一回文抄公。一是因在阅读中，觉得这很有些趣味。二是对郑和下西洋的盛举有些感慨。

遥想当年，郑和率领的船队由宝船、战船、座船、粮船、水船组成，大小船只共200余艘。其中宝船63艘，船有4层，船上9桅可挂12张帆，锚重有几千斤，要动用200人才能起航，一艘船可容纳千人。每次出海要近3万人。郑和开启了人类“大航海”时代的序幕。然而，恍如美丽的流星，中国的航海史在郑和之后，倏忽地沉寂下去。87年后，哥伦布出海发现了美洲大陆；92年后，达伽马绕过了好望角；114年后，麦哲伦完成了环球航行。这些人航海的规模与郑和是无法相比的。哥伦布只有帆船 3艘，最大的排水量不足250吨，水手约88名。达伽马只有卡利卡特船4艘，最大排水量120吨，船员约160名。麦哲伦只有海船5艘，最大排水量130吨，人数265名。世界在这几位西方航海家的努力下，翻开了崭新的一页。

梁任公在《祖国大航海家郑和传》一文中慨叹：“……及观郑君，则全世界历史上所号称航海伟人，能与并肩者，何其寡也。郑君之初航海，当哥伦布发现亚美利加(美洲之旧称)以前六十余年，当维哥达嘉马(达伽马)发现印度新航路前七十余年。顾何以哥氏、维氏之绩，能使全世界划然开一新纪元。而郑氏之烈，随郑君之以俱逝。则哥伦布之后，有无量数哥伦布，维哥达嘉马以后，有无量数之维哥达嘉马。而我则郑和以后，竟无第二之郑和，噫嘻，是岂郑君之罪也？”

此非郑和之罪，实是闭关锁国的国策导致中华民族走向了衰弱。改革开放以来，我们在社会主义现代化建设的道路上取得了长足的发展，经济社会发展水平有了很大的提高，然而，这离一个强大而富饶的国家还有很大的差距。我国不但有960万平方千米陆地国土，还有300万平方千米的海洋面积。祈盼祖国繁荣强盛，有一支强有力的海洋队伍，真正承担起一个文明大国的责任，捍卫领海，保卫国门，让那些宵小再不敢窥伺我中国海域。

作者简介：赵耀双，天津市文化广播影视局（天津市文物局）博物馆处，天津市和平区承德道 12 号，300041。

从礼佛的角度谈独乐寺山门与观音阁的空间设计

陈红梅

（蓟县文物保管所）

摘要：独乐寺作为辽代建筑的典型代表，其留存至今辽代两木结构建筑山门与观音阁紧密相连，其间的联系从未完全割裂。因此两者可以互相印证，是研究辽代寺庙历史景观的理想样本。建筑随历史的变化是有迹可循的，佛寺的景观总是和礼佛仪轨及礼佛者的心理变化紧密相连。本文主要从礼佛者的角度去阐述山门与观音阁的空间设计，通过空间的节点，视觉引导，营造一种让礼佛者的心理产生吸引—压抑—窥视—释放的强烈心理变化，达到共鸣，实现一次真正的礼佛过程。

关键词：独乐寺　空间设计　礼佛者　心理变化

独乐寺始建于隋，辽统和二年（984年）重建。独乐寺的观音阁是我国最古老的高层木结构楼阁式建筑。独乐寺作为辽代建筑的典型代表，其留存至今的辽代两木结构建筑山门与观音阁紧密相连，其间的联系从未完全割裂。因此两者可以互相印证，是研究辽代寺庙历史景观的理想样本。建筑随历史的变化是有迹可循的，佛寺的景观总是和礼佛仪轨及礼佛者的心理变化紧密相连。本文主要从礼佛者的角度去阐述，山门与观音阁的空间设计，通过空间的节点，视觉引导，营造一种让礼佛者的心理产生吸引—压抑—窥视—释放的强烈心理变化，达到共鸣，实现一次真正的礼佛过程。同时也体现了古人的聪明和智慧。他们把力学和数学运用地如此巧妙让后人惊叹。

梁思成在《蓟县独乐寺山门观音阁考》中描述："独乐寺观音阁高三层，而外观则似二层者。立于石坛之上，高出城表，距成十余里，已遥遥望见之。这是中国建筑史上的一座主要建筑，第一次打开了我的眼界。"（图一）而对于梁思成来说，这第一次大开眼界的独乐寺，让他找到了中国早期木结构建筑研究的钥匙。1932年6月，梁思成在《中国营造学社会刊》上发表了《蓟县独乐寺观音阁山门考》一文，确立了独乐寺在中国建筑史中的地位。从此独乐寺这个名字被国内外建筑界、美术界所熟知。而梁思成来到独乐寺是通过日本学者关野贞的一次偶遇。1931年5月29日，关野贞去调查清东陵驱车途经蓟县城，无意中透过车窗看到路边一座古建筑，虽然有一道砖墙相隔，但仍遮挡不住上面巨大的四坡屋顶。关野贞"一瞥之下"就认定这是座非常古老的建筑物，“遂停车，从旁小门进入”。观览一过，发现这座山门与后面的高阁竟然都是辽物。关野贞发现独乐寺纯属巧遇。这些发现主要是因为观音阁高于其他建筑，成了人们视觉的焦点。

图一　独乐寺
（1932年梁思成照）

独乐寺在辽代位于蓟州城西门，除了城墙与城楼以外，门外依辽制存在瓮城。城市的发展并不会完全被城门限制住，蓟州城门之外应该是一个充满活力的空间，由蓟县取道，于城西门外仰观发现，在古代多低矮建筑的城市中高阁，往往在数个街区外就可以看见，因此它们是附近视觉的焦点。然而在这里看到的必然是一个不完整的形象，这会引起人们一探究竟的好奇心。佛阁抢占了城市的天际线，这凸显佛教在城市生活中的重要地位和佛寺在城市规划中的特殊地位。参拜者可以从一个佛寺看到其他的佛寺，在低矮民居的衬托下，他们能体会到千里佛国的画面，让人产生强烈的好奇心和强大的吸引力。

一、近观山门

前广场是山门的前序，是人们靠近独乐寺组群所体验到的第一个空间。这个空间是多义的、多用途的，并且发生过巨大的变化。在唐辽时期，独乐寺的地坪在现今地坪以下 2米，甚至更多，现今山门前广场的格局，是在清乾隆十八年（1753年）的修葺之中确立的：立照壁，设栅栏，昔日连接山门与阁的回廊被毁弃。而后又有栅栏被强化为墙，于是逐渐变成今日的形制。此处后世附加之物繁多，不过山门前面幡杆的基座可能是辽物遗存。梁思成《蓟县独乐寺观音阁山门考》：“于寺内东偏……建立坐落，并于寺前改立栅栏照壁，巍然改观。”是殆为寺平面布置上极大之更改。盖在此以前，寺之布置，自山门至阁后，必周以回廊，如唐代遗制。高宗于“寺内东偏”建立坐落，“则寺内东偏”原有之建筑，必被拆毁。不唯如是，于“西偏”亦有同时代建立之建筑，故寺原有之东西廊，殆于此时改变，而成今日之规模。“巍然改观”，不唯在“栅栏照壁”也。

二、凹字形空间

辽代时候山门前广场平面上是一个“凹”字形的空间，即回廊南墙相对与街面退后形成缓冲的空间，可用作寺外的佛事、经营和集会；山门相对于南墙前凸被强调出来，更容易被发现。山门前立两幡杆是辽代的一种惯例。它们的作用是：幡杆参与塑造山门前的空间，进一步强调山门入口，丰富了寺庙前部的天际线；在特定时节，比如举行法会、庙会之时，悬挂相应的幡，此时幡杆起着昭告和吸引的作用。由于蓟城房屋低矮，居民远远地就能看见幡杆。这让礼佛者对此产生强烈的好奇心。

三、高　台　基

现今山门台基只有 0.4米高，但是可以推知辽代的情况，台基高度超过2.4米，超过现今的 6 倍。站在台基底部，人们的视高约在山门底面以下 0.8米。因此香客们站在辽代的山门台基之前所感，全然不似今日这般“友好”，抬头不见山门底面，台阶占据了大部分视野，他们感受到的是一种由隔绝而生的肃穆。山门前的台阶，如果按现今每一步的高度，则辽代之时需大致 18 步。拾级而上，街道在身后隐去，山门迎面而来，香客的心理逐渐发生变化，有了进入净土空间的期望和准备。而如今台阶仅剩3步，踏上台阶的过程太短，这样的心理变化准备来不及发生就进入了山门。

四、金刚棒喝的空间

山门的南间介于台阶和山门中央版门之间，是一个充满冲突感和戏剧性的空间，是被净土强烈影响的世俗空间。东西两金刚力士略微朝向南方，即参拜者来的方向，同时也呈大约 80 度向中部前倾。金刚的衣带升起，全然脱离重力一般围绕在他们身旁，在礼佛者眼中，直如凌空而立。他们双目圆睁，眼珠几欲夺眶而出，表情嗔怒，让礼佛者有不由自主想要下拜的冲动。因为在大门之外，山门的南间严格说还不算独乐

图二　大门口

寺内部空间，因其处在“门”之外，事实上它更像是一个存在于红尘与净土之间的过渡空间。金刚力士不仅仅“守卫‘天国’的安宁，使诸恶鬼神不得侵害”，而且对礼佛者来讲是一种从世俗到宗教的强烈情绪转换。这种转换得益于前广场高台基长台阶做出的铺垫，更重要的是塑像充满张力的情绪传达，一个理想的参拜起始点由此形成（图二）。

五、观音之眼

当人们慑服于金刚之威，双膝下拜之时，抬起头来，却发现十一面观音的眼睛赫然隐现在前方，观音阁三层中部挑台之上。这样看似不期而遇，实际是精心铺垫，给礼佛者带来巨大的震撼。这也是踏入净土之前的室外礼拜地点。在辽时的空气能见度远非现今可比，没有雾霾和沙尘，人们也不曾普遍近视，夜晚可以看到满天星斗，能够辨别观音的眼睛也不是难事。况且观音阁重建不久，十一面观音彩画新描金碧辉煌，尤其是面部鎏金，更是容易从远处发现，其时佛教兴盛，信徒礼佛之心虔诚，发现观音眼睛就不在话下了。

六、中央版门——观音之阁

图三　山门门槛外侧照

山门的中央版门是辽代独乐寺真正的大门，它外部如山门的南间是世俗空间，它的内部从北间开始是宗教空间。而它本身是一个明确的分界点。在迈过门槛之前，无论跪倒还是站立，礼佛者都不可能看到观音阁的完整形象（图三）。哪怕是正要迈过门槛之前，后墙的阑额都会将阁的一部分挡住。而就在迈过门槛之时，视野中的阑额往上后退露出了阁完整的翼角，至此礼佛者第一次见到了阁的全貌。让礼佛者心理有了进一步前行的吸引。中央版门在辽代也就是独乐寺真正的大门，是红尘世界与西方净土的分界，因此它被如此强调并不为过，进入净土世界才能看见完整的观音居所是一个很合理而富有象征意味的设计。观音阁和山门的距离，是以走进山门后，视线恰好看到观音阁的整体轮廓为标准的。山门的北间是重要的室外参拜空间。门槛的设计是一道视野分界线，同时也让礼佛者的心理有更强烈的吸引，一睹为快。当礼佛者站在山门台基到甬道之前的边缘处，观音阁二层的檐口正好挡住屋顶正脊。因此门槛到台基于甬道分界处，即主要是山门北间，是获得净土体验的最佳空间。从这里往北望去，完整的观音阁，回廊，月台直如诸佛聚集的平台，深凹的庭院就像七宝水池。这样的场景让礼佛者心理产生更强烈的吸引。

七、山门北间——外部参拜的空间

“山门进口处心间北面的两个架间空着。但它们与观音阁的位置却是经过仔细设计的。这说明这两个架间是人们朝拜十一面观音的重要地方。在这里，人们可以凝视观音的无边法力，并祈求它的保护。”考虑到在山门北间观看到的观音阁与敦煌壁画中的相似性，它是重要的外部参拜空间是可能的。山门的北面有可能是开敞的，如果北墙不存在，整个北间可以都作为外部参拜空间，可以感受到的画面也更加阔大。梁思成《蓟县独乐寺观音阁山门考》“顺治十五年（1658年）”，此入清以后第一次修葺也。其倡首者王弘祚，而“州牧胡君”助之。当其事者则春山妙乘。所修则宝阁配殿，及天王殿山门也。读上记，天王殿山门，似为二建筑物然者，然实则一，盖以山门而置天王者也。

八、甬道与月台——从山门到观音阁

甬道与月台是一个开阔的空间，礼佛者可以体会山门与观音阁环抱与迎面扑来的观音阁，如果将观音阁和山门的地平线下降2米回到辽代的情况，则合理推测期间必有甬道相连，否则其间连接部分必然显得逼仄不堪，同时使参拜者为频繁上下台阶所累。其原状大约与今日之情形类似，即先下数步台阶，而后踏上甬道，再于月台之前踏上数步台阶。不同之处在于相对于甬道，庭院部分是深深凹陷的。这个过程给礼佛者心理造成一种铺垫，尽快走进观音阁，一睹观音的容颜。

（一）进入观音阁檐下的空间

梁思成《蓟县独乐寺观音阁山门考》：“阁尚有匾额三，下层外额曰‘具足圆成’，内曰‘普門香界’乾隆御书。上层外额曰‘觀音之閣’，匾心宽 1.63米，高2.08米，每字径近1米，相传李太白书，笔法古劲略拙，颇似唐人笔法。阁字下署太白二字，其为后代所加无疑。”后墙阑额框景在迈过门槛的一瞬间最强，之后不断减弱，画框逐渐淡出视野，观音阁和围廊形成的空间却愈发变强。这一趋势持续直到山门台基到踏上甬道之前的边缘，当人们站在此处，视野中观音阁的正脊第一次与檐口重合。当我们体验古建筑空间的时候，尤其是置身其下的时候，是不可能不被檐下的大面积空间所吸引的，当我们能够看到正脊的时候，建筑在我们认知之中更多的是一个物件的形式存在。而当我们离它更近，或者它非常高大以至于无法观看到它的顶面的时候，对它的感知就变成了一种场景。更进一步说，古建筑起翘的翼角有一种很强的延伸感，所以当看不到屋顶的时候，古建筑的体验者会感到檐下的长长的延伸将自己整个吞入其中。这种感觉在边缘处开始出现，向前靠近观音阁与向下迈上甬道的过程，都使观音阁在视野中变得更加高大，两相结合这种进入檐下空间的感觉尤为强烈。

（二）尺度变换

在甬道之上前行的过程中，人们自然而然感受围廊与观音阁所限定的空间，并且感受到空间尺度发生的巨大变化。从山门心间约略 6米的尺度，到可能40米的围廊限定的尺度。由此带来礼佛者心理的变化：从山门处对金刚力士小心的敬畏之情，到对甬道之上开阔景观的叹服之情。

（三）外额“觀音之閣”

在这个过程中，礼佛者感受到的主要是阁的细部，斗栱、椽、二层平座等，其中比较特殊的是外额“觀音之閣”。甬道迈向观音阁月台的台阶是甬道向月台过渡的空间，也基本正对“觀音之閣”匾额所在平面，此处仰观“觀音之閣”几乎没有透视形变，是此匾额的最佳观览地点。由此开始，“觀音之閣”匾额始终是观览者视野中重要的构成元素。从台阶登上月台继续前行，至于阁前两古树中轴之连线处，三层中部围栏扶手上沿贴于“音閣”二字，同时盖住了“太白”二字的大部分。也就是说，从此地前行，“觀音之閣”一匾将被割裂而失去其阶段性视觉中心的作用，让位于其他的元素。

九、正中内槽——顶礼佛足

当礼佛者走到观音阁心间的入口，人们的注意力理所当然被观音像底部精美的衣饰彩绘所吸引。当今观音阁心间门前立一低矮木栅，出入阁只能通过两侧的门。不过据现实推测，辽代的情况大概并非如此。因为一系列视觉的引导被设计在从跨过心间门槛到靠近须弥坛前供桌的过程中。由月台到入口，礼佛者主要被观音的衣饰吸引，直到迈过观音阁心间的门槛之时，观音将其垂落的左手呈现在信徒眼前，继续前行，礼佛者又可以逐一发现十一面观音的右手与头部，当继续前行到须弥坛前的香案时，仰观十一面观音而不得其全貌，因为观音的头与左手被柱头枋割裂。而这种割裂其实是很巧妙的，因为柱头枋在视觉中挡住了观音头的上部却并没有遮挡观音的面部。至此礼佛者虔诚地下跪膜拜，礼毕抬头刹那，十一面观音之全貌已经赫然在目。十一面观音像本身有约6° 的向前倾角，其头部相对于身躯又有明显的前倾趋势，加之对菩萨上唇、鼻子和眼睛的精心雕琢，其五官可以从阁的首层被区分出来。阳光从三层的门照亮观音的头部、胸和结印的右手，佛像因而显得更加生动。手做接引状，给人一种肃穆慈祥之感，好像是来到这里有观音的保护，一切烦恼和忧愁都抛向九霄云外，这样的设计让礼佛者的心理豁然开朗。

一〇、阁之外槽——绕佛三匝

一般佛教礼拜仪式主要有右绕与叩拜两种模式。而独乐寺很明显是兼而有之的。对十一面观音像进行右绕礼拜，侧面则必至于香案之前方可观观音之全貌。而当礼佛者走到观音左手位置时，再抬头环顾四周，复杂的斗栱格局、变化多样的空井框架和高大的观音像更给礼佛者一种强大的精神震撼。现场感受的过程中处在观音的核心领域。继续绕行之下进入北间，十一面观音迅速退出视野，取而代之观览者进入了倒坐观音的领域。讨论观音阁入阁之后的空间是比较复杂的，在独乐寺的佛教空间设计过程中，对室外参拜和室内参拜的考虑兼而有之。从观音本身来说，观音之阁与山门间精妙的距离，是室外参拜被设计的佐证，而观音五官的调整，以迎合须弥坛前叩拜仰观的角度是室内参拜被设计的例证。这样让礼佛者在香案前叩拜之后，又有了右绕的心理。

一一、观音阁二层——礼佛与眺望

观音阁二层以上的空间，在新建之时并没有考虑对一般信徒开放，其一因为观音阁是当时周边的最高建筑，因此具有重要的军事作用。登临观音阁可以清楚地料知周边的地形和布防情况，其距离蓟县西城门亦不过咫尺之遥。以在澶渊之盟之前，辽宋之间不断摩擦的军事环境，要说对观音阁二层没有管控是绝无可能。其二是观音阁现有楼梯不易攀登，而原本的踏步倍于现在，修造如此陡峭的台基就是要使人望而却步。观音右手指尖最高处约莫与围栏平齐，礼拜之时位于视野的下部边缘，十个小观音面及头上的藻井位于上部视野的边缘，十一面观音的头部称为视野正中唯一重要的视觉元素。尽管如此，二层毕竟是有参观和礼佛功能的，比如明清时候高丽使臣都爱登临观音阁，近拜十一面观音。即使回到辽代之时，观音阁的二层应该也是对特权阶层开放的。菩萨的眼睛是半睁的，基本平视前方，而眼珠略偏向下。跪拜在观音前，离他如此之近，却感到菩萨的目光似看非看着自己：说看着自己，观音的目光明明交汇于身后的辽塔，信徒不过是芸芸众生；说没看着自己，但感觉却是自己在菩萨的余光睥睨之下，身心早已被目光穿透。菩萨的目光是慈悲但又有睥睨的，感情是精微而复杂的；对比于此，山门南间的金刚力士双目圆睁，散发出强烈而单一的威严和震慑力。

在礼佛者礼佛的过程中，经常出现的是视觉引导原则。这种视觉引导原则即身在空间节点，通过特定的指引物来发现景观的节点。例如，从金刚力士到观音之眼的过程。夸张的金刚力士了吸引礼佛者的注意，它们倾斜的身躯和双目指向空间的一个节点，就是礼拜发生的地方。同时身在这个节点，以恰当的方式（跪姿），通过观音阁斗拱和二层挑台的指向，发现观音的眼睛。另一个例子是礼佛者身处中央版门的门槛处，通过北墙阑额的指向发现观音阁全景，即版门—阑额—观音阁全景。这样的情景出现次数很多，比如在山门北部台基边缘（踏上甬道之前）和在月台唐柏中线上。给礼佛者营造了吸引—压抑—窥视—释放的情绪控制体验，人们的情绪是不断地起伏的。细观这种情绪起伏，是通过山门、观音阁与十一面观音像交替进行吸引—压抑—窥视—释放情绪造成的。

吸引—压抑—窥视—释放的过程可以解释为：

吸引：先声夺人，在正式进入空间之前，先对某一局部有强烈印象，进而期待认知它；

压抑：隐而不现，期待认知的对象被另一对象所挡住，心中狐疑，期待却进一步上升；

窥视：管中窥豹，见到对象的一部分（细节），愈发想要一睹为快；

释放：豁然开朗，期待的对象忽然出现在完全视野中。

通过这样的方式，让礼佛者的心理变得跌宕起伏，这一做法并不少见。不过独乐寺的独特之处在于同时把这一手法应用于观音阁与十一面观音像两个对象。以观音阁为例，首先是在瓮城之外远远地发现阁，这在礼佛者心中先声夺人。然后在前广场处，阁被山门挡住，进入了一个隐而不现的阶段，这种压抑是后面强烈情绪的准备。在看到了阁的局部，管中窥豹，在中央版门处阁显示出完整的中景，豁然开朗。压抑的感情得到释放，变得尤其强烈。类似的过程在对象换成十一面观音像之后显得更加精微。膜拜观音之眼受到了吸引，其后观音被压抑，再后开始渐渐发现观音的衣摆、左手、右手乃至于五体投地膜拜之时得以看清观音全身。

独乐寺的山门与观音阁的空间设计是多变的，巧妙、灵活的，而这样的历史景观是复杂而又多义的。它通过巧妙的空间设计，让礼佛者在空间节点的变化中，完成一次真正的礼佛过程，让人的心灵得到洗礼。同时它又涉及宗教仪式、视觉引导和情绪控制等多个部分。这些部分如何互相影响，还有待进一步探寻。

作者简介：陈红梅，蓟县文物保管所，馆员，天津蓟县城内武定街 41 号，301900。

参 考 文 献

[1] 梁思成：《蓟县独乐寺观音阁山门考》，《中国营造学社汇刊》1932 年第 3 期。
[2] 陈明达：《蓟县独乐寺观音阁、山门的大木作制度》，《建筑史论文集》2002 年第 1 期。
[3] 陈明达：《蓟县独乐寺》，天津大学出版社，2007 年。
[4] 葛雾莲：《独乐寺雕像和建筑空间的神圣意义》，《辽金史论集》，社会科学文献出版社，2001 年。
[5] 杨新：《蓟县独乐寺》，文物出版社，2007 年。
[6] 丁垚：《发现独乐寺》，《建筑学》2013 年第 5 期。
[7] 张勃：《汉传佛教建筑礼拜空间源流概述》，《北方工业大学学报》2003 年第 4 期。

浅谈蓟县翠屏山的文化底蕴

孟引玉

（蓟县文物保管所）

摘要：翠屏山位于蓟县城东南，是一座历史文化名山，文化内涵丰厚。山脚下发现的围坊遗址和青池遗址曾两次改写了天津考古的历史；云泉寺的辽代碑刻，弥足珍贵，具有较高的史料价值；山顶的东岳庙是翠屏山的文化地标；石翁仲和水浒故事的传说，也为翠屏山增添了浓厚的文化色彩。本文结合多年的走访调查材料，对翠屏山历史文化的挖掘、文物的保护与合理规划利用提出了管见。

关键词：翠屏山　历史文化　保护挖掘　合理规划

翠屏山，位于蓟县城东南5千米，翠屏湖南岸，属燕山山脉，为丘陵地貌，山势低缓，主峰海拔181.9米，在民国以前一直被誉为神山。清道光《蓟州志》载："神山山色郁蓝苍翠，连艮如屏，又名翠屏山。"又因山形似一只低头饮水的乌龟，也称龟山。

州河，是蓟县境内最大的一条河流，是蓟县的母亲河，自东县境迤行西流，绕过翠屏山北侧转道南流汇入蓟运河。富饶的州河、两岸肥沃的土地和翠屏山平缓的地势，形成了非常适合人类栖息、生产、发展的自然环境。通过三次全国文物普查、若干次实地调查和多次考古发掘，在翠屏山发现了众多的历史文化遗存，如围坊遗址和青池遗址等新石器时代、青铜时代文化遗存，辽金墓葬和寺庙遗址，明代道观东岳庙等。此外，还有以翠屏山为历史环境的大量脍炙人口的故事和传说。深厚的文化积淀，大量的历史文化遗存，使翠屏山远近闻名，成为名副其实的历史文化名山。今后，结合蓟县中等规模现代化旅游城市的建设，挖掘好、规划好、保护好翠屏山的历史文化和历史遗存，意义重大。

一、翠屏山的人文历史与文化遗存

1. 底蕴深厚的新石器时代和青铜时代文明

（1）第一次全国不可移动文物普查时，在翠屏山脚下的翠屏湖北岸，发现了距今5000年的人类活动遗址——围坊遗址，面积约为3500平方米。

1977～1979年，两次对围坊遗址进行考古发掘，发现了新石器时代晚期和商周时期的文化遗存，出土各类遗物2000余件，包含了新石器、骨器、铜器、陶器等生产、生活用具。遗址共分5层三期。第1层、第2层为第三期，属商周以后文化遗存；第3层为第二期，属夏家店下层文化遗存；第4层、第5层为第一期，属新石器时代文化遗存。

因发掘而发现的围坊遗址三期遗存使“围坊三期文化”这一重要的商周时期考古学文化被逐渐确认。现天津市域内以遗址发掘而命名的考古学文化数之寥寥，围坊遗址便是其一。1982年，围坊遗址被天津市人民政府公布为市级文物保护单位。

（2）1997年，在翠屏山东侧青池一村北，翠屏湖南岸，发现了距今8000年的人类活动遗址——青池遗址，面积约6300平方米，含新石器时代和商周时期两种文化遗存。

新石器时代遗物主要有深腹筒形罐、敛口之字纹高圈足杯、钵、蛇（鸟）首形镂空陶器、素面陶盆，以及石斧、石球、石磨棒、石磨盘、砍砸器和少量细石器。从文化遗存上看分为早晚两期，早期类似于兴隆洼文化，晚期类似于上宅文化。

商周时期文化遗存大致分为早、中、晚三期。早期是大坨头文化，以夹砂红褐陶为主，伴有夏家店下层文化的筒形鬲足。中期是围坊三期文化夹砂灰褐、红褐陶并存，纹饰以细绳纹和交叉僵直纹为主。晚期是张家园上层文化，以夹砂灰褐陶为主，亦有泥质灰陶。并有西周文化因素的陶器出土。晚期遗物最为丰富。青池遗址是研究燕山地区新石器至商周时期古文化遗存的重要资料，青池遗址的发现将天津人类的历史提前到8000年前，是当时天津地区最早有人类活动的地方，在考古界引起很大的轰动。

1999年12月，青池遗址被蓟县人民政府公布为县级文物保护单位。2013年1月，青池遗址被天津市人民政府公布为市级文物保护单位。

（3）第二次全国不可移动文物普查，在翠屏山北侧的西山北头村东，发现了西周、战国时期的聚落遗址——西山北头遗址。文化层断续分布，地表散布许多陶片，有西周夹砂灰陶绳纹叠唇柱足鬲、泥质灰陶绳纹簋陶片和汉代绳纹砖、绳纹瓦。

（4）第二次全国不可移动文物普查，在翠屏山东南的大云泉寺村西，发现战国时期的聚落遗址——大云泉寺遗址。遗址地处山前台地，出土有绳纹瓦、夹云母红陶釜，半釉瓷碗、盆、豆等残片。

（5）1985年秋，在翠屏山的西山北头村，距地表1.4米处发现春秋时期青铜短剑一件。

2. 弥足珍贵的辽、金文化遗存

民国《蓟县志》载，在大云泉寺村西，有一个土丘，在土丘南半部可见到砖瓦废墟、建筑围墙和一块辽碑，应为云泉寺旧址，但不知道寺的建立年代。民国时云泉寺在旧址东坡，正殿三间，东西配殿各两间，范围缩小又东移了。今寺庙及基址无存。民国《蓟县志》中提到的辽咸雍八年（1072年）《大辽蓟州神山云泉寺记》碑，保存完好。该碑记载了云泉寺的地理位置、优美环境、寺舍建筑与寺内供奉，并记载该寺住持原为盘山甘露寺主持，重熙九年（1040年），由邑人张从轸等人邀请，协门徒定远来到云泉寺，从此，佛事大兴。咸雍八年，朝廷赐云泉寺额，以示对密宗佛教传播的支持。此碑现保存于蓟县文物保管所。为天津地区仅存的三块辽碑之一（另两块为《盘山千像祐唐寺创建讲堂碑》《大辽国蓟州渔阳县好女塔院特健碑铭并序》），这三块辽碑均是以散文的形式表现佛教信仰的壮观，还有寺院建构、优美山林、庄园胜景、自然风光、历史遗存等描述。反映了这些释门沙僧和尚们高深的文化修养与良好素质。对研究辽代蓟县佛教历史、文化具有很高的价值。

明嘉靖《蓟州志》载："神山，在城南八里，山上有荆，皆顺刺，东去一里，有白云寺。"在其他文献中没有找到白云寺的具体记载，山上也没有发现遗址和遗迹。故根据明嘉靖《蓟州志》所提到的位置和方向，应该就是云泉寺。

在大云泉寺村西北，有一处金代墓群，面积约8000平方米，墓地原有封土、祠堂等建筑，均毁，现仅存石羊一只。1967年，出土残墓志铭两块，上有"大金""中书令"等文字，人名已残去。据考证，金代只在太祖、熙宗设中书令，在朝中掌握实权，位居丞相之上，官居一品。可见墓主人的地位非常显赫。

大云泉寺村南，为小云泉寺村，在村西有一处金代遗址，面积约为5000平方米，文化堆积层约为1米。1989年修路取土时发现，同年进行了发掘，出土六耳铁锅1口、泥质红陶大瓮1个、白瓷碗1个、铁斧2把、铁镰1把，并出土宋代和金代钱币438枚。蓟县发现金代遗址较为罕见。

3. 规模宏大的东岳庙

翠屏山顶地势较为平缓，建有道教东岳庙，始建年代不详，明万历八年（1580年）重建。清康熙《蓟州志》载："翠屏山上有东岳庙，后有塔，名文笔峰。"民国《蓟县志》录有《修神仙岭东岳祠记》，讲到万历六年春开始到万历八年竣工对东岳庙大殿、山门、围墙进行修缮，重饰神像，增加了钟、鼓楼，禅房等建筑，规模宏大。1938年，东岳庙毁于兵火。现存遗址面积约4000平方米，有四个坝台，部分建筑基址和围墙基础可见，坝台上散落大量砖、瓦、石等建筑构件。现存一块承露台，直径2、高1米，是古人求雨禳灾之地。存有残碑一块，上刻有"重修东岳庙祠记""大明万历二十年次辰口吉日"。2009年，蓟县人民政府将东岳庙遗址公布为县级文物保护单位。

东岳庙是道教祭祀东岳泰山神的庙宇，唐玄宗时封泰山神为"天齐王",元世祖时又尊泰山神为"东岳天齐大生仁皇帝"。所以东岳庙又称天齐庙。传说泰山神掌管人间生死，每年农历三月二十八为祭祀日。翠屏山在三月二十八原有庙会，范围远及翠屏山周围，规模很大。现在翠屏山周围的居民还有在这一天“过庙”的传统。

4. 传奇色彩的石翁仲

石翁仲是指古代帝王或大臣墓前的石人像。清道光《蓟州志》载：“翠屏山下有石翁仲，似数百年物，未知所自始。”民国《蓟县志》有“石翁仲，面目模糊，左胯下有配剑痕，似武士像，实百年物，细难考其所。自始又名石人岭”的记载。石翁仲有两个，原在翠屏山南山脚下，高约2米，当地人说是秦桧夫妇，传说原此地有岳飞庙，这两个石翁仲立于庙前，但岳飞庙已无考。1856年，朝鲜使者徐善在《梦经堂日史编五花沿笔》中记载：过翠屏山，从者指山上神祠曰：彼是安禄山祠。又指西边对神山祠曰：彼是杨贵妃祠。且曰：彼去小路，傍有两石人对立，一曰安禄山，一曰杨贵妃。朝鲜使者所说的这两个石人，应该就是翠屏山的石翁仲。也有人说安禄山和杨贵妃祠在城西五里桥，但清康熙、道光《蓟州志》均未记载。直到新中国成立前期，这两个石翁仲依然存在。

5. 翠屏山与《水浒传》

《水浒传》中曾多次提到蓟县，有“病关索长街遇石秀”“病关索大闹翠屏山”“入云龙斗法颇高廉”“宋公明攻打蓟州城” 等专门描述。该书讲到“原来这座翠屏山，却在蓟州东门外二十里……”在翠屏山周围，流传着大量关于水浒人物的传说，如“石秀杀猪”“杨雄杀妻”“石秀除霸”“时迁投衙”等。以杨雄杀妻故事为原型，改编有京剧《翠屏山》。在翠屏山脚下的十百户村（去年迁入蓟县新城）确有潘姓大族，村里人讲，潘巧云就是该村的，不过她并不水性杨花，是写书的“糟践”人。在翠屏山东侧火石沟，有一块巨石留有两个酷似妇女脚印的石窝，人们说那是潘巧云上山坠坡踩下的。《水浒传》中“三打祝家庄的故事”就是在杨雄杀死潘巧云后，与石秀、时迁投奔梁山的路上发生的。据说蓟县杨津庄镇的小漫河就是祝家庄的原型。

二、准确定位，对翠屏山实施合理规划和有效保护

1. 翠屏山的文化定位

翠屏山有着丰富的文化内涵，围坊遗址和青池遗址的发现两次改写了天津考古的历史；云泉寺辽碑，弥足珍贵，具有较高的史料价值；东岳庙和文笔峰塔，是翠屏山

成为历史文化名山的地标性建筑。石翁仲和水浒故事的传说，更显翠屏山的神秘和传奇色彩。因此，翠屏山的文化定位关系到翠屏山的保护与发展，应邀请国内著名历史专家、文化学者和县内资深文化工作者进一步研究考证。

2. 编制翠屏山保护规划

建议县地政府牵头，规划、文物、林业、地矿、旅游、库区办等部门立足实际，对翠屏山的自然环境、历史遗迹进行评估。依照翠屏山的文化定位，结合现有的优美环境、丰厚的文化资源、优越的地理位置，邀请相关领域专家编制“历史文化名山——翠屏山总体规划”，用于指导翠屏山的保护与开发利用。

3. 做足文化与环境文章，打造高品位的历史文化名山，为蓟县加快构建中等规模的现代化旅游城市添砖加瓦

首先，做好翠屏湖水资源和翠屏山现有环境的保护，严禁以任何名义进行开山采石，严禁在此区域的建设工程。其次，做好翠屏山历史文化资源的进一步挖掘，做好现有文化遗存的资料整理，做好典故传说的收集。再次，依照文物保护规划，把所有的文物保护单位和不可移动文物，实施整体保护，避免各种人为破坏。最后，依照翠屏山保护规划恢复东岳庙，建立翠屏山历史文化陈列馆，建设水浒与蓟州民俗文化园，设立翠屏山旅游文化节，恢复翠屏山庙会。真正实现有效保护与合理开发利用。

总之，我们要以科学、合理、可持续的规划为依托，去保护、建设翠屏山，展示出它悠久的历史、灿烂的文化、优美的自然风光，使它成为天津历史文化的又一闪光点。

作者简介：孟引玉，蓟县文物保管所，助理馆员，天津蓟县城内武定街41号，301900。

十、津沽史记

近代文明下的天津——浅议“近代百年看天津”

刘　翔
（天津博物馆）

摘要：天津，在中国近代史上具有举足轻重的地位。它是中国北方最大的工商业城市，是近代中国发展的缩影。本文从经济、政治军事、文化三方面对近代中国的影响进行了简要分析，论述了“近代百年看天津”的意义。

关键词：工商业　政治　军事　人文

天津，地处华北平原东北部，东临渤海，北依燕山。海河五大支流在此交汇。

这座中国北方重要的沿海城市，在近代百年的历史舞台上扮演着重要的角色。无论政治、军事、外交，还是经济、文化、教育等，天津虽谈不上独领风骚，但也是卓尔不群。放眼其他各大城市，虽不乏特点鲜明、地位显赫之例，但也仅限于某一或几点较为突出，像天津这样，在中国近代百年的风云中，各方面均具一定影响力，能堪称近代中国缩影的还尚属首例。

18世纪中叶在英国爆发的工业革命，使机器化大生产逐渐取代了手工生产，由此产生的深远影响波及欧洲大陆乃至世界。迅猛发展的生产力不仅制造出数倍于以前的商品，而且缩短了世界的距离。得益于工业革命的西方资产阶级变得异常强壮，基于海外市场的拓展和剩余价值的追求，他们曾试图礼貌地叩开中国之门，邀请中国加入世界体系之中，无奈故步自封的大清朝廷没有顺应生产力发展的历史潮流，拒绝合作。由此招致的后果就是中国在付出了沉重而且本可避免的代价下，被工业革命的物质成果——坚船利炮强行拉上了历史发展的轨道。从此中国进入了世界新秩序当中，一座座沿海城市向世界敞开了大门，1860年天津也成为其中一员。

一、近代中国先进生产力的代表

经历了两次鸦片战争的失利，中国开始第一次理性地反思，尽管反思的不够深刻彻底，但毕竟有所收获。19世纪中期，有识之士发起了旨在“自强求富”的“洋务运动”，利用国家资本创办了一批以军事用途为主的近代工业，开创了中国工业化的先河。其中天津的北洋机器局、轮船招商局、海关书信馆、电报线的架设、电话线路的架设、大沽船坞、开平煤矿、铁路的铺设等均在中国近代史上产生了深远的影响。近代中国城市的早期工业化与西方不同，它不是从动力革命开始的，而是从武器制造开始的，天津城市近代工业的韧发，就是在这样的社会背景下出现的。至于消费资料的生产，则是随着日后来自国外的经济侵略不断加深，进一步激起了中国人的民族主义精神，朝野上下才坚定了发展现代工业的决心①。进入20世纪，天津工业虽然遭受了八国联军的破坏，但很快就恢复并迅速勃兴起来。第一次世界大战，西方列强自顾不暇，这为中国工业发展提供了良好机遇，而天津工业更是借此进入了发展高峰期，并逐渐形成了自己的工业体系。食品、日用百货、化学工业、机械制造等大批工厂涌现，新式机器和蒸汽、电力新能源的利用更是宣告了手工作坊生产方式的终结，天津迎来了自己的工业时代。裕元纱厂到1923年资本额是560万元，是当时全国华商纱厂中资本额最高的工厂。6大纱厂资本总额达2100万元，是全国华商纱厂资本总额的30%；大丰面粉公司资本百万元，也是全国资本额最高的面粉厂之一；久大精盐公司和永利制碱公司资本达200万元以上，列全国化工行业之首；丹华火柴公司也跻身全国华商大型火柴公司之列②；启新洋灰公司长期稳居国内水泥产销量第一的位置；三条石地区已成为天津乃至华北地区颇具影响的机械制造及铸铁业的聚集地……，一项又一项令人骄傲的成绩不停地记录着天津近代工业的发展历程，也书写着天津近代工业在中国的辉煌历史。

天津地处九河下梢，水路运输历来极为发达。开埠后，其利于商业发展的地理位置迅速发挥出巨大优势，本身已相当发达的商业在近代工业飞速发展的刺激下，发生了质的改变。火车轮船的出现丰富了传统的运输方式，促进了多方位的联系。以天津为中心的铁路网大大延伸了其工商业的辐射范围。高效的运输能力把从西方涌入的大量商品运送到全国各地的城市乡村，特别是中国北方地区。而每个地方的商品供求信息又及时快速地汇集到天津，与国际商品市场的行情发生关系。大量的外贸出口使天津加入了世界商品经济的流通领域，商品价格不再根据本国生产的集约化程度和供求关系决定，而是附属于世界市场。天津就像一个迅速成熟起来的领航员，把中国这艘巨轮带入了世界经济体系的汪洋里。其次，天津商业的经营形式和手段逐渐向近代资本主义商业转化。有限股份公司的出现、董事制度的实行、契约精神的建立、商业分工的细化、商业规模的扩大，完全颠覆了旧有商业模式。中外金融行业及官僚军阀大量商业资本源源不断地流入市场，为天津工商业的大发展提供了保障。此外，外国租界的设立在改善城市基础设施方面，起到了示范带动作用，得到了天津政府的推广和

---

① 罗澍伟：《近代天津城市史》，中国社会科学出版社，1993年，第218页。

② 罗澍伟：《近代天津城市史》，中国社会科学出版社，1993年，第425页。

学习。发电厂、自来水厂、新式建筑、沥青公路、开启式铁桥、有轨电车等近代先进元素在天津迅速出现，使天津城市面貌与近代物质文明达到契合，加快了城市近代化的步伐。

天津在短时间内迅速成为北方第一，全国第二大工商业城市。由此形成的“磁石”效应愈发强烈，先进的物质文明、良好的工商业发展氛围、便利的交通条件，对任何人都具有不可抗拒的诱惑力。资本、人才、劳动力被大量吸引至此，寻求发展的空间与机遇，“要想发大财，快到北洋来”这句俗语曾在民间广泛流传。同时，先进的科学技术与现代化的商业运营理念也通过不断地交流向中国其他地方广泛传播，有力地推动了其他地区的经济发展。总之，天津已成为近代中国先进生产力的典型代表之一，其工业与商业发展始终居于全国前列，影响力巨大。以天津、上海等沿海发达城市为代表的先进力量就像数枚强有力的引擎，竭力推动着中国社会生产力发展的进步与变革，努力追赶着世界前进的脚步。

二、侵略势力的政治中心与中国近代军事的发源地

李鸿章长期担任直隶总督兼北洋大臣，久驻天津，这里成了其开展政治外交活动的重要舞台。天津距离首都北京近在咫尺，交通便利，政治与军事的重要性不言自明。西方列强早就觊觎天津多年，其实在中国北方，单就港口来说天津并不是最好的，而西方列强坚持把天津作为开埠城市，其意图也不仅仅限于经济利益的获取。侵略势力已把天津当做在华的重要政治基地，这一时期天津可以说是仅次于北京的“亚政治中心”。西方列强在此不仅可以监视北京政府的政治动向以便展开外交对话，同时还可凭借港口内军舰大炮的威慑作用，向北京施压，以此获得更多的谈判筹码。在《英国资产阶级纺织利益集团与两次鸦片战争史料》中有两段叙述有力地说明了其重要性：1835年7月24日（道光十五年六月二十九日），鸦片贩子胡夏米写信给英国外交大臣巴麦尊（H. J. Palmerston），极力鼓吹对中国使用武力。他在信中对天津的重要战略地位有一个极其全面的分析，他指出：“天津的商务不及福建的繁盛，但天津距北京不足五十英里，我们在天津所造成的惊恐，大可逼迫清政府早日结束战争。”1849年（道光二十九年）英国驻上海领事阿礼国写信给香港总督文翰说：“像中国这样疆土辽阔，人口众多的帝国如能不需作战就对首都作有力的封锁与围困，那好处是非同小可的。而这恰恰又是在我们掌握之中的事情；每当早春时节北京仰赖漕船通过大运河供应当年的粮食，我们开一支小小的航队到运河口就可以达到目的了。这种要挟手段，比毁灭二十个沿海或边境上的城市还要有效。”外国政治势力在中国的实体表现就是租界，天津租界的数量在全国是最多的，“国中之国”的现象是对中国主权的最大践踏。大批军阀官僚和富商在租界内居住并投资，主要是因为租界是安

全舒适的庇护所，同时这里也为下野的政客、军阀静观时局、韬光养晦，为其随时复出提供了良好的条件。1900年八国联军攻陷天津，成立都统衙门，全称“暂行管理津郡城厢内外地方事务都统衙门”，对天津实施了两年之久的殖民统治。而天津租界直到1945年抗战胜利才由中国政府彻底收回。

说到中国近代军事，不能不提天津。自金元定都北京之后，天津便被赋予了重要的军事职能，“拱卫京师”的职责一直延续到大清王朝。北洋水师是中国清朝后期建立的第一支近代化海军舰队，同时也是清政府建立的三支近代海军中实力和规模最大的一支。北洋水师1888年12月17日于山东威海卫的刘公岛正式成立，但由于天津保卫首都的重要性以及李鸿章常驻天津，北洋水师的核心及指挥中枢是天津。北洋海军司令部所在地设于天津，许多重要的海军机构，诸如大沽船坞、北洋水师学堂，以及鱼雷营、水雷营、储煤处、海军医院等均在天津。因此天津是北洋水师的重要基地。近代中国从此正式拥有了一支在当时堪称世界第六、亚洲第一的海军舰队。中国近代陆军的诞生也始于天津，1895年，袁世凯接任胡橘棻在天津小站操练新建陆军，新军在军队体制、编制、兵种的设置、武器的配备，以及后勤、医疗等方面进行了全方位改革，包括军事理论、战略战术等也全部向西方学习，彻底完成了中国陆军从农业文明时期向工业文明时期的转型。这种转型为中国培养了一大批近代新军事人才和将领，加速了旧军队的淘汰，对中国军队的近代化产生了非常重要的影响。另外，北洋军阀政治集团由此奠定了政治基础，王士珍、段祺瑞、冯国璋、唐绍仪、赵秉钧、靳云鹏等众多近代风云人物均出于此。中国近代海陆两军皆从天津诞生并发展壮大，天津为中国的近代军事事业做出了重要的贡献。

三、人文社会活动的丰富实践

天津作为中外矛盾的交汇点以及新旧文化的碰撞前沿，其思想观念及社会意识表现出了与生俱来的进步性与活跃性。国家的生存发展、民族的独立进步及追赶世界的迫切要求，是近代国人思考的共同命题。接受过西方教育的有识之士不断将外国的思想、政治、科技、文化介绍到中国，力图改造更新旧有体制。在这种背景下，数位文化名人在天津脱颖而出。被誉为“中国西学第一人”，翻译了《天演论》的中国启蒙思想家严复；发动了“史学革命”，中国近代著名思想家兼学术巨匠梁启超；中国话剧和近代音乐的开拓者，新文化运动的先驱李叔同等，均是其中的佼佼者。天津是“洋务运动”和“新政”的重要基地，其对于西方文明的学习有着强烈的愿望。因此这里是近代教育的发端，也是开展得最为蓬勃的地方。19世纪末，以培养国防力量和科技人才为主的一批院校应运而生，其中北洋武备学堂是中国近代第一所陆军军官学校，北洋西学堂（北洋大学堂的前身）是中国近代第一所大学。进入20世纪“新政”

后，天津的教育事业得到了更为广泛的发展，蒙养院、初等小学堂、高等小学堂、中学堂、高等学堂（或高等实业学堂、师范馆）、通儒院，形成了一定规模的教育体系，为社会提供了广泛接受基础教育和专业教育的机会。同时政府颁布了若干章程，从法律上确立了中国的近代学校教育制度[①]。20世纪初，天津城市文化呈现了多元化的趋势，传统的戏曲、曲艺市场繁荣，水平始终居于全国前列。受新文化运动影响，新文学、话剧、电影、西洋音乐等流行一时，深受学校师生及新青年的喜爱。而流行于租界的赛马、打球、跳舞等休闲娱乐方式则只属于洋人和有钱人。以宣传、教育、研究、文化推广为职能的社会文化事业也有了较大发展，如博物馆、图书馆、美术馆等。

东西方在不同文明体系下形成的意识形态使双方在互相了解及认知上具有一定的困难，对于闭关锁国多年的清王朝这点更为明显。天津毗邻首都，又是开放的窗口，文化的冲突尤为激烈，碰撞的结果就是外来文化某些部分可以被完全接受，某些部分与传统文化相融合，具有改良的性质，这种极具包容的气质是天津的特色。而这种包容气质的成因主要有两点：①天津发达的近代教育为此打下了良好的基础，开启了民智，为吸纳外来文化提供了适合的土壤。②由于交通条件便利，人员流动性强，天津自古便具有一种开放的基因，近代大批受过西方教育的各界精英在天津的社会活动，在教育、卫生、艺术、工商、金融、新闻传媒等方面的丰富实践，极大地增强了国人对外来文化的认知与接受。天津就像一个文化调适器，能将外来文化不断消化吸收，改造成更为国人所接受的、具有中国特色的产品，并向全国推广传播。天津的枢纽作用，不仅仅体现在经济方面，在外来文化的交流和推广上更是功不可没。

回首近代百年，天津在中国的重要地位是体现在多方面的，这既是历史造就的，也是人民书写的。众多历史人物、事件与天津的关联，百项全国第一的纪录，都只能说明昨天。当下，面对机遇与挑战，真诚地希望我们不仅仅拥有“近代百年看天津”的荣誉，更希望今后的天津时时刻刻都是我们的骄傲！

作者简介：刘翔，天津博物馆，馆员，天津市文化中心，300201。

① 罗澍伟：《近代天津城市史》，中国社会科学出版社，1993年，第478页。

人·文·事——几期《天津青年报》拾记

尹学梅　林开明

（天津博物馆）

摘要：1895年天津基督教青年会成立，作为一个带有宗教色彩并具有社会服务性质的公益团体，其以“非以役人，乃役于人”为会训，在传播西方近现代文明，发展社会事业等方面均有贡献。本文仅以其出版的《天津青年报》为依据，探究天津基督教青年会发展过程中的一些人和事。

关键词：《天津青年报》　基督教青年会　自助助人

中国基督教青年会以“发扬基督教精神，团结青年同志，养成完美人格，建设完美社会”为宗旨，其日常活动是以培养青年的德智体群四育为中心，使青年养成完美的人格，以服务于社会和建设完美的社会，于是对通过出版报刊书籍进行宣传高度重视。这不仅因为青年会宣传对象首先是学生及知识界，需要印成刊物进行传播以“感化”，更有美国实业家、国内社会名流捐款和会员费收入作资金支持，对青年会组织、工作情况需要向上级通报及与各地青年会交流的必要。因此，天津基督教青年会（Young Men's Christian Association of Tianjin）自1895年成立之后，不断有刊物出版。据《天津中华基督教青年会与近代天津文明》（以下简称《文集》）一书披露，至新中国成立以前出版的期刊有：1895年12月14日《天津基督教青年会会刊》第一期出版；1896年6月《中国的青年》创刊号出版；1897年《学塾月报》（中英文）第一期出版；1902年《天津青年会报》周刊创办，1906年中文改称《星期报》，1911年后，再次改称《青年报》；1911年《天津青年》半月刊创刊；1915年3月19日《会务杂志》周五刊出版；1919年1月9日《天津青年》改为月刊，附会务杂志；1943年1月《天津青年》改名《会员通讯》月刊。

至于《天津青年报》，《文集》较少提及。据笔者看到，1919年1月9日（星期四）出版的第36期《天津青年报》，封面注明“本报每月出版一次”，即为月刊。如按此推算，创刊号的第1期可能在1916年1月。可是，一年后1920年4月29日（星期四）出版的为84期，封面注明“本报每星期出版一次”，是为周刊。这两期比较相差48期，时间相隔一年又三个月，如此可以肯定在1919年1月9日后至1920年4月29日前，由月刊改为周刊。具体日期，有待佐证。这种变化正可以说明这时第一次世界大战刚结束、徐世昌新任总统面临时局对策、“五四”反帝爱国运动兴起、直皖军阀矛盾激化等形势，为适应报道内容增多和及时的需要。

刊名题字为隶书的《天津青年报》内容，一类是刊载干事、牧师演说志要，青年会大会记事，名会员、教友撰写的文章等；一类是报道青年会具体活动信息。通过期刊，了解青年会活动历史，反映出的时代背景、事件过程、人物言行，是近代史研究必要的参考资料。现就几期《天津青年报》拾记如下。

一、张伯苓：自助助人，出而助国

张伯苓于1909年加入基督教青年会，并被选为董事。1911年、1920年两度任董事会会正①，成为天津青年会最高领导人。关于他在青年会的活动及讲话，《天津青年报》多有报道。1920年4月2日，他在维斯礼堂召开全国第八次大会上做了讲话。他讲道："现在我国虽改中华民国，然无中华民国之国民。""至今已民国九年，人民仍无民国之思想。吾国四万万人民由专制而改共和，是全球上从来未有。如此之大国一旦改良为共和国，欲作民国之国民，必先由基督教倡始，而后乃有民国共和之真精神。"②

什么是"民国之思想""民国之国民""民国共和之真精神"？从5月22日张伯苓在新旧会员特别大会上的讲话可以看出，他认为九年来"有民国无国民"，"国民是社会的，非家族的"。这就是暗指，自民国建立后，军阀当道，为争权夺利，把国民视为自己所占地盘、隶属派系家族利益的国民，而不是把民国看成全体国民共有利益的民国，并为派系利益混战不已，给国民带来灾难。所以他说："自推翻专制政体改建共和九年以来，未享美满幸福。"如何具有民国思想，成为民国国民？他劝青年会会员，不能像青年会刚建立时，只求"远避流俗，恐受沾染，独善其身"，而应该"兼善以成物，俨若被保护着化为兵士，出而与恶魔战，保护他人"，将过去"取守势，今则取攻势"，这是"随科学同其发达，不期然而然者"，即要随时代潮流，较前尤有进步。因为他看到"五四"运动以来，"吾华人爱国热情如今似达极点"的形势。最后他的结论是"欲造就大多数共和国民，非有一良好机关互相观摩、陶铸之不可，青年会即良好之机关也。入会之大宗旨即如上所云自助助人，出而助国"③。这里我们看到张伯苓因为国民没有享受到美满幸福生活而担忧的爱民思想；把民国国民应有的思想、共和精神与青年会宗旨"助人""助国"联系起来，反映出其可贵的爱国精神。

① 《张伯苓与天津基督教青年会》，《天津文史资料选辑》第72辑，天津人民出版社，第105页。

② 《天津青年报》第84期（1920年4月29日）。

③ 《天津青年报》第88期（1920年5月27日）。

二、黎元洪：德智体群并加讲求，实能补偏救弊

与天津青年会关系密切、在津门政治身份最高者当是曾任民国总统的黎元洪（字宋卿），他有两段时间赋闲在天津家中。1917年7月因张勋复辟被迫退位，至1922年6月入京复任总统；1923年6月辞职回津至1928年6月病故，前后有10年时间。黎元洪“崇拜英美的思想”①，“很愿意和美国人做朋友”②，所以他对源自欧美的基督教青年会组织及其宗旨心存仰慕，不仅其子女参加青年会、女青年会组织活动，他的宅第英租界十号路（今保定道）也曾作为会员的活动场所③。他本人更是青年会的座上宾，有重要活动都要请他出席讲话。1920年5月22日，青年会在东马路会所召开年内会务及春季征友成绩报告会，主持人张伯苓。黎元洪做了热情洋溢的演说：青年会“致青年人有学问，与国家良多裨益。斯会提倡四育，德智体群并加讲求，实能补偏救弊”；希望青年人要学习西方人，“做事精勤，计时程功，不误晷刻”；如此“发奋有为，则四万万人劳心劳力之方针同一改良，国有不强者乎？！”④8月21日，美国议员团来华旅游到达天津，黎元洪以退职大总统身份在家中招待客人，青年会派出外籍干事郝瑞满协助⑤。1926年世界基督教青年会组织约2000人来天津访问，黎元洪也热情接待，并备办每人一份茶点⑥。这些反映了黎元洪的亲美情结，成为天津基督教青年会与世界基督教青年会联系的重要人物。

三、吕碧城：入青年会由以自助助人，渐能救国

吕碧城，又名兰清，字圣因，号遁天，1883年生于安徽旌德，1895年丧父，随舅父严朗轩定居天津。少年好诗词，1903年为《大公报》创办人英敛之聘为编辑。正是经英敛之介绍，吕碧城成为近代启蒙思想家严复的得意门生。1904年，吕碧城任北洋女子公学总教习，后任校长；民国初年，被袁世凯聘为公府秘书；1918年曾赴美国哥伦比亚大学留学。她有多部著作问世，《鸿雪因缘》《吕碧城集》《信芳集》《晓珠

---

① 黎绍芬：《黎元洪事略》，《天津文史资料选辑》第11辑，第137页。
② 徐世敏：《黎元洪与天津》，《天津文史资料选辑》第52辑，第57页。
③ 《天津基督教女青年会会务季刊》第9期（1928年6月）。
④ 《天津青年报》第88期（1920年5月27日）。
⑤ 《天津青年报》第95期（1920年8月26日）。
⑥ 徐世敏：《黎元洪与天津》，《天津文史资料选辑》第52辑，第56页。

词》《雪绘词》等，其中《鸿雪因缘》，“吟咏多以宣扬佛学为旨趣”[①]。她还曾将佛经译为英文，可能是佛教主张“自觉” “觉他”的教义与青年会“自助助人”倡导有相通之处，吕碧城与青年会联系密切。1920年4月29日出版《天津青年报》（84期），特选登她一首七言律诗《出居庸关登万里长城》：“摩天拔地青巉巉，是何年月来人间。浑疑娲后双娥黛，染作长空两壁山。飙车一箭穿严腹（汽车穿山而过——原注），四大皆黝幽难烛。石破天惊信有之，惟凭爆弹迁陵谷。万翠朝宗拱一关，山巅雉堞长蜿蜒。岧峣岂仅人踪绝，猿鸟欲度仍相还。当时艰苦劳民力，荒陬亘古冤魂集。得失全凭筹措间，有关不守嗟何益。只今重译尽交通，抉尽藩篱一纸中（时中日协约告成——原注）。金汤枉说天然险，地下千年哭祖龙。”诗中除形容长城巍峨青翠的景色，蜿蜒险绝的气势外，对冤死荒隅的筑城劳苦大众寄予了深切同情，对有损中国领土主权的中日协约表达了沉重的担忧和不满，长城不再被看成金汤永固的天险，在地下千年的始皇帝将为之哭泣。原来，1918年5月日本帝国主义为侵占掠夺我东北领土，以十月革命后苏维埃政权威胁为借口，与段祺瑞政府签订《中日陆军共同防敌军事协定》，允许战争中日军可以进驻中国境内，中国军队应予援助。这一丧权辱国的协定，引起上海、北京学生、工人、商人及留日学生的抗议，反对日本帝国主义的侵略阴谋和段祺瑞政府的卖国行径。吕碧城以登长城赋诗，寄托爱民忧国的情怀，如《天津青年报》记者仲昶轩在诗后附言：“近得女士信芳集诗稿，字字珠玑，深于哲理。忧时爱国之忱溢于言表，爰择录登报，有奇共尝，谅亦保存国粹者所快睹也。出之巾帼手笔，尤足以愧励须眉。”《天津青年报》常选登吕碧城有深意的诗作，如《赠高丽音乐家吴小坡女士次南湖韵》：“乾坤苍莽蕴奇忧，小拓诗坛寄此楼。故国可怜惟夕照，余芬未泯有清流……”[②]，同情吴小坡的祖国韩国被日本吞并，但她的音乐芬芳并未泯灭，如一股清流继续流淌。

1920年5月22日青年会召开特别大会，吕碧城作为北洋女子公学校长身份同黎元洪被邀为嘉宾。会上她也做了发言：“青年会宗旨兼自助助人二义，洵称美善。惜吾国人尚有多数不知自助，遑论助人。社会情形自助无甚兴味。毕生不出户庭，耳目所闻见者无非琐屑龃龉之事，任世界风云如何变动，学问如何增进，不识不知。欲多知世事，须入青年会由以自助助人，渐能救国。虽庄周有言，吾生有涯而智无涯，以有涯随无涯者殆已！窃意，一人之知识有限，众人之知识无穷，阅世生人，阅人成世，合世人之生命以致知。世人不死，知识不尽也！”[③]吕碧城表达了人类永生，知识无穷，学无止境的思想，劝青年人应走入社会，增长知识，才能自助助人，进而“渐能救

① 天津市政协文史研究委员会：《天津近代人物录》，天津市地方史志编修委员会出版社，1987年，第75页。

② 《天津青年报》第91期（1920年6月17日）。

③ 《天津青年报》第88期（1920年5月27日）。

国”。这时，经“五四”爱国运动，科学与民主思潮兴起，吕碧城的讲话适应了时代潮流。此外，在此次特别大会上，吕碧城还代表青年会给“征友”有成绩的会员颁发奖品。

四、在军阀战区进行救护救济活动

1920年7月10～18日，直系曹锟（直隶督军兼第一路军司令）在奉系张作霖援助下，与皖系段祺瑞（国务总理）各自掌握的军队，在京汉、津浦路沿线北段和京奉路沿线南段展开激烈战斗，结果皖系战败。当时天津总商会等各团体纷纷谴责段祺瑞窃权卖国。京津红十字会和天津基督教青年会组织人员到战区救护伤兵，救济灾民。据《天津青年会》1920年8月19日94期报道：“近畿军阀交攻，优胜劣败固属天从人愿之一大快事。然统计南西东三路战线内外及小站、德县（德州）、桑园等处，双方死伤者约数千人，至被边防军（皖系）蹂躏掠夺之城镇村落、遭殃难民尤不计其数。加以今夏天气异常炎热，中暑染疫之患到处皆有。”于是中国红十字会天津分会中的青年会会员，如王梦臣、孙子文、卞月庭、马千里、赵幼梅、王延年、刘兰轩及青年报记者仲昶轩外，又增加新任职会员多人负责组织四个救护队，分赴杨村、丰台、固安、涿县战地。会员中有许多学习过伤科急救，曾有奉军30多名伤员被及时救治痊愈。与此同时，由中国红十字会北京女界分会会长熊希龄（京畿水灾善后督办）的夫人领导，以天津大营门中学为驻津事务所，并附设妇孺救济会，张伯苓组织南开学校三个队、青年会干事一个队配合，前往安次、廊坊、黄村一带。从7月下旬至8月中旬半个多月，深入战区几十个村镇，开展对军队伤员、贫病群众进行施医济药、放款放粮的救护救济活动。8月20日，红十字会北京女分会在天津基督教青年会膳厅举行宴会，邀请张伯苓及天津基督教青年会救护队共70多人出席，熊希龄夫妇分别致辞，称北京女界分会在津门附设妇孺救济会以来，受到天津青年会诸君热心赞助，积极进行救济及调查活动，虽仅十几天时间，但“成绩至为优美”。队员们“于炎天赤日之中，腐尸暴露之地，冒暑奔驰，尤为可感！”张伯苓代表天津基督教青年会队员答谢。会后合影留念①。

天津基督教青年会对天灾——1917年天津特大水灾的救济活动已经开始，而对于人祸——直皖战争造成祸害的救济活动，则是首次。它再一次践行了“非以役人，乃役于人”的会训，仅据《天津青年报》必要在此一记。

作者简介：尹学梅，天津博物馆，馆员，天津市文化中心，300201。

林开明，天津博物馆，副研究馆员，天津市文化中心，300201。

---

① 《天津青年报》第95期（1920年8月26日）。

天津纺织工业的由来及历史变迁

王庚利
（天津纺织博物馆）

摘要：19世纪中叶后，天津纺织工业早于国内其他省市起步发展。资金、技术、设备、交通、原料等方面的优势奠定了其在国内的领先地位。本文对近代天津纺织工业的发展变迁做以简要地梳理与介绍。

关键词：天津纺织工业　起源　发展变迁

一、天津纺织工业的起源

如果追溯天津纺织工业的起源，本文认为应该从第一次鸦片战争说起（1840～1842年）。鸦片战争后，在西方列强炮舰政策的轰击下，清政府被迫改闭关为开放，并签订了一系列丧权辱国的不平等条约，逐渐使中国走向半封建半殖民地的深渊。但有些问题历史地看，的确存在祸兮福所倚、福兮祸所伏的现象，也正是在这样的背景下带来了我们国家内外贸易市场和商品经济的活跃，客观上刺激了我国资本主义的发展和近代工业的产生。所谓近代工业，是指工业生产由手工工场发展到资本主义机器生产阶段。

天津近代纺织工业的起源，即由此而生。19世纪中叶后，天津社会经济发生了深刻变化，最突出的是近代机器工业的诞生。天津地区当时拥有得天独厚的发展条件：京畿之地，交通便利，原料充足，精英荟萃，腹地辽阔和西方技术传入较早等便利条件，因此工业发展比一般内地城市为快。20世纪初，天津出现了直隶工艺总局和实习工场，还出现了最早的机器纺纱厂。此前的纺织业系手工织机或带有部分动力的铁木织机。

而形成一定产能规模的近、现代企业，应该首提当时天津的一位历史人物，即当时在实业界大名鼎鼎的周学熙（其父周馥，官至两广总督；本人为袁世凯幕僚，主持北洋实业，做到财务总长，其侄周叔弢，实业家、收藏鉴赏家。其家世渊源深厚）。1903年，袁世凯委任时任天津候补道台的周学熙来津总办直隶工艺总局。到任后，周学熙积极倡导并开办工厂，为当时北洋实业界的奠基人。历史上与清末实业家张謇齐名，有“南张北周”之说（张謇，清末状元，实业家、教育家、近代棉纺工业开拓者）。

在此期间，天津华新纱厂（1915年创建，后称三环集团）、裕元纱厂（1915年创建，后称棉纺二厂）、恒源纱厂（1917年创建，后称恒源毛纺织厂）、北洋纱厂（1920年创建，后称天鼎公司）、宝成纱厂（1920年创建，继之与裕大合并后称棉纺三厂）、裕大纱厂（1921年创建，继之与宝成合并，后称棉纺三厂）六大纱厂相继建成。由此，天津近代纺织工业初步形成。

二、天津纺织工业的布局

在20世纪初，天津有幸成为清政府推行“新政”的试验基地。这个时期不仅出现了直隶工艺总局及实习工场，还出现了最早的针织业、丝织业，建立了当时在天津机械化程度最高的六大纺纱厂，机器织布工厂也有了新的、较大面积的增长。纺织工业内部分工越来越细，开始建立了机器针织业、提花业、帆布业、线毯业、织带业、地毯业、毛巾业等共计12个门类。1912～1928年天津纺织厂家数已达1407家，总资本额为2687.05万元，占当时天津民族工业资本额的30%强。无论是厂家数，还是资本数额，都居天津各行业的首位。

天津纺织工业，尤其是大型企业在布局上有个特点，多为临河而建。这样的布局，既为方便运输，又能节约生产成本。当时，海河—北运河—新开河—金钟河一线成为天津民族纺织工业带。

由于棉纺织业的利润丰厚且稳定，大大超过了中国传统的地租、房租等资本的盈利水平。高额的投资回报，引起了众多北洋军阀和政客的关注，他们纷纷把资本从原来的商业、房地产投资转向工业投资，特别是棉纺行业和面粉行业。这样一来，在客观上也促进了天津纺织工业的发展。大家都很清楚，升斗小民无钱投资，投资者大都属于离开政坛的官宦之流。第一，他们与京城人脉有千丝万缕的联系；第二，他们也不愿放弃养尊处优的享受生活；第三，坐吃山空、选择稳健投资，便是他们的必然归宿。而天津地域自然成为他们投资的首选。天津“五大道”便活生生记录了这段历史。

为了更清晰地说明这个问题，我们在这里向大家提供一组当时在天津纺织业投资的政客、军阀的名单，应该能够说明一些问题。

黎元洪、段祺瑞、冯国璋、曹锟、徐世昌、徐世章、张作霖、曹汝霖、倪嗣冲、曹锐、徐树铮、边守靖、鲍贵卿、卞继昌、朱启钤、王辑唐、段芝贵、杨味云、孙多森、龚心湛、陈光远、王筱汀、冯耿光、吴鼎昌、李纯、田中玉、王鹿泉等。

这些达官显贵能在天津投下巨资，除了机缘巧合等因素外，起码能说明两个问题：一是天津纺织工业在全国享有很高的地位；二是天津纺织工业盈利能力强，投资其中可获稳定的预期利润。否则，这些人不会有此善举。天津之所以能够成为北方重要工业基地，自有其合理的渊源。

顺便说一下，天津纺织工业之所以能在极端落后的条件下，迎来一次难得的发展机遇，是有其深刻的国内、国际背景的。第一次世界大战爆发后（1914～1918年），西方国家忙于战争，无暇顾及中国市场，给了中国民族工业一个难得的发展机遇期，也正是这一段历史机缘，为我们国家、我们天津民族工业的后续发展提供了一个非常难得的空间和舞台。当然，这是后话。

三、天津纺织企业的变迁

近代天津纺织工业，具有代表性的企业，严格讲主要涉及几个大的棉纺织企业。而几大棉纺厂的变迁也凸显了天津民族工业曲折前行的发展历史。

华新纱厂：华新纺织公司于1916年在津建厂，1918年华新天津纱厂正式投产。资本总额为200万元，厂址位于小于庄（现河北区）。20世纪30年代初华新纱厂转卖给日本中渊纺织株式会社，改为公大七厂。新中国成立后，改为国有天津印染厂。

周叔弢（周学熙侄子，实业家、收藏鉴赏家，居天津，1984年去世），为天津华新纱厂第一任经理。

裕元纱厂：由天津金城银行总董事王郅隆（死于日本东京大地震）、安徽督军倪嗣冲及安福系军阀和官僚投资创办，王郅隆任总经理。1918年4月正式投产，资本总额为556万元，厂址设在小刘庄海河沿（现河西区）。裕元纱厂是当时天津规模最大、获利最丰、实力最雄厚的纺织纱厂，开近代天津大型纱厂之先河。20世纪30年代初因日资控制，裕元纱厂转卖给日本中渊纺织株式会社，改为公大六厂。新中国成立后，改为国有天津第二棉纺织厂。

北洋纱厂：由天津敦庆隆号洋布庄的民族商业资本家纪锦斋联合隆顺、隆聚、瑞兴、同义兴、庆丰义等七家棉布商号，并连同百元以上小股东200余户集资创办。创办人范竹斋、卞继昌，资本总额300万元。1921年9月开工生产，厂址在挂甲寺南北大街。1966～1976年更名为四新纱厂，后改为天津第六棉纺厂。

恒源纱厂：由官办直隶模范纱厂与恒源帆布公司合并组建恒源纺织有限公司（恒源纱厂），创办人章瑞廷，发起人为曹锐、章瑞廷、王鹿泉、田中玉、鲍贵卿、冯伯崇、边守靖、宋文轩等。开办时有137户认股，资本额400万元。1919年在农商部注册，1920年8月正式开工，厂址西窑洼（现河北区天纬路）。新中国成立后，曾更名为天津市第一毛纺织厂。

裕大纱厂：创办于1920年，1922年开工生产。创办人陈承修，专务董事王克敏。股东多为有一定政治背景的金融界人士、军政要人及个别社会名流，如中国银行总裁冯耿光、盐业银行总经理吴鼎昌、北洋政府财政部长王克敏和著名京剧演员梅兰芳等，资本总额号称300万元，实际只有134万元，厂址位于河东郑庄子。20世纪30年代初，裕大纱厂转卖给日资大福公司，大福公司成立天津纺织公司，将宝成和裕大合并为天津纱厂。新中国成立后，为国有天津第三棉纺织厂。

宝成纱厂：创建于1920年，1922年下半年开工生产，创办人刘伯森，第一任经理吴敬仪，资本总额300万元，厂址位于河东郑庄子。刘伯森受清末民初著名实业家张謇影响投资工业，在沪建有宝成第一、第二两个纱厂，在天津建立的纱厂与沪厂统排，称“天津宝成第三纱厂”。20世纪30年代初宝成转卖给日资大福公司，大福公司成立天津纺织公司，将宝成和裕大合并为天津纱厂。新中国成立后，为国有天津第三棉纺织厂。

这些企业在筹建之初，乃至建成之后，曾经有过短暂的辉煌，但仅维持了不长的时间。究其原因，虽然背景复杂，但有一条至关重要：没有一个强大、稳定的政府支撑，我们国家的民族工业生存空间不仅有限，且很脆弱。国运即家运，这也是我们在这里不厌其烦讲述纺织企业历史变迁的初衷。

四、天津近代纺织工业几个历史节点和重点企业

1. 宝成纱厂国内首创八小时工作制

1930年2月，时任宝成纱厂经理的吴敬仪鉴于十二小时工作“实疲神而生产绌，劳资两害”，密定章则，毅然在该厂推行八小时工作制，此举为中国劳动界之首创。

1930年2月17日，《大公报》就宝成纱厂在全国率先推广八小时工作制给予了广泛地报道。

吴敬仪先生的公子系曾任全国人大常委会副委员长的吴阶平同志，由此亦可以佐证家世渊源之说。

2. 仁立：仁立实业公司1922年成立于北京

1931年，仁立毛纺股份有限公司在天津英租界建立，朱继圣时任总经理。创建仁立毛纺股份有限公司的过程中，朱继圣采用国外比较先进的经营管理制度，改进企业管理，使企业得到较快发展。该厂从最初生产地毯逐步扩展到生产粗纺毛呢和精纺毛绒，到1937年已成为粗纺、精纺、织造、染整全能厂，是华北第一家民族资本毛呢厂，也是国内外知名度较高的毛纺企业之一（表一）。

表一　仁立毛纺股份有限公司重要职员一览表

姓名	职务	籍贯	学历
朱继圣	总经理	浙江鄞县	美国威斯康星大学经济硕士
凌其峻	副总经理兼北京分公司经理	江苏上海	美国欧海瓦大学毕业
陈礼	天津公司经理	浙江诸暨	美国乌斯脱工专工程师
杨玉文	副理兼总工程师	辽宁海城	北京工学院毕业
毛学礼	副理	河北天津	北京中国大学毕业
刘 堂	副理	河北天津	天津南开大学毕业
冯蓉	襄理兼洗染部主任	广东恩平	天津南开大学毕业
潘廉志	襄理兼制毯总部主任	江苏江宁	日本名古屋高工毕业
苏建基	襄理兼蛋厂主任	安徽泾县	金陵大学毕业
唐宝心	襄理	河北通县	国立清华大学毕业

朱继圣（1894～1972年），字道贤，浙江鄞县人，纺织企业家。1915年毕业于清华学堂，后赴美国威斯康星大学学习经济学和货币银行学，获硕士学位；1921年回国；1922年任北京仁立公司副经理；1926年升任总经理；1931年天津仁立毛纺股份有限公司成立后任总经理。

朱继圣是一位爱国的新型企业家。中华人民共和国成立后，朱继圣被选为第一、第二、第三届全国人大代表，第三、四届全国政协委员，民主建国会中央常委，全国工商联常委等。抗美援朝时期，朱继圣还捐献了一架飞机支援我军前线战场。

在20世纪30年代初，中国人受教育程度普遍较低，而仁立的主要管理人员全部受过高等教育，而且不乏世界级的名牌大学。知识就是力量，百年企业、百年传承，可谓言之不虚。

3. 东亚：天津近代民族工业缩影

东亚毛呢纺织股份有限公司于1932年建成投产，宋棐卿任董事长兼总经理。创建东亚过程中，宋棐卿将西方先进的管理方式和中国传统文化相结合，采用儒家“文治教化”之道，制定了厂训、厂歌，提出了东亚的“四大主义”和“四大目的”，以“东亚铭”规定了东亚公司宗旨和员工做事为人的准则，形成了独具特色的东亚企业文化，影响至今。东亚铭集东亚企业文化之大成：规定了主义、公司之主义、做事、为人、人格等，提出：不忠于己者，焉忠于人；不忠于夫妇者，焉忠于友；不忠于亲族者，焉忠于社会；不忠于家者，焉忠于国。至今读来，依然感慨如斯。

东亚公司以生产“抵羊”牌毛线，创国货品牌而闻名，产品行销全国。东亚公司的历史是近代天津民族工业发展的缩影。“抵羊”商标的确立，深刻地体现了“东亚文化”的爱国精神。为了抵制当时在天津盛销的日本“麻雀”牌毛线，在商标上采用了抵制洋货的“抵”和山羊的“羊”，图案的两只羊是中国羊占东半球，另一只羊占西半球，东半球的羊略高而且雄壮有力，表示已占上风，西半球的羊则略低，而且有被抵得后退的样子。“抵羊”商标意味深长，颇受国人欢迎，一直沿用至今。当时，其产品曾供不应求，1933年“抵羊”牌已成为全国名牌。

宋棐卿（1898～1955年），山东益都人，近代著名实业家。早年就读于北京汇文中学，毕业后考入燕京大学，1920年转赴美国芝加哥西北大学商学院攻读工商管理兼修化学课程。1922年回国后，历任济南德昌洋行和天津德昌贸易公司经理。1932年在天津创办东亚毛呢纺织股份有限公司，任董事长兼总经理。亲笔撰写了《我的梦》，就东亚公司未来发展提出了诸多设想。

我们在梳理东亚企业文化的过程中，接触过东亚的一些藏品，其中有一组题词曾引起我们强烈的兴趣：通过简单整理，我们共收集到172名，如李宗仁、于右任、黄炎培、阎锡山、孙科等社会名流为东亚的题词，且内容极尽褒扬之意，着实令人感叹不已。一个企业即使放到今天，能得到如此大规模社会名流的关注，亦属凤毛麟角。可见当时东亚的影响和魅力。

宋棐卿其人命运多舛，1899年5月26日至1955年7月17日，虽然曾在天津乃至全国叱咤风云，风光无限，但其晚景却萧疏凄凉，客死他乡（阿根廷）。时耶？命耶？其中缘由掺杂了太多的因素，也非常复杂。用《礼记·大学》中讲到的：修身、齐家、治国、平天下的襟怀评价人生，似乎显得太过深邃。芸芸众生，不过修身而已。具体到宋棐卿这样的人物甚至也无法做到齐家的程度，何况于常人。不过修身养性而已。

五、日本侵华后天津纺织工业的格局

如果涉及天津纺织工业历史沿革，绕不过去的一个坎是日本侵华时期。因为在这一历史时段，既是天津民族工业惨遭蹂躏、同时亦是天津纺织工业畸形发展的时期。

说来话长，第一次世界大战以来，日本加速在我国扩张侵略势力。1931年“九一八”事变，日本占领东北三省，随后侵入华北，并加紧在华北地区的经济侵略。“七七”事变后，日本开始全面侵华战争，华北地区很快沦为日军的占领区。日本以强大的军事力量作为后盾，全面控制了华北地区的棉花生产、销售和贸易，对中国企业实行了强化管理，并以商品倾销、资金控制和直接投资企业三种形式对天津民族工业进行大肆地掠夺和统治，当时，天津纺织业几乎全部被日本垄断。

1933年日本工商界纷纷涌入华北进行投资，以赚取超额利润，并随之建立了一批纺织企业。当然，其根本目的在于掠夺我国资源，打压民族工业的发展，为其侵略战争提供军需物资。

裕丰纺织株式会社天津工场：1936年，日资在天津建立。新中国成立后，为国有天津第一棉纺织厂。

上海纺织株式会社天津工场：1936年，日资在天津建立。新中国成立后，为国有天津第四棉纺织厂。

双喜纺织株式会社天津工场：1936年，日资在天津建立。新中国成立后，为国有天津第五棉纺织厂。

大康纺织株式会社天津工场：1936年，日资在天津建立。新中国成立后，为国有天津第六棉纺织厂，后改产改名为玻璃纤维厂。

在日本帝国主义的掠夺控制下，天津民族纺织企业苦撑危局，艰难抗争。日资收购四大纱厂后（1931年以来先后收购了华新纱厂、裕元纱厂、裕大纱厂、宝成纱厂），也想收购恒源纱厂和北洋纱厂。但恒源和北洋两厂不愿被日资收购，其中恒源纱厂股东章瑞庭出于民族气节，明确提出"宁愿少卖钱，也要卖给中国人，而不能卖给外国人"。在民族资本家的抵制下，恒源纱厂和北洋纱厂分别于1935年和1936年为金城和中南两家银行组成的诚孚信托公司接管，成为金融资本直接控制的企业。银行财团对纱厂的控制，不仅扭转了两厂负债累累的状况，而且逐步改变了纱厂落后的管理方式。当然，这已是后话。

日本这个民族很有特点，仅靠一隅之地、几千万民众（第二次世界大战前7100万人）却能横行于世界，这不能不让人们扼腕思索。日本国力发轫于明治维新，此前不过是衰朽不堪的德川幕府时代，自1867年日本明治天皇倒幕密诏酝酿维新始（1871年正式颁诏，第一任首相大久保利通）至1895年中日甲午战争止，不过20多年的时间，就使一个贫瘠的、积贫积弱的民族一举成为世界级的强国。甚至在1904年的日俄战争中击败了号称"欧洲宪兵"的俄国。而几乎在同时，甚至在更早的1861年，由曾国藩发起的、由一班干吏承前启后如李鸿章、左中堂、张之洞辈主持的洋务运动（包括恭亲王奕䜣）却举步艰难、无疾而终、不了了之。这批人，无论从什么角度看，都是中国人的精英呀！其中渊源，又需要一番议论，不谈也罢。

六、国民党统治时期的天津纺织工业

抗日战争胜利后，国民党政府接收了日本在天津的纺织企业，并随即成立：

中纺一厂（原裕丰纱厂，后棉纺一厂）。

中纺二厂（原公大六厂，后棉纺二厂）。

中纺三厂（原天津纱厂，后棉纺三厂）。

中纺四厂（原上海纱厂，后棉纺四厂）。

中纺五厂（原双喜纱厂，后棉纺五厂）。

中纺六厂（原大康纱厂，后玻璃纤维厂）。

中纺七厂（原公大七厂，后国印）。

天津第一机械厂（现天津纺织机械厂）和部分丝织厂。

以上企业组成中国纺织建设公司天津分公司，该公司所属各厂的设备是当时我国纺织工业中最先进的。系大型、大规模国有企业的开端，民营企业不在其列（当时民营纱厂较大的有恒源纱厂、北洋纱厂、达生纱厂）。

这个时期纺织工业是天津工业的主体部分，在全国纺织行业中占第二位。据1947年统计，天津纺织工业大、小工厂共计1158家，占全市工厂总数的25%。职工人数为31 975人，占全市职工总数的30%，产值占全市工业总产值的64.74%。

抗战胜利后由于政局动荡、战火连绵、交通受阻、通货膨胀，工业品价格猛跌，原料奇缺，生产极其困难。纺织工业由于原棉缺乏，生产异常困难。1946年，七个棉纺厂的设备仅开动40%。由于国内原棉供应不足，中纺各厂只得依赖美棉，1948年美棉调入比1947年减少一半，各厂不得不处于停产、半停产状态。各厂每周只能维持开工3天，产量下降一半以上。1948年天津共有织布机8867台，在运转的仅4867台。

到天津解放前夕，天津工业生产已每况愈下，加之国民党举措失当，金圆券大幅贬值，民不聊生。由此衍生了由本白棉布充当币值的一段史话。

七、天津纺织工业大发展时期

天津解放后，在党和政府领导下，通过接管官僚资本、对民族资本纺织企业及手工纺织业进行社会主义改造，广泛开展技术革新，纺织工业迅速恢复崛起。主要经历了如下几个阶段。

1. 接收官僚资本，迅速恢复生产时期

1949年1月15日天津解放。天津市军事管制委员会接管了中国纺织建设公司天津分公司及所属八个厂，并迅速组织恢复生产。1949～1952年三年经济恢复时期，市政府将官僚资本的棉纺厂、纺织机械厂、毛织厂等14个企业改为国有企业，成为天津纺织工业的骨干。同时，对遗留下来的老设备进行改造，改革了旧的管理制度，改善了生产和劳动条件。到1952年年末，从业人员达84 539人，工业总产值达73 632万元，实现利润9210万元，是1949年的9.6倍。

1950年，周恩来总理亲自签发了由中央人民政府政务院任命刘再生为纺织部华北纺织管理局局长的任命书。这在当时非常少见，亦在一定程度上反映了当时中央对天津纺织工业的重视程度。

2. 实行公私合营，奠定发展基础时期

国家第一个五年计划时期，天津纺织工业完成了对民族资本企业的社会主义改造，将1200多家私营纺织企业和手工纺织业合并、合营改组为140个中小型工厂，确立了公有制的基础，并逐步形成了由棉纺、印染、色织、织布、毛纺、丝绸、针织、日用棉织、器材等行业组成的比较完整的产业体系，为今后的大发展奠定了较为坚实的基础。

3. 开展技术革新，加快纺织发展时期

20世纪50～60年代，全国掀起技术革新热潮，天津纺织系统发扬自力更生、艰苦奋斗的精神，大力开展技术革新、技术革命与合理化建议活动，对原有的纺织设备实施技术改造，提高了设备的机械化、半机械化水平，使广大职工摆脱了笨重的体力劳动和手工操作，涌现了大量技术人才。至60年代末，天津纺织系统实现技术革新项目达17 000余项，创造了良好的经济效益。

4. 发挥技术优势，支援国家建设时期

新中国成立后，天津纺织工业积极响应国家支援国内外纺织建设的号召，连续数年派出专家、技术人员和工人等2900余人支援北京、石家庄、邯郸、保定、榆次、包头、新疆等地纺织重点项目建设。先后将四个纺织厂部分设备和人员成建制迁往山西、河北等地，并承担了国家支援阿富汗、巴基斯坦、乌干达、缅甸等国纺织工业建设任务，为纺织工业的发展做出了重大贡献。

整个计划经济时期，天津纺织作为传统支柱产业，为天津经济发展做出了重要贡献，曾与上海、青岛共享 “上、青、天”美誉。改革开放以来，随着我国经济体制转轨变型，天津纺织业受多重因素影响，逐步陷入低谷。面对严峻挑战，“天纺人”弘扬“四气”精神，实施一系列改革举措，2000年终于结束八年亏损，实现了历史性重大转折。在建设都市纺织进程中，抓住天津工业战略东移机遇，创建高新纺织工业园，为天津纺织业再创辉煌搭建了新的平台。

八、题　外　话

天津纺织工业走到今天，可以用“经历坎坷、负重前行”这八个字来表述。时至今日，由于众所周知的国际性的经济危机，天津纺织工业仍然在拼搏与奋斗，彻底改变这种境况，可能还有很长的一段路要走。但是，我在这里斗胆提出一个观点：天津乃至中国的发展，已然成为一种发展的趋势。既然是一种趋势（涵盖政治、经济、文化、军事、科技、民生），而且这种趋势已被国际经济界乃至国际性主流媒体所认同，那么目前的困难和问题只是暂时的，随着时间的推移，这些困难和问题终究会得到解决。因为，趋势是无法逆转的，尽管一些行业的发展境遇会有所不同。

一己之见，粗疏难免，敬请谅解。

作者简介：王庚利，天津纺织博物馆，馆长，天津市滨海新区天津高新纺织工业园。

近代天津海运港区外迁的原因探究

——码头视角考量

刘玉婷

（中国港口博物馆）

摘要：近代天津的港区变迁史，是近代中国港口历史发展的一个片段，也是中华民族自强与西方殖民主义相继入侵相互作用的必然结果。近代天津海运港区中心的一再外迁是近代社会急剧变革的产物。新式码头在帝国主义国家的冲击下纷纷建立，从码头修筑条件、技术等视角分析近代天津港区中心迁徙的原因，是本文探讨的中心。

关键词：近代天津　港区变迁　码头

清光绪年间《畿辅通志》载：天津“当河海之要冲，为畿辅之门户”。河即海河与大运河，海则是渤海。天津，仰其得天独厚的地理优势，逐渐成长为中国北方最重要的海港。

“城东北二百步，为白河（即北运河）、卫河（即南运河）之尾闾，交流汇入于海河，名曰三岔河口。”①开埠以前，天津河海兼运的枢纽就在三岔河口。每年数百万担的漕粮由河运或海运经此运往京师，各式客货运船只在此装卸货物，运往外地。繁忙的三岔河口码头以及与之配套的仓储一起，构建起天津历史上第一个核心港区。

1860年天津开埠后，各帝国主义涌入天津，因紫竹林地段河阔水深而将之选作租界用地，在紫竹林海河西岸修筑码头、建置仓库。“到光绪十六年（1890年），到直沽港的帆船船只只有52艘，而驶到紫竹林码头的货轮有533艘。”②随着紫竹林码头建设的不断深入，天津港紫竹林海运港区逐渐取代传统内河港口三岔河口成为新的核心港区。20世纪初，海河工程局清淤工程和裁弯取直等工程，为紫竹林港区扫清了环境障碍，迎来紫竹林的新一轮发展高峰。1930年海关总税务司公布了《天津口管理船舶章程》，重新划定了天津港区的界限为：西起金汤桥、东至裕元纱厂，沿海河6千

---

① （清）张焘撰：《津门杂记》，天津古籍出版社，1986年，第3页。

② 满维钧：《纪念天津建卫600周年天津港口兴起与城市发展溯源》，《港口经济》2004年第2期。

米。沿海河西岸多分布着怡和、太古、卜内门、三菱、仁记、鲁麟、礼合等著名洋行的码头和仓库，以及大陆、金城等银行的仓库等。沿海河东岸，则主要是经营煤炭、煤油等能源产品需要大面积露天堆场的公司，如美孚、亚细亚、德士古火油公司、开滦矿务局、英美烟草公司等①。1931年出版的《天津志略》也记载："港岸最长者，首推英岸，达四千六百英尺，法岸与英岸接连长达二千英尺。英岸之下为新岸（前系德岸），长三百五十英尺，在英岸对过，除平福公司之码头外，新设者仅有码头二处，共长四百英尺。"至此，天津港港区实现了从三岔河口到紫竹林的迁移。

1900年前后，海河淤塞导致许多海船难以到达紫竹林，于是众多外商及华商争相在距离市区50多千米的塘沽修筑码头、设置仓库。塘沽地区在海河淤浅时期对紫竹林港区大船停靠、货物集散起到了补充作用。1867年，英国怡和洋行首先在塘沽海河沿岸修筑码头。1872年，李鸿章在上海筹办的轮船招商局在塘沽地区建有东招商局码头、西招商局码头和仓库。"至1935年，塘沽有太古、怡和、美孚、仪兴、德大、久大、开滦、华裕、招商局等中外码头22处、36个泊位和29处库场。"②此前，北方最早的船舶修造厂大沽船坞，久大精盐厂、永利碱厂等港口工业相继建立。随着塘沽地区码头、仓库、港口工业、配套铁路国道等港口设施的完备，与紫竹林港区并存的塘沽港区形成。1939年，日本选址塘沽以东、距原海岸线5千米处海面兴建"新港"。到1945年，先后建成一个3000吨级货运码头，一个煤码头及一个驳船码头，完成两道防波堤和船闸工程，并修建了由港区到塘沽的铁路和公路③。塘沽新港的建设，构筑起现代天津港塘沽新港的雏形，也成为近代天津海运的第三处核心港区。

近代天津海运港区中心的一再外迁是近代社会急剧变革的产物。新式码头在帝国主义国家的冲击下纷纷建立，从码头修筑条件、技术等视角分析近代天津港区中心迁徙的原因，是本文探讨的中心。

一、帝国主义成为码头实际管理者

近代中国，不平等条约在中国沿海内河开辟诸多通商口岸，口岸的港口航政权、贸易权逐渐丧失。口岸码头作为外贸通商的前沿阵地，其修筑、管理也为外国人所把持。天津近代历史的拐点始于1860年英法与清政府签订《北京条约》辟天津为通商口岸。英法等九国先后在天津城南沿海河的紫竹林地区建立租界。海河紫竹林段位于三岔口港区的下游，水深条件优于三岔口，适合停泊大型轮船。出于便利交通的考虑，各国将各自的租界设在紫竹林段的海河沿岸：英国、法国、美国、德国、日本在西

① 张利民：《解读天津六百年》，天津社会科学出版社，2003年，第13页。

② 孙连成、张娜、陈纯：《淤泥质海岸天津港泥沙研究》，海洋出版社，2010年，第2页。

③ 刘海岩：《天津滨海地区的早期开发及其现代发展》，《城市》2006年第5期。

岸，其余在东岸，并呈放射条状向两岸扩张①。租界的市政建设从码头建设开始，而三岔河口内河航运中心的衰落也从租界码头的建设开始。

租界码头由各国洋行、航运企业或租界当局参与投资建设。怡和洋行与太古洋行在英租界都设有自己的大型仓库及专用码头。法租界河沿的东兴码头和大阪商船码头由英商的怡和洋行、美最时洋行、德商的亨宝洋行、日本的大阪商船株式会社、日本邮船公司及招商局、开平矿务局等合资公设。德租界亨宝码头由德商亨宝轮船公司投资兴建。日租界由日本政府投资将原砖木栈桥式码头改建成钢筋混凝土码头。俄租界划定后由租界委员会投资修建2座永久性专业码头②。实力雄厚的洋行不会局限在本国租界内发展，如英太古洋行，就在英、俄租界内均修筑了专设码头。租界码头的修筑、管理费用及码头捐的征收均由租界当局负责。英租界工部局收取码头捐并有权惩罚不遵守码头章程的船只，法租界公议局收取码头捐税并实际管理船只与货物的停放。

在塘沽，1900年帝国主义入侵后为停泊军舰开始构筑码头。此后，中外航运公司和企业纷纷在此占地建码头。外国资本修建的码头有英商太古码头怡和码头、日商三井码头三菱油库码头、法商仪兴公司码头等；我国资本修建的码头有招商局东、西码头、久大精盐公司码头、大沽船厂码头、开滦码头等③。1939年，日本政府为倾销商品、掠夺原料的需求，几经选址，决定在塘沽兴建新港。直到日本投降，新港建筑工程不及规划的一半。

尽管中国政府在洋务运动中努力发展民族企业，挽救民族航运业和外贸自主，也兴建了一批本国资本的码头，然而外国人在租界码头和塘沽享有普遍的码头修筑、管理权，成为码头的实际管理者。帝国主义的逐利特质驱使他们寻找最合适的地点发展航运、贸易事业，因此，发展紫竹林租界码头和塘沽港区，弱化三岔口港区的作用是必然的趋势。近代天津港区中心的迁移之路打上了帝国主义深深的烙印。

二、现代码头工程技术的发展使港区外移成为可能

在步入近代以前，天津码头区多集中在自然水运条件优越的、较大河流的岸边或支流与干流的交汇处，抵御自然侵害的能力差，人工修筑的工程也趋于原始。三岔河口就是天津早期内河码头聚集地。随着天津开埠，港口技术与航运技术的进步使原有

---

① 赵津：《租界与天津城市化》，《天津史研究论文选辑》，天津古籍出版社，2009年，第671页。

② 天津市地方志编修委员会：《天津通志 附志·租界》，天津社会科学院出版社，1996年，第299~301页。

③ 姚士馨、吴洪：《天津航运事业概述》，《天津文史资料选辑》第35辑，天津人民出版社，1986年，第207页。

的三岔河口港区难以适应新的要求，也使海河外延的深水条件更好的紫竹林租界和塘沽地区建造各自的码头区成为可能。

直到19世纪，天津三岔口码头上停靠的船舶仍以木质帆船为主。“当年载客的‘小艕子’和运货的‘木划子’。船只的构造形状和桅杆上悬挂的‘定风帆’（观测风向用）。”①与此同时，国外的造船技术已发生了彻底的变革：“19世纪初期，开始使用锻铁造船，而且发明了蒸汽发动机”，“1870年左右，开始采用钢材造船”②。很快，天津航运也随之发生了从帆船到轮船的变化，这对停泊码头的建造技术提出了更高的要求。

1860年后，三岔河口原有的桩木苇土填筑的河坝码头不再适宜停靠大型轮船。紫竹林租界码头在外国建筑租界的浪潮中纷纷建立。这些码头多为片石和厚木板所筑，垂直部分为木栈桥结构。在海河下游的塘沽建有码头56个，岸线总长6090米，大部分为顺岸木石栈桥式码头③。据载，20世纪初，秦皇岛在建泊位的工程中用到一种“填石木笼式结构”：码头前、后沿线（间距约50英尺）各有1排纵向中距约2英尺的圆木桩，形成两道圆木桩栅，以阻止堤内块石淘走流失。石堤中间还打入纵、横向中距约10英尺的圆木基桩，共同支撑码头上部木框架结构④。鉴于秦皇岛与天津地理位置临近，货运往来频繁，秦皇岛用到的码头建造技术很有可能在天津也有实践。

1901年，英商在紫竹林建成天津港第一座钢板桩混凝土码头。1910年，英租界码头建设了第一架岸壁式钢结构固定起重机。1942～1945年，日本在塘沽新港建成的第一码头和第二码头分别为钢板桩混凝土岸壁式码头和钢筋混凝土栈桥式码头。近代天津码头结构逐渐由砖木结构过渡到钢筋混凝土结构，牢固性更强，更能承受风浪，大大有利于港区从内河逐渐外迁到海口。

三、码头及其辅助设施建设加速港区中心的迁移

经过长期发展，近代天津紫竹林港区及塘沽港区在国内外势力的经营下，陆续设置码头配套设施，形成秩序井然的近代化码头体系。

西方国家争相在天津建码头伊始，他们就注重全面移植西方国家先进的城市管理制度和理念，在码头进行仓栈、道路等近代基础设施的建设。各国洋行、航业争相在紫竹林建造仓库、码头。在塘沽新建的码头，也造了不少货栈与铁路相连。

---

① 杨平：《津沽杂话》，《天津文史丛刊》第4期，天津市文史研究馆，1985年，第212页。

② 〔英〕T.I.威廉斯：《技术史》第七卷（上册），《二十世纪1900～1950年》，大连理工大学出版社，1995年，第53页。

③ 孙连成、张娜、陈纯：《淤泥质海岸天津港泥沙研究》，海洋出版社，2010年，第6页。

④ 王庆普：《秦皇岛港百年建设史》，中国标准出版社，2002年，第37页。

作为早期码头集疏运体系的核心要素之一，直达码头的铁路专用线是支撑码头货运、促进外贸发展的“大动脉”。天津开埠21年后，中国第一条铁路唐胥铁路竣工。光绪十四年（1888年）三月，唐芦铁路（唐山至芦台）延伸至塘沽，同年8月28日修通到天津，名为唐津铁路，全长130千米。从此天津有了正式铁路①。唐津铁路通车当日开站的天津站，旧址在天津旧城东南的旺道庄，1892年迁新址老龙头，毗邻外国租界，靠近海河，建设了西货场、南站货场等设备设施，是紫竹林租界码头与华北广大腹地的连接线。而在塘沽，铁路的专用线直接开到了码头前沿，如开滦码头就专门修筑了塘沽车站到码头的专用道岔，直达码头和存煤厂。铁路沿线站点的设置与港区中心的发展存在着相辅相成的关系，可以说互为表里、互相促进，而三岔河口不具备铁路直达码头岸线的条件，自然得不到持久的发展。

四、海河淤积与否影响不同港区的码头船只通过率

紫竹林租界码头河阔水深，拥有良好的泊岸条件，很快取代三岔河口漕运码头成为天津新的港区中心。然而，海河时冲时淤的“长期的地方慢性病”②及弯曲的航道严重制约市内码头的进一步发展。开埠初期，入港的轮船数量不多，载重不大，吃水不深，受海河影响较浅。而到19世纪末，情况有所不同，到津的轮船数量增加，吨位增大，海河航道难以负荷。塘沽扼津海要道，是入津轮船因海河淤塞难以上行时的最佳卸货地点，逐渐发展成海陆运输的联结点。“海河——天津通海之水路——的情况在过去整个十五年内在严重影响天津的商业情形普遍繁荣的问题上，占有无比重要的地位。”③同样，海河的情况在开埠之后市内码头与塘沽之间制衡发展的关系中也起到了举足轻重的作用。

海河航道始终处于疏之则通，不疏则淤的状态，该种病症究其缘由，实为上游河道尤其是永定河侵蚀严重，入海河时夹带大量泥沙，且泥沙受潮水顶托在大沽口形成拦门沙，适逢海河流量流速不大，清流难以冲刷河道，势必造成淤塞。

早在同治五年（1866年），就能看到吃水12尺（个别时候13尺）以上的船不能开进河口直达天津码头。20世纪80～90年代，海河的情况每况愈下。光绪十年到十二年（1884～1886年），连最小的轮船也被迫在大沽口卸驳船；光绪十四年（1888年）

---

① 王华棠：《天津——一个城市的崛起》，天津人民出版社，1990年，第231页。

② 〔英〕派伦著、许逸凡译：《天津海关一八九二～一九〇一年十年调查报告书》，《天津历史资料》第4期，天津市历史研究所，1965年，第68页。

③ 〔英〕派伦著、许逸凡译：《天津海关一八九二～一九〇一年十年调查报告书》，《天津历史资料》第4期，天津市历史研究所，1965年，第68页。“整个十五年”指的是“一八八六至一九〇一年”。

下半年，甚至连驳船都一时不能进河口，曾同时有24只船在大沽口等待升潮[①]。光绪二十二年（1896年），近七个月，轮船不能驶抵租界河坝；光绪二十四年（1898年）和二十五年（1899年）分别有0艘和2艘轮船驶抵租界河坝[②]。1902年海河工程局成立后，通过海河疏浚、裁弯取直工程部分缓解海河的症状，但仍没有治愈淤塞顽症。

表一　1927～1932年进港船舶抵达天津码头及塘沽码头的比较表

年份	进港船舶总数（艘）	到达天津码头轮船数（艘）			到达塘沽码头轮船数（艘）	大沽口过驳作业数（艘）	海河情况
		吃水13尺以下	吃水13尺以上	共计			
1927	1701	874	361	1235	268	198	永定河堤修筑完竣，河水复归故道，海河又被淤塞，深仅六尺。三月杪，吃水十二尺之船只，即不得入口。嗣经积极疏浚，迨至七月间，水深达十五尺。但夏汛一届，永定泥沙，顺流而下，港口之内又淤三尺，所幸当时水位尚在基准水平之上十一尺，故吃水十四尺船只，仍能驶抵津埠也
1928	2031	668	0	668	1123	240	春汛之际，河底即淤三尺。迨至夏汛，其最浅地点，高潮之时仅及六尺
1929	1878	538	6	544	1071	263	前数月内，淤塞益甚，仅有驳船可以行驶，秋汛之后，吃水十三尺之船只又克行驶矣
1930	1781	932	528	1406	150	225	海河航路得以维持，吃水十四尺之巨轮亦可往来无阻
1931	1835	686	116	802	823	210	海河航路，七月以后即行淤塞，所有土货均须运至塘沽装船
1932	2149	364	18	382	1552	215	海河情形，仍难满意。……差幸拦江沙一带，水量充足，所有航行沿岸船只均可到塘沽

资料来源：天津社会科学院历史研究所：《天津海关10年报告（1922～1931年）》，《天津历史资料第5期》；吴弘明编译：《天津海关贸易报告（1865～1946）》，天津社会科学院出版社，2006年；《天津港史》（古、近代部分），人民交通出版社，1986年。

① 王怀远：《旧中国时期天津的对外贸易》，《天津史研究论文选辑》，天津古籍出版社，2009年，第97页。

② 〔英〕派伦著、许逸凡译：《天津海关一八九二～一九〇一年十年调查报告书》，《天津历史资料》第4期，天津市历史研究所，1965年，第69页。

由表一清晰可见，海河航道淤塞情形的好坏直接影响天津不同港区码头的船舶接待量。在到港船只总体数量变化不大的情况下，海河通畅，则抵达租界码头的船舶将远远多于塘沽码头，反之亦然。1939年，日本舍弃天津选址塘沽兴建新港，很大程度也是因为天津内河航运受制于海河水深变化无常，具有太多不确定性。因此海河的淤积不畅是塘沽成为新崛起的港口集散中心的重要因素。

五、小　　结

近代天津近一百年的港区变迁史，是近代中国港口历史发展的一个片段，也是中国当局民族自强与西方殖民主义相继入侵相互作用的必然结果。从码头主体的角度考察这一变迁的深层次原因，可知：一是天津的开埠，使三岔河口内河港区的衰弱成为必然。二是近代码头体系在外国先进的管理制度影响下建立起来。三是海河的淤塞是塘沽港区走向台前的客观原因。

作者简介：刘玉婷，中国港口博物馆，馆员，宁波市北仑区春晓镇港博路6号，315800。

1939年苏联驻天津领事馆遭劫事件探析

——以天津的日控白俄组织及其发展为中心

欧阳康

（平津战役纪念馆）

摘要：1937年8月1日，在日本占领军的默许和纵容下，多名白俄及日本浪人武装袭击并劫掠了苏联驻天津领事馆。该事件的核心人物巴斯图辛及其领导下的“俄侨防共委员会”均听命于日本当局。事件发生后，苏联向日本方面提出抗议。随着沦陷区形势的恶化，该领事馆撤离，巴斯图辛也利用该地址建立了白俄军校“极东学院”。该事件是日本当局及其控制下的白俄组织别有用心的行为，客观上也加强了苏联对日本法西斯的警惕。

关键词：苏联　日本　天津　领事馆

图一　苏联驻天津领事馆旧影

“七七”事变后，日本逐渐侵占了包括天津在内的华北广大地区。1937年8月1日，在日本占领军的默许和纵容下，以巴斯图辛（Pastukin）为首的多名白俄及日本浪人携带武器闯入苏联驻天津领事馆（图一），抢劫大批物品及文件资料并运往日租界。该事件的发生，在当时造成了严重的外交影响。目前学界对于该事件的研究较少且并不深入，存在一定缺憾[①]。笔者通过查阅相关论著及日方档案材料，试图对该事件的发生背景、涉及的白俄组织及相关后续影响

① 目前学界对于该事件的研究论文仅见陈德仁：《沦陷初期苏联驻天津领事馆遭劫》一篇（载于政协天津市河东区委员会文史资料委员会编：《天津市河东区文史资料》第4辑，1991年，第106、107页）。该文章简略地叙述了事件的经过、苏联方面的抗议及日本的反应，但并不全面且包含若干错误，也缺乏对于事件的主要实施者巴斯图辛及其领导的“白俄”组织的探究，对于日本在此次事件中的作用亦没有进行深入研究和分析。

进行较为系统的历史考察，同时也希冀从一个侧面更加清楚地了解第二次世界大战前日苏间的博弈和外交关系的变化。

一、劫掠事件发生的背景

（一）天津的白俄与日本对其的扶持

所谓“白俄”，泛指在1917年俄国“十月革命”以后，那些由于反对布尔什维克，仇视革命，或者其他种种原因，逃离俄国，流亡到中国各地的俄国贵族、地主、资本家、官僚、军官等，以及被他们裹胁的亲友，再加上早在沙俄时代就来到中国，尔后一直留居中国的俄国官吏、商人等，都被称为“白俄”。流亡的白俄群体中，有少数仍不甘心失败，继续与苏维埃新政权对抗。

天津位于渤海之滨，海陆交通发达，是我国北方重镇，“十月革命”后，大量白俄流亡于此，并形成了小白楼等多个俄国商业区，在天津建立了各种社会团体，如1920年以后建立的由巴图也夫、库拉也夫、日布拉阔等负责的俄侨协会。

（二）巴斯图辛与日本控制下的白俄组织

在“七七”事变以前，日本就积极笼络部分白俄旧军官，以达到控制白俄势力，为己所用的目的。而流亡的白俄也找到了新的靠山。他们认为过去日本能打败帝俄，今天照样能打败苏联，因此便把复辟的希望寄托在日本人身上。其中，巴斯图辛正是日本指挥天津白俄势力的重要代理人，他创建并领导着多个亲日的白俄组织。

巴斯图辛，出生于海兰泡，1914年考入基辅大学，后因加入革命党反对沙皇而被捕。1917年重获自由后，他开始步入歧途，在家乡参加了谢苗诺夫为首的哥萨克匪帮。1919年匪帮散伙，穷途末路的他于1920年流浪到天津。1924年，他投到张宗昌统领的白俄军队比奇科夫的麾下，但因酗酒打架，不久即被开除。1925年，他曾一度担任俄文报纸《上海霞报》《我们的霞光》的记者，后因与天津日租界当局拉上关系，得到了日本人的资助，遂于1931年4月创办了俄文《兴亚新报》，亲任社长兼总编，社址设在日租界须磨街（今陕西路）。初期，该报并不公开发行，专为日本侵华和反共活动制造舆论，社会上称之为“机关报”，即为日本特务机关控制的报纸。巴斯图辛时常亲笔在报纸上发表一些吹捧日军的肉麻文章，并称俄国人有75%的亚洲血统，在亚洲应服从日本人的领导[①]。

---

① 周利成、王勇则：《外国人在旧天津》，天津人民出版社，2007年，第26页。

在巴斯图辛等人的怂恿和日本的支持下，原“俄侨协会”开始急剧向日本方面倾斜。1936年11月29日，在天津召开了华北白俄组织领导人特别会议，会上通过了所谓“建立世界反共战线俄国战区，成立俄侨反共同盟”的决议，宣布正式成立“华北俄侨防共委员会”。巴斯图辛任委员会主席，谢苗诺夫为副主席，库斯托夫为书记：主要成员还有米哈依洛夫、波诺马连柯、诺沃西利采夫等。当时，北京、张家口、青岛、烟台等地都有俄侨防共委员会，由于天津成立最早，所以成为华北总会。委员会号召俄国侨民从道义上和物质上支持和参加反对共产党及其拥护者的活动，服从日本和德国的领导。委员会设有“亚洲复兴”勋章，奖给那些反共积极分子。勋章呈椭圆形，深黄间绿的底色上突出了一把白色利剑刺穿一颗红星的图案，象征白色势力反对共产主义。“华北俄侨防共委员会”成为巴斯图辛策划袭击苏联领事馆的重要力量。

二、劫掠事件的发生与处理

1937年7月30日，日军侵占天津、大沽，我二十九军及天津保安队经过苦战，弹尽援绝，退往静海一带，天津从此成为沦陷区，处于无警备状态。日本间谍和白俄人巴斯图辛、奥希波夫（Осипов）、卡雷那瓦、夏杜京、欧普琴尼克夫等人，在得到日本中国驻屯军司令部附多喜少佐关于“批准对苏联领事馆发动袭击”的命令后，着手准备组织对苏联领事馆的劫掠[①]。

8月1日晚上九时[②]，这些白俄人在日本便衣队的带领下使用毛瑟枪、手榴弹、机关枪等武装冲入了领事馆，烧毁和破坏了领事馆内的契约、文书和部分物品。当时，接近苏联领事馆的原中国警察分局中驻扎着一部日军，他们不允许任何其他人通行，而劫掠者竟能满载着从领事馆劫掠的物品，毫发无伤的通过日本租界。

事实上，早在劫掠事件发生之前，斯米诺夫已就白俄伺机袭击领事馆一事获得了有关情报，并访问了天津日本领事馆领事岸某，但据该领事称：已在7月30日领事团会议中听到此种传说，但无法事先采取措施。在事件发生后，苏联驻天津领事斯米诺夫向日本驻津总领事堀内干城提出访问要求，却被日方拒绝。驻津苏联领事馆邀请各国领事召开会议，日驻津领事馆也没有出席。白俄匪徒依然在苏联领事馆继续进行掠夺

① 日本国立档案馆档案：《天津ソヴェト領事館事件》（情报委员会昭和十二年八月三日，情报第七号）档案号：A03023885900。

② 陈德仁：《沦陷初期苏联驻天津领事馆遭劫》文中所述事件发生时间为上午九点，而据日本国立档案馆档案《天津ソヴェト領事館事件》（情报委员会昭和十二年八月三日，情报第七号）中所述，时间应为晚九点。此处采用日方原始资料，特此注明。

行动而不受任何制裁[①]。

8月2日，苏联驻日大使向日本政府提出抗议，并提出以下几点要求："一、掠夺事件发生的当天，天津事实上在日本军队的控制之下。日本政府应当更多地负起事件的责任，因此苏联政府要求日本政府给出令人满意的解决方案；二、犯罪人员一部分的姓名已查明并告知日本政府，因此应当逮捕这些人并加以惩戒和处罚；三、掠夺物品应当返还，袭击中蒙受的损害要求赔偿；四、采取有效切实的办法对苏联领事馆加以保护。"[②]

8月2日下午，在莫斯科的日本驻苏大使重光葵与苏联外交部门会面，并对天津苏联领事馆事件说明两点："①该领事馆驻在天津旧俄租界，非日军所管区域。②因战事之故，天津市内陷于混乱，存在一些人乘机任意行动。但侵入苏联领事馆内的均为俄国人……"[③]既非日占区域，侵入的又多是俄国人，这成为日本摆脱该事件责任的最佳理由，也使得苏联无法继续与日本在此事件上过多纠缠。

苏联外交事务人民委员会在2日晚召开内外记者招待会，通报了驻天津领事馆在日本人指挥下遭受袭击的事件，对日本政府进行了抗议。然而，尽管如此，日本方面已注意到，这次的抗议发表形式和以前不同。苏联外交事务人民委员会发表的抗议，仅仅只是转引了塔斯社之前的全部通讯，可见苏联对于此次事件的慎重态度[④]。

此后，日本还"帮助更多募集白俄人，意图执行在天津苏联领事馆再次袭击的计划"[⑤]。但由于苏联方面已得知此消息，事件并没有再度发生。

---

① 有关劫掠事件的经过译自日本国立档案馆档案《天津ソヴェト領事館事件》（情报委员会昭和十二年八月三日，情报第七号）档案号：A03023885900。

② 日本国立档案馆档案《天津ソヴェト領事館事件》（情报委员会昭和十二年八月三日，情报第七号）档案号：A03023885900。

③ 转引自陈德仁：《沦陷初期苏联驻天津领事馆遭劫》，《天津市河东区文史资料》第4辑，1991年，第106、107页。

④ 日本国立档案馆档案《莫斯科萩野同盟特派员三日电》（情报委员会昭和十二年八月三日，情报第四号）档案号：A03023885000。

⑤ 日本国立档案馆档案《天津ソ連領事館襲撃計画》（内阁情报部二.九 情报第四号，昭和十二年八月九日）档案号：A03024308100。

三、劫掠事件的影响和白俄军校“极东学院”的建立

（一）对于苏日关系的影响

日本侵华的嚣张气焰和勾结白俄反共反苏的积极行动，无疑引起了苏联的注意。在该事件发生后不久，1937年8月3日，苏联《真理报》指出：“如果日本的侵略行为没有得到其他资本主义国家的姑息纵容，日本军阀越来越肆无忌惮的行动也是不可能的。”[①]1937年8月20日，苏联同中国签订了《中苏互不侵犯条约》，条约规定：“倘缔约国之一方受一个或数个第三国侵略时，彼缔约国约定，在冲突全部时间内，对该第三国不得直接或间接予以任何援助。”[②]随后，向中国国民政府提供财政和军事援助，借助中国抗日战争牵制日本反苏活动，对日本的军事挑衅予以坚决回击。

自“七七”事变后，尤其是在8月份的领事馆事件以后，苏联在支持中国的态度上有了很大程度的改变。从1935年出售中东铁路时苏联执行的妥协绥靖政策，到1937年签订《中苏互不侵犯条约》苏联积极支持中国抗日战争，苏联的对日态度也经历了重要的转变历程。如果说日本侵华战争全面爆发是苏联对日的导火索，那么日本协助白俄袭击劫掠苏联驻天津领事馆事件，则是中苏签订条约之前，压在苏日关系上的最后一根稻草。

（二）天津苏联领事馆成为白俄军校“极东学院”的基地

随着日本侵华的逐步扩展及苏日关系的恶化，苏联逐渐撤离了在沦陷区天津的领事馆办事机构。在苏联领馆遭受劫掠的两周年后，“1939年8月1日在天津特三区，一所叫做‘极东学院’的白俄军官学校宣告成立。”[③]当时正值日本军队针对天津的英法租界采取隔离行动，白俄利用这一时机彻底占领了苏联领事馆旧馆舍，并扯下屋顶上的红旗，挂上了沙皇俄国时代的三色旗，同时宣布这里从此归白俄军官学校“极东学院”使用。

极东学院的院长是旧沙俄时代的陆军少将W·埃格拉夫；担任副校长兼顾问

---

① 〔苏〕基里林：《国际关系和苏联对外政策史》（1917～1945），中国社会科学出版社，1990年，第213页。

② 李嘉谷：《中苏国家关系史资料汇编1933～1945》，社会科学文献出版社，1997年，第40页。

③ 有关“极东学院”的材料译自昭和十五年二月《北支》杂志，第8～11页。

的是日本人望月矿之助。教官中有三名白俄人和一名日本人。白俄教官均是沙俄旧军官，如索阔林斯基，原是沙俄军队中的中校团长，1920年来津时，一文不名，生活无着，成立俄侨防共委员会以后，成为主要负责人，同时还担任俄国军官学校的教官。“极东学院”的学生学习年限为一年，毕业的同时授予白俄人义勇军少尉军衔。根据学员规定，作为义务，学生毕业后必须在北支（华北地区）居住至少三年，学员学习科目有军事训练、体操、日语、中文、历史、地理、政治、思想、工业等。军事训练由日本和白俄教官共同进行指导。日语课一周24小时，要求用三个月时间培养成日语通（图二）。之后还有精神训育、劳动训练等课外教育，向学生彻底灌输日本精神和强化他们的防共思想。

图二　白俄占领苏联领事馆后，成立“极东学院”并学习日语

四、结　　语

第二次世界大战以前，苏联作为社会主义国家，是帝国主义和法西斯势力攻击的主要目标。日本协助天津白俄组织袭击劫掠苏联领事馆后，苏联加深了对于日本法西斯的警惕。自此以后，苏联的战略目标十分明确，即通过协助中国，用中国的有效抵抗来拖住日本，使其无力侵犯苏联远东地区的利益。而天津的白俄势力则利用该劫掠事件及其影响作为契机，在日本的卵翼下急剧发展，并迅速建立起带有亲日倾向的社会、军事组织，成为日本侵略中国和反苏反共的一支重要协助力量。

作者简介：欧阳康，平津战役纪念馆，馆员，天津市红桥区平津道8号，300131。

渔阳书院发展史考略

黄立志
（蓟县文物保管所）

摘要：清乾隆五十七年，知州刘念拔在梁公祠基础上创建渔阳书院；嘉庆十六年，知州赵锡蒲移书院于城外东北角；道光十二年，知州华浚恢复渔阳书院；光绪四年，许有泰为书院捐银2000两；光绪三十一年，渔阳书院改建为两等小学堂。书院经费主要依靠学田、田租或官绅捐款。请品学兼优的人当院长。刘念拔、梁肯堂、赵锡蒲、华浚、许有泰、刘枝彦等都为书院做出了贡献，书院培养了李氏家族等众多人才，为蓟州的文化发展奠定了基础。

关键词：渔阳书院　刘念拔　梁肯堂　许有泰　李氏家族

蓟县古称渔阳，是天津市历史文化名城，文物古迹众多。但在历史发展过程中，一些很重要的古代建筑已经不复存在了，渔阳书院就是一例。今天，追忆其百年发展历史，我们只能从相关史料记载、遗留的碑刻等信息掌握一些情况、研究其发展足迹。

本文参考《蓟州志》《蓟县志》《蓟州人物》《蓟州通鉴》等书中对渔阳书院的各方面记载，按历史时期和可借鉴的资料，研究其发展过程及相关人物。文中如有不妥之处，敬请专家学者斧正。

一、渔阳书院的发展脉络

渔阳书院是在清乾隆年间官立书院剧增的背景下创建的。据《蓟县志》载："清乾隆五十七年（1792年），知州刘念拔创建渔阳书院，院址在今蓟县一中院内。"[①]渔阳书院是由梁公祠改扩建而成的，梁公即梁肯堂，乾隆三十六年（1771年）至四十年（1775年），梁肯堂任蓟州知州，任期内他的为官名声非常好，于是蓟州百姓为梁肯堂请立祠堂。乾隆五十六年（1791年）八月，梁肯堂以直隶总督之职，来蓟州检查工作，令蓟州知州刘念拔将梁公祠改建书院，并主动捐款千余金。"自节相捐金为倡，

---

① 蓟县志编修委员会：《蓟县志》，南开大学出版社、天津市社会科学院出版社，1992年，第765页。

好议诸君子咸感慕节相之化，亦各踊跃输将，醵五千金，而成兹举。”[①]于是，乾隆五十六年十月十七日兴工，乾隆五十七年正月十五日工竣。渔阳书院创建后的形制和规模为“正中讲堂五间，堂前东西厢房各三间，堂后东西游廊各八间，后厅三楹。厅堂前二门一座，外大门三间”[②]。

嘉庆十四年（1809年），知州胡士连于渔阳书院3间后厅，塑刘猛将军像，房舍作为吏目官廨。

嘉庆十六年（1811年）夏，知州赵锡蒲在城外东北角，洗心泉之西，构屋数椽，借山水秀色，蕴崆峒灵气，移渔阳书院于此，以课诸生。即以洗心亭为讲堂，题其额曰：洗心书院。并撰写《新建洗心书院记》刻碑。

道光十二年（1832年），知州华浚移吏目署于他处，捐资修葺屋宇，恢复渔阳书院，为诸生诵习之所。修葺之外，余银2500两，发商生息，岁可得300金以充膏火之费，蓟州文风为之一振。事毕，华浚撰写重修碑记。

光绪四年（1878年），蓟州人许有泰为书院捐银2000两，置房21所、地1700亩。光绪九年（1883年），知州刘枝彦为邑人许有泰撰写捐款、置地碑记《蓟州书院新捐经费置办地亩碑记》。

光绪三十一年（1905年），“朝廷下旨，废科举、兴学堂，县公署将渔阳书院改建为两等小学堂”[③]。至此，有着100余年历史的渔阳书院退出了历史舞台。

二、办学经费、教学形式及内容

渔阳书院的办学经费主要依靠学田、田租或官绅捐款，由官府主管。据道光《蓟州志》载：清乾隆年间，“书院膏火地一顷七十五亩二分一厘，每年收租蓟钱二百零一千五百三十文，外房一分每年收租蓟钱六千，内除封纳钱粮需用钱十千零一百文，净得蓟钱一百九十七千四百三十文”[④]。又据《蓟县志》载：“道光十二年，知州华浚重修渔阳书院，以余银2507两发商生息作为书院经费。光绪四年，许有泰捐银2000两，置房21所、地1700亩，每年收租金可得东钱2320余千。”[⑤]这便是书院办学经费的主要来源。

书院聘请品学兼优的进士或举人当山长（即院长），聘请有真才实学的文人任教，管理制度严格。据《蓟县志》载：书院“聘请山长主持评文。每月初三、十八为

① 仇锡廷等：《蓟县志·卷十·艺文》，民国三十三年，第703页。

② 沈锐等：《蓟州志·卷之三·建置志·学宫》，清道光十一年，第22页。

③ 薛成林：《蓟州通鉴》，中国文史出版社，2014年，第374页。

④ 沈锐等：《蓟州志·卷之三·建置志·学宫》，清道光十一年，第23页。

⑤ 蓟县志编修委员会：《蓟县志》，南开大学出版社、天津市社会科学院出版社，1992年，第765页。

课士日期。州内生童均可参加，互相观摩。对名列前茅者，发给膏火（求学费用），以示鼓励。书院以八股文训练士子，名为书院，实为官学”[①]。这便是书院的教学形式及内容。蓟州籍进士李江归隐后，就曾被聘到书院为学生授课。

三、资助渔阳书院办学的先贤

（1）刘念拔（生卒不详），字最超，别号笛楼，江西奉新人。乾隆五十四年（1789年）任蓟州知州。乾隆五十七年（1792年），他倡率绅士崔钰、张杨澄等募捐督工，重修广福寺。更为突出的是，同年，他创建了渔阳书院，从那时起，蓟州便有了除学宫之外的另一种官办学校。他为官清廉，在任期间减免税款，兴修水利。乾隆五十五年（1790年）九九重阳节，他给全州老人祝寿，后应百姓之请于九月十五日写了个大“寿”字，刻于石碑之上，此碑现保存在独乐寺。刘念拔不但能写，而且善画，画有《鸬鹚图》，著有《窑墨园诗草》。

（2）梁肯堂（1717～1801年），字构亭，号春淙，一字石幢，号晚香，浙江钱塘人，举人。乾隆三十六年（1771年），任蓟州知州。乾隆五十六年（1791年）八月，梁肯堂以直隶总督之职来蓟州检查工作，令蓟州知州刘念拔将祠堂改建书院，并捐款千余金。蓟州知州任内，他“政务简易，事崇大体，郡人思其德，为立祠于广福寺西”[②]。乾隆六十年（1795年），他奉旨重修观音宝塔，有碑记立于蓟县白塔前。道光《蓟州志》有传。

（3）赵锡蒲（生卒不详），山东省冠县人，拔贡生。他于嘉庆九年（1804年）、嘉庆十五年（1810年），两次任蓟州知州，莅职视事，兴利去弊，政尚宽简。蓟州租赋，火耗名目繁多，负载沉重，黎民痛苦。赵锡蒲竭力将租赋、火耗十之六七除去。旋即因遭逢母丧，离蓟去职。嘉庆十五年，赵锡蒲捐资浚挖蓟州城外东北角城根下洗心泉，汇泉成池，引池水傍城南流，两岸栽植杨柳，并修建泉河龙王庙，庙之后修建洗心亭，亭北造莲花池。一时荷花浮水，稻谷飘香，杨柳依依，人流如织，成为附郭胜景。嘉庆十六年（1811年），赵锡蒲将渔阳书院移至洗心泉之西，即以洗心亭为讲堂，题其额曰：洗心书院。并撰写《新建洗心书院记》刻碑。另外，赵锡蒲倡率郡绅，重修文庙照壁、棂星门和3间戟门，修缮文庙正殿5间。他还在府君山上，沿用药王庙旧基，建广成子殿。道光《蓟州志》有传。

（4）华浚（生卒不详），字星来，江苏镇江府丹徒县人。道光六年（1826年）丙戌科，考中2甲20名。道光十二年（1832年），由东安县令擢拔升任蓟州知州。他

① 蓟县志编修委员会：《蓟县志》，南开大学出版社、天津市社会科学院出版社，1992年，第765页。

② 沈锐等：《蓟州志·卷之七·建置志·名宦志》，清道光十一年，第17页。

以兴学为急务，于道光十二年将吏目署移往他处，捐资修葺屋宇，恢复渔阳书院，并亲临书院，按时督导，蓟州学风为之一振。华浚廉明慈惠，吏畏民怀。当时正遇秋田歉收，华浚上报总督、巡抚，请求赈济贫民，全活州民无可计算。华浚治理诉讼案件，揭发奸邪，使之无可隐蔽。当时有下营某营卒欲强夺谭刘氏的意志，谭刘氏矢志不从，四处逃避。当华浚赈济灾民巡视州境各处时，在途中相遇。经过查访，得到实情，惩处强暴，表彰节烈，并撰写《谭节妇诗》刻石，予以表彰。道光十六年（1836年），华浚重修鼓楼，制匾两方，悬在南北楼额。华浚是回教人，开始来到蓟州时，回教人以为只要诉讼一定能胜。后来，有回教某人毙人猪，华浚责令赔偿，毫无偏袒。道光十六年，华浚3年任满离职。离任的时候，士民立去思碑颂赞。另外，他还撰写了《重修渔阳书院碑记》。民国《蓟县志》有传。

（5）许有泰（？～1891年），蓟州（今蓟县上仓镇刘各庄）人，字鲁瞻，汉军正白旗人，他的先祖原本是汉人，居住在海城县（今辽宁省海城市）牛庄。清太宗皇太极年间，其先祖许之诚被编入满洲正白旗，隶属旗人奴仆。八旗入关，定鼎中原，许家随正白旗进关来到京畿。正白旗跑马占地，圈占了蓟州大片土地，许家帮助旗人经营管理圈占的土地，于是当上了庄头，定居蓟县刘各庄村。许有泰创建上仓“兴泰德”烧锅，以酿酒闻名。“光绪四年（1878年），晋省大旱，颗粒无收，饥馑，以致人相为食，许有泰捐银2000两为山西省助赈。同年，他还捐银2000两，为渔阳书院助学。”①光绪五年（1879年），蓟州知州刘枝彦将许有泰捐银助赈、助教并案上报至直隶总督，蒙总督李鸿章奏请皇帝，德宗载湉御赐“乐善好施”匾额一方。光绪十七年（1891年），许有泰因病去世，其孙许恩济承接祖业。如今兴泰德烧锅白酒酿造技艺被列为第三批天津市非物质文化遗产名录。

（6）刘枝彦（生卒不详），江苏武进人。光绪二年（1876年），任蓟州知州。任内，购置渔阳书院西偏蒙氏旧居，建立义学，并捐廉以劝，筹备义学底款。光绪五年，轰动一时、震惊朝野的吏部主事吴可读尸谏，发生在蓟州马伸桥，作为知州的刘枝彦及时上报情况，后来朝廷同意在马伸桥建吴柳堂先生祠堂，他还撰写了《吴柳堂先生祠堂碑记》。七年离任。离任后的光绪九年（1883年）他还撰写了《蓟州书院新捐经费置辨地亩碑记》。民国《蓟县志》有传。

四、渔阳书院与李氏家族

史志记载，清代蓟州考中举人的有53人，其中建书院之后有36人。其中李氏家族不断有人考中举人和进士。以至于今天蓟县马伸桥、穿芳峪一带的文化味道仍很浓厚。

（1）李润，清蓟州（今蓟县）北赵各庄人，李江之兄。嘉庆十三年（1808年）戊

① 政协天津市蓟县委员会：《蓟州人物》，中国文史出版社，2010年，第86页。

辰举人，嘉庆十四年（1809年）己巳恩科，考中3甲88名进士。历任广西藩经、西汇关批验大使。正遇黄悟空叛乱，奉命坚守潮阳城。后来收复顺德，立有战功，升任直隶州同知。在任勤政，无积案，无冤狱。民国《蓟县志》有传。

（2）李淇，字竹泉，镶蓝旗汉军人。李江从兄。咸丰二年（1852年）壬子举人。咸丰三年（1853年）癸丑科，考中 2甲90名进士。内阁中书典籍厅行走，文渊阁检阅，吏部稽勳司掌印郎中。文选四品衔，兵部职方司主事加三级。他为文清隽，不染俗嚣。

（3）李江，字观澜，镶蓝旗汉军人。咸丰五年（1855年）乙卯科举人，同治元年（1862年）壬戌科，考中3甲1名进士。任兵部职方司主事，车驾司行走，钦加四品衔，诰授朝议大夫后，后告归，回到故里蓟州。他在村内建立义学，使无力读书的子弟免费就学。创设义仓，使贫寒人家由义仓借粮，免除饥饿的忧虑。同治九年（1870年），李江把老宅让给他的寡嫂诸侄，在穿芳峪龙泉山下建造一所简易庄园，名“龙泉园”，自号龙泉山人，在此侍奉老母，种田植树，过着隐居生活。他在园内著书立说，论道讲学，还经常与老农探讨种田种树养蚕的方法，以提高生产，发展实业。在李江等人的影响下，马伸桥、穿芳峪一代尊师重教蔚然成风。科学种植、科学养殖，使那一带百姓丰衣足食。民国时期，那一带划归二区管辖，当时的二区有“文化区”的美称。李江一生著述颇丰，主要有《龙泉园集》12卷，总计16.6万余言。民国《蓟县志》有传。

（4）李录，字鉴唐，号猗生、行一。镶蓝旗汉军包衣，德寿佐领下，附生。生于咸丰九年（1859年），光绪二年（1876年）丙子科，顺天乡试考中第43名举人。

（5）李汾，汉军镶蓝旗包衣人。光绪二年丙子举人，光绪十五年（1889年）己丑科，考中3甲135名进士。江苏吴江县知县。

（6）李长城，镶蓝旗汉军德寿下包衣，附贡。光绪二年丙子科顺天乡试第119名举人，练选知县。

（7）李津，内务府汉军镶蓝旗包衣人。光绪已卯举人，光绪九年（1883年）癸未科，考中3甲124名进士。曾任广西省始平县知县、宁明州知州。

（8）李豫咸，汉军镶蓝旗人。光绪十一年（1885年）乙酉举人，光绪二十一年（1895年）乙未科，考中 3甲93名进士。官至安徽省宁国安庆府知府，署理皖北道。

总之，渔阳书院的创建、发展，是与当时的大环境密不可分的。同时，蓟州知州的重视、乡绅赞助也起了重要作用。书院在特定的环境下为当时的蓟州培养了大批人才，为蓟州的文化发展奠定了基础。新中国成立后，当年的渔阳书院旧址已建成蓟县一中，是蓟县数以万计的青少年向往的重要学府。多年来，蓟县一中为社会的发展和进步培养了众多人才，为国家的各项建设事业输送了大批德才兼备的有识之士。这似乎也昭示着渔阳书院的百年灵气，至今仍在源源不断地翻涌着蓟州先贤的文化地气，强有力地搏动着生息在这里的人们的精神脉络，滋养着新蓟州人才辈出。

作者简介：黄立志，蓟县文物保管所，副研究馆员，天津蓟县城内武定街 41 号，301900。

略谈蓟县历史上的佛教文化

宋淑云
（蓟县文物保管所）

摘要：蓟县地理位置优越，自古以来就是文化交流的枢纽地带，文化底蕴深厚。蓟县佛教文化源远流长，东汉时出现了第一座寺庙。唐辽时期佛教文化发展形成了一个高峰期，除寺庙遗址、碑刻外，境内现在还保存了独乐寺、白塔等辽代佛教建筑实物。清代，蓟州是北京到东陵的必由之路，大规模的皇家营造，为蓟州发展带来了空前繁荣，很多寺庙打上了皇家烙印，以盘山为代表的佛教文化在此时达到了极盛时期。

关键词：蓟县　佛教文化　有利条件　发展阶段

蓟县在秦汉时期称无终县，隋代成为渔阳郡治，隋末无终县亦改名为渔阳县。唐置蓟州，民国三年改名蓟县，至于今。蓟县两千多年来建置和名称多变，但城址始终未移其地，悠久的历史孕育了深厚的文化底蕴。历史上在汉代、唐辽、清代形成了三个文化发展的高峰期，蓟县的佛教文化在其中占有很大比例，并对蓟县古代文化地发展起到了一定的促进作用。

一、佛教文化发展的有利条件

蓟县地处燕山南麓，距离北京城区90千米，地理位置优越，交通便利。根据20世纪80年代以来陆续发掘的张家园、邦均、围坊等地商周文化遗址来看，3000多年前，众多先民在此居住，经济文化的发展相当繁荣。出于生产、交换和战争的需要，在不断解决衣食住行的同时，也不断发展人们的交通条件。有了道路交通的开拓，使得东北辽河流域的红山文化和西北的夏家店文化等北方原始文化与黄河流域的中原原始文化相沟通，并相互影响和交融，蓟县自古以来处于这一交流的枢纽地带。秦代，在九条具有全国性的驰道中，有两条通过无终（今蓟县），并沿用至汉唐。唐代，北方契丹势力逐渐崛起，唐朝于此置蓟州节度使，驻屯重兵，为解决给养，从天津东郊军粮城附近开凿运渠，把由江南海运来的军粮直接运抵蓟州，一时渔阳城内人烟辐辏，热闹非凡，唐代诗人杜甫《后出塞》诗云："渔阳豪侠地，击鼓吹笙竽。云帆转辽海，粳稻来东吴。越罗与楚练，照耀舆台躯。”描写了此时蓟州繁荣昌盛的情景。辽代，蓟州控扼辽南京（今北京）通往上京的御道，是辽对宋作战的重要基地，又是辽统治集团三大支柱之一，玉田韩氏的故里，因此经济颇为发达。明代，蓟州成为防御鞑靼侵扰的边防前线，除黄崖关一带驻守重兵外，蓟州城内也有五卫所，五万五千多人的兵力，为解决兵员给养，又重修蓟运河，转输江南漕运[①]。清代，蓟州更是北京到遵化清东陵的必经之路。便利的交通和战略重镇的地位，促进了蓟县商业的繁荣和文化的高度发展，加之境内优美的自然风光，形成了蓟县钟灵毓秀、人文化成、科甲鼎盛、宗教繁荣的文化特色。

蓟县为古来重镇，更是一座佛教名城，从现有资料看，历史上城内有独乐寺、白塔寺、广福寺等，城外有香林寺、日照寺、桃花寺、龙泉寺、云泉寺等。距离县城西15千米的盘山，更有“东五台山”的美誉，唐辽时期，达到“骈阗可类于清凉，赫奕遥同于白马”的景象。除这两处佛教寺院集中外，更多佛寺遍布各乡镇村落。时至今日，仍有村子以寺庙为村名，如莲花院、弥勒院、感化庄、白庙、八腊庙、龙福寺、大云泉寺、小云泉寺等。境内已发现的寺庙遗址达70余处，还有数不清的佛塔、经幢、石刻佛像等，可以想象，佛教文化在古代蓟县的繁荣景象。

二、佛教文化在蓟县发展的几个阶段

（一）汉代——第一座佛教寺庙的出现

1世纪，汉明帝年间，佛教沿着张骞开通的丝绸之路传入中国。东汉时期，佛教开始传入蓟县，在盘山东10千米，蓟县城外渔山的脚下兴建了蓟县第一座佛教寺庙——香林寺。明翰林院侍读冯有经在《修香林寺观音殿记》中云：“香林，亦创自汉，缮于唐、宋。”明朝仁毛钢在其《修香林寺碑记》中记载：“吾蓟城北二里许，峰峦环立。云表蔚然深邃，古建梵刹于前，名曰香林。有崆峒鹅泉流峙左右，佳木秀繁，苍翠掩映，蓟之一胜景，四时之登游者，殆无虚日……”[②]描述了该寺香火之盛，环境之幽和重修后的壮美景象。清康熙年间智朴和尚在其撰写的《盘山志》中，将香林寺列入盘山寺庙之中，于是就有了佛教在盘山“始于汉，兴于唐，盛于清”的说法。

---

① 韩嘉谷：《阅读蓟县城》，《天津日报》2000年8月14日。

② 智朴：《盘山志》，中国书店出版，1997年。

（二）魏晋南北朝——佛教在蓟县逐渐发展壮大

魏晋时期，佛寺的建造在中国已经很普遍，如北魏兴安元年（452年）曾敕令诸州县建造佛寺，当时多兴建于州郡或名山，智朴《盘山志》记载《南抃上方感化寺碑记》称："渔阳古郡之西北，丛岫迤逦，其势雄气秀，曰田盘山，冈峦倚叠，富有名寺，……魏太和十九年（495年）无终县民田氏兹焉营办。……故碑遗像，文迹具存……"这也是蓟县有记载的早期寺院之一，现在也只剩下感化寺地名。

盘山少林寺也是这一时期兴建，智朴《盘山志》、朱彝尊《日下旧闻》和于敏中《日下旧闻考》均记载："少林寺，原名法兴寺，传始建于晋魏年间。"少林寺在元、明、清时期均有重修、扩建，元代奏赐北少林之额，成为唯一以北少林寺冠名的少林寺。少林武术及其禅宗的影响在盘山一带广泛流传，民国后期，内外战乱使得盘山少林寺毁于兵燹，僧众四散。

在民国《蓟县志》还有一段关于北魏造像的记载："蓟县石刻，当以如如庵魏造像为古。民国三年，县长黄国瑄移置署内，去任时谓求精工拓之，携去北京，然竟黄鹤一去不复返矣。"如如庵建于县城东关，具体地址已无可考。

蓟县是佛教输入较早的地区之一，虽然魏晋时期留下的佛教文化实证不多，但从史籍、碑刻记载中也可看出，此时佛教已经在蓟县发展起来。

（三）唐辽时期——蓟县佛教发展的高峰期

进入唐代，中国佛教经北朝和隋代的高速发展，出现了"僧尼十万，刻缯泥像，以惑天下"[①]的局面。到了辽代，由于朝廷极力提倡佛教，优礼僧徒，贵族翕然从风。当时辽南京民间有称为"千人邑""念佛邑"和"塔灯邑"等宗教结社[②]，遗留至今的许多石刻、经幢，足可以说明当时佛教影响的普遍。

在全国大环境的影响下，蓟县作为佛教输入较早的地区，此时期发展迅速便不足为奇。大量的历史遗留物为此提供了有力证明，蓟县城内的独乐寺、白塔、广福寺，城外的静安寺、云泉寺，盘山的著名寺庙千像寺、天成寺、双峰寺、万松寺、上方寺、云罩寺、白岩寺等均兴建于这个时期。

千像寺为唐辽时期盘山著名寺庙之一，清康熙《蓟州志》曰："祐唐寺，一名千像寺，唐开元时建。"清乾隆《钦定盘山志》卷五《寺宇》："千像寺，一名祐唐寺，唐开元中建，辽统和五年希悟大师重建……明正统中僧行明重葺。"遗址处，现

① 《新唐书》，卷一百零七，列传第三十二。

② 张正明：《契丹史略》，中华书局，1979年。

在还矗立着辽统和五年（987年）的《盘山祐唐千像寺创建讲堂碑》，碑文详细记载了唐辽时期佛教活动的盛况"……迄今游阅之士，冠盖相望，四序不绝于阡陌也。当昔全盛之时，砌叠龙蟠，簷排凤翅。晨钟暮磬，上闻兜率。禅宗律学，宛是祇陁。骈阗可类于清凉，赫奕遥同于白马，乃法侣辐凑之乡也……"千像寺遗址保存较好，在遗址周围的巨石和岩壁上，现在还保存辽代线刻佛教造像124处计535尊，线刻佛像之多为国内罕见。

《大辽蓟州神山云泉寺记》碑，也是蓟县保存完整的辽代碑刻，碑文撰于辽圣宗统和三十年（1012年）十一月二十六日，现存于独乐寺院内。碑文载："噫！佛法西来，天下回应，国王大臣与其力，富商强贾奉其货，智者献其谋，巧者输其艺，互相为劝，唯恐居其后也。古今海内塔庙相望，如观史之化成，似耆阇之涌出。地当形胜，举尽庄严。非护世神灵，潜有加被，出尘龙象，先出主张，何以至于是哉！……"碑文记载的内容，反映了当时蓟州佛寺林立，辽人管辖区域佛教盛行的情况。

此外，唐代纪年经幢、辽清宁四年《白塔石函铭》、辽大安二年《大辽蓟州渔阳县好女塔特建碑铭并序》、辽寿昌二年《空洞仙洞寂照大师并门资园湛身铭》、辽乾统九年《石幢》、辽天庆八年《石幢》等保存下来的石刻、经幢也是这一时期佛教文化的历史记载。

除遗址、碑刻外，蓟县境内还保留了独乐寺、白塔、古佛舍利塔、福山塔等辽代佛教建筑实物。独乐寺位于蓟县城内，始建于隋代，主体建筑山门、观音阁为辽代重建。朱彝尊《日下旧闻》记载："独乐寺不知创自何代，至辽时重修。有翰林学士承旨刘成碑。统和四年孟夏立石，其文曰：故尚父秦王请谈真大师入独乐寺，修观音阁。以统和二年冬十月再建，上下两级，东西五间，南北八架，大阁一所。重塑十一面观音菩萨像。"尚父秦王为韩匡嗣，蓟州玉田韩家在辽朝享有极大权势，地位仅次于帝后，所以辽朝有"耶律、肖、韩三姓恣横"之说。《辽史·礼志》记："太宗幸幽州大悲阁，迁白衣观音像，建庙木叶山，尊为家神。"韩匡嗣在家乡重建独乐寺，也具有修"家庙"的性质。

统和二年去唐代不远，因此观音阁从梁架斗拱到屋面的装饰，都具有"唐宋二代建筑之过渡形式"特征①，观音阁是国内现存最古老的高层楼阁式建筑；山门屋顶出檐深远，斗拱体积肥硕，高度达柱高的1/2，四角柱明显"生起"，各柱带"侧脚"，也表现出浓郁的唐代风格。自辽代以来，独乐寺香火不断，是京东地区著名的寺庙之一。

---

① 梁思成：《蓟县独乐寺观音阁山门考》，《中国营造学社汇刊》第3卷第2期。

（四）清代——蓟县佛教发展的极盛期

清代，顺治皇帝亲赴山陵于遵化马兰峪凤台岭，为蓟县提供了传统社会中最后一次，也是最辉煌的一次发展机会，凤台岭皇陵（清东陵）是清代皇家最大的陵区，位于遵化州的最西缘，和蓟州界仅一山之隔。从顺治、康熙之际开始，皇帝、后妃及诸多达官贵胄的频繁祭祖谒陵活动，给蓟州带来了空前的繁荣。这时期各种形式的皇家营造，涵盖了城池、道路、运河、行宫、营房、寺庙、园寝等，对蓟州人的生产、生活方式等都产生了深远的影响，给这时的蓟州佛教文化发展打上了较深的皇家烙印。

这一时期，最能代表蓟县佛教发展到极盛时期的就是盘山。在清代以前，盘山虽然是佛教名山，但知名度远不如其他名山大川。到了清代，经历康熙、乾隆、嘉庆等几代皇帝的经营和大规模营建，使盘山名声远播。民国年间，盘山被列入十五大名山之一。更有“七十二寺，十三座玲珑宝塔”之说，成就了“东五台山”的美誉。继唐代普化和尚、道宗大师、宝积禅师之后，清代智朴和尚、大博禅师、法藏正禅师、了宗禅师等一批高僧的涌现，使盘山的佛教文化达到了一个空前鼎盛的时期。

康熙皇帝多次游历盘山，曾经修筑了四条蹬道以便游山。先后多次拨银维修千像寺、盘谷寺、天成寺、万松寺、云罩寺等。在康熙十四年，拨银创建了盘山的正法禅院。康熙皇帝还与盘谷寺的智朴和尚相交甚笃，时有诗文相和。乾隆皇帝游历盘山32次，在山前修建了继承德避暑山庄之后的第二大皇家行宫——静寄山庄，还开辟了自平谷到盘山的后山通道，先后对盘山的千像寺、万松寺、天成寺、感化寺、少林寺、双峰寺、法藏寺、云罩寺、青峰寺、天香寺、上方寺、云净寺、东干涧、西甘涧、报国寺、东竺庵等寺庙进行了全面整修，并在寺旁修建“坐落”。清康熙《盘山志》详细记载了72座寺庙的盛况。清张朝琮《蓟州志》云：“蓟州寺庙建于盘山者最盛，大小不一，华朴各殊。”

乾隆年间，从北京到遵化东陵，沿线修建了四座行宫，其中白涧行宫、桃花寺行宫、隆福寺行宫位于蓟州境内，行宫之侧都有一座寺庙，作用是为死者沿途诵经超度，在皇家修缮利用之后，也成为“禁地”。隆福寺是蓟县境内唯一一座喇嘛庙，专门为陵寝祭祀而修建的皇家御用寺庙，占地约80亩，据《日下旧闻考》中《汪由敦隆福寺碑略》记载：“隆福寺始建于唐初，重修于金泰和三年，迨至乾隆九年奉敕重修隆福寺并兴建行宫。乾隆四十九年又扩建重修。”如今，隆福寺只剩部分主体建筑的夯土暴露于地表，尚有踪迹可循。

蓟县境内比较有名的寺庙还有位于城北30里的环秀寺，历史上有“甲京东诸山之刹”的美誉，清代慈禧太后曾书“昭宣景福”四字木匾挂于正殿。1968年，环秀寺被毁。

佛教文化在蓟县历史上占有重要的一席之地，一些宗教传统根植民间，保存至今，其中尤以庙会影响深远。

蓟县寺庙众多，神仙种类五花八门。老百姓根据当地寺庙供奉主神的“大日子”，如生日、祭日、成道日等，作为庙会举办的日期，当地人称这一天为“过庙”，虽历史变迁，大多数寺庙庵堂已踪迹难觅，有的地方庙会形式也已不存，但“过庙”习俗，民间依然非常重视，时至今日，接闺女、叫女婿，全家人一起吃顿团圆饭，当地人已把这一天当做特有的节日延续下来。

现在蓟县已恢复的传统庙会有独乐寺庙会和盘山庙会。梁思成在《中国营造学社汇刊·独乐寺专号》中记载了独乐寺庙会，“每届废历三月中，寺例有庙会之举，县境居民，互数十里跋涉，参加盛会，以期‘带福还家’。其在蓟民心目中，实为无上圣地，如是者已数百年……”现在独乐寺庙会改为每年正月期间举办，为蓟县的春节增加了热闹景象。

作者简介：宋淑云，蓟县文物保管所，副研究馆员，天津蓟县城内武定街 41 号，301900。

明清盘山佛教寺院考略

周　璐
（南开大学历史学院）

摘要：佛教的出世精神，使得僧人往往追求寂静、虚空的修行环境。位于天津市蓟县西北部的盘山，其独特的自然风光，悠久的人文历史，吸引了古往今来众多的高僧大德前来参访修行。他们在此建刹筑寺，奠定了盘山佛教的基础与传统。作为佛教文化的物质载体，寺院以最直接、最直观的方式体现了佛教文化的基层面相，其修建的数量、建筑的风格、历代的兴替，向人们展现了当时当地佛教的发展状况。管窥历代寺院的修建情况，可以看出盘山佛教的发展呈现出愈益繁荣之态势。

关键词：明清　盘山　佛教寺院

一、引　　言

“天下名山僧占多。”自古以来，佛教与山就有着难舍难分的不解渊源。毋宁说世人瞩目的佛教四大名山（五台、普陀、峨眉、九华）、人尽皆知的名山大川（天台、嵩岳、终南、匡庐），就是鳞次栉比的近畿小山，随意闲游，亦可找到佛教信仰的踪影。佛徒信众对于山的依恋可见一斑。

佛教与山的结合是一个互动的过程。佛教的出世精神，使得僧人往往追求寂静、虚空的修行环境。深山密林之中，远离尘世、人迹罕至，成为希冀得道成佛的徒众理想的首选。由此，信仰的推动让风光秀美的名山对佛教产生了吸引力。隋唐时期，佛教大规模扩张，越来越多的得不到国家扶持的禅寺逐渐走向山林，发展出农、禅结合的禅林经济[①]。在此历史背景下，佛教僧人慢慢形成了参访名山、礼拜胜迹、求法尊宿的传统，一些建有名梵古刹的山林日益为人所知。

“盘为禅窟，智炬法灯与佛并照久矣。”[②]盘山，就是这样一座寺院林立的佛教道

---

① 杜继文：《佛教史》，江苏人民出版社，2006年，第248页。

② （民国）周松年纂述：《说盘》，《下之上・人物土产三》，《天津通志・旧志点校卷下》，南开人学出版社，1999年，第639页。

场，而盘山的佛教寺院，则是吸引了众多教内外信徒前来顶礼膜拜的主角，也是本文将要阐述的对象。

二、“盘山佛教寺院”的史料综述

对于盘山佛教寺院的介绍，迄今尚未有专书问世。清康熙三十二年（1693年）僧人释智朴所撰《盘山志》，则是第一部以志书的面目呈现盘山佛教及其寺院的著作。

释智朴，号拙庵，又号盘山和尚[①]，俗姓张氏，徐州人。“少曾过江，参百愚斯大师于青浦之青龙隆福寺，受记莂，实洞宗第三十世。”[②]过盘山，辟青沟禅院，“拙公念盘山之名胜，其人、物、诗文、建置、物产无所记载，则久而湮没不传”[③]，“毅然以山志自任”[④]，阅九寒暑而书成。缘于“盘山在昔无志乘之可稽，灵踪故典大半湮没”[⑤]，智朴首创山志，故其资料来源多取自断碑残幢，访自老僧耆宿，且亲勘舆地形胜，并于稿成之后“质之当代名公互相参考以广见闻”[⑥]。该书凡十卷，补遗四卷，包含名胜、人物、建置、物产、游幸、艺文六大类。智朴系佛教中人，且自称“三教人文各有所寄，此山自魏唐辽金元明以逮本朝，悉属僧居，故人物中，惟僧居多”[⑦]，因此，以佛教内容占据主要篇幅是该山志的一大特色。与其说智朴的《盘山志》是一部概述盘山当地各方面社会历史情况的综合性志书，不如说这是一部较为全面、详尽地了解、研究盘山佛教文化的入门参考书。

智朴《盘山志》的首要功绩，是开创了编纂盘山方志的历史。但也正是因其为开创之举，史无前例，故而在这本“首志”中可以找出体例的杂乱、内容的缺失、资料的考证粗略等诸多遗憾之处，被清乾隆皇帝嗤笑为：“其意求博而辞失冗。夫耕问仆织问婢，山经地志文士之事，彼方外流拘名象，而滥碔砆者何为哉？”[⑧]于是，乾隆十九年（1754年），户部尚书蒋溥奉敕纂修《钦定盘山志》，以补智朴志之不足。蒋溥《钦定盘山志》计十六卷，卷首五卷，在乾隆皇帝的支持下，“该志资料丰富，篇

---

① （清）王士祯撰：《带经堂集》卷二十《记载门 · 禅林类》，《清代诗文集汇编》第134册，上海古籍出版社，2011年。又见（清）刘庠《（同治）徐州府志》卷二十二下之下，清同治十三年刻本。

② （清）释智朴：《盘山志》卷四《建置 · 庵》，清同治十一年刻本。

③ （清）释智朴：《盘山志 · 王泽弘序》，清同治十一年刻本。

④ （清）释智朴：《盘山志 · 宋荦序》，清同治十一年刻本。

⑤ （清）释智朴：《盘山志 · 凡例》，清同治十一年刻本。

⑥ （清）释智朴：《盘山志 · 凡例》，清同治十一年刻本。

⑦ （清）释智朴：《盘山志 · 凡例》，清同治十一年刻本。

⑧ （清）蒋溥：《钦定盘山志 · 御制序》，景印文渊阁四库全书第586册史部第344，台湾商务印书馆，1986年。

幅恢宏，印刷精良，体例完备，重于考证”①。而由于其“钦定、敕修”的性质，志书的皇家色彩明显，不仅随处可见“以今上为尊”的辞藻语句，而且将巡典、天章、行宫等皇家之言行置之首要，一看便知是国家意志占主导地位的“官修之作”。但也正因如此，欲进一步了解或研究盘山及盘山佛教之人，才可知晓更为详细、可信，且下延至乾隆时期的相关信息。

两本《盘山志》为读者提供了大量直接、具体的第一手材料，除此之外，盘山所属的府州县志也包含了丰富的可利用资源。如现存的明、清及民国五部《蓟州志》《蓟县志》；包含了蓟州在内的清代《顺天府志》《畿辅通志》，以及明清两代的《一统志》等。以上提及的皆为官修的地方志，不可忽略的是，在汗牛充栋的历代游记、笔记、小说、文集、僧人撰述中，也可以毫不费力地随处采撷盘山一地的相关资料。此外，在阅读此类文献的同时，还可以使读者在严肃的研究工作中咏诗赏韵，愉悦心情②。悠久的历史还为我们留下了难以计数的金石碑刻、摩崖石幢，这些兼具文物收藏、赏玩审美和历史研究多重价值的珍贵资料，是我们揣摩、玩味古时、古人之事迹、心境的可靠文物③。

拙作就以两部《盘山志》为主要依据，参照其他历史文献，在对有关资料进行初步梳理、归纳、考证、分析的基础上，粗略地总结出盘山佛教寺院的大致脉络，以期能呈现该论题的大致轮廓，供读者参考及指正。

三、盘山简介

盘山，旧名四正山、徐无山、盘龙山、无终山，因曹魏时期田畴隐居于此，又名田盘山，“今不曰田盘而曰盘山者，亦犹匡庐之谓庐山也”④。盘山位于蓟县城西北

① 李会敏、马秀娟：《试述清乾隆时期〈盘山志〉的特点》，《科技情报开发与经济》2012年第5期。

② 这里随举几例，如（明）袁宏道撰：《袁中郎全集》，四库全书存目丛书·集部第174册，齐鲁书社，1996年，第370页；（清）王士祯撰：《香祖笔记》，景印文渊阁四库全书第870册子部第一百七十六，台湾商务印书馆，1986年；（清）法式善撰：《存素堂诗稿》二卷，《清代诗文集汇编》第435册，上海古籍出版社，2011年；（清）杜溎撰：《湄湖吟》十一卷《听松轩遗文》一卷，《清代诗文集汇编》第78册，上海古籍出版社，2011年，第10页。

③ 如南抃：《上方感化寺碑记》，王道正《重修云罩寺碑记》，沈荃《重修甘泉寺碑记》，金纯《龙泉寺修造碑记》，智朴《无暗律师行实碑记》，圆照《甘泉普济寺通和尚塔记》。

④ （清）释智朴：《盘山志》卷一《名胜·盘》，清同治十一年刻本。

二十五里[①]，“其山南距沧溟，西连太行，东放碣石，北负长城”[②]。程文奂《重修李靖庵记》载：“盘山，畿东胜地也。去神京百八十里，与翠屏山相接。”[③]相传魏太和中（227～232年）无终县民田畴率宗族数百人避难于此。盘山非以“高耸矗立”而著名，其平均海拔只有400～600米，最高点挂月峰顶海拔也只有864.4米，在中国众多崇山峻岭中并不起眼。盘山之所以能够闻名遐迩，乃是其风光的秀丽奇瑰。据说乾隆曾感叹：“早知有盘山，何必下江南。”康熙时名臣高士奇亦有言：“盘山自外望之无殊众山，一入其境则耸嶂怪壑，奇石刻露，若奔若蹲若断若堕，不可名状。”[④]吕升凯《重修卫公庵碑记》云：“畿之东为渔阳，郡之西北三十里为盘山，势回旋而磅礴，左碣石右沟水，沧溟汇其南，崖岭环其北，层峦叠嶂，接日干霄，飞瀑奔泉，喷松斗石。”[⑤]从这些描述中，足可见其景色之绮丽。

盘山不光山雄水秀，而且胜迹古刹遍布，可谓处处有景、步步有典。盘山分上、中、下三盘，东西南北中五台。三盘为：上盘，自来峰；中盘，古中盘；下盘，晾甲石。“上盘之松、中盘之石、下盘之水，千奇百怪。”[⑥]五台仿照佛教名山之首五台山而称，即为五峰：九华峰为东台，舞剑台为西台，先师台为南台，自来峰为北台，紫盖峯为中台。盘山最高处为挂月峰，上锐下削，其上有定光佛塔。又有摇动石、晾甲石、降香石、托佗石、舞剑台、喘气岩、斧凿岩、欢喜岭、华严洞、契真洞、漱玉泉、秩秩泉、仙人桥、红龙池、青沟、五盆沟、古佛舍利塔、宝积禅师舍利塔、普化禅师舍利塔、悬石亭、津津亭、天语轩、西甘涧、东甘涧等古迹名胜。历史上，“实仙佛之胜区，乃天壤之大观也”[⑦]。

四、明清时期盘山寺院数量

盘山“方今云物辉焕，佛龛仙宇多属圣代布金之地”[⑧]。上文亦提到：“盘为禅窟，智炬法灯与佛并照久矣。”从这两句话中可知，盘山寺院的数量规模不小，至少

---

① （清）周家楣、缪荃孙编纂：《光绪顺天府志》，《地理志二·山川》（一至十六册），北京古籍出版社，1987年。

② （清）于敏中：《日下旧闻考》卷一百十五《京畿蓟州二》，景印文渊阁四库全书第497～499册史部第255～257，台湾商务印书馆，1986年。

③ （清）蒋溥：《钦定盘山志》卷六《寺宇·万松寺》，景印文渊阁四库全书第586册史部第344，台湾商务印书馆，1986年。

④ （清）释智朴：《盘山志·高士奇序》，清同治十一年刻本。

⑤ （清）释智朴：《盘山志》卷四《建置·庵》，清同治十一年刻本。

⑥ （清）释智朴：《盘山志》卷一《名胜·盘》，清同治十一年刻本。

⑦ （清）释智朴：《盘山志》卷一《名胜·山》，清同治十一年刻本。

⑧ （清）蒋溥：《钦定盘山志》卷五《寺宇》，景印文渊阁四库全书第586册史部第344，台湾商务印书馆，1986年。

以数十计。对于数量的统计，笔者所掌握的资料中无确切记载。有云七十座的："中有古刹七十余，此乃近畿一巨观也"[①]；"天光霁极目幽，并雁影浮七十庵"[②]。但大多称七十二座："蓟北来游第一山，上连七十二禅关，人行巨壑，泉声裹马度"[③]；"我闻盘山七十二佛寺，寺寺落花流水中"[④]；"旧云七十二座有名庵，真云古今不替半千僧"[⑤]；"名刹七十二，兹据山以东。千盘始到门，所幸车马通"[⑥]。

那么，明清时期，盘山的寺院到底有多少呢？

智朴《盘山志》中对盘山寺院的记载较为详尽，具其统计，盘山有寺二十二、院二、庵二十九、静室十，共计六十三。志书中将寺、院、庵、静室各自分列，但都可以算作广义上的佛教寺院。蒋溥《钦定盘山志》一改智朴体例，将寺、院、庵等统于"寺宇"中，因其"寺山中寺与庵多互称，故庵亦统于寺"[⑦]。但如此统计，也只有"寺宇"六十五座。不过，两部《盘山志》中对寺院数量的描述，包含了迄志书编纂为止所有兴建的寺宇，当时已经废圮的、只留下了寺基遗址的也算在其中。

另外，这两本书中提及的寺院，其所属地区为广义上的盘山，即把盘山周边距离较近的寺院也涵盖了进去，如香林寺，在"盘山东二十里"[⑧]，而普济寺在甘泉山，日照寺在翁同山，其方位皆在盘山的周边或附近。

笔者对两本《盘山志》进行了初步统计，至智朴《盘山志》成书之时，即清康熙三十二年，已经颓废的寺院共计十二座，其中，"废"十座，分别为：感化寺、报国寺、法常寺、定慧寺、灵隐寺、圣泉庵、白岩庵、继靖庵、东架静室、茶子庵东静室；"寺基存"一座，为龙泉庵；无考一座，为翠云庵。那么此时尚且存在的寺院数量是五十一座。而至《钦定盘山志》成书之时，即清乾隆十九年，已经颓废的寺院共计十七座，其中，明确记载"今圮"的寺院十四座，分别为：法常寺、定慧寺、灵隐寺、圣泉庵、白岩庵、继靖庵、东架静室、茶子庵东静室、净土庵、接引庵、西方

---

① （清）释智朴：《盘山志》卷四《建置·庵》之吕升凯《重修卫公庵碑记》，清同治十一年刻本。

② （清）于敏中：《日下旧闻考》卷一百十六《京畿蓟州三》之冯有经《上方山诗》，景印文渊阁四库全书第497～499册史部第255～257，台湾商务印书馆，1986年。

③ （明）谢榛：《四溟集》，《四溟山人诗集》卷之二《七言古体》，景印文渊阁四库全书第497～499册史部第255～257，台湾商务印书馆，1986年。

④ （清）陈廷敬：《午亭文编》卷三，景印文渊阁四库全书第497～499册史部第255～257，台湾商务印书馆，1986年。

⑤ （清）释智朴：《盘山志》卷一《名胜·山》，清同治十一年刻本。

⑥ （清）法式善撰：《存素堂诗初集录存》二十四卷，《清代诗文集汇编》第435册，上海古籍出版社，2011年，第62页。

⑦ （清）蒋溥：《钦定盘山志》卷五《寺宇》，景印文渊阁四库全书第586册史部第344，台湾商务印书馆，1986年。

⑧ （清）释智朴：《盘山志》卷三《建置·寺》，清同治十一年刻本。

庵、甘露庵、五盆静室、黑石塔静室；只存寺基的一座，为龙泉庵；无考亦有一，翠云庵[①]。这样，至乾隆十九年时，盘山存有的寺院也只剩下了四十八座。

清代乾隆年间的戏曲理论家、诗人李调元在他的《竟山文集·盘山十六寺纪序》中写道：

> 旧云七十二座有名庵，今已半废，最著者惟十六寺。十六寺者：感化寺、千相寺、少陵寺、古中盘、云净寺、东竺庵、上方寺、云罩寺、盘谷寺、万松寺、青峯寺、法藏寺、双峯寺、西甘涧净土庵、东甘涧观音庵、天成寺，皆皇上临幸盘山时驻跸之所也。[②]

按序文中的记载，旧有的七十二名庵若废弃一半的话，仍剩余四十座左右[③]。序文中又写道："盘山新旧各志于诸地里人物分门别户，阅者茫然不得其要，今以寺统之，以便观览，或观斯土者所有事乎。"[④]这句话道明了《盘山十六寺纪》的编撰原因，同时亦是对两部《盘山志》的修订。由此可知，《童山文集》成书时间定晚于《钦定盘山志》成书时间，即乾隆十九年。此时，盘山仍然存在的寺院数量与乾隆十九年的四十八座相比仅减少了数座，与康熙三十二年的五十一座相比也只少了十余座，其数量递减的速度基本符合正常情况，故两部《盘山志》中的记载应当具有可参考的价值。

综上所述，笔者认为，清代乾隆十九年以前盘山地区的寺院（含废圮）数量为六十五座。

五、明清盘山寺院的修建

（一）历代修建情况

在掌握了明清时期盘山寺院的数量之后，为了进一步了解当时寺院的修建情况，可以首先对其历代的兴建、修缮进行大致的梳理，以便得到一个更为清晰的历史脉络。

---

① 据智朴考证，报国寺在当时也已经废置，但在蒋溥《钦定盘山志》中，却不知什么原因未见记载，又没有说明重建情况，而按常理推断该寺应该也已经不复存在了。著名的感化寺，智朴修撰《盘山志》时，即康熙三十二年左右本已废弃，但由于国家的重视，又于乾隆十年敕重建于旧寺基之西一里许。

② （清）李调元：《童山文集》卷六序四《盘山十六寺纪序》，《清代诗文集汇编》第384册，上海古籍出版社，2011年，第527～528页。

③ 按常理判断，"半废"应是概数，其实际数字应小于一半。

④ （清）李调元《童山文集》卷六序四《盘山十六寺纪序》，《清代诗文集汇编》第384册，上海古籍出版社，2011年，第527～528页。

盘山营建最早的寺院为北少林寺。

北少林寺[①]，旧名法兴寺。相传兴建于魏晋年间[②]，元至正中巢云威禅师主其寺，其后由宣政院请奏，赐额北少林寺。明成化六年（1469年）禅师宝峰德聚住持重修，嘉靖七年（1527年）又修。清康熙中（1662～1722年）僧本住再葺寺院，后又于乾隆十年（1745年），下令敕建，并御书"禅指直趣"匾额悬于大殿。

僧祥迈《元至元辨伪录》记载了这样一件佛、道相争的历史事件：

> 盘山中盘法兴寺，亥子年间，即宋德佑年，天兵始过，罕有僧人。甘泉本无玄公之嗣，振公首居上方，橡栗充食，以度朝夕。后有全真之徒挟丘公之力，谋占中盘法兴寺，乃就振公假言借住，振允之，居既久，遂规永定。王道政、陈知观等折殿宇毁佛像，冒奏太后立碑改额为栖云观。寺内有古佛舍利塔，高二百尺，及正殿三门一并拆毁。至乙卯后，上方长老云公碎其碑，奏告今上皇帝（元世祖），又那摩大师少林雪庭福裕禅师朝觐蒙哥皇帝，具陈其事。圣旨委付今上皇帝改正其弊，仍为僧院。延佑戊午九月初四日也。[③]

北少林寺内有多宝佛塔；前有帐房石、菱角石、蟒石；东有红龙池，东北一里有黑塔峪，为唐代志闲禅师潜修处；西北一里有华严洞；东南一里有东静室一。祥迈《元至元辨伪录》中佛、道相争一寺的事实表明，北少林寺不仅历史悠久，且其内外环境奇幽，佛教建筑环绕，适于修行，不仅是佛僧向往之地，也曾被道教信徒所看中。

唐代是佛教的繁荣和大发展时期，以国家的统一和空前富强为社会背景，在教义的阐发、经典的翻译、僧人的教育、戒律的整顿等方面都有颇多贡献，而最为显著的是各地寺院数量的大幅度增加。唐代的盘山属渔阳郡，时为军事要地，受到国家的重视。史载，唐贞观十九年，太宗征高丽，途径盘山，巡游至此，驻跸帐房石处[④]，而盘山一景晾甲石，则是明证："相传唐太宗东征，晾甲于此。"[⑤]洪升《晾甲石诗》："唐宗黩武事辽阳，振旅东归到朔方，休说三军都晾甲，也知白骨半沙场。"[⑥]

唐太宗的东征与盘山的关系，不仅仅止于此。年代可考的盘山寺院中，第一座建

---

① 蒋溥：《钦定盘山志》中省"北"字，称少林寺。

② （清）周家楣、缪荃孙编纂：《光绪顺天府志》，《地理志七·寺观》一至十六册，北京古籍出版社，1987年。又见（清）于敏中《日下旧闻考》卷一百十五《京畿蓟州二》，景印文渊阁四库全书第497～499册史部第255～257，台湾商务印书馆，1986年。

③ （清）释智朴：《盘山志》卷三《建置·寺》，清同治十一年刻本。

④ （清）释智朴：《盘山志》卷一《名胜》，清同治十一年刻本。

⑤ （清）于敏中：《日下旧闻考》卷一百十五《京畿蓟州二》，景印文渊阁四库全书第497～499册史部第255～257，台湾商务印书馆，1986年。

⑥ （清）释智朴：《盘山志》卷一《名胜》，清同治十一年刻本。

于唐代的双峰寺[①]，就是太宗功成之后为减轻国家穷兵黩武所致的肃杀气氛而行修之福田。“双峰寺……相传鄂公尉迟敬德所监造也。昔唐太宗以武功戡乱，功成后广建梵刹以资福田，恻然有哀，矜黎首之心诏语刊碣寺中。”[②]

此后，终唐一代，又相继建成有年代可考的佑唐寺（千像寺）、上方寺、普济寺、四门塔，和只知建于唐代但无具体时间的云罩寺、香水寺、天城寺、天香妙祥寺、白岩寺。

这里要特别提及的是盘山著名的感化寺。早在魏晋时期田畴率宗族避难隐居于盘山时，开荒拓基营建寺宇。到了唐代贞元年间，即于田畴隐居的遗址上建成感化寺，时名宝积寺，后分别由太和年间的道宗、咸通年间的常实两位大师重修[③]。

辽金元时期，寺院的开创兴建减少，只是佑唐寺在原有寺院规模的基础上又分别于辽应历十二年（962年）、保宁四年（972年）和保宁十年（978年）盖成佛殿一座、库僧堂两座和讲堂一座[④]。而对于原来寺院的修建次数则有所增加。辽天显十一年（936年）重修白岩寺[⑤]；金代，海东新罗头陀大师行脚至香水寺，重为开拓[⑥]；金大定（1161～1189年）中重修白岩寺[⑦]；金大安（1209～1211年）中重修瑞云庵[⑧]。元至元（1264～1294年）中，园悟赈禅师重修报国寺[⑨]；延佑元年（1314年）重修天香妙祥寺[⑩]。

为寺院赐、改名称也有记载：单是静安寺（创建年代无考）的名称就二度更改。辽道宗（1055～1100年）中，赐礼泉院（静安寺）额净名寺[⑪]；金大定（1161～1189年）中，改净名寺为静安寺[⑫]；以及上文提到的元至正中赐额北少林寺。而唐代的宝积寺（感化寺）则由道士占用，改名为上方玄宫。辽乾统七年（1107年），幽州主帅清河张公奏请于朝，易玄宫为感化[⑬]。至此，感化寺的名称第一次由官方确定下来。

---

① 建于贞观年间。

② （清）蒋溥：《钦定盘山志》卷二《图考二》，景印文渊阁四库全书第586册史部第344，台湾商务印书馆，1986年。

③ （清）释智朴：《盘山志》卷三《建置·寺》，清同治十一年刻本。

④ （清）释智朴：《盘山志》卷三《建置·寺》，清同治十一年刻本。

⑤ （清）释智朴：《盘山志》卷三《建置·寺》，清同治十一年刻本。

⑥ 详见金正隆六年中都宝塔寺沙门知心撰《文头陀大师灵塔实行碑》，（清）释智朴《盘山志》卷三《建置·寺》，清同治十一年刻本。

⑦ （清）释智朴：《盘山志》卷三《建置·寺》，清同治十一年刻本。

⑧ （清）释智朴：《盘山志》卷四《建置·庵》，清同治十一年刻本。

⑨ （清）释智朴：《盘山志》卷三《建置·寺》，清同治十一年刻本。

⑩ （清）释智朴：《盘山志》卷三《建置·寺》，清同治十一年刻本。

⑪ （清）释智朴：《盘山志》卷三《建置·寺》，清同治十一年刻本。

⑫ （清）释智朴：《盘山志》卷三《建置·寺》，清同治十一年刻本。

⑬ （清）释智朴：《盘山志》卷三《建置·寺》，清同治十一年刻本。

（二）明清两朝的修建情况

明清时期，政治高度集权，佛教世俗化趋势日益加强。无论是上层贵族还是民间百姓，佛教的观念此时已深入其心，信众们通过寺院的修建，践行自己的佛教信仰。盘山佛教寺院的修建在这样一个大环境中，也表现出以下两方面的特点。

1. 官方敕建、敕修或赐额的寺院数量增加

成化十一年（1474年）：敕赐（感化寺）广济寺[①]。

明万历年间，李太后崇佛，人称“九莲菩萨”，早在隆庆年间，就积极于京城重建、重修寺院。万历皇帝即位后，更是带头在全国各地频施檀越、广积福田，掀起了宫廷崇佛的热潮。在盘山，亦可找到以李太后为首的皇家成员虔诚信佛的表现。

万历年间（1572～1619年）：御书“清心”二字，径尺许，存菴（卫公菴）中[②]。

万历三十年（1607年），被尊为“九莲菩萨”的万历皇帝生母、慈圣皇太后出内帑重建双峰寺，赐《龙藏》及供用之物[③]。而撰于次年的王道正《重修云罩寺碑记》，则给出了更为详细的说明：

> 值今上皇帝乘龙御天薄海熙恬三垂宁谧，仰承圣母慈圣宣文明肃贞寿皇太后慈命，印施藏经，畿辅内外梵宇招提悉加严饬，于是出内帑积贮，併各宫协赞金钱，特命乾清宫常侍尚膳监太监吕公，诚往葺治之。[④]

万历三十年，云罩寺所获殊荣不止于此，万历皇帝亦参与进来，“敕赐云罩寺，内有皇藏千叶”[⑤]。此后，云罩寺与皇家的关系并未随明亡清兴、改朝换代而终止，康熙十七年（1678年），圣祖巡幸盘山，至云罩寺，特御书“盘山秀峰”四字[⑥]。乾隆八年（1743年），高宗亦勅修云罩寺，并御书“金界长明住智慧山”匾，“青山白云常自在，禅悦法喜悟无生”联[⑦]。

清代官方的敕修、赐额大多集中在康熙、乾隆两朝。史载，康熙分别于十四年（1675年）、十七年（1678年）、二十五年（1686年）、四十三年（1704年）4次巡幸

① （清）释智朴：《盘山志》卷三《建置·寺》，清同治十一年刻本。

② （清）释智朴：《盘山志》卷四《建置·庵》，清同治十一年刻本。

③ （清）释智朴：《盘山志》卷三《建置·寺》，清同治十一年刻本。

④ （清）释智朴：《盘山志》卷三《建置·寺》，清同治十一年刻本。

⑤ （清）释智朴：《盘山志》卷三《建置·寺》，清同治十一年刻本。

⑥ （清）释智朴：《盘山志》卷三《建置·寺》，清同治十一年刻本。

⑦ （清）蒋溥：《钦定盘山志》卷五《寺宇》，景印文渊阁四库全书第586册史部第344，台湾商务印书馆，1986年。

盘山。而乾隆驻跸的次数更多，据学者统计，其一生，到盘山的次数达32次[①]。频繁的出巡、密集地敕修寺院，将盘山佛教的发展推向历史上的巅峰。我们可以通过对史实罗列式的叙述，感受当时盘山僧人及信徒的自豪及荣耀。

康熙年间（1662～1722年）：圣祖赐青峰寺额[②]。

康熙十四年（1675年）：十月驻跸访盘山之胜，住僧祥庆嗣孙来平随驾登山。蒙上顾问，赐金[③]。题诗勒石普济寺中[④]。

康熙十七年（1678年）：御书"盘山秀峰"于云罩寺[⑤]。圣祖临幸，敕赐盘谷寺额，因其地名盘谷[⑥]。秋驾幸此庵（卫公庵），御书"乐天真"三字悬殿中央[⑦]，敕改为万松寺[⑧]。

康熙十八年（1679年）：赐金卫公庵[⑨]。

康熙二十五年（1686年）：圣驾再临卫公庵[⑩]。十二月一日幸盘山青沟禅院，御书唐诗一首二十八字，命僧智朴赋诗[⑪]。

康熙四十三年（1704年）：御笔改题云净寺[⑫]。恩赐敕改卫公庵为万松寺及御书金经等[⑬]。

---

① 白新良：《乾隆帝巡幸盘山、天津述论》，《历史档案》2007年第4期。

② （清）蒋溥：《钦定盘山志》卷六《寺宇》，景印文渊阁四库全书第586册史部第344，台湾商务印书馆，1986年。

③ 程文奂：《重修李靖庵记》，（清）蒋溥：《钦定盘山志》卷六《寺宇》，景印文渊阁四库全书第586册史部第344，台湾商务印书馆，1986年。

④ （清）蒋溥：《钦定盘山志》卷六《寺宇》，景印文渊阁四库全书第586册史部第344，台湾商务印书馆，1986年。

⑤ （清）释智朴：《盘山志》卷三《建置·寺》，清同治十一年刻本。

⑥ （清）蒋溥：《钦定盘山志》卷五《寺宇》，景印文渊阁四库全书第586册史部第344，台湾商务印书馆，1986年。

⑦ （清）释智朴：《盘山志》卷四《建置·庵》，清同治十一年刻本。

⑧ （清）蒋溥：《钦定盘山志》卷六《寺宇》，景印文渊阁四库全书第586册史部第344，台湾商务印书馆，1986年。

⑨ 程文奂：《重修李靖庵记》，（清）蒋溥：《钦定盘山志》卷六《寺宇》，景印文渊阁四库全书第586册史部第344，台湾商务印书馆，1986年。

⑩ 程文奂：《重修李靖庵记》，（清）蒋溥：《钦定盘山志》卷六《寺宇》，景印文渊阁四库全书第586册史部第344，台湾商务印书馆，1986年。

⑪ （清）释智朴：《盘山志》卷六《行幸》，清同治十一年刻本。

⑫ （清）蒋溥：《钦定盘山志》卷五《寺宇》，景印文渊阁四库全书第586册史部第344，台湾商务印书馆，1986年。

⑬ （清）蒋溥：《钦定盘山志》卷六《寺宇》，景印文渊阁四库全书第586册史部第344，台湾商务印书馆，1986年。

乾隆年间（1736～1795年）：赐勅建天成寺额，寺门有楼匾曰江山一览，大殿匾曰清净妙因皆宸翰也[①]。

乾隆八年（1743年）：勅修云罩寺，皇上御书“金界长明住智慧山”匾，“青山白云常自在，禅悦法喜悟无生”联[②]。

乾隆九年（1744年）：重建天香妙祥寺于旧基之西北二里许。御题勅建天香寺，赐无上法味匾。“杨柳外晓风残月，净瓶中白日青天”联[③]。

乾隆十年（1745年）：重建感化寺于旧基之西一里许，赐勅修感化寺额[④]。赐勅建天成寺额，寺门有楼匾曰江山一览，大殿匾曰清净妙因皆宸翰也[⑤]。勅修祐唐寺，大殿悬御书“雨花福地”匾[⑥]。勅修少林寺，大殿悬御书“禅指直趣”匾[⑦]。赐金缮修卫公庵[⑧]。勅修弥陀庵，大殿悬御书大尼渲光额，“请问庭前柏树子，莫瞒扇上犀牛儿”联[⑨]。

乾隆十四年（1749年）：饬有司缮修正法禅院，因复旧题古中盘寺[⑩]。敇修观音庵。赐东甘涧额，御制诗摩崖三处[⑪]。

---

① （清）蒋溥：《钦定盘山志》卷五《寺宇》，景印文渊阁四库全书第586册史部第344，台湾商务印书馆，1986年。

② （清）蒋溥：《钦定盘山志》卷五《寺宇》，景印文渊阁四库全书第586册史部第344，台湾商务印书馆，1986年。

③ （清）蒋溥：《钦定盘山志》卷五《寺宇》，景印文渊阁四库全书第586册史部第344，台湾商务印书馆，1986年。

④ （清）蒋溥：《钦定盘山志》卷五《寺宇》，景印文渊阁四库全书第586册史部第344，台湾商务印书馆，1986年。

⑤ （清）蒋溥：《钦定盘山志》卷五《寺宇》，景印文渊阁四库全书第586册史部第344，台湾商务印书馆，1986年。

⑥ （清）蒋溥：《钦定盘山志》卷五《寺宇》，景印文渊阁四库全书第586册史部第344，台湾商务印书馆，1986年。

⑦ （清）蒋溥：《钦定盘山志》卷五《寺宇》，景印文渊阁四库全书第586册史部第344，台湾商务印书馆，1986年。

⑧ （清）蒋溥：《钦定盘山志》卷五《寺宇》，景印文渊阁四库全书第586册史部第344，台湾商务印书馆，1986年。

⑨ （清）蒋溥：《钦定盘山志》卷五《寺宇》，景印文渊阁四库全书第586册史部第344，台湾商务印书馆，1986年。

⑩ （清）蒋溥：《钦定盘山志》卷五《寺宇》，景印文渊阁四库全书第586册史部第344，台湾商务印书馆，1986年。

⑪ （清）蒋溥：《钦定盘山志》卷五《寺宇》，景印文渊阁四库全书第586册史部第344，台湾商务印书馆，1986年。

乾隆十五年（1750年）：奉命重修云净寺①。

乾隆十七年（1762年）：赐帑修建上方寺，佛殿中悬御书“云涛花雨”匾，“石润苍苔皆佛性，松摇晴籁有禅机”联②。

乾隆十九年（1764年）：巡幸过此双峰寺，命有司修治，以还旧观③。敕有司相度营缮青峰庵焉④。奉敕修茶子庵⑤。

2. 僧人主持修建的寺院数量增加

明代自永乐起，中国的政治中心逐渐转移到北京，且延续至有清一代。盘山历史悠久，山奇水秀，宗教氛围浓厚，在京畿地区名声在外。当时，或驻锡或游方的高僧大德，大多都专程前往盘山一游，礼禅访道、膜拜古刹古塔。这些行脚僧人来到盘山，募化倡导，修缮佛殿，广积福田。特别是其中一些历史较长的寺宇，时日久远，风雨侵蚀，失去了原有的辉煌。重修殿宇，恢复往日之神圣，就变得势在必行了。

（1）明代。

正统年间（1435～1449年）：僧行明又修祐唐寺。

正统四年（1438年）：重修报恩寺⑥。

天顺年间（1457～1463年）：蕴空禅师重修香林寺⑦。

天顺八年（1464年）：宝峰德聚大师又修感化寺⑧。

成化年间（1464～1486年）：重修茶子菴⑨。

---

①（清）蒋溥：《钦定盘山志》卷五《寺宇》，景印文渊阁四库全书第586册史部第344，台湾商务印书馆，1986年。

②（清）蒋溥：《钦定盘山志》卷五《寺宇》，景印文渊阁四库全书第586册史部第344，台湾商务印书馆，1986年。

③（清）蒋溥：《钦定盘山志》卷六《寺宇》，景印文渊阁四库全书第586册史部第344，台湾商务印书馆，1986年。

④（清）蒋溥：《钦定盘山志》卷六《寺宇》，景印文渊阁四库全书第586册史部第344，台湾商务印书馆，1986年。

⑤（清）蒋溥：《钦定盘山志》卷六《寺宇》，景印文渊阁四库全书第586册史部第344，台湾商务印书馆，1986年。

⑥（清）蒋溥：《钦定盘山志》卷六《寺宇》，景印文渊阁四库全书第586册史部第344，台湾商务印书馆，1986年。

⑦（清）释智朴：《盘山志》卷三《建置·寺》，清同治十一年刻本。

⑧（清）释智朴：《盘山志》卷三《建置·寺》，清同治十一年刻本。

⑨（清）释智朴：《盘山志》卷四《建置·庵》，清同治十一年刻本。

成化六年（1469年）：宝峰德聚禅师重修北少林寺[①]。僧悟兴开建龙泉寺[②]。

正德年间（1505～1520年）：道士卢永康居之，更为修葺日照寺[③]。

正德二年（1507年）：僧想通建秀峰菴[④]。

正德五年（1509年）：重修龙泉寺[⑤]。

正德九年（1513年）：僧真义重修龙泉菴[⑥]。

正德十二年（1516年）：德果重修青峰菴[⑦]。

嘉靖七年（1527年）：又修北少林寺[⑧]。

万历年间（1572～1619年）：蔡来峰建净业菴[⑨]。僧常增建大慈菴[⑩]。

万历四年（1575年）：祖普照开士卓锡于卫公菴[⑪]

万历五年（1576年）：常净禅师葺青峰菴[⑫]。

万历七年（1578年）：又葺香林寺[⑬]。

万历十六年（1588年）：僧人常现募修灵岩寺[⑭]。

万历十九年（1590年）：蔡如蕙重修先师台[⑮]。

万历四十二年（1613年）：癸丑建水月菴[⑯]。

万历四十五年（1616年）：尼弘存再葺报恩寺[⑰]。

天启年间（1620～1626年）：香水寺复就倾圮[⑱]。

---

① （清）释智朴：《盘山志》卷三《建置·寺》，清同治十一年刻本。

② （清）释智朴：《盘山志》卷三《建置·寺》，清同治十一年刻本。

③ （清）释智朴：《盘山志》卷三《建置·寺》，清同治十一年刻本。

④ （清）释智朴：《盘山志》卷四《建置·庵》，清同治十一年刻本。

⑤ （清）释智朴：《盘山志》卷三《建置·寺》，清同治十一年刻本。

⑥ （清）释智朴：《盘山志》卷四《建置·庵》，清同治十一年刻本。

⑦ （清）释智朴：《盘山志》卷四《建置·庵》，清同治十一年刻本。

⑧ （清）释智朴：《盘山志》卷三《建置·寺》，清同治十一年刻本。

⑨ （清）释智朴：《盘山志》卷四《建置·庵》，清同治十一年刻本。

⑩ （清）释智朴：《盘山志》卷四《建置·庵》，清同治十一年刻本。

⑪ （清）释智朴：《盘山志》卷四《建置·庵》，清同治十一年刻本。

⑫ （清）释智朴：《盘山志》卷四《建置·庵》，清同治十一年刻本。

⑬ （清）释智朴：《盘山志》卷三《建置·寺》，清同治十一年刻本。

⑭ （清）释智朴：《盘山志》卷三《建置·寺》，清同治十一年刻本。

⑮ （清）释智朴：《盘山志》卷四《建置·庵》，清同治十一年刻本。

⑯ （清）释智朴：《盘山志》卷四《建置·庵》，清同治十一年刻本。

⑰ （清）释智朴：《盘山志》卷三《建置·寺》，清同治十一年刻本。

⑱ 卢纶：《重修香水寺碑记》，（清）释智朴《盘山志》卷三《建置·寺》，清同治十一年刻本。

崇祯年间（1627～1644年）：僧胜云重修卫公菴[①]。无暗律师重修净业菴[②]。建白岩菴[③]。

明代：明僧常慧刱建西甘涧净土菴[④]。宝峰德聚禅师修中盘寺[⑤]。

（2）清代。

康熙年间（1662～1722年）：僧通绪重修云罩寺[⑥]。僧明德住普济寺，次第营葺。移伽蓝像于殿左[⑦]。僧云联重修天城寺[⑧]。僧本住再葺北少林寺[⑨]。僧心安再新香林寺[⑩]。大博禅师重新开拓正法禅院[⑪]。无暗律师徒扩其基而新之（净业菴）[⑫]。养心尊宿又修茶子菴[⑬]。重修西甘涧净土菴[⑭]。姜和尚重修东甘涧观音庵[⑮]。僧玄朗重修弥陀菴[⑯]。僧通道建朝阳菴[⑰]。僧通道结茅居大悲菴焉[⑱]。通起重修西架静室[⑲]。僧百忍建茶子菴东静室[⑳]。

康熙十年（1671年）：智朴开建青沟禅院[㉑]。僧隆宝再葺青峰菴[㉒]。

康熙十五年（1676年）：寺僧慧明及刘君良爵、刘君居正共发善心再葺香水寺，

① （清）释智朴：《盘山志》卷四《建置·庵》，清同治十一年刻本。

② （清）释智朴：《盘山志》卷四《建置·庵》，清同治十一年刻本。

③ （清）释智朴：《盘山志》卷四《建置·庵》，清同治十一年刻本。

④ （清）释智朴：《盘山志》卷四《建置·庵》，清同治十一年刻本。

⑤ （清）释智朴：《盘山志》卷三《建置·寺》，清同治十一年刻本。

⑥ （清）释智朴：《盘山志》卷三《建置·寺》，清同治十一年刻本。

⑦ （清）释智朴：《盘山志》卷三《建置·寺》，清同治十一年刻本。

⑧ （清）释智朴：《盘山志》卷三《建置·寺》，清同治十一年刻本。

⑨ （清）释智朴：《盘山志》卷三《建置·寺》，清同治十一年刻本。

⑩ （清）蒋溥：《钦定盘山志》卷六《寺宇》，景印文渊阁四库全书第586册史部第344，台湾商务印书馆，1986年。

⑪ （清）释智朴：《盘山志》卷四《建置·院》，清同治十一年刻本。

⑫ （清）释智朴：《盘山志》卷四《建置·庵》，清同治十一年刻本。

⑬ （清）释智朴：《盘山志》卷四《建置·庵》，清同治十一年刻本。

⑭ （清）蒋溥：《钦定盘山志》卷五《寺宇》，景印文渊阁四库全书第586册史部第344，台湾商务印书馆，1986年。

⑮ （清）释智朴：《盘山志》卷四《建置·庵》，清同治十一年刻本。

⑯ （清）释智朴：《盘山志》卷四《建置·庵》，清同治十一年刻本。

⑰ （清）释智朴：《盘山志》卷四《建置·庵》，清同治十一年刻本。

⑱ （清）释智朴：《盘山志》卷四《建置·庵》，清同治十一年刻本。

⑲ （清）释智朴：《盘山志》卷四《建置·庵》，清同治十一年刻本。

⑳ （清）释智朴：《盘山志》卷四《建置·庵》，清同治十一年刻本。

㉑ （清）释智朴：《盘山志》卷四《建置·院》，清同治十一年刻本。

㉒ （清）释智朴：《盘山志》卷四《建置·庵》，清同治十一年刻本。

于康熙十五年春聘德心禅师主之[①]。

康熙二十二年以前（～1683年）：雨石和尚募修普济寺[②]。

康熙二十二年（1683年）：作癸亥月日，沈荃《重修甘泉寺碑记》[③]。

康熙二十五年（1686年）：僧印祥建弥陀菴[④]。

康熙二十七年（1688年）：溟波和尚于甘露菴建草房五楹，称十方院[⑤]。

康熙三十年（1671年）：僧来平接理卫公菴法席[⑥]。

康熙四十四年（1705年）：僧祥庆又新卫公菴[⑦]。

六、余　　论

文化可分为三个层面，由低到高依次是：物质层面、制度层面、精神层面。作为佛教文化的物质载体，寺院以最直接、最直观的方式体现了佛教文化的基层面相。寺院是佛教文化必不可少的内容之一，修建的数量、建筑的风格、历代的兴替，这些都向人们展现了当时当地佛教的发展状况。而欲想更进一步地深入了解佛教社会的日常生活、切身感受佛教信仰的神圣气氛，则要全面考虑教义经典、宗派学说、僧人（特别是高僧）群体、戒律教规、仪式演化等方面的内容。

素有“京东第一山”之称的盘山，是一座特殊的山岳。历史上，它由于地理位置、地形地貌及其他社会文化因素吸引了数位帝王到此巡幸，从而有力地加快了盘山佛教的发展进程。从历代寺院的修建情况做一番管窥，可以看出盘山的佛教发展趋向，呈现出愈益鼎盛之态势，究其原因，佛教外部世俗力量的推动，特别是有清一代帝王频繁的巡幸，成就了它风靡一时的名气。这是盘山佛教鼎盛的原因，也是其特点所在。

任何事物都不是孤立的，盘山的佛教也不例外。它不仅是中国佛教的一部分，而且还是当地区域历史文化的组成之一，又是历代佛教发展的继承和延续。因此，盘山

① 卢纶：《重修香水寺碑记》，（清）释智朴《盘山志》卷三《建置·寺》，清同治十一年刻本。

② 沈荃：《重修甘泉寺碑记》，（清）释智朴《盘山志》卷三《建置·寺》，清同治十一年刻本。

③ （清）释智朴：《盘山志》卷三《建置·寺》，清同治十一年刻本。

④ （清）蒋溥：《钦定盘山志》卷六《寺宇》，景印文渊阁四库全书第586册史部第344，台湾商务印书馆，1986年。

⑤ （清）释智朴：《盘山志》卷四《建置·庵》，清同治十一年刻本。

⑥ （清）蒋溥：《钦定盘山志》卷六《寺宇》，景印文渊阁四库全书第586册史部第344，台湾商务印书馆，1986年。

⑦ （清）释智朴：《盘山志》卷四《建置·庵》，清同治十一年刻本。

佛教作为中国佛教文化研究的组成部分，具有一定的学术研究价值。

从现实意义上来说，若要更好地发掘盘山佛教的内涵，就必须回溯历史，真正明白其发展的内在规律，如此才能结合当今的自然条件、社会环境及文化习惯做出调整，制定出合理、有效的发展战略，以保护、继承和进一步弘扬盘山佛教及其文化。

作者简介：周璐，南开大学历史学院博士研究生，天津市南开区卫津路94号，300071。

参 考 文 献

一、资料性文献

［1］（清）释智朴：《盘山志》卷四《建置·庵》，清同治十一年刻本。

［2］（清）蒋溥：《钦定盘山志》卷六《寺宇》，景印文渊阁四库全书第586册史部第344，台湾商务印书馆，1986年。

［3］（民国）周松年纂述：《说盘》，《下之上·人物土产三》，《天津通志·旧志点校卷下》，南开大学出版社，1999年，第639页。

［4］（清）周家楣、缪荃孙编纂：《光绪顺天府志》，《地理志二·山川》（一至十六册），北京古籍出版社，1987年。

［5］（清）于敏中：《日下旧闻考》卷一百十五《京畿蓟州二》，景印文渊阁四库全书第497～499史部第255～257，台湾商务印书馆，1986年。

二、研究性文献

［1］杜继文：《佛教史》，江苏人民出版社，2006年。

［2］郭朋：《明清佛教》，福建人民出版社，1982年。

［3］中国佛教协会：《中国佛教》（1～4辑），知识出版社，1980～1989年。

［4］杜继文、魏道儒：《中国禅宗通史》，江苏人民出版社，2007年。

［5］何孝荣：《明代北京佛教寺院修建研究》，南开大学出版社，2007年。

［6］白新良：《乾隆帝巡幸盘山、天津述论》，《历史档案》2007年第4期。

［7］李会敏、马秀娟：《试述清乾隆时期〈盘山志〉的特点》，《科技情报开发与经济》2012年第5期。

［8］王岗：《燕地佛教之始兴述略》，《北京历史文化研究》2007年第2期。

［9］马秀娟、梁捍江：《论〈盘山志〉的特点》，《图书馆学刊》2013年第10期。

［10］王纪鹏：《元朝佛道之争与北少林寺渊源探析》，《兰台世界》2013年2月下旬。

［11］张国庆：《辽代燕云地区佛教文化探论》，《民族研究》2001年第2期。

一一、博物馆工作巡礼

北疆博物院百年回顾与展望

芦　萱
（天津自然博物馆）

摘要：北疆博物院于1914年创建，是集动物、植物、地质、古生物、古人类等多学科为一体的综合性自然历史博物馆。是我国建立较早、藏品最丰富的自然历史博物馆之一。2014年是北疆博物院创建者桑志华先生来华科考及创建北疆博物院100周年纪念。本文旨在追溯馆史，揭开尘封百年的记忆。

关键词：北疆博物院　历史　回顾　启示

北疆博物院旧址坐落在马场道117号的天津外国语大学院内，是天津五大道历史文化街区的重要载体。其中有一座砖混结构的三层西式建筑，这就是天津自然博物馆的前身——“北疆博物院”旧址。该建筑于1991年被天津市人民政府命名为“天津市文物保护单位”。1993年被天津市政府列为市级重点文物保护单位。2005年列为“天津市历史风貌建筑”。由于历史原因，北疆博物院早已沉寂多年不再对公众开放，但曾经在这里发生的故事却吸引着更多的人流连忘返。借此文与各位同仁共同追溯它的历史，思考它带给天津自然博物馆的收获。

一、北疆博物院的创建史

100年前的阳春三月，一位来自法国的年轻人带着心中的梦想来到这片神奇又陌生的地方——中国天津。这位年轻人是法国天主教耶稣会神甫、动物学博士桑志华（E. Licent，1876～1952年）。他的到来，不仅为天津带来了西方的文化，也为天津留下了极其珍贵的财富。桑志华到达天津后便开始了在我国北方的考察和探险活动。科考中搜集中国北方黄河、白河等流域的地质学、岩矿学、史前学、动物学、植物学、古生物学、人文学、经济学等方面的资料与标本。他的探索行为一直延续到抗日战争爆发而被迫停止。他的探究不仅奠定了今天天津自然博物馆的藏品基础，也成为天津自然博物馆发展及中外博物馆文化交流的滥觞。

从1914年开始，桑志华每年都进行大量的采集工作。而1919～1920年连续在甘肃庆阳等地的巨大收获，使桑志华的采集方向更为明确。经过多年的不懈努力，桑志华对中国北方地质地貌有了较为全面的了解。为了更好地将采集的标本进行研究，1923年，法国巴黎博物馆派著名古生物学家德日进来到中国，与桑志华一起建立了“桑志华—德日进法国古生物考察团”，至此，桑志华的考古探险活动进入辉煌时期。随着桑志华考察探险活动的不断深入，8年的东征西战，使得采集来的标本及化石把最初的房间堆得满满的，以至于无法正常开展研究工作，创建北疆博物院的计划呼之欲出。该设想得到了法国天主教耶稣会总会长魏恩兹神甫、中国北方耶稣会会长金道宣神甫的采纳，同时获得了法国外交部的资助。于1922年在英租界的马场道建起了北疆博物院的第一座建筑——北楼（当时亦称黄河—白河博物馆）。1925年，在北楼西端，建成陈列室，与北楼相通，1928年5月陈列室正式向公众开放，展出了植物标本2万种，动物标本3.5万种，岩石与矿石标本共7000种，动物骸骨化石1.8万千克，各地地理、山川、河流、土壤和动植物分布地图133幅，照片3000余张，以及关于人类学、工商业和农业的调查报告，同时还举办不定期的讲座， 为普及自然科学知识和开展科学研究提供了很好的条件。1929年在北疆博物院北楼南侧进行了扩建，建成与北楼平行排列的南楼。南北两座建筑以通道相连接，使北疆博物院建筑外形形成了“工”字形完整格局。

1914～1949年的35年间，北疆博物院积累了20余万件标本，为当时中国藏量最多的自然博物馆，时至今日，馆藏标本已发展近40余万件，仍居全国同类博物馆前列。北疆博物院作为近代中国早期外国人在华创办的博物馆之一，在20世纪20～30年代享誉世界，在中国近代博物馆发展史和生物、地质、古生物等科学发展上起过重要的作用。

二、跌宕起伏的历程

北疆博物院在经历了一段辉煌之后，迎来的是长期的冷落、停滞。随着1937年抗战的爆发，日军封锁了天津英、法租界，北疆博物院的工作基本停滞，桑志华的工作被迫中断，迫于战乱，1938年桑志华离开中国。1939年天津遭受水灾，北疆博物院的一部分藏品被迁到北京法国使馆附近新建的博物院内。1940年北疆博物院的南楼清空后租借给工商学院（法国教会大学，现天津外国语大学）使用，北楼一层、二层借给工商附中（法国教会中学）做学生宿舍，北疆仅留下陈列室和三楼标本库房。后北楼归还给北疆。1941～1945年，因第二次世界大战，造成北疆博物院经费枯竭，使北疆博物院的工作无法正常开展与运行。1945～1948年北疆博物院处于看守阶段。1952年天津市文化局接管北疆博物院，成立天津市人民科学馆，1957年更名为天津自然博物馆。1959年，陈列展览和办公地址又从北疆博物院迁到位于马场道272号的原英国跑马场，随后，北疆博物院大楼作为收藏珍贵标本的库房一直使用至今。

三、硕果累累的学术研究

桑志华在采集过程中，以大量的照片和手绘地图记录了其所到之处的各种地理风貌、地质状况、人文历史等信息，积累了宝贵的第一手材料。同时，近20万件的珍贵标本和化石，特别是以下几个突破性发现：①发现了上新世三趾马动物群——中国古哺乳动物学从此开始了一个新纪元；②发现了晚更新世旧石器——掀开了中国旧石器时代和史前研究的第一章；③发现了“河套人”——史前考古中第一个在中国发现的古人类化石；④发现了中国第四纪真马（三趾马动物群）——中外地质学家争先查看的“地质博物馆”； ⑤发现了晚新生代动物群——犹如一部完整的地质编年史，充分展示出其内涵和学术价值。这也是北疆博物院之所以享誉世界，成为在国际上享有一定声誉的学术研究机构的重要原因。北疆博物院多年来一直是边收藏边整理研究，在桑志华回国前已经完成不同科目、不同门类标本及化石的整理和鉴定工作。同时，北疆博物院多年聘请法国、俄国等不同专业的专家学者对标本进行整理、分类、鉴定和研究工作。这些研究成果在国际生物界有一定影响。

北疆博物院出版物共计51 期，在其他刊物上发表的主要著述有74篇，内容涉及古人类学、植物学、动物学、古生物学、岩矿、地质学等。截至1935年年底，桑志华记满的笔记本已达到63本之多，拍摄的关于地理学、地质学、人种学、工业、植物学、动物学的照片有9000余张。当时绘制的中国、世界线路图、建筑类图纸多达900余张。目前馆藏北疆时期遗留下来的图书和期刊达17 000册，至今一些生物科学方面的资料已是绝版。北疆博物院出版的刊物、著作， 有很多已被列入世界动物学、植物学、古生物学文献宝库，至今仍是考察我国北方生物学各分支学科早期科学记录的重要依据，如桑志华撰写的《1914～1923黄河流域勘查报告》（四卷，1924年出版）、《1923~1933黄河流域十一年勘查报告》（四卷，1936年出版）；德日进在北疆博物院主要著述38篇等。

四、百年北疆给予后人的启示——物质与人文的传承

（一）北疆博物院建筑及陈列的复原

北疆博物院的建设，是从1922年开始的。最初建起第一座楼——北楼，并将博物院命名为 “北疆博物院”。北楼建筑由当时著名的比利时义品公司完成设计和监造。北楼设计为三层，高21米，占地面积300平方米，钢筋混凝土结构，设有防盗门和双

重窗户。楼内有三个实验室，一个办公室，一间暗室，两大间藏品库和一个作业室。1925年建成了陈列室。陈列馆共三层，建在北楼西端，与北楼相通，一层、二层是陈列室，三层用来存放物品。建筑材料具有防火性能，并采用高窗设计，充分利用自然光线。陈列馆由法国永和营造公司设计。1929年在北疆博物院北楼南侧进行了第二次扩建，建成南楼，分为二层，与北楼平行排列，包括三个实验室，一大间图书室，一个办公室和两大间藏品库房。南北两座建筑在二楼以通道相连接，使北疆博物院建筑外形形成了“工”字形格局。南楼的建造仍然委托法国永和营造公司负责设计、施工、监造。

北疆博物院的建筑整体由内而外都体现出当时的设计理念和水平。采用具有美学外形的中心牛腿柱式的内聚框结构，利于建筑的承载力；采用一系列防火、防盗、防尘和防震等措施，利于藏品展出与保护；而将平板花玻璃镶嵌在钢筋水泥窗框内的方式，既不影响天然采光，又能自然通风，还可以使标本免受春季细沙的侵袭和夏季雨水的渗透。

北疆博物院历经百年的建筑，由于在各种自然及人为因素的影响下，存在一定的残损和损伤，且当今博物馆建筑有新的要求，北疆老建筑不能满足完整、全面地反映历史陈列的开放需求。例如，楼内现有配套设施老旧，存在一定的安全隐患，不能顺利开展科研工作；建筑格局不合理，不具备文物陈列、布展的基本条件等。按照天津市政府关于对北疆博物院进行修缮改造，恢复展陈功能的指示精神，天津自然博物馆委托天津房屋质量安全鉴定检测中心对北疆博物院整体建筑进行了房屋技术鉴定并出具报告；委托天津大学设计研究院完成修缮设计方案；多次组织召开专家论证会，本着对历史风貌建筑修旧如故的保护原则，对北疆博物院进行全方位修缮，以尽快恢复其历史原貌。从建筑学角度来说，为后人提供了宝贵的参考价值。

1925年北疆博物院陈列室最初建成后，于1928年正式对外开放，以壁挂式展柜陈放方式展出。内容包括地质学、古生物学、人种学、动物学、植物学等。展品标签都使用法文书写，标题使用中文和英文书写，还编写并出版了法文《参观指南》。陈列室的开放时间为每周三、六、日下午，票价成人0.3元，儿童0.2元。除了个人观众外，每年约有40次中小学生集体参观。在当时社会上引起了巨大轰动，北疆博物院当时被誉为世界上“第一流的博物院”，也是当时中国北方广大地域的科学研究中心。

2014年是中法建交50周年，也将迎来天津自然博物馆建馆100周年暨桑志华来华科学考察100周年。天津自然博物馆决定以此为契机，将一直用作库房的北疆博物院从封存状态中挖掘出来，与中外学者共同研究恢复其历史原貌，同馆藏文物及它所承载的厚重历史一起展示给公众，发挥其应有的陈列展示、标本收藏、科学研究和科普教育功能。天津市政府和领导对北疆博物院项目高度重视，做出了重要批示。天津市文广局领导多次到北疆博物院现场调研，并拨专项资金予以支持。该项目已经获得天津市发改委的立项审批，进入实施阶段。不久的将来，一座修旧如故的“北疆博物院”将原汁原味地呈现在世人面前。此次北疆博物院的再次开放，将保留一切原有的历史特色，再次开放可以让许多对这段历史模糊的人们通过还原展示走进这段历史、去认识了解它。其意义绝非简单的丰富公众的生活、发展博物馆的文化，而是以其较高文化价值为契机，挖掘天津文化资源、提升城市文化品位，使之成为天津对外文化交流活动的内容之一。同时。新展馆的开放将为天津文化教育、科学普及事业提供新的模式。

（二）北疆博物院人文精神的传承

桑志华、德日进、罗学宾、明兴礼、塞尔、金道宣、俄籍柯兹洛夫等来自世界不同国家的科学家们对北疆博物院做出了贡献。他们的科学研究和博物馆实践向当时的中国学者展示了西方文化中最深刻的内涵——理性的科学精神。特别是桑志华神甫，来到中国后，他的考察方式主要是徒步旅行，偶尔与沙漠商队同行，随身携带照相机、地质锤、猎枪、网具、毒瓶等采集工具，随时采集标本，随时记录行程、采集情况和绘制地图。教堂是旅途的中转站，在这里桑志华不仅可以得到休整和物资补充、存放资料和标本，还能够从当地教民那里了解信息，得到线索。桑志华在华25年中，对中国北方的山东、直隶（河北）、山西、河南、陕西、甘肃、南满、内蒙古以及西藏以北地区有计划地进行了十分详细的科学考察，行程总长45 000～50 000千米。

桑志华在旅途中留下了大量笔记，详细地记录了各种事物，诸如所到之处的驻军、居民人口、民俗民风、地形地貌、路线图等。桑志华编辑出版《1914～1923黄河流域勘查报告》（四卷，1924年出版）、《1923～1933黄河流域十一年勘查报告》（四卷，1936年出版），书中附有大量手绘地图和丰富的照片资料，详细描述了考察经历，留下了十分珍贵的历史资料。馆藏北疆博物院时期遗留下来的图书和期刊多达17 000册，至今一些生物科学方面的资料已是绝版。

1928年，南开大学的沈士骏教授在参观北疆博物院之后，写了一篇游记，叙述他的观感：“北疆博物院可算是在天津唯一的值得赞评的博物馆了。她的特色，就是该院法国教士桑志华历年在华北搜求的成绩。凡是要看中国已知最古的石器，不可不到北疆博物院一饱眼福。”北疆博物院的迅速发展，不但赢得了欧洲的广泛称誉，也引起了日本的注意。1930年，院长桑志华被请到日本皇宫大学去演讲古生物学的问题，大受各界尊重和欢迎。

鉴于桑志华为北疆博物院做出的巨大贡献，1927年4月19日在工商学院教堂中为他举行了授勋仪式。仪式上法国领事桑西尼（D.Saussine）代表法国政府颁发了“十字骑士”勋章。1937年，抗日战争爆发后，桑志华回国继续从事科学研究，作为法国昆虫学会会长在自然历史博物馆潜心于研究工作，直至1952年去世，发表了一部14万字的相关著作。桑志华将毕生的经历和时间都用在了对科学的探索和研究上，他对事业的执著，对科学的严谨，对工作的认真都是值得我们后人学习的。

五、小　结

1914～2014年，北疆博物院历经了近百年的积淀，是历史留给我们的宝贵财富。从桑志华创建北疆博物院到今天，经历了由外国人到中国人管理的转变，它的历史不仅仅是时间的累积、藏品的简单积累，更是对中、外学者在事业中投入的热情与真情、汗水与艰辛努力的记录。

相对于一个在经济大潮里高速发展的天津，北疆博物院的确老了，因为2014年是它的百岁。但是，它又是那么年轻，因为它担负着为国家和社会保护人类历史、文化遗产的重要使命。

作者简介：芦萱，天津自然博物馆，馆员，天津市文化中心，300201。

参考文献

[1] 郑津春、李庆奎：《北疆博物院百年历史回顾》，《大众文艺》2011年第21期。
[2] 孙景云等：《天津自然博物馆九十年论文集》，天津科学技术出版社，2004年，第15~18页。
[3] 余树香：《享誉世界的北疆博物院》，《天津日报》2004年11月29日。
[4] 高渭清：《中国自然科学博物馆溯源——北疆博物院》，《上海科技馆馆刊》2010年第1期。

博物馆展览：历史叙事与教育未来

侯晓慧
（天津博物馆）

摘要：一直以来，博物馆是储存人类记忆，传播文化知识的场所。在博物馆收藏、研究、展示、教育这四大功能中，展示功能的研究越来越成为主流的研究方向。通过在展览中引入叙事理论，改变传统以“物”为研究对象的展示方式，以“人”为着眼点，将展览效果引向与观众的叙事互动，构建起与观众“沟通”“对话”的桥梁，实现展览传递知识教育未来的功能。

关键词：博物馆　展览　叙事　教育

叙事学起源于欧洲，其研究范围从文学逐步发展到绘画、电影等多个学科。随着研究范围的扩大和研究领域的深入，越来越多的学科互相交叉，使其实际应用也越来越广泛。将叙事作为博物馆研究的一个方向是近年来国内文博界的一个新的热点。随着博物馆“公共教育”为主要目标的新定位，对博物馆展览的研究也从独立研究更多的转向与教育功能相结合。通过在展览中引入叙事理论，将展示空间、藏品、人作为一个整体，将展览效果引向与观众的叙事互动，构建起与观众“沟通”与“对话”的桥梁，实现展览传递知识教育未来的功能。

一、叙事理论在博物馆展览中的应用

传统的博物馆展览，始终有一种拒人千里之外的距离感，被玻璃柜笼罩的珍贵藏品，阻挡观众的各式栏杆，使观众和藏品泾渭分明，藏品孤独地诉说它们自己的故事，而参观者始终无法感同身受。博物馆历史守望者的姿态开始受到质疑，人们开始重新思考博物馆存在的本质和意义。博物馆展览的目的不再是追逐真实的历史陈列，而是致力于能够向大众传输知识。博物馆展览开始尝试将历史藏品、展示空间、研究结果、观众体验等多种因素组合起来，策划出一个有观点、有目的、有立场的展览，以叙事的方式检视博物馆的展示及教育功能，所要提供给观众的也不仅仅是历史物件的简单陈列或单纯的感官刺激，而是要为观众提供更多内心深层的需求。

传统的博物馆展览较为常用的是按时间顺序陈列藏品的“年谱式”展示，并未考虑进观众的需求，当在展览中引入叙事性的表达模式时，传统以“物”为主角的表达方式就成了过去式。展览主角开始定位为“人”，展览的最终目的就是为“人”提供文化、娱乐，推进公共教育，因此，迎合“人”的需求成为展览的必然。怎样将孤零零的“物”变得更吸引人，就成为策展人思考的问题。荷兰博物馆学家彼得・冯・门施（P. Van Mensch）提出，展览元素除了真实的展品外，还包括其他元件。存放于陈列柜中的“物”往往因脱离原有环境，失去其本质属性，这就需要策展人经过一定的编排和设计，赋予“物”更多的故事，将与观众沟通为前提重述历史，唤醒“物”的生命力，向“人”展示更多的讯息。策展人站在“人”的角度提出问题，并根据自己的研究挑选最具代表性的展品，设计叙事化的讲述方式，结合博物馆自身特质和属性，形成对“人”更为立体、更具张力的作品。“物”到“人”的转变也是博物馆展览叙事化的一个重要表现。

传统博物馆展示理论认为展品是整个展示中不可替代的主体，是人们透析其文化背景的入口及对历史认知的机会；展览的宗旨主要是呈现物品本身的内在意涵与外延的实质证据，以及承载于物件背后的文化脉络。随着博物馆学理论的不断发展，这种观念逐渐被颠覆。在对待“物”的认知上，人们的观念发生了翻天覆地的变化。过去认为拥有珍贵展品的展览才是好的展览，现代博物馆展示理论则认为能应引起观众兴趣、让观众理解的展览才是好的展览。由此可以看出，展览的目的不再是呈现“物”本身，而重要的是“人”的反应，是以与“人”沟通为前提，让“人”理解为目的。策展人则需要根据不同的时代诉求而赋予历史物件及整个历史事件以新的形态与认知，构建其与现代生活之关系，能够让“人”从对“物”的浏览变为理解，培养“人”的自我思辨与反思能力，在一个更广阔的视野里理解历史与现实，寻求历史对人类未来所具有的深远意义，这也是博物馆展览叙事化的另一个重要表现。

二、展览历史叙事原则

博物馆中“物”本身并不能表现历史，这些“物”只有与其他辅助展品放置在同一个叙事空间中，“物”才参与了历史诉说。这一过程取决于博物馆拥有的藏品数量、种类，博物馆展示空间的硬件设备，博物馆所在地区的历史文化等诸多因素，最终目的是能够让“人”主动接受。那么，策展人在展览历史叙事中需要掌握哪些原则呢？

1. 尊重历史真实

博物馆是保存历史遗产的重要文化机构，这些文化遗产构成了历史“真实”。人们在不同的历史阶段对相同的历史“真实”的认知会有差异，处于同一时代的人，由于每个人的自身经历与背景不同，面对相同的历史时期选择记忆与遗忘的点不同，会导致同样的“真实”呈现在人们面前也不一致。展览的真实是由展品的真实、历史的真实构成的统一体。展品的真实是展览尊重历史真实的基础，展览内容的真实主要指对历史认识的客观，属于人的认知范畴，人类对历史的认知达到什么程度，从根本上决定了博物馆展览能达到的真实程度。因此，展览的真实既要保证历史信息的客观真实，也要考虑观众理解的主观真实。要树立正确的历史观，避免意识形态的过分倾向性，向观众传递正确的历史知识，满足观众的求知欲和好奇心。让观众从历史的记忆中获得该地区的价值认同和价值归属，从而传递正确的历史观和价值观。

2. 体现文化性格

所谓城市文化性格，应该是指一个城市的文化核心和精华，它体现了城市的历史文脉。每个城市的形成和发展都离不开其历史文化传统，因此，都有自己独特的文化气概和品格。一个城市的文化性格是由该城市千百年的积淀形成的，是通过不同的文化载体来体现的，从博物馆来讲就是藏品。这些藏品，体现自己城市独一无二的文化与性格。策展人依托藏品特色，通过历史叙事的展示手段，集中反映城市的文化与性格，留住人们对城市文化的记忆与展望。如果把城市比作舞台，城市文化是剧本，历史叙事性的博物馆展览就是在演绎剧本，剧本精彩，就会让人知道城市文化追求，感受城市文化脉络。

3. 创新展览思想

策展人要有敏锐的洞察力，在历史叙事过程中要打破旧有的思维束缚，颠覆传统思维模式，创造出引人入胜的展览。历史叙事展览要想吸引观众、感动观众、启迪观众，就要在创新思维上下工夫、做文章。创意不是无源之水，也不能凭空想象，它是一个不断思考的过程。通过把握展览主题，营造恰当的展览情境，有效地传达展览蕴含的精神，实现展览的教育功能。

三、展览历史叙事的价值体现：教育未来

“博物馆是一个为社会及其发展服务的、向公众开放的非营利性机构，为教育、研究、欣赏的目的征集、保护、研究、传播并展出人类及人类环境的物质及非物质遗产。”这是国际博物馆协会2007年修改的博物馆定义，教育被放在了首位。观众是博

物馆教育的对象，是博物馆实现其社会职能的重要因素。博物馆的教育建立在对观众的认识、了解和研究之上。博物馆教育应树立以人为本的理念，从传统的“发现观众”转变为“拓展观众”，与观众建立起亲切、平等、便利的关系，以公众和社会的利益为出发点，设定特殊的公共教育项目，实现展览知识的传递，把专业展览与文化普及结合起来，真正把静态的文化资源转变为人们的文化滋养和精神动力。

随着博物馆社会职能的不断演变，“教育”逐渐成为衡量博物馆业务水平的重要标准。而教育理念的发展，使得博物馆教育逐渐脱离利用藏品、文字说明、辅助展品等静态展示对观众的被动教育模式，对于现代博物馆而言，即便是以信息技术和多媒体技术为支撑的动态展示，观众也始终处于被动接受的位置。博物馆种种展示手段的革新，目的只有一个，强化博物馆教育功能。展览如何才能最大化的实现其价值，如何使展览与观众之间建立起多层面的联系，“对话”成为比“展示”更为重要的方面。博物馆要使展览传播目的富有成效，达到教育观众的目的，就必须尽量争取与观众建立和谐双向的“对话”关系，只有观众理解，接受传播，通过与展览“对话”，把所感知的传播内容转变为自己的认识，引起对问题的关注和思考时，观众才从被动的参观过程，变成在参与中探索、欣赏、发现和思考的双向传播学习模式。与观众“对话”使得现代博物馆教育模式得到突破性改变，鼓励观众与展览对话，引导观众的学习欲望，使他们在参观过程中兴趣盎然，实现博物馆教育功能的最大化。

作者简介：侯晓慧，天津博物馆，馆员，天津市文化中心，300201。

参 考 文 献

［1］ 胡亚敏：《叙事学》，华中师范大学出版社，2004年。
［2］ 宋向光：《博物馆陈列的核心特性：意义沟通》，《中国博物馆》2009第4期。
［3］ 舒丽丽、陈建明：《博物馆叙事方式刍议》，《湖南省博物馆馆刊》2013年第00期。
［4］ 金晓颖：《代博物馆的展示叙事研究》，浙江大学硕士学位论文，2013年。
［5］ 张晓晴：《博物馆“叙事性”展示设计探讨》，中央美术学院硕士学位论文，2012年。
［6］ 吴诗中：《展示陈列中的叙事空间设计》，《装饰》2012年第7期。
［7］ 余周麟：《名家美术馆与博物馆叙事研究——叙事的理论与边界》，中央美术学院硕士学位论文，2013年。
［8］ 张雨：《博物馆展示环境叙事性设计研究》，昆明理工大学硕士学位论文，2013年。
［9］ 万依依：《博物馆空间的叙事性设计研究》，西南交通大学硕士学位论文，2012年。

关于自然博物馆藏品管理问题的几点思考

高　凯
（天津自然博物馆）

摘要：本文讨论了自然博物馆藏品管理方面的一些重要理论问题，内容涉及藏品的各种价值的相互关系、藏品的收藏策略、藏品管理中“以人为本”的观念和“绿色保藏”技术。

关键词：自然博物馆　藏品管理　思考

在当今世界性生物多样性保护浪潮中，自然博物馆事业不仅因为在促进社会文明与进步的进程中发挥着积极作用而得到了社会公众的普遍认同和各级政府的日益关注，同时也因它在收集、研究、保存和宣传生物多样性知识和信息中发挥着独特的作用而受到世人的日益重视，在自然博物馆中充当基础重要地位的藏品管理工作也更引起了人们的重视，并开始显现出广阔的发展前景。

本文是笔者结合多年来在业务部门的实际工作，就博物馆藏品管理工作的一些重要理论，谈谈个人的体会和认识。

一、藏品价值的异化与自然博物馆功能设置的关系

（一）藏品价值的异化及其相互关系

自然博物馆是以自然界在发展演化过程中各个阶段形成的以自然物为主要收藏对象。这些自然物即是自然史的客观反映，同时本身也具有一定的自然属性。这种自然属性不由人的意志决定，也不为人的意志转移，更不会因为是否被人们意识到而存在或消失。藏品具有的这种客观存在的自然属性构成了藏品的基础价值，反映了藏品在自然界中的存在价值具有自然特性。

藏品在自然界中客观存在的自然价值能否反映到人的头脑中来，取决于人的主观能动性，取决于人对客观存在的自然物和自然现象进行观察、研究的思想方法和技术手段是否正确，也取决于人认知能力的发展水平。

在自然界的演化过程中，随着人类的出现和思维能力的发展，人类表现出对自然属性和自然现象永无止境的探索欲望和探索精神，人类的这种特性与自然物的自然价值相结合就逐渐衍生出自然物在人类社会中的研究价值。另外，为了便于研究活动进行，人类需要保存一定的研究对象以便反复观察、研究和应用，这使自然物又进一步衍生出了收藏价值。人类为了便于相互交流或传授认识和利用自然物的实验，有时需要出示实物，于是就衍生出了自然物的展示价值。上述就是自然物在自然界中存在的自然价值向人类社会中各种社会价值发生异化的原始过程。总之，客观存在的自然物是人类认识自然的物质基础，也是自然物所具有的各种社会价值依附的介质。

随着人类发展到现代社会，以自然现象和自然史为主要研究、展示对象的自然博物馆其藏品的基本价值（包括收藏价值、研究价值和展示价值等），从本质上看也是这样形成的，只不过现代社会更注重科学、合理、有效地利用和发挥各类藏品的各种价值，更善于积极发挥藏品的教育展示作用，以提高人们的自然意识，激发人们对自然的探索欲望，从而进一步推动人们对藏品价值的深入研究和发掘，这在更广泛、更深层的领域中促进了藏品在现代生活中的价值异化进程，也使藏品的社会价值不断增值。

由此可见，藏品价值的认知过程是个长期的、不断深化的、无止境的过程，因此藏品潜在的收藏、研究和教育展示的价值也无法估量。

（二）藏品价值的社会实现与自然博物馆三大基础功能的辩证关系

从上述分析中可以看出，只有通过深入研究、积极充分地应用承载着自然现象和自然史信息的自然物收藏品，才能促进藏品的自然价值向社会价值异化的进程。因此，以收藏、研究和教育展示作为自然博物馆的三大基本功能，完全有其科学理论依据，也符合人类对自然界的认识规律。

藏品价值的实现与自然博物馆的三大基本功能相互构成的是一种怎样的关系呢?

1. 收藏

藏品是博物馆的立身之本，它构成了博物馆存在的最本质的实体，也是博物馆各项功能得以发挥的基础。为了确保藏品的各种属性和价值在人为控制条件下能尽可能稳定地、长久地保存下去，以供人们方便、长期和反复地研究及应用这些藏品，同时也为了不断积累和丰富藏品的门类、数量和制别，以保证博物馆各项业务工作能在一个雄厚的藏品积累基础上深入、持久和有效地开展，就必须通过高质量的收藏去实现上述目标。因此，收藏工作始终是博物馆最基础的业务工作。

2. 研究

是不断发现和认识藏品的各种属性，深入挖掘藏品价值的重要途径和前提条件也是实现藏品价值和展示价值的重要环节。因此，研究工作是自然博物馆各项业务工作中不可缺少的一个重要枢纽环节。

3. 教育展示

是对藏品及其所反映的自然现象和自然史进行阶段性研究成果的总结，是实现藏品价值、激发民众科学精神的基本手段，也是自然博物馆联系社会的主要窗口纽带。因此，教育展示是自然博物馆社会存在价值争取获得社会认同的最基本途径。

总而言之，自然博物馆通过积极发挥这三大基本功能来促进藏品基本价值的社会实现；而藏品基本价值的社会实现和不断增值又确立了自然博物馆的社会存在价值，并推动自然博物馆基本功能的进一步发挥和不断地完善。实践证明有特色的收藏为有创造性的研究和成功的展示活动提供了重要条件。

然而，从国际国内的实际情况来看，自然博物馆取得良好社会和经济效益的成功例子并不多。其中的原因是多方面的，除了财政这个重要制约因素外，往往还由于未能长期坚持正确处理好自然博物馆的收藏、研究和教育展示这三项基本功能的平衡发展关系，从而导致下列种种偏差现象出现：如因藏品收藏缺乏特色和历史底蕴而难以在博物馆各项业务活动中发挥基础作用；因研究力量薄弱而限制了博物馆的藏品研究和教育展示功能发挥，阻碍了自然博物馆在引导社会用科学的世界观分析、解答自然现象和社会相关热点问题中发挥积极的作用，即影响了自然博物馆社会功能的发挥和自身社会价值的实现。有些单位因种种原因导致陷入收藏基础薄弱、研究力量不足的局面，于是迫于各种舆论和压力，受急功近利的思想驱动而急于求成，甚至不惜走向极端，割裂自然博物馆三大功能的有机联系，片面强调展示功能，采取盲目效仿、套用照搬的手法，拼凑一些主题和内容无特色、形式雷同的展示，以期获取眼前的利益，结果往往欲速则不达，不仅社会效益低下，而且浪费了十分有限的并且也是来之不易的经费。长此以往，势必造成自然博物馆功能的全面退化萎缩，也是导致社会对自然博物馆社会存在价值产生认识上误区的重要原因。

反观世界公认的植物收藏、研究、展示中心——英国皇家植物园邱园的做法则是长期坚持既定的收藏策略；坚持藏品收藏、研究和展示业务相互统一，平衡发展；坚持以世界一流的藏品收藏、研究水平为特色，厚积薄发，精心推出各种形式的展示活动。现不仅以其世界上最有影响的植物分类研究中心地位，每年吸引世界各国大量的专家学者前往访问研究，而且也已成为英国国内乃至国际上重要的旅游景点，甚至连他们标本馆内的一些工作场所也成为游客颇有兴趣的参观景点。目前正在兴建的植物种子库，早在兴建之前就已经从结构设施上做了规划，使新的种子库不仅能满足种子收藏、研究的需要，同时也能供普通游客参观游览。由于这种立足长远的发展战略，坚持收藏、研究和教育展示功能并举，使其藏品在经济全球化、文化时尚化、生态环境急剧退化的今天①，发挥出了与日俱增的收藏、研究和展示价值，也创造出了良好的社会效益。

二、关于藏品的收藏策略

标本馆的建设和发展是一个长期的过程，需要经过许多代专家学者艰苦不懈的努力才能逐渐形成规模和效应。自然博物馆的藏品具有涉及的自然历史漫长、涵盖面广、门类多、特别繁杂的特点，这就决定了自然博物馆藏品建设工作具有长期性、艰巨性、多样性和高投入性的特征。为了保证自然博物馆藏品建设工作健康稳定的发展，制定一个符合其功能定位、发展目标和自身特点的藏品收藏策略更显示了其重要性和必要性，其意义不仅在于它的藏品收藏、管理工作中具有纲领性、指导性和原则性的目标文件，而且也是收藏业务工作开展的灵魂。其构成要素主要有：确定收藏目标（包括长期目标、阶段性目标）、收藏品的门类和适合于不同使用目的藏品制作类型、规划藏品覆盖的地理范围、区系范围或生态类型②，制定具体实施的方法和相关政策（如经费筹集，经费分配，人才的组织和引进，藏品的采集、征集、交换，藏品信息管理，国际国内合作政策）。从中可以看出，藏品收藏策略的制定过程本身就是一个复杂的系统工程，它是一个自然博物馆的专业水平、业务素养、人才结构、决策能力和财政支持力度的综合反映。

为了确保策略本身的科学性和合理性，并能在执行过程中取得尽可能广泛的行政及财政方面的支持，它的制定过程应严格经过科学的、民主的决策程序，并尽可能广泛地听取各类专家学者、各级政府主管部门、各界代表人士（包括企业财团）和国际国内同行的意见和建议。总之，正确的政策和策略指导、稳定的财政支持、高素质的研究力量是收藏策略能否正常实施的重要保障。

以英国皇家植物园邱园为例，它位于欧洲温带地区，其藏品收藏的长期目标是定

---

① Bridson D， Forman L， The herbarium handbook. Third edition， Kew： Royal Botanic Cardens， 1998： 1-26.

② Bridson D， Formanl L. The herbarinm handbosk. Third endition kew： Royal Botonic Cardens. 1998：1-26.

位在发展为一座国际级综合性植物标本馆①。在其近150年的发展过程中，藏品收集经历了从英国本土到全欧洲、后转向世界热带地区、现开始转向世界亚热带地区等几个阶段。目前，它是世界上少数几个植物标本收藏量在600万件以上的特大型综合性植物标本馆之一（我国中科院植物标本馆收藏量在200余万件，我馆植物标本收藏量在6万余件，其中4万余件来自老北疆时期桑志华采集的）。这说明长期以来邱园植物标本馆一直拥有相对稳定的经费来源和高素质的研究力量。另外，其收藏品收集方式灵活多样，如通过组织探险考察、专题考察研究，或与当地研究机构联合进行考察研究以获得大量的被考察地区的复份标本（一个物种多份），并利用富余的复份标本与其他目标地区规模较大的标本馆进行标本交换；还通过提供为世界各国的标本馆、机构团体和个人进行标本鉴定等服务来扩大其国外标本收藏量。这说明科学合理的藏品收藏策略不仅对于邱园，同样对于自然博物馆也是十分重要的，它对于自然博物馆整个业务工作的各个环节能否保持长期正常、稳定、有序的开展具有至关重要的作用。

国内对此问题的意识和认识发展水平还很不平衡，由于种种原因有的单位甚至尚无一个定位合理、目标明确的藏品收藏策略供执行，导致采集经费无法保证、经费使用效率低下、藏品的种类和采集地过度重复，这种盲目采集、盲目收藏的结果往往导致收藏特色不鲜明，影响了博物馆功能的正常发挥。这是需要引起重视并需加以认真研究解决的问题。

三、藏品管理中“以人为本”的观念和“绿色保藏”技术

以人为本的观念是充分体现人性，最大限度调动人内在的、积极向上的进取精神，尊重人的主观能动性和创造性的一种思想观念。在以知识积累和知识创造活动为主的自然博物馆藏品管理工作中，切实充分地体现以人为本的理念显得尤为重要。

因为人是博物馆各项业务工作的主体，是博物馆各项业务活动最终的服务对象。博物馆事业存在的社会价值就在于它是满足人类高级精神活动的需要，是引导和推动人类社会文明进步的宗旨。积极推行藏品绿色保藏技术既是“以人为本”观念在藏品管理工作中的集中体现，也是推动象征社会先进文化代表的自然博物馆形象建设的需要，从这个意义上讲“以人为本”的观念也是推动藏品“绿色保藏”技术运用和发展的原动力。

随着全球环境保护运动的蓬勃发展，环保意识不断地深入人心，世界和地区性的

---

① Bridson D， Formanl L. The herbarinm handbosk. Third endition kcw： Royal Botonic Cardens. 1998：1-26.

各种环保公约相继缔结，国家相关法律法规不断完善，目前国际上一些经济和科学较发达国家的标本馆已纷纷采用了一系列符合其国家有关法律和法规的藏品保藏技术和保藏方法。在选用各种技术手段、方法和材料时，首先必须严格遵循对环境和人体健康无危害或危害程度最小化的原则，其次才是考虑对藏品和设备的影响程度。这种以相关法律法规为准则、“以人为本”的思想为指导发展起来的藏品保藏技术称为“绿色保藏”技术。这种技术最大限度地保护了人们管理、研究和使用藏品的积极性，对发挥藏品的价值和自然博物馆的功能具有深远意义。它根据的最主要原理是：根据发育生物学的理论，运用各种物理手段阻止一切引起藏品霉蛀的生物源进入标本室内；对已进入标本室内并能引起标本霉蛀的生物源，主要也是通过物理手段控制标本室环境因子，以阻止有害生物完成生活史，从而实现藏品防蛀防霉的目的。目前与之相配套的技术和设备已相当成熟，国内有些标本馆也已将其中部分技术、设备和材料作为常规配置。比如我馆，在标本刚采集征集来时，以前是用二硫化碳来熏蒸以达到驱虫卵的作用，目前我们配备了超低温冰柜，利用超低温零下40℃的冷冻法，以达到消毒驱虫的目的。但是，因为国内各单位在该领域的发展还很不平衡或者资金不足等问题，一些设备和措施还不完善，这与国际先进水平还存在一定的差距。

推行藏品“绿色保藏”技术是全球环境保护意识普遍提高形势下的必然趋势和要求。自然博物馆一般都分布于一个国家经济文化相对发达的大都市中，它代表着社会高级精神文化活动的需要，同时也是社会文明进步的标志和社会进步文化事业的象征，理应推行绿色环保理念，在落实绿色环保技术和措施上也起到示范表率作用。例如我馆，今年新搬迁的库房全部都是使用纯天然的樟木板以起到标本防霉蛀的作用，取代了用樟脑防虫的方法，当然这也大大的加大了财政的支出。随着我国相关法律法规的不断健全和完善，对外开放的力度不断加大，国际国内间科学文化交流的日益频繁，有关部门未雨绸缪，认真面对这一不可回避的新课题，及时研究并积极落实相关措施，以防不利于我国自然博物馆事业发展、不利于促进创造积极社会效益的不良局面出现，以推动我国自然博物馆事业可持续地向前发展。

作者简介：高凯，天津自然博物馆，馆员，天津市文化中心，300201。

浅析大数据环境下革命类纪念馆的红色文化传播

王　蔚
（平津战役纪念馆）

摘要：大数据时代的来临正在给各行各业和整个社会生活带来根本性的变革。作为先进文化和爱国主义精神的传播者，革命类纪念馆如何运用大数据技术在红色文化传播方面创新，更好地服务观众和社会，充分发挥社会功能与作用。本文通过介绍大数据概念、特点及应用于纪念馆的优势，对大数据环境下的革命类纪念馆如何更好地传播红色文化进行了分析。

关键词：红色文化　大数据　数字资源　革命类纪念馆　传播

一、大数据环境下红色文化传播的内涵

红色文化是中国特色社会主义文化的重要组成部分，是无数革命先烈在民族存亡之际用鲜血和生命铸造、凝结的宝贵精神财富。它既是中华民族传统文化和人文精神的凝聚和积淀，也是中国共产党人优良革命传统和革命精神的具体体现。红色文化蕴含着厚重的历史文化内涵，是新时期开展宣传和教育的重要载体和资源。

作为博物馆的其中一个类别，革命类纪念馆既有博物馆的一般特征与功能，又具有其自身的特点及功能，即收藏、宣传、保护、研究和展示革命历史文化，进行爱国主义教育。我国1985年颁布的《革命纪念馆工作试行条例》中对革命纪念馆的职能做出了概念界定："坚持为人民服务、为社会主义服务的方向，对人民群众特别是青少年进行历史唯物主义、爱国主义和革命传统教育，提高人民群众的共产主义觉悟和道德水平。"[①]因此，纪念馆必须保持其鲜明的思想性与政治性，主动承担党和国家赋予

---

① 任勇、李延红：《新形势下对革命纪念馆社会功能的审视》，《文史研究》2013年第4期，第75页。

的社会责任，发挥好传播红色文化、进行爱国主义教育的社会功能[①]。

而作为当下人们关注和热议的话题，大数据已经不仅仅限于IT产业。它通过技术的创新与发展，以及数据的全面感知、收集、分析、共享，为人们提供了一种全新看待世界的方法[②]。它带来的巨大价值正渐渐被人们所认可。面对大数据环境带来的机遇和挑战，对于以传播红色文化为己任，向观众宣传先进文化，肩负重要社会责任的革命类纪念馆，如何应用好大数据技术，加快红色文化的传播速度、丰富红色文化的传播内容，扩大红色文化的辐射面和教育面，增强红色文化的吸引力和感染力，为观众接受革命传统和革命精神教育开辟新途径。这是摆在革命类纪念馆工作者面前的重要课题。

二、大数据的含义和特点

“大数据”是近些年互联网行业比较热门的一个概念，对大数据的定义繁多，其中比较公认的说法是，互联网公司在日常运营中生成、累积的用户网络行为数据。所涉及的资料量规模巨大到无法通过目前主流软件工具，在合理时间内达到撷取、管理、处理并整理成为帮助企业经营决策更积极目的的资讯。这些数据的规模非常庞大，以至于不能用G或T来衡量，大数据的起始计量单位至少是P（1000个T）、E（100万个T）或Z（10亿个T）。大数据到底有多大?一组名为“互联网上一天”的数据告诉我们，一天之中，互联网产生的全部内容可以刻满1.68亿张DVD[③]。

1.Volume——容量

通过各种设备产生的海量数据，其数据规模极为庞大。“过去两年里所产生的数据量占到人类有史以来所积累数据总量的 90%”，因此数据量将从TB 级跃升到 PB 级，甚至 EB 级。PB 级数据是什么概念? PB 是数据存储容量的单位，1024GB = 1TB，1024TB = 1PB，1024PB = 1EB，1024 EB = 1ZB，1024ZB = 1YB。1PB 相当于 22 万张 DVD 容量。海量的数据无疑对数据的存储提出了更高的要求[④]。

---

① 史红英：《论大众传媒时代革命纪念馆的社会形象塑造与推广》，《中国纪念馆研究》2013年第2辑，第56～58页。

② 吴宁宁：《浅析大数据时代博物馆的服务创新与发展》，《中国纪念馆研究》2014年第1辑，第162页。

③ 刘佳：《云计算和大数据在博物馆的应用前景》，《数字博物馆发展新趋势》，中国传媒大学出版社，2013年，第254页。

④ 吴宁宁：《浅析大数据时代博物馆的服务创新与发展》，《中国纪念馆研究》2014年第1辑，第163页。

2.Variety——形式

大数据类型的多样性也让数据被分为结构化数据和非结构化数据。结构化数据即行数据，存储在数据库里，可以用二维表结构来逻辑表达实现的数据。相对于结构化数据而言，不方便用数据库二维逻辑表来表现的数据即称为非结构化数据，包括所有格式的办公文档、文本、图片、XML、HTML、各类报表、图像、音频和视频信息等。相对于以往便于存储的结构化数据，大数据中包含的非结构化数据越来越多。据估计，只有 5% 的数据是结构化的，剩下的95% 都是非结构化数据。众多类型的数据无疑给当前数据的处理模式带来了极大的挑战①。

3. Velocity——及时

通过各种设备产生的海量数据，其中相当一部分是存在时效性的，过时的数据也就失去了分析的意义，数据只有被快速地使用，才能创造真正的价值。IDC 的研究结果表明，2011 年创造的信息数量达到 1800EB，每年产生的数字信息量还在以 60%的速度高速增长，到 2020 年，全球每年产生的数字信息将达到 35ZB。在如此海量的数据面前，处理数据的效率就是企业的生命②。

除Volume、Variety、Velocity 外，大数据还具有Value这一特点，即价值。以视频为例，一部一小时的视频在连续不间断监控的过程中，可能有用的数据仅仅只有一两秒。因此，如何迅速提取有价值的数据是目前大数据环境下亟待解决的难题。

最早提出“大数据”时代到来的是全球知名咨询公司麦肯锡，麦肯锡称：“数据，已经渗透到当今每一个行业和业务职能领域，成为重要的生产因素。人们对于海量数据的挖掘和运用，预示着新一波生产率增长和消费者盈余浪潮的到来。”③从麦肯锡的话中我们不难发现，数据本身并不是我们所追求的，我们所追求的是对大数据技术的运用。因此，首先要探究革命类纪念馆在运用大数据技术发挥社会作用上有哪些优势?

① 吴宁宁：《浅析大数据时代博物馆的服务创新与发展》，《中国纪念馆研究》2014年第1辑，第163页。

② 吴宁宁：《浅析大数据时代博物馆的服务创新与发展》，《中国纪念馆研究》2014年第1辑，第164页。

③ 刘佳：《云计算和大数据在博物馆的应用前景》，《数字博物馆发展新趋势》，中国传媒大学出版社，2013年，第257页。

三、借助大数据技术传播红色文化的优势

1. 红色文化传播的多样性

首先，丰富的数字资源充实了红色文化传播的素材。庞大的数字信息量和快速的传播速度使红色文化的传播不再局限于文字。包含红色文化在内的文献、案例、图片、视频等资源融于云端，极大地充实了爱国主义教育的内容，不仅使红色文化宣传和爱国主义教育展现时代性、具有生动性、也不失趣味性。

其次，多元形式丰富了红色文化传播的途径。长久以来，以红色主题的展览为主，辅之以纪录片、研讨会、专题刊物，这些是红色文化传播的基本手段。而在大数据技术支持下，红色网站、手机移动终端、博客、微博、微信等以其灵活、快捷的特点，日益成为一种崭新的红色文化传播途径，也让观众有了更多选择。因此，红色文化传播可以依托高水平的数字技术展现立体效果来宣传红色文化，让人们在视觉、听觉的综合体验中接受爱国主义教育。例如，“红岩联线”网站采用了文字、图片、音频、视频、直播、论坛等多种手段展示红色文化。网站内包括人物传记和友情链接、新闻动态、历史文献、回忆与研究、网上祭奠区、革命烈士图片等丰富多彩的红色文化信息。在音像资料栏目中，观众还可以点击视频按钮，观看由红岩革命纪念馆馆长讲解的视频。

2. 数字化的红色文化更加便捷、及时

以数字形式存储于云端的红色资源在宣传和展示上突破了时间界限、传播方式界限、互动界限和信息量限制。观众可以方便、快捷、及时地关注、浏览红色数字资源并做出反馈。特别是微信兴起后，信息传播的快捷及时就更加显著了，它已经成为社会媒体中最为即时性、用户最活跃的数据交换互动平台。例如，不久前日本右翼分子歪曲历史，否认南京大屠杀史实，很快观众就能在“侵华日军南京大屠杀遇难同胞纪念馆”等官方网站和微博、微信平台上看到根据真实史料证据撰写的驳斥文章。通过这些内容观众不仅再一次了解了那段苦难的历史，而且更坚定了他们的爱国情怀。

3. 红色文化资源的永久性、多样化

云端数据具有可存储量大、信息交流面广等特点，这为红色信息保存的永久性提供了可靠的基础。在大容量存储的服务器中，红色文化信息可以随时添加和补充。例

如，在“平津战役纪念馆”网站中，储存有7030位烈士的资料，包括姓名、籍贯及部分照片。同时，网站的管理者还可以继续在网站上增加工作中新确认的烈士名录，这些资料通过网站共享的同时，也不会像纸质资料那样容易受到环境干扰而损坏。

4. 数字化的红色资源更加环保

革命类纪念馆将具有本馆特色的红色资源数字化，上传至云端或网络服务器上，使观众通过网络了解先进文化，接受爱国主义教育。这样就避免了传统的印刷宣传资料、喷绘宣传广告在经济和资源上的消耗，降低了对不可再生能源的使用。依托于大数据技术传播红色文化显得更加环保，也更加符合可持续发展的时代主题。

5. 数字化的红色文化为社会提供主流文化引领

正如上面提到的大数据具有价值属性。数据资源中可能充斥着大量无用垃圾信息。事实上，数字资源与红色文化之间是一种相互的关系，数字技术为红色文化的传播提供支持，同时，红色文化作为一种主流文化也为丰富、净化数据资源贡献力量。而红色文化作为社会主义的主流文化，包含爱国主义教育、历史教育、英雄榜样引领、革命精神传承等元素在内，能够为丰富、净化数据资源，使更多的观众在革命精神的引领和英雄榜样的感染下自觉形成正确的价值取向、思想观念、生活方式、审美情趣和语言方式。

四、大数据技术支持下红色文化的传播方式

纪念馆参与到大众文化的语境当中，是基于当代社会的变化发展及纪念馆与社会之间日益紧密联系的事实之上①。大数据环境下红色文化要达到宣传教育的社会作用，必须通过一定的传播手段加以实现。

第一，加强红色文化网络资源建设，通过红色网站分析观众喜好。

红色文化网站建设要分析各大网站的运行情况，吸收国内一些大型宣传思想工作专业网站的成功经验，把网站定位为应用网络传媒技术研究、宣传先进理论的公益性专业网站。

另外，还要充分考虑如何吸引人们的关注和参与，比如在网页版面设置上要体现知识性、趣味性和教育性的融合；在网站功能设置上要尽可能拓宽平等交流的空间和渠道，方便人们参与；要及时更新内容，让人们对网页内容有新鲜感和阅读的强烈欲

① 吕睿：《传媒时代博物馆的信息传播研究》，重庆大学硕士学位论文，2010年。

望，以增强教育的辐射力、感染力。

例如，中国人民抗日战争纪念馆官方网站上面提供有数字资料馆，其中囊括了重要事件、重要战役、抗战任务、研究文章、抗战图集、遗址保护等分类。观众一旦登录到抗战馆的网站，按照数字资料中的各个分类，纪念馆工作人员就能够收集到他们的阅读数据与每个类别的阅读比例。通过对这些庞大的数据进行分析，能够把零散的用户兴趣进行分类。哪些人喜欢哪场战役，哪些人喜欢哪位抗战英雄等。通过分类，我们可以给不同的用户群推送不同的信息，更加迎合了观众的兴趣，使之参观的时候更有目的性，对自己喜欢的历史事件或人物展览有更深刻的了解。

第二，创新红色文化传播的内容和形式。

红色文化传播方式要结合实际和时代的元素，赋予红色文化新的时代内涵。可以利用文字、图片、音频、视频、直播、论坛、博客、播客、FLASH等多种传播手段进行红色文化的网络传播。而随着智能手机的广泛应用，还可以考虑通过手机这个移动终端来传播红色文化，让人们无论身在何处都能沐浴到红色文化的阳光。

作为当前社会最为流行和普及的新媒体信息技术应用，微信成为革命类纪念馆利用大数据技术传播红色文化，开拓宣传教育的新渠道和新领域。纪念馆可以通过微信主动向观众提供具有纪念馆特色的信息集合，满足观众在文化信息传播、文化交流方面的需求，充分发挥纪念馆的社会教育功能。例如，可以通过文字、图片、语音、视频等多种多样的混合形式向观众推送展览、讲座等活动信息。这种直观、丰富的形式极大地契合了新媒体时代观众的思想特点和认知需求①。

此外，在大数据环境下，微信的出现使革命纪念馆的形象更加平民化、草根化。每位观众不再是单纯的受众，都拥有了自己独特的、具有鲜明个性的观点，都成了信息的制造者和传播者②。革命纪念馆通过具有强烈自媒体特色的微信来及时了解观众的参观感受，收集观众的反馈意见，并根据观众的宝贵意见或建议进行完善和改进工作，有效地把握观众心理，了解观众的审美和文化需求，有的放矢地进行完善和改进文化服务③，从而更好地发挥革命纪念馆的社会功能。

第三，整合红色文化资源，建立红色数据资源云平台。

可以根据不同类型的红色文化，利用整合数字资源，建立红色数据源云平台。革命类纪念馆可以充分利用数字技术进行“去碎片化”，从信息源头上杜绝现在各自为战、自搞一套的分散局面。建立红色文化中央大数据库，同时搭建国家级的红色文化大数据云平台，将分散在中共中央党校、各类党史研究机构和中国革命历史博物馆的

---

① 陈刚：《新媒体与博物馆信息传播》，《中国博物馆》2012年第1期，第25～28页。

② 李秀娜：《微博/微信：博物馆自媒体应用经验谈》，《中国博物馆》2013年第4期，第97～102页。

③ 周心贻：《微信在博物馆中的应用发展探究》，《人文社会科学》2012年第1期，第119页。

党史研究、革命史、革命人物研究；各军事院校和军事研究机构、中国军事博物馆、“三大战役”纪念馆等单位的军事研究、军事题材研究、抗日战争研究、解放战争研究、革命战争案例研究；国家新闻出版广电总局等红色题材的音（影）像、图书资料等以上所有这些相关单位的相关研究成果的文字、图片、音（影）像、实物（文物）等资料数据化并进行系统的遴选和审核，形成经权威部门认定的数据源①。

构建基于大数据的红色资源云平台是纪念馆可持续发展和事业提升的光明前景，也有助于促进数据服务商、移动运营商、旅游服务商与纪念馆的多层次合作与发展，也能为红色文化的传播带来了更多有利因素。

五、结　　语

大数据已经在当今社会获得了广泛的应用，甚至引发了某些行业的技术变革，并影响了我们很多人的生活方式。技术的改变和观众的需求变化势必会推动纪念馆服务的不断创新与发展。

作为纪念馆工作人员，我们要用富有前瞻的视角和体现时代性的方式，去挖掘、传承和弘扬红色文化的精髓，创新红色文化传播方式，推动纪念馆信息化进程，更好地为观众、社会服务。

作者简介：王蔚，平津战役纪念馆，工程师，天津市红桥区平津道8号，300131。

参 考 文 献

［1］ 吴宁宁：《浅析大数据时代博物馆的服务创新与发展》，《中国纪念馆研究》2014年第1期。
［2］ 刘佳：《云计算和大数据在博物馆的应用前景》，《数字博物馆发展新趋势》，中国传媒大学出版社，2013年。
［3］ 张凌云、乔向杰：《大数据时代红色旅游发展的思考》，《中国旅游报》2013年第7期。
［4］ 吕莎莎：《大学德育中红色网站建设的研究》，《黑河学刊》2011年第8期。
［5］ 张珂：《新媒体环境下高校红色网站内容建设路径研究》，《中国青年研究》2011年第7期。
［6］ 曾维伦、李岩：《新媒体环境下高校红色网站传播的实效性研究》，《前沿》2011年第13期。
［7］ 曾维伦、何海涛：《提高高校红色网站实效性的策略分析》，《思想政治教育研究》2011年第3期。

① 张凌云、乔向杰：《大数据时代红色旅游发展的思考》，《中国旅游报》2013年7月26日，第11版。

[8] 叶建蒙：《高校红色网站建设中存在的问题及对策》，《重庆科技学院学报（社会科学版）》2011 年第 6 期。
[9] 周静：《网络语境下高校红色文化传播的价值及实现路径》，《新闻传播与研究》2011 年第 11 期。
[10] 徐芳、杨扬：《红色文化网络传播的特征、问题及对策》，《党史文苑》2009 年第 5 期。
[11] 王霞：《论网络时代的爱国主义教育》，《东北财经大学学报》2001 年第 3 期。
[12] 蔡庆东：《网络传播：特点、问题与规范》，《中共山西省委党校学报》2008 年第 1 期。
[13] 王力尘：《构建红色网站的探索和研究》，《辽宁工学院学报》2009 年第 4 期。
[14] 钟家全：《红色文化的思想政治教育功能及其网络化探析》，《长春理工大学学报》2011 年第 7 期。
[15] 宋向光：《物与识——当代中国纪念馆理论与实践辨析》，科学出版社，2009 年。
[16] 史红英：《论大众传媒时代革命纪念馆的社会形象塑造与推广》，《中国纪念馆研究》2013 年第 2 期。
[17] 任勇、李延红：《新形势下对革命纪念馆社会功能的审视》，《文史研究》2013 年第 4 期。
[18] 刘丽：《增强博物馆的公众亲和力刍议》，《中国博物馆》2005 年第 4 期。
[19] 艾琳 · 胡珀 · 格林希尔：《信息传递的理论和实践——博物馆与大众传媒》，《博物馆研究》1994 年第 4 期。
[20] 珍妮特 · 马斯汀：《新纪念馆理论与实践导论》，江苏美术出版社，2008 年。
[21] 乔治 · 埃里斯 · 博寇：《新纪念馆学手册》，重庆大学出版社，2011 年。
[22] 王宏钧：《中国纪念馆学基础》，上海古籍出版社，2009 年。
[23] 王春：《数字纪念馆的个性化信息服务》，《中国美术馆》2011 年第 6 期。
[24] 李秀娜：《微博 / 微信：纪念馆自媒体应用经验谈》，《中国纪念馆》2013 年第 4 期。
[25] 吕睿：《传媒时代纪念馆的信息传播研究》，重庆大学硕士学位论文，2010 年。

浅谈文物讲解策略与方法

徐苗苗

（天津博物馆）

摘要：一场成功的讲解是以观众的角度欣赏，将观众自然的引导进文物的情境世界里。讲解人员扮演的是分享学习的角色，并且让观众享受的是讲解人员对艺术品或文物的内涵融会贯通后所领悟出的活知识，因而发自内心的对展品喜爱、陶醉或感动。讲解人员将这一份感动的喜悦，通过讲解的策略与方法引导、传播给观众，让观众与展品与讲解人员三者之间相互契合，和谐的产生博物馆美好经历与体验。

关键词：文物　讲解　策略　方法

博物馆具备典藏、研究、展览、教育、娱乐五大功能，其中教育功能一环的讲解活动，是拉近展览与观众的距离，增进互动效果，并能使得观众达到或情意或认知或技能的有意义的学习。

博物馆是一个教学相长的地方，无论是观众还是讲解人员，双方是在一种愉快经验中回荡学习，与观众产生互动与交流是博物馆展览及教育活动的最高目标。讲解人员是站在第一线的教育人员，他们是观众与展品之间重要而直接的桥梁与媒介。一场成功的讲解是以观众的角度欣赏，将观众自然的引导进文物的情境世界里。讲解人员扮演的是分享学习的角色，并且让观众享受的是讲解人员对艺术品或文物的内涵融会贯通后所领悟出的活知识，因而发自内心地对展品喜爱、陶醉或感动。讲解人员将这一份感动的喜悦，通过讲解的策略与方法引导、传播给观众，让观众与展品与讲解人员三者之间相互契合，和谐的产生博物馆的美好体验。

然而，与其说讲解是博物馆让观众学习知识的教育活动，还不如说是让观众享受学习喜悦的一种心智活动。当讲解人员能够让观众有此体会时，表示讲解活动的教育效益已达到最高的境界了。所以，对讲解人员而言，讲解是非常具有挑战性而又能与观众分享学习，同时更能充分表现自信心的活动。

在博物馆里，协助观众了解展览的导览方式有语音导览、影音多媒体导览和人员讲解，其中人员讲解是讲解人员与观众面对面互动的活动。笔者在实际工作中深刻体会到，讲解人员本身要有高度的自我学习的热忱，才能吸收博物馆里各种展品的专业知识。另外，要有与人分享的心，不计较付出、不厌烦观众，并且具有服务精神、同情心，以及高敏感度、超动力和感染力，才能满足观众的需求以及洞悉观众的学习效益。

讲解人员在进行解说时，通过运用语言声调、肢体表达，观众可以感受到讲解人员个人成熟的风格、特质及渊博的知识。他们运用讲解的策略，来满足观众的听觉及视觉感官。因此讲解人员毫无疑问的是博物馆内“说、唱、演”俱佳的专业人员。成功的讲解往往能让观众产生强烈的共鸣和无穷的感染力，对观众而言，自然地达到美感经验的引导、鉴赏能力的培育、创造力的启发等导览学习的目的。

对讲解人员而言，观众的肯定及赞美又是另外一种喜悦，这就是讲解工作之所以会让人痴迷、让人向往的所在之处。所以，看似简单的讲解活动，实际上是一门包括了美术史、艺术教育、教育心理学、社会学、美学、文学、语言学等具有丰富又专业的知识的综合性工作。常听到有人称呼讲解人员为“文化尖兵”“艺术推手”“开启心灵的一把钥匙”等美名，为什么国内外博物馆都会赋予讲解人员这些美名呢？因为，讲解人员经常会让一个展览有画龙点睛的教育效果，其角色定位是建立在教育提供者的形象上，如同教育指导者或称为教育专业人员。当讲解员自认是“教育专业人员”时，自然会表现得比较有使命感与成就感。所以，讲解人员务必要自尊自重的体会认知到本身角色的重要性！

一、讲解仪态礼貌

讲解人员本身的仪态礼貌、语言礼貌，以及讲解时周遭环境、展线、空间的运用等都是必须注意的重点。

（1）目光与音量：要照顾到每一位观众，不仅音量要控制得宜，还要随时关注观众的兴趣及情绪反应，并且与观众产生互动。

（2）端庄的仪态：保持挺拔的站姿，讲解时的肢体要优美，引导观赏的手肘微弯。

（3）对观众所提问题要充分了解后再中肯作答，假若对观众的问题无法完整的回答，可以感性方式与观众沟通，做到实事求是，让讲解气氛达到融洽的地步。

（4）作品或文物是陈列在橱柜中的，因此讲解人员要注意，讲解时所选择的位置是否影响到展品的美感与画面。有时候讲解人员会成为展品的一部分，与展品形成一体，给展览加分；有时不协调的画面则会产生减分的作用，所以讲解人员的讲解位置、仪态、手势是非常重要的。

（5）语言礼貌：与观众第一次接触时，讲解人员在进入讲解前必须预留几分钟做讲解前的热身，向观众致欢迎词。当讲解结束前也要预留几分钟做温馨结送语。

二、展线、空间运用

参观队形的设定，视观众人数的多寡与展品的距离适时调整。例如，带领学生班级参观时，讲解人员在进行讲解的过程中，更应善加运用展览动线的空间，在讲解时最重要的是要让大家都听得到。学生在展厅听解说时，其队伍的安排方式有围坐式、走动式、围站式三种。

1. 围坐式

（1）以讲解人员为中心，学生往后退一步呈45度半圆形的放射状围坐，形成一个小讲台的空间。

（2）讲解开始时，让学生围坐在一个角落，用5～10分钟来讲解，有助于安顿学生的情绪，并且容易带领学生进入学习的氛围中，之后的导览也会比较容易进行。

（3）讲解人员的目光与音量要照顾到每一位学生，并且要随时关切与学生的互动。

2. 走动式

（1）每当要讲解一件文物时，目光要注意到每一位学生是否都已准备好听讲解。每移动一次就应注意学生的围站是否就绪。

（2）当要让学生观赏文物时，讲解人员可以站在学生的后面或站在队伍的中间讲解，好让解说的音量均衡扩散，让每一位学生都听得到。

（3）走动式讲解又可分A、B组进行讲解，当A组在听解说时，B组可自行参观；当B组在听解说时，A组可自行参观。同一个内容要讲两次。

3. 围站式

（1）讲解的内容若较为简短，可采取围站方式让学生聆听讲解。

（2）以讲解人员为中心，学生往后退一步呈45度半圆形放射状围站，形成一个小讲台的空间来讲解。

（3）让个子矮的学生站前排，个子高的学生站后排，比较容易掌握学生秩序。

三、策略与方法

讲解解说的形式大致有“叙述式”“问答式”“探索式”。首先说明叙述式的讲解模式，叙述式是以文物知识为导向的讲解模式，这种导览形式，比较偏好以文物知识为重点，一一讲解其中内涵与文物本身所具有的意义。其单元目标与讲解步骤是：讲解人员首先针对文物的历史背景加以叙述，然后选择自己比较熟悉的展出文物来讲解，或是配合墙面上的图表内容作指引，以叙述的方式，达成讲解活动的学习目标。

这种讲解方式往往是讲解人员一厢情愿地把自己所知的知识加注于观众身上，固然可以让观众获得相关的知识，但并没有重视与观众的互动关系和学习效果，以及观众切身经验与认知的联结。所以，此种方式是否具有启发性，能否激发观众对文物的兴趣，讲解人员是否了解观众的学习状况等，都是有待商榷的。

问答式的讲解方式是以观众学习为导向，讲解人员在讲解进行中创造一种对话情境，通过提问来了解观众的需求、喜好、认知，并创造互动、和谐的情境，再进行解说。这种讲解方式看似没有导架构及教学目的，是偏向于即兴式的，但因为方式活泼，讲解人员也注重观众的学习效果。所以，讲解人员与观众的互动情形会比叙述的方式来的好一些，也可以比较有效地引导观众进入展示的情境中学习。

还有一种是探索式讲解，目的是对观众思考的启发、美感素养的引导及艺术鉴赏的训练。

四、探索式讲解学习的顺序及内容

第一步骤：开场介绍（5分钟）

讲解人员与学生开始接触的前5分钟，讲解人员如何使双方立即建立起一个良好的印象，以及为学生营造一个快乐的学习气氛，这一点关系着其后一两小时讲解活动的成功与否。所以，第一步骤非常重要。在这个时刻中，首要激起学生快乐学习的热忱，刺激学生的感官连接到参观导览的主题上，开启学生的眼睛、耳朵，带其进入学习的思维中。

在这5分钟之内要完成以下五件事.

（1）首先把学生集合到展厅某一个角落，以讲解人员为中心往后退一步呈半圆形围坐或围站，根据学生所在的格局范围来调整音量与目光，目光所到之处，音量同时也到，这就能够随时注意到每一位学生的学习情形。

（2）让学生感受到讲解人员的热忱，让第一次接触的双方产生良好的互动。

（3）其次说明在为时60～90分钟的讲解活动中，所要讲解的主题与概念及讲解的方式，并激起学生对当天所要参观的主题的兴趣。

（4）在1小时的解说中，学生秩序的维持与队伍的调整，必须借助班级老师的帮忙，并事先取得其首肯，这一点非常重要。

（5）进入主题前可先选择几件与主题无关的文物单品介绍、讲解，可立即吸引学生的注意力，并激发其好奇心。

第二步骤：进入主题的讲解（1小时）

（1）集中学生的注意力，将注意力导向参观的大主题之后，再将焦点移转到讲解人员自行设定的小主题单元及各项小主题的概念中。当引导每一个学习概念时，首先导览这个小主题概念的内容，并提示鉴赏重点，再由学生自行去观察，讲解人员从旁协助指导其思考方向。其内容包括：请问学生看到什么？让学生的学习有参与感，并培养其洞察力与观察力。最后讲解人员再讲解分析与传达第一个概念，并介绍这个概念里自己所设定的文物。

（2）让学生思考这和自己认知的有什么不同，个别提出来共同讨论，增进其对展品的思考、评鉴能力。

（3）对重点加以讲解，让学生获得学习的经验之后，再继续连接下一个讲解的小主题单元。一个展厅中可设定若干个小主题的概念作为讲解内容，它们之间应该是相互对应并环环相扣的，甚至可借助其他展厅的文物作为辅助学习。

第三步骤：分享启发，复习讲解过的小主题（5～10分钟）

这一步骤的进行方式是第一个讲解小主题解说完毕后再进行评量，以激发学生的创造力，可利用5～10分钟与学生分享他们的学习，或鼓励学生讨论、对话、辩论，训练其美感评鉴的能力，接着进行第二个概念的介绍。

讲解活动通过以上环环相扣的学习程序，不仅激发了学生学习的兴趣，讲解目标也顺利达成，达到了启发学生思考、培养学生的美感素养及艺术鉴赏能力的目的。

总之，一场成功的讲解，讲解人员留给观众的不仅仅是优美的语言、优雅的仪态、真挚的情感、丰富的知识和准确的信息，更应该做到的是向观众传递他们最期待的、最感兴趣的和最容易接收的信息，传递提升求知、审美能力的方法，并陪同观众愉悦地完成每一次的博物馆之旅。

作者简介：徐苗苗，天津博物馆，助理馆员，天津市文化中心，300201。

浅析如何做好人物类纪念馆的社会教育工作

邱　玥

（李叔同故居纪念馆）

摘要：人物类纪念馆具有深厚的历史文化内涵和鲜明的民族精神，是社会教育功能的重要承担者。新时期下的人物类纪念馆应发挥社教基本职能，弘扬社会主义核心价值观，提高城市内涵和文化软实力。这不仅是时代赋予纪念馆社教工作的责任，也是纪念馆可持续发展的保障。为此，本文从借助政府和社会力量的支持、加强人才队伍建设、尝试“体验式”教育和运用新媒体方式等方面，就如何开展好人物类纪念馆的社会教育工作提出几点意见和建议。

关键字：人物类　社会教育　文化　公共服务

人物类纪念馆是民族历史文化精粹的聚集点，有着深厚的历史文化内涵和鲜明的民族精神，不仅向公众传播这些人物的成长历程、学术成就、历史地位、社会价值等，更重要的是如何利用好这些名人，以及他们留给我们的宝贵物质财富和精神财富，向公众传播科学知识、普及民族文化，达到为社会发展服务、促进社会进步的目的，更好地履行社会教育功能，适应社会发展和人民需求①。目前，各人物类纪念馆不断提升社教服务水平，在新时期下焕发出新的活力，在弘扬社会主义核心价值观方面发挥了重要作用。在此，笔者结合新时期赋予纪念馆的时代要求和工作要求，有效挖掘、利用现有丰富资源，以提升社会教育服务功能，弘扬社会主义核心价值观，就如何做好人物类纪念馆的社会教育工作提出自己的思考和浅见。

一、人物类纪念馆社会教育工作的重要性

人物类纪念馆是博物馆体系中的一个重要组成部分，其社会教育工作职能主要是通过展示历史名人的生平、思想、著述、社会实践活动及其业绩，运用各种各样的专

---

①　张胜忠：《试论古代人物类博物馆、纪念馆的基本特征、业务职能及社教发展形式》，《人物类博物馆、纪念馆现状与发展前瞻学术研讨会论文集》，百家出版社，2002年，第133页。

题讲座、展厅讲解、教学辅导及各种知识性读物和视频资料等教育活动[①]，向公众弘扬这些历史名人的人文精神、文化价值，弘扬社会主义核心价值观，以提高社会公众的精神文化素质。社会教育不仅是纪念馆公众服务中的一项核心内容，而且是各项工作的灵魂，是纪念馆有效发挥各项职能，扩大社会影响，实现社会价值的最主要手段[②]。

（一）发挥纪念馆社教基本职能，履行纪念馆社会责任

人物类纪念馆的主要工作内容是向公众宣传所纪念人物的生平事迹、人文精神、历史贡献，弘扬先进的思想和文化，体现爱国主义的精神，使观众受到启发和教育，这是由其基本工作职责和职能决定的。同时开展社教工作也是作为公益性文化机构应履行的社会责任。随着社会的发展，教育内涵不断扩大，人物类纪念馆的社会教育责任日渐突出，赋予了人物类纪念馆新的要求，要求我们在工作中融入时代精神，发掘人物的精神内涵和文化特质，从而开展新时期下的社教工作，担当起传承民族先进文化的使命和责任。

（二）弘扬社会主义核心价值观，向公众传递正能量

新时期下的人物类纪念馆，不仅向我们展现了一位伟人、一段历史、一座遗存，其社会教育工作也日益成为纪念馆工作的最重要组成部分，是为社会主义精神文明发展服务，为满足人民群众不断增长的精神需求存在的。因此，人物类纪念馆作为展示和传播中华民族优秀文化的一个重要窗口，在弘扬社会主义核心价值观上，发挥着不可替代的功能。同时，通过社教方式向公众传递正能量，是现代社会发展赋予人物类纪念馆的时代责任。纪念馆充分利用教育资源，开展社会主义核心价值观教育，引导人们建立正确的价值取向，向社会传递正能量。

（三）充分展示城市文化资源，提高城市内涵和文化软实力

社会教育是人物类纪念馆的重要社会职能之一，其主要职责是弘扬人文精神，体现城市的文化底蕴，提升城市的文化内涵，为建设文化强市贡献力量。这些或英雄

---

① 张少鲲：《从后台到前台，由配角变主角——对博物馆公共服务和社会教育职能的重新认识与定位》，载八路军太行纪念馆网站，http：//www.crt.com.cn/news2007/news/zhangshaokun2012/1224143735AH40FA47AJJ914D2G217.html。

② 李清沛：《人物博物馆纪念馆如何走进新时代——人物博物馆纪念馆的现状、存在问题及对策》，《新中国人物博物馆60年学术研讨会论文集》，上海社会科学院出版社，2011年，第177页。

模范领域，或科技教育领域，或文学艺术领域的人物精英，是民族精神、民族文化的优秀代表，是城市文化发展的支撑，是城市发展极其宝贵的财富。因此，弘扬和传播他们的爱国奉献、高尚情操、文化贡献，是新时期社教工作的根本目的。围绕该人物的思想精神和文化遗产所充分挖掘、整合而形成的社教活动，不仅可以提高其知名度，弘扬精神内涵和历史贡献，还可以增加城市的文化内涵，彰显城市的文化底蕴与成就。

二、人物类纪念馆社会教育工作的内涵和现状

人物类纪念馆是公益文化机构的重要组成部分，其社会教育工作是一项基本职能，也是纪念馆业务工作的重中之重。它以特殊有效的教育形式，在传播历史文化知识，实施爱国主义教育，弘扬社会主义核心价值观等方面，起到了其他部门和机构所不能替代的作用①。因此，做好人物类纪念馆的社会教育工作，发挥纪念馆的社会责任，向公众传播这些名人的思想文化、杰出贡献及人格魅力，使公众了解中华民族优秀的传统文化，激发人们的民族情感和爱国情操，发挥纪念馆的社会教育功能，是众多人物类纪念馆的工作重心和重点。近些年，一些人物类纪念馆在社会教育工作的探索实践中，取得了一定的工作成果，积累了一定的实际经验，为继续开展好社教工作奠定了基础。然而纪念馆社教工作的水平和能力还是参差不齐的，一些纪念馆的社教工作略显落后，不尽如人意，主要有以下几点表现和原因。

一是部分人物类纪念馆工作人员少，馆舍规模不大，尚未设置专门的独立的部门从事社教工作，基本日常工作仅仅是维持正常的场馆开放和安全保卫等。这些纪念馆通常观众较少甚至门庭冷落，那些优秀的文化依然藏在深闺无人识，总体来说，还没有发挥出其教育功能。

二是已设如宣教部、群工部、讲解部等进行社教工作部门的纪念馆，开展了“请进来”和“走出去”的社教活动，邀请师生和社区居民走进纪念馆，或进入校园、企业事业单位，开展宣讲等方式的社教活动。这些活动还停留在传统意义上的工作范围，形式略显死板，是注入式的、灌输式的，在民众中未形成影响，成果收效不大，纪念馆的社教功能发挥欠佳。

三是纪念馆在社教工作的思路上未与社会发展同步，同人民需求脱节。很多场馆过于陈旧，并因在宣传展示方面意识不强、工作思维不够开阔，使得工作略显被动、没有活力，社教活动缺乏互动性和趣味性，内容不新颖，形式不创新，缺乏对自身社教功能和定位的充分认识和高度重视。

---

① 潘伟玲：《人物纪念馆社会教育工作的几点思考——以陈云故居暨青浦革命历史纪念馆为例》，《新中国人物博物馆60年学术研讨会论文集》，上海社会科学院出版社，2011年，第370页。

三、做好人物类纪念馆社会教育工作的几点思考

通过上述分析我们可以看出，如何开展好人物类纪念馆的社会教育工作，满足当今时代的发展和需要，值得我们深思。在文化事业快速发展的新时期，我们应用新的指导思想和发展思路，创新纪念馆社教工作的方式，从借助政府和社会力量的支持、加强人才队伍建设、尝试“体验式”教育和运用新媒体方式等方面，不断推进富有新时代特色和文化内涵的社教工作健康有序开展，下面就如何开展人物类纪念馆的社会教育工作提出几点思考。

（一）充分借助政府支持，联合多种社会力量，为纪念馆社教工作提供帮助

在现代公共文化服务体系构建进程中，文化行政主管部门已逐渐向“管文化”转变，树立了新的文化发展观。因此，在当前文化大繁荣大发展的有利环境下，相关文化主管部门可对人物类纪念馆的社教工作提供政策和资金上的支持，制定并完善相关管理制度，推动纪念馆教育功能纳入国民教育体系，建立馆校共同合作机制，同时发挥公共财政支持公益性文化的积极作用，为纪念馆提升陈列展览条件、举办主题展览、开展多种形式的活动提供经费保障，促进其提升整体展示水平和社教服务质量，使纪念馆更好地发挥社会教育职能，如将纪念馆的重大社教项目纳入政府文化宣传发展规划之中，为社教工作的发展营造良好的发展和创新环境，保障各项工作顺利开展。

政府在文化领域上的作用是不可或缺的，在充分发挥政府“管文化”作用的基础上，人物类纪念馆可以充分利用全社会的资源优势，弥补现有条件的不足，以获得最大的社会效益。纪念馆可拓宽自身的工作交流范围，主动联合各类社会机构和组织，让他们释放自己的能量和资源，弥补自身人少馆小、开展活动能力有限等短板，为自身社教活动提供强大动力，一方面是联合同类型的纪念馆等兄弟单位，结合他们本身的文化特色和社教优势，加强协作配合，馆际之间联手推出各种社教活动，形成共同合作、优势互补的模式；另一方面，纪念馆还可以同其他社会组织配合，与美协、书协等单位推出以纪念人物为主题的展览，与学校、少年宫携手开展形式多样的爱国主义教育活动，与新闻媒体合作，积极开展宣传报道，宣传举办的各类社教活动，利用媒体影响力扩大传播，从而提升纪念馆的社会教育面和影响力度。

（二）注重人才队伍建设，形成人才培养长效机制，夯实纪念馆社教工作基础

人物类纪念馆的社教工作从事的是以人为服务对象性质的工作，随着社教工作不断推进，我们应该树立人才资源是重要的可利用资源的观念。因此，纪念馆在加紧提升社教工作硬件水平的同时，还应提升自身软实力，注重对社教人才队伍的建设，建立灵活开放的文化人才培养和引进选拔的长效机制，形成一支与当今文化发展现状相适应的人才队伍，使新时期下的社教工作可持续发展。

纪念馆的社教工作队伍，不单单是传统概念上的为观众讲解的宣教讲解员，也包括从事相关工作的展陈人员、开展活动的工作人员及为纪念馆服务的社会志愿者等，这些人共同组成了社教工作的人才队伍。对于社教人才队伍的建设，纪念馆可从两方面加以开展：一方面是要加强他们的职业道德修养，使其了解本职工作性质、社教工作职能和肩负的社会责任，强化职业道德和工作作风，督促他们爱岗敬业，更好地服务于社会公众和社会发展；另一方面是专业知识的学习，包括文物保管、教育学、社会历史、自然科学、服务礼仪等知识，丰富社教人员的知识储备，拓展社教人员的知识领域，以掌握必备的专业知识和背景知识，促进他们在实践中不断提高业务、沟通、应变等能力，对社教工作的顺利开展起到了较好的推进作用。此外，纪念馆除了拥有一支高素质的本馆社教队伍外，还要培养一支稳定成熟的志愿者队伍，通过社会招募等方式，吸收社会各界公众广泛参与，有了各类人才的保障，纪念馆的社教工作才能不断地发展。

（三）创新社教工作方式，尝试“体验式”教育模式，提高纪念馆社教工作成效

传统发展模式下的纪念馆是以“藏品”等实体展示内容为中心的，而现代社会环境下的纪念馆是以“人”为服务对象和中心的。在社会教育职能成为纪念馆的重要职能后，受众需求的满足程度自然成了工作的标准，而社教工作也应更加注重寻求优质的方式方法，加强观众与纪念馆之间的互动交流，以提升观众对展览、活动等的兴趣，增进观众对历史文化的了解，最后以达到社会教育的目的。因此，纪念馆的社教工作在兼顾基本的讲解、参观等方式基础上，在工作过程中尝试采用“体验式”的教育模式，针对不同受众开设“体验式”社教活动。

所谓“体验式”教育是社教工作者根据不同的受众，设立相应的参与情景，使其在实际参与过程中亲身感受到所传达的内容并内化接受，形成个人的思维方式和行为意识。这种富有互动性、灵活性的潜移默化的方式，摒弃了原来灌输式、书本式、

刻板地受教方式，广大参与者能身临其境地去参与、去感受，拉近了纪念馆与观众之间的距离。不仅使观众主动地获得知识，了解历史文化，也把中华优秀的文化精髓传递给了观众，使中华传统文化发扬光大，进入大众的心灵，真正让其“活起来”。例如，社教人员可增设社教体验服务，设立体验活动项目，针对不同年龄、不同层次的受众，开展书法、绘画、戏剧、拓片制作等多种形式的体验，在实际动手过程中，激发他们的情感，展现传统文化的魅力；又如，纪念馆的陈列展览在展陈方式手段上，可以运用触摸屏、现场模拟等技术手法，鼓励人们通过视觉、听觉、触觉等感官去体验，在获得展览信息的同时，感受文化的内涵和科学的乐趣，使社教活动不仅仅是一场收效甚微的专题讲座、一个无人问津的临时展览、一份冠冕堂皇的共建协议，而是真正地带给公众美好体验和文化价值。

（四）借助新媒体等科技手段，综合运用多种宣传方式，扩大纪念馆社教工作影响力

纪念馆较为传统的社教方式是在纪念馆展厅或者学校中开展的，人们需要走出家门、走进纪念馆，才能获得社教体验。而当今社会已进入信息时代，互联网、手机媒体等科技方式在人们的生活中已广泛应用，发挥着愈加重要的作用。在新时期下，作为传播科学文化知识的纪念馆，自身的社教工作应与时俱进，充分与新媒体融合，开拓教育传播领域，利用新颖的形式对纪念馆加以宣传，以获得最大的社会知晓度，为公众的文化体验和思想道德建设服务。

诸如网站、微博、手机应用程序等新科技手段，在一定程度上突破了传统的教育理念和获取渠道，丰富了宣传展示的途径，提高了信息发布的时效性，弥补了传统社教手段的单一及互动性、趣味性的匮乏，增强了纪念馆与公众间的参与互动、交流反馈。纪念馆的官方网站因其权威性，成了公众首选地、便捷地获取纪念馆资讯的重要途径。这种足不出户便可知天下的传播方式满足了不同地区、不同年龄、不同职业公众的需求。社教工作的开展便可以利用纪念馆网站，为观众介绍纪念馆的基本陈列、珍贵藏品、社教活动，还可与网民互动，不仅扩大了纪念馆的影响面，提高了观众的参与度，更使全国各地乃至全世界的人们都能感受到文化的魅力。此外，微博的即时性和便捷性使其拥有众多的用户，资讯可以很快地发布，又可以转播，也是一种非常重要的资讯传播方式。随着智能时代的到来，更多的人选择用手机“点一点”的方式来获取资讯，手机应用程序又成为一种传播渠道。目前已有一些纪念馆尝试开发了多款手机应用程序供人们下载，集知识性、互动性、娱乐性为一体，开辟了观众参与的新渠道。以上这些新媒体方式助力纪念馆开展各类全新形式的社教活动，将社教活动与新媒体的传播结合起来，使深藏在库房的文物藏品运用社教方式展现在大家面前，使其活了起来，为弘扬社会文化起到了积极作用。

四、结　语

人物类纪念馆是历史的名片，是展示和传播中华民族优秀文化的一个重要窗口，只有在实践中不断拓展思路，充分利用社会资源，才能更好地发挥社会教育的职能，进一步扩大历史文化的传播，弘扬社会主义核心价值观，不断满足人们日益增长的精神文化需求。

作者简介：邱玥，李叔同故居纪念馆，助理馆员，天津市河北区海河东路与滨海道交口处，300143。

浅谈博物馆品牌塑造

何晓萌

（天津博物馆）

摘要：博物馆免费开放犹如一把双刃剑，在带给博物馆事业新的发展机遇的同时，艰巨的挑战也伴随而来。在新的时代，要获得社会效益和经济效益的双丰收，塑造品牌是当务之急。博物馆要通过各种渠道拉近与公众之间的距离，利用新技术、新理念创新传统宣传模式，加强有效宣传，推动博物馆事业的发展进程。

关键字：博物馆品牌　宣传新模式　文化产品　分类服务

博物馆免费开放时代的到来为博物馆事业建设带来了巨大挑战。在免费开放的背景下，如何赢得社会效益与经济效益的双赢是关乎博物馆未来发展的关键。不容置疑，免费开放使博物馆华丽的大门向全社会打开，扩大了博物馆的受众范围，使社会各阶层各领域的人都可以走进博物馆之中来感受一场文化盛宴。但吸引大众走进博物馆只是第一步，要使博物馆真正走进大众心里，就要不断提升博物馆的服务水准，拓宽宣传渠道，扩大博物馆的社会影响力与社会参与度，创新发展思路，激发潜在活力，塑造博物馆品牌。

一、从内部宣传入手，更新传统模式

当代科技迅猛发展，新兴技术层出不穷，博物馆应更加注重新技术新媒体的利用。官网、微博、微信等信息平台的建立，报刊、广播、电视、网络等媒体的宣传，使博物馆的相关信息频繁地出现在大众的视野之中。面对这种情况，博物馆内的宣传如简介、活动布告等无法发挥更大的作用，因此也就容易被忽视。要优化博物馆服务质量，扩大博物馆的社会影响力，应该进一步加强内部宣传力度，创新宣传形式。

1. 个性参观券自主选择

参观券是观众进入博物馆前最先接触到的馆内宣传资料。参观券可以承载更多的宣传信息，发挥更大的作用，而不仅仅只是作为入馆凭证而已。很多观众在进入展馆之后都会随手将参观券丢弃，造成资源浪费。因此，参观券的设计应该更加实用，提升自身价值。可以根据展馆内的藏品制作不同风格的参观券，内容可涉及名家字画、瓷玉佳器、文房集珍等不同类型，满足各类观众的爱好需求。同时，可以定期更换参观券上展示的藏品，通过这种方式将馆内丰富的藏品展示给大众，使参观券承载更多的文化信息，提升其保存收集的价值。通过这种方式激发参观者的参观兴趣，发展经常性受众。参观券的背面可以标示馆内的参观路线，注明不同展厅的区位，使参观者对馆内各类展厅的信息形成宏观印象，指引观众参观。

由于当今信息技术的进步，入馆参观普遍采取身份证识别录入技术，因此，参观券可以采取自主选择的方式进行，观众可以根据自己的喜好选择不同风格的参观券。随着参观次数的增加，参观者可以将参观券集成一个系列，作为收藏研究馆内藏品的简要资料，加深对藏品的认识。此外，也可以将参观券制成案头摆设或装饰，新颖独特，颇具纪念价值。

2. 简介简约而不简单

简介的形式设计应该力求简约便携，降低制作成本，增强内在品质，扩充内容，务求丰富全面。简介的功能不仅局限于对馆内展品的介绍，其内容应该更为丰富，深入挖掘简介可以传递的信息，包括展馆的设计主题，展览的展陈脉络，重要藏品的图文信息，涵盖时代、名称、纹饰、用途、来源、文化价值等信息，精简内容，突出重点，并通过简单的文字注解将不同展品串联成体系，使参观者在头脑中形成历史文物知识框架，加深对展览的认识。同时要定期更换简介中的展品内容，深入馆藏文物的各个领域，扩大涵盖面，为公众提供丰富的文物信息，逐渐激发参观兴趣，使观众的参观目的从单纯的文化休闲扩展为学习研究，从而更为深入地了解我国优秀的物质文化遗产，充实精神文化生活，使其每一次参观都有不同的收获。

3. 发售展品精解图册

展馆内的参观时间有限，观众的记忆能力也有限，因此，馆内大量的展品无法全部被观众消化吸收。发售展品精解图册可以加深公众对展品的认识，以供随时翻看赏析。图册中刊载的展品信息要精辟深入，发挥鉴赏指导的作用。同时，可以根据不同门类将图册分成多册，遍及瓷玉书画各个领域，普及历史文物知识，增强专业性，满足历史文物研究爱好者的需要。此外，还可以刊印馆内展品集册，介绍展品概况，使观众初步了解藏品信息。刊印展品精解图册时要讲求形式简单新颖，减少刊印投入，提高含金量。售价则需要更加亲民，易于被大众接受，从而更好地发挥图册的作用。

二、以馆藏文物为素材，创新文化产品

博物馆是社会服务机构，集中力量进行文化建设，在此过程中必然需要大量的经济投入。为了实现博物馆的长远发展，在免费开放的背景下，博物馆文化产品的开发成为取得经济效益的必要手段，有坚实的经济保障才可以滋养出艳丽的文化之花。博物馆建设不仅应该集中力量设计精品展览，文化产品开发同样重要。通过设计多样化的文化产品，提高大众关注度，塑造博物馆品牌，密切博物馆事业与社会的联系。

博物馆拥有丰富的藏品，在开发文化产品的过程中可以将其作为产品创新的素材，设计印有各类藏品的服装、箱包、家居用品、玩具等，在衣、食、住、用、行等各个方面开发出具有博物馆风格的文化衍生品，使博物馆更加贴近大众生活。例如，故宫博物院开发的各类文化产品，如文房书籍、宫廷饰品、故宫文化衫、生活潮品等，既方便实用，又时尚新颖。

在互联网时代，网络为社会生活提供了诸多便利，文化产品的推广可以利用网络，开展网络营销，拓宽经营渠道。还可以采取网络订购的方式销售相关文化产品，避免盲目生产造成的高投入。通过这种方式可以使博物馆的影响渗透到社会生活中的各个方面，实现雅俗共赏、文化共享。

三、建立会员制度，专享馆内服务

博物馆建设不仅要依靠国家的支持，也需要社会大众的支持。博物馆需要通过各种形式的活动拉近与公众之间的距离，为文化休闲、科学研究、社会教育服务，增强社会参与度，逐渐成为公众生活中必不可少的一部分，从而发展更多的博物馆爱好者，为博物馆事业建设出力。

随着博物馆爱好者数量的增加，博物馆可以逐渐建立起会员制度，为大众提供专享会员服务，以此来扩大社会影响力，更好地发挥博物馆在文物赏鉴指导、理论研究参考、知识文化普及等方面的作用。

1. 博物馆高级会员

针对博物馆经常性受众设立高级会员制度，收取相应会费，提供专享服务。加入博物馆高级会员可享有一定的优惠政策，如临展免费参观、星级讲解服务、文化产品折扣、藏品图册寄送、馆内活动通知等特权，使高级会员可以得到更为细致周到的服务。此外，还应为高级会员提供沟通联络的平台，如会员微信群、qq群等，定期组织会员活动，加强会员之间的联系，便于高级会员共同探讨研究历史文物知识。

2. 博物馆粉丝团

通过组织专题讲座、文化座谈等公益活动发展博物馆粉丝团，根据团员的年龄、兴趣爱好等划分不同部组，如少年社、中青年社、老年社，或是瓷器赏析团、玉器赏析团、书画赏析团等，经过细分受众来设计适合不同人群的文化活动。加入博物馆粉丝团的成员可以通过短信、微信等方式收到馆内相关活动的通知，及时了解馆内的活动情况，选择自己感兴趣的活动报名参加。通过这种方式可以增强公众对博物馆活动的参与度，扩大博物馆的受众范围，加深公众对博物馆的认识，完善博物馆的社教职能。

四、出版书籍、影像制品，多渠道展示藏品

博物馆内的研究专家可以与社会各界专业人士协力合作，挖掘藏品背后的文化信息、技术工艺等，丰富馆内藏品研究，并通过相关论著、杂志等公开出版物或影像制品发布研究成果，辅助博物馆学科建设。此外，还可以联合大众媒体共同制作博物馆藏品解读系列节目，普及历史文物知识，激发大众对藏品的兴趣。

与此同时，可以将一年之中临展展出的藏品制成相关出版物或影像资料，增强临展的宣传力度，为公众提供了解临展的渠道，延伸临展的影响力，扩大博物馆的社会效益。

当今社会科技迅猛发展，公众生活日新月异。要引起当代青少年对中华民族优秀文化遗产的关注与重视，博物馆在这其中承载着艰巨的使命。作为弘扬祖国悠久历史文化的重要基地，博物馆应树立精品意识、品牌意识、创新意识，全方位多领域出击，做好从“引进来”到“走出去”的角色转换，为公众提供分类服务，优化服务品质。通过各种渠道提高社会效益和经济效益，将博物馆品牌渗透到社会生活中的各个领域，潜移默化地发挥其影响力，为社会发展贡献力量。

作者简介：何晓萌，天津博物馆，馆员，天津市文化中心，300201。

天津自然博物馆摄影工作回顾与展望

王 平
（天津自然博物馆）

摘要：摄影在博物馆各项工作中是不可缺少的重要组成部分，通过摄影技术手段，可以真实地记录天津自然博物馆百年沧桑发展历程，通过其特有的影像形式，在展览陈列、媒体宣传与科普活动中得到生动的反映，对博物馆各项工作给予了非常重要的推动作用。影像资源对于博物馆也是一笔珍贵的财富，除了能够满足本馆自身工作的需求，在当今信息化的网络时代，对促进社会整体文化发展，提升博物馆的社会影响力也将发挥更加重要的作用。

关键词：博物馆摄影　影像采集　收藏　影像信息

一、天津自然博物馆摄影工作的开展历程

（一）早期的影像资料

天津自然博物馆现存最早的原始影像资料，可追溯到20世纪20年代初，法国天主教耶稣会神甫生物学家桑志华（E.Licent），天津自然博物馆前身北疆博物院的创始人），于1914～1938年在中国北方两河流域进行了长达25年的实地考察研究，在这期间拍摄了许多影像资料。这些被存留下来的影像资料都十分珍贵，目前共搜集并保存有2400多张。

这些原始影像资料，呈现多种介质形式：有原版玻璃底片（玻璃正片和玻璃负片）、软胶片、幻灯片，以及各种尺寸的纸质照片等。虽然它们都经历了将近一个世纪的时间，除少部分影像出现了氧化与破损情况外，绝大部分保存完好。这些影像资料是极为丰富的，包括动物、植物、古生物、古人类、海洋生物、标本陈列、各地风土民情、地质地貌、古迹建筑、人物活动、野外考察、气象等多方面的内容（图一）。拍摄于不同时间和地点的各类影像资料，为研究我馆最初的创立和发展经历提供了直接的影像证据。

图一　桑志华拍摄的影像资料

1. 传授知识　2、3. 植物标本　4、5. 地质地貌　6. 北疆博物院外种植的植物　7. 风土民情　8. 海洋生物探险舱

（二）新中国成立后的摄影工作

新中国成立后，天津市政府接收北疆博物院，更名为天津市人民科学馆，于1957年正式定名为天津自然博物馆。从20世纪50年代中后期开始，随着各类专题展览的制作需要，摄影工作才陆续展开了相应的黑白影像拍照与照片制作。最先有程汉华、熊江参加了影像制作，随后正式组建成立摄影室，由王学敏、孙景云、陈春芝、王平、田晓虹先后从事博物馆摄影室的专业摄影工作。从20世纪60年代开始到今天，摄影室已经历了半个多世纪风风雨雨的历练，其中多少辛勤与努力都被记录在底片上，抒写在博物馆发展壮大的进程中。

虽然经历了几代摄影人的交替更迭，但每一代摄影人都秉持着谦逊和开拓进取的工作精神，始终坚持着艰苦奋斗、努力钻研的工作作风，在不断地进取中取得了一个又一个成绩。

回顾过去的经历和艰辛，可以激励我们更好地迈向未来。天津自然博物馆摄影室经受住了各种严峻的考验，用影像记录下并讲述着博物馆曾经的一切。摄影室先后参加过多项专题展览、影像制作和野外考察活动，包括20世纪60年代的“反对种族歧视，支持黑人斗争展览”“人类起源展览”“破除迷信展览”“农业学大寨展览”“防治二化螟展览”；70年代的“地震知识展览”“西沙动植物标本展览”；80年代的“环境保护展览”“蝴蝶展览”；90年代的“优生优育知识展览”“南极展览”“长江第一漂展览”“秦陵兵马俑展览”“中国侏罗纪恐龙真迹大展”“古生物陈列”“古人类陈列”“植物与珍惜动物展览”等80余个陈列展览的影像制作。并参加了多次的野外考察活动：曾多次赴天津蓟县进行古哺乳动物和古象牙野外考察挖掘，远赴海南进行大规模动植物考察，武夷山动植物考察，长白山野生植物考察，四川、甘肃植物考察，云南贵州古人类考察等。特别是自1998年首次新馆改扩建后，摄影室先后参加过近千次各类拍摄任务，记录下了新馆整个建设过程、陈列展览制作过程、各级领导来馆视察慰问参观等活动，对各类专题讲座、大型现场科普宣传活动、科研课题项目、野外生态考察、专题展览影像资料制作和几千件馆藏标本进行了拍摄工作（图二）。为博物馆收藏了大量的影像资料。其中有上千幅精品图片出版在科普画册或各种媒体刊物上，如2000年8月天津人民美术出版社出版的《世界蝴蝶博览》，2004年9月天津人民美术出版社出版的《天津自然博物馆馆藏精品图集》画册，这些影像资料对博物馆开展宣传活动起到了很好的推动作用。

图二 各种资料

1、5、12. 古建筑 2. 植物种植园 3. 风土民情 4. 海洋生物探险 6. 野外考察 7. 古生物化石陈列 8、10、11. 采集制作的动物标本 9. 地质地貌

（三）对老图片进行数字化处理

笔者于2006年，对北疆博物院时期桑志华遗存的全部图片资料实施了抢救性保护措施。使用EPSON-4990扫描仪进行数字化扫描采集和保存，共扫描完成3100个文件。这些经过数字化后的图片资料，可得到长久无损地保存和提供方便查询与浏览。珍贵

图片资料与博物馆实物藏品具有同样的收藏价值和意义，而且图片或许在某一时刻表现出来的内涵比实物更具收藏意义。比如一件实物藏品可能由于自然或人为的原因发生损坏或消亡，可是记载实物藏品的原始影像信息却可以作为藏品的原始物证长久地保存下来，并唤起人们的记忆。这也是原始影像资料珍贵和重要之处。恰逢天津自然博物馆建馆百年之际（1914～2014年），届时将会选出部分珍贵图片公开出版发行，让更多的人了解天津自然博物馆百年辉煌的历史。

本文提供的所有图片，均为经过扫描后得到的数字图像文件，图三，1、2为桑志华当时使用的照相机和他的工作照。图三，3、4为1922年在马场道南侧陆续建成的北疆博物院旧址（含北楼和南楼）和建筑内部的古生物陈列室。桑志华为这幢建筑取名为“MUSEE HUANGHO PAIHO”即“黄河白河博物馆”也称作“北疆博物院”，他不仅是天津自然博物馆前身北疆博物院的始创者，也是天津自然博物馆摄影工作的第一开拓者。

1

2

3

4

图三　桑志华及北疆博物院

1. 桑志华用过的照相机　2. 桑志华工作照　3. 北疆博物院外景　4. 1922年北疆博物院古生物陈列室

（四）丰富的馆藏影像资料

我馆摄影室现有各类图片资料近30 000张，其中20世纪90年代后期拍摄22 000余张，2004年以后拍摄的12 000张图片资料全部是数码相机拍摄的数字文件。1995～2004年间拍摄的10 000余张底片资料，也已经进行了数字化扫描采集。

图片内容分五大类：馆史、自然地理、馆藏标本、考察采集、宣传活动。

（1）馆史内容包括：领导关怀，学术交流，馆内活动，馆容馆貌，新馆改扩建，科研项目，发表与获奖。

（2）自然地理内容包括：地球，地震，气象。

（3）馆藏标本内容包括：一、二级标本，古生物，古人类，无脊椎，两栖爬行，哺乳类，鸟类，鱼类，昆虫，植物，花卉。

（4）考察采集内容包括：在海南、武夷山、长白山、四川、甘肃、云贵等地方进行的动植物考察，河北省周边与天津蓟县的古哺乳动物和古象牙野外考察挖掘。

（5）宣传活动内容包括：流动展览，专题展览，科普讲座，大型现场科普演出活动，陈列展览形式。

二、博物馆摄影设备的不断完善

博物馆摄影工作的开展并不是一帆风顺的，曾遇到过许多制约摄影工作发展的障碍与瓶颈。摄影是通过使用影像器材对景物和事件进行成像的一种技术手段，这种技术离不开相应的摄影器材，要有好的技术加上好的设备才能完成专业摄影工作。在博物馆开展摄影工作之初，没有高级专业设备，仅有些老掉牙的残破二手相机，一台黑白印像机和简单的冲印工具，当初就是凭借这些极简单的设备在维系着摄影工作。那时的工作条件虽然艰苦，但每个人对待工作的态度却非常积极和认真，始终保持着艰苦奋斗、勇于拼搏的工作精神，这也是天津自然博物馆人都具有的一种精神和优良传统。就是在这种简陋的工作条件下，成功渡过了一系列艰难与考验，多次完成了重大工作任务。在如何能够改善和提高摄影室的工作条件，提高影像制作质量和工作效率方面虽然也想过不少的办法，但皆因当时的经费不足无法实现。直到20世纪70年代末至80年代初，这一情况随着有偿服务项目的开展才得到相应改善。1980年，天津动物园与我馆摄影室联合在天津动物园建立“动物艺术摄影部”，开展了一项有偿服务项目，得到游客的欢迎与认可。这也为摄影室日后进一步改善和更新设备创造了有利条件，对解决摄影工作经费不足起到了一定的帮助作用。在此期间，笔者发挥个人技术特长，在繁忙的工作之余，成功研制出彩色暗房用“彩色照片自动曝光印放设备”和“红外线彩色照片烘干上光机”。这些设备投入使用后，大大提高了摄影室工作效率和照片质量，为博物馆开展各项服务工作发挥了重要作用。

摄影室除完成正常工作任务外，还进行过多项技术创新与开发活动，利用声、光、电技术先后研制出多套适用于陈列展览中的多媒体设备。1986年，为塘沽儿童世界景观大厅试制并安装成功5套“人体感应式自动循环放音设备”。2005年，为长白山自然博物馆陈列室制作出沙盘音效自动播放机，同年8月，为吉林莫莫格国家级自然保护区漠漠格博物馆陈列室安装调试完成两套“全数字互动式多媒体参与项目”工作。2007年又开发出陈列展览用“生态景观箱全数字声光程序控制器”，已成功安装于多个展厅生态景观箱中。这些项目的开发与成功应用，说明摄影室具备了非常全面的技术制作能力。

摄影器材方面，天津自然博物馆第一台135单反专业相机，是1981年日本赠送的尼康FM-2单反机身和一只55毫米微距镜头，成为当时我馆唯一一台135专业摄影设备。这台设备对我馆日后的摄影工作发挥了相当大的推动作用，它记录下中央各级领导、专家学者来馆视察工作的瞬间，还经历过多次野外考察与科研课题项目的拍摄。1999年摄影室申购第一套索尼DV摄像机，开始视频影像资料的录制和收藏，2004年至今，仅使用唯一的一台600万像素（尼康D100）数码机身和一个DX镜头，勉强维持着各项摄影任务。

因设备滞后，尚有许多专项拍摄工作无法展开，制约了摄影工作的手脚。一些对硬件设备有技术规范标准要求的项目，只能因硬件设备问题而停滞，如馆藏标本的数字信息化建设；相关自然界野生动植物生态考察摄影；科普专题节目制作；科研课题专项摄影等。根据国家文物局1999年《全国文物、博物馆事业信息化“十五”规划》《全国文物资料普查和文物保护项目管理总体方案》《中国博物馆藏品信息暂行规范》和《中国文物保护单位信息暂行规范》的要求，我们应尽快改变目前的被动与差距，借新馆扩建和建馆100周年之千载难逢的绝好良机，让天津自然博物馆的摄影硬件水平达到或超过国家文物局制定的技术规范标准。使影像制作与管理水平提升到新的高度，尽快适应21世纪数字新时代。

三、展望博物馆摄影工作的未来

一个拥有40万件馆藏标本，1300余件国家一级、二级珍品标本包括模式标本；一个在中国北方成立最早，收藏标本种类最多，数量最大的天津自然博物馆。应紧跟时代发展潮流，进一步加强影像技术与制作工作，尽快规划筹备建立与之相匹配的专业影像工作室，承担起未来博物馆发展过程中的技术要求。

随着博物馆数字信息化建设的展开，影像工作不再是辅助性的工作。在博物馆信息化建设过程中，数字资源是信息系统的主体信息，数字资源系统建设是博物馆信息系统建设的基础。所以，重视和加强博物馆数字影像资源建设，必须充分发挥摄影师在藏品影像质素方面的关键作用，增强藏品影像信息的储存和使用管理，扩展数字资源采集方法和最新技术手段。

据此，笔者建议筹建“影像信息技术中心”，以适应天津自然博物馆摄影工作的未来定位。所谓影像信息技术，就是影像数字化技术的应用与管理。数字影像将成为未来博物馆数字资源的主体信息，是组成博物馆信息系统的基础。根据博物馆影像资料的最新定义：影像资料与博物馆实物藏品具有同样的收藏价值和意义，所以现在应该对影像资源的重要价值提高认识，重视摄影工作的重要性。影像资源采集需要一定的资金投入，购置先进的摄影器材、存储编辑设备、影像加工软件等；制定和完善影像采集、审核、储存、利用的规范化管理。成立影像信息技术中心的目标，首先是创建一个安全、开放、便利的博物馆数字影像库。这个影像库能全面反映天津自然博物馆的历史、现在丰富的馆藏及各项科普宣传活动等全面内容。它应该是开放的，影像库的服务对象也不应该只限于本馆的业务人员，它应该对博物馆行业内外所有专业人员、研究学者、学生、媒体、普通公众和有关机构组织开放，使博物馆的影像资料真正成为一种公共资源，更好地为社会进步和社会发展服务。影像库应具备很好的安全性，有利于影像资料版权的保护。能够通过网络进行检索、浏览，大大提高其使用效率，做到方便快捷。支撑这个影像库运行的是一套完整的媒体资产采集编辑管理系统，包括高清晰数字影像实时采集系统、3D影像采集与输出系统、上下载工作站、非编工作站、编目工作站、磁盘存储管理服务器、检索工作站、媒体资产管理服务器等。它是个完整且复杂的影像工程，会耗费大量的人力、财力和时间。我们现在必须认清，数字资源系统建设是博物馆信息系统建设的基础，只有认识到这一点，数字资源建设才能得到实施。博物馆教育大众、服务社会的基本责任才能得到更好的落实。21世纪的今天，高科技将我们带入了一个多彩的影像世界，人们越来越需要影像，影像对人类日常生活的影响和作用会越来越广泛和重要。

作者简介：王平，天津自然博物馆，馆员，天津市文化中心，300201。

浅谈文物摄影与文物照片的后期处理

董一晶
（天津博物馆）

摘要：文物摄影是以文物为拍摄对象，通过摄影的纪实特点，再现历史文物的艺术和科学价值。文物照片是展示、介绍文物本身所负载的信息的重要手段。后期处理在保持文物照片原貌的前提下，提升了整体美观效果，往往能够起到画龙点睛的作用。

关键词：文物摄影　文物照片　后期处理　Photoshop

用数码相机拍摄文物，首先在摄影的成效上得到了很大的提高，同时也为文物图片资料的管理和查找提供了极大的方便。文物后期处理的原则是既要保持文物摄影的特点，又要让照片真实、完整地呈现文物造型、质地、色调和纹饰。

1. 构图取景

摄影构图的原则是：一要主体突出；二要画面简洁；三要色调和谐。如何构图取景？首先要看文物的造型，比如高的瓷瓶和矮的诗文杯就要用不同的角度才能表现，而且注意位置、大小、比例，也就是我们平时所说的平衡。还有拍摄时的曝光非常讲究，同样的光线，同样的环境，如果器物不同，采用的曝光指数就不相同。比如瓷器、玉器、青铜器、砚台等，由于它们的造型、质地、颜色不一样，它们反射出来的光度也就不一样。所以，我们要根据文物的造型、颜色，调整曝光补偿，才可以真实反映出来文物的原貌。

2. 拍摄背景

文物背景的作用是突出文物的古朴典雅，也就是说，以文物的色调为主，背景色为辅。一般情况下都是采用简洁平整、色彩素雅的背景材料，基本上是黑、灰、白三种颜色。黑色背景可以集中人们的视觉注意力，能让文物形态引人注目，比如拍青铜器，选用黑色可以表现出它的质感和色调。灰色背景介于黑和白之间，体现出淡雅中朴质的视觉效果，比如玉器，选用灰色是可以衬托出它的剔透。白色背景有着让人简洁淡雅的视觉印象，比如古琴，选用白色可以体现其别有情趣的效果。总之，背景的处理是文物摄影的一个重要环节，完整的背景对文物照片有着决定性的作用，正确运用背景能使文物照片得到真实准确的视觉形象。

3. 巧用灯光

灯光是文物拍摄的灵魂。拍摄可移动文物时，为了保证文物的安全，通常在室内进行拍摄，自然光就不能满足室内拍摄的需要，因此必须使用专业的灯光。为了达到柔和的光线效果，可以利用反光板进行局部补光制造想要的理想照片来；此外，选择灯光的光源也是有要求的，光源要色温准确，一旦不对就会影响文物本身的颜色，同时还要细微观察光源的投射方向和角度。

随着数码摄影的不断发展，胶片摄影逐渐从我们的生活中淡化。前者是通过CMOS或者CCD的感光来获得影像，后者是通过胶片的感光获得影像。

胶片摄影和数码摄影各具优势。胶片摄影的优势由于数码技术的不断成熟而容易被人忽视，但是与数码摄影相比来讲，胶片摄影具有高清晰度、高立体感、层次丰富、色彩还原性强的特点，但是它对摄影师的经验要求更高，包括测光、调整相机的曝光、拍摄、洗相片等。数码摄影的优势是所见即所得，对摄影师的图像处理能力有所要求，相比胶片摄影，节约了时间和成本，降低了门槛。

RAW是记录CMOS或者CCD的原始信息，比如记录曝光、色彩、白平衡等的文件。它是未经处理、未损压缩的格式、没有丢失真实数据，也就是说能完整保留了所有的数据，不会有对图像质量造成影响的损失。它为后期处理带来了足够大的余地，但它不能被图像软件直接使用，因为它是数字底片的角色，所以需要转换成常见的JPG格式或者TIFF格式。

JPG是压缩过的图片，是以牺牲图像质量和画质色调为代价的，但是它有兼容性。TIFF是存储对图像质量有较高要求的高位彩色图像格式，结构灵活和包容性大，所以一般用在印刷、页面排版应用、扫描等。

一般来讲，我们不赞同对文物照片进行后期处理，因为稍有不慎可能会导致改变文物的原貌，或者改变文物的真实色彩，因为文物摄影要的是客观真实。但有些后期处理可以弥补拍摄时的某些不足。所以后期处理是利用文物背景的明暗调整、光线的还原等手段使文物照片更加整体美观，更加有视觉冲击力，便于读者对文物进行研究。

Adobe Photoshop，简称“PS”，是一个实践性、艺术性很强的图像处理软件，其内容丰富，工具繁多，图片效果丰富多彩。它主要处理以像素所构成的数字图像，使用其众多的操作工具，可以更有效地进行图片编辑工作。平面设计是Photoshop应用最为广泛的领域，无论是博物馆展览厅的海报，还是博物馆展览墙上挂着的照片，这些具有丰富图像的平面印刷品，基本上都需要Photoshop软件对图像进行处理。

从应用领域上看，Photoshop可分为图像编辑、图像合成、校色调色及特效制作。图片编辑是图像处理的基础，它可以对图像做各种变换如变大、缩小、旋转、倾斜等，也可进行去除斑点、修补、修饰图像的残损等。图像合成是将几幅图像通过图层操作、工具应用合成完整的、传达明确意义的图像。校色调色是Photoshop中深具威力的功能之一，可方便快捷地对图像的颜色进行明暗调整和校正，也可在不同颜色进行切换以满足图像。Photoshop的应用领域很宽泛，有广告平面设计、网页设计、印刷、多媒体等方面应用。

（1） Photoshop具有强大的图像修饰功能。利用这些功能，可以快速修复一张破损或损毁的老照片，也可以修复文物的周围上的斑点或者CCD上灰尘造成斑点等缺陷。

（2）利用Photoshop可以使文字发生各种各样的变化，并利用这些艺术化处理后的文字为图像增加效果。利用Photoshop对文字进行创意设计，可以使文字变得更加美观，个性极强，大大地加强了文字的感染力和艺术感。

（3）特效是通过计算机算法创造出来的一种效果，可以创造出素描、油画等风格，在某些情况下创造出意想不到的效果。

在众多的图像处理软件，Photoshop以其卓越的性能日益成为全球应用最广泛的影像处理工具。它让越来越多的人告别了传统的手工设计，这个软件使电脑设计和照片处理简单化，节省时间，是我们必不可少的软件。

有人说文物摄影的工作性质特殊，可以成为摄影艺术中的一个独特门类。那么我想，文物照片的后期处理也因为Photoshop的运用，也能成为后期处理中的一个独特门类。因此，文物摄影的技术决定了文物照片的效果，后期处理的手段提升了文物照片的效果，让观众有身临其境的感觉，便于读者进行欣赏与研究，使文物照片成为传播文物信息的视觉钥匙。

作者简介：董一晶，天津博物馆，助理馆员，天津市文化中心，300201。

一二、文献编译

义和团起义：前往战地的旅程（四）

（The Boxer Uprising: Journey to the Seat of War IV）

詹姆斯·利卡尔顿（James Ricalton） 著 罗 漫 译

英国皇家海军舰艇“可怖号”上的毁灭性舰炮，远方就是在炮击下燃烧的城市——天津

这些灼热的、还冒着烟的舰炮还不是战后诸景中最显眼的，到这里之前，我们从一排排被抬在担架上的伤员身边走过。我们站在墙上，身后是墙边的护城河，河面上的平底船载满了日军伤员。人们用蒿杆撑着船只缓缓前行，此情此景凄惨之极：船里挤满了伤员，有的坐着，有的躺着，所有的人都暴露在烈日下；伤员们刚刚被带出泥泞的战场，他们在那里躺着、呻吟着度过了沮丧的一夜。此时的沉寂仿佛葬礼一般，只不过他们不是死人，而是伤员，许多人伤势非常严重。大家都一言不发，就连撑着船缓缓行进的人也是如此。抬担架的人就像抬棺材的人一样沉默，对伤痛者的温柔体贴就像对死者的敬礼一样庄严郑重。回想着那一整天可怕的战斗，从我们本国的战士身边走过，看着那熟悉的制服上溅满了泥和血污，已然面目全非，烈日之下皱皱巴巴的帽子遮掩着苍白的面孔，这让人真是无法遏制胸中那种脱帽致敬的冲动。我最好还是别把战争中一切一切的景象都告诉你们吧！

现在，让我们仔细看看这些搞破坏的设备吧，就是它们，为远方城墙内的战争画面添上了赤色。炮手们都撤到了我们旁边墙内一个小小的隐蔽处，烟熏土蒙之下浑身脏兮兮的，靠在炮边就睡着了。昨天从黎明到入夜，这两架恐怖无情的武器一直在不停地开着火，因而变得滚烫。现在，敌方的大炮已经变成哑巴了，这两门炮和其他的许多枪炮一起，以胜者的姿态静静地面对着它们所造成的破坏。我们正前方的南大门，还有右边着火的城区都还在冒烟，几天以来，一直有像这样的烟柱从城区的各处升腾而起。一大部分城区都被毁掉了，一会儿我们从南大门进去的时候就会看到这一点。我们现在距离刚才在屋顶上的观察点差不多有1英里（1英里＝1609.344米）远，但是还没到联军前进时途经的区域。我们面朝西北望向天津城的南城墙，发现我们要往前走就必须得渡过一些水塘，而且这一路既没有可供隐蔽的河垄或沟渠，也没有我们眼前所见的那种房子。

不过，不能在这里逗留了，我们得赶快沿着墙头走到下一个地方去，它对着的西局子就在这道泥墙的后面。昨天夜间，暂败的联军筋疲力尽地到达那里，躺在他们的武器上小睡了一阵。很多伤员都被带了过去，也有许多人阵亡了。

高尚的哥伦比亚战士们——善良与勇气兼具——天津之战后，为日军伤员倒水的美国兵

在我们身后不远处，两百具尸首躺成一行，不过我们就不转过去看了。我们只是看一眼伤员，然后马上赶去着火的城区那边。在这里，你可以凑近看一看那时常被提到的泥墙。离我们最近的是一个受了致命伤的日本士兵，而那个好心的美国兵正在做自己唯一力所能及的好事——给那日本士兵送上一些水，以缓解他因致命伤痛而引起的发烧口渴。美国士兵们对日本人颇有好感。美国人一般都很崇尚勇气，而小个子日本人是“举止温和、行事勇敢”的最佳体现。我们的士兵认可了这一点，于是与这些勇敢的矮个子伙伴尤为亲昵。我经常看到一个美国兵和一个日本兵挎着臂膀一起走，虽然完全听不懂对方的话。这些来自“太阳升起的大地”的小个子男人也给予了回报，当我经过日军卫兵的时候，只要喊一声“我是美国人”，就会马上得到热情友好但英语发音很古怪的回答“好的”，这对我来说一直都是莫大的方便。他们温和有礼又如此勇敢，种种美德都是出了名的。一艘载着日军的小船刚刚离开这里去往租界区的医院。你能看到一些他们刚刚搬离的帐篷，可是看不到血污。照片是仁慈的，它没有把染血的衣服，还有伤员躺在地上过夜而留下的凝结血迹都显现出来。左侧有一个奄奄一息的士兵，在他旁边篷子下，是一个受伤的英国或美国士兵，还有两个日本医生正在给伤员包扎伤口。

从这里就可以瞥见我之前提过的运河，人们通过它运送了许多伤员，另外还可以辨识出两英里外、在白河边上的租界建筑。从所站位置往回走几杆远（杆，长度单位，等于5.5码——译者注），我们要爬上泥墙看看天津城和南大门。

1900 年 7 月 14 日，联军进城时，从靠近西局子以北的泥墙上望向天津城的南大门

今天早上，联军从我们所在的位置出发，穿越那片开洼地到达城墙，他们刚刚在日本人的带领下穿行而过。我们可以隐隐约约地看到，已经有几面旗子升起来了。我记得，最左边是法国旗，在南大门上离烟柱比较近的是美国旗，在两个烟柱之间的是日本旗，而英国旗则高悬在另外半边城区里。在这里你可以辨识出城墙轮廓，和我们从德国俱乐部楼顶上看到的差不多，还是有1英里多的距离。从这里去往南大门的路就在我们面前，它绕向水塘左边，然后又向右拐，绕过远处人迹熙攘的当地民居。接

着，这条路又转向左边，直达烟柱左侧的南大门，美国旗在那里耀武扬威地飘扬在焖烧着的废墟上。我们频频提到的西局子废墟就在我们右边，几乎延伸到树那边了，正对着左边那个当地的小村子。战场上经常会出现这样的水塘，它们有时候像排水沟，有时候不过是一坑死水。村子里的房屋全都被大火烧毁了，可能是原本瞄准旁边西局子的炮弹飞向了它们。越过水塘对岸的那片房子，有一条运河蜿蜒流向城区，公路沿其右岸而建。去往城区的半路某处，义和团在马路上修建了一道道矮防护墙，后面散落了许多开火后留下的步枪弹壳。附近的村里死了一大批人。

我们面前是一队抬着轿子的苦力，坐在轿子里的是个重要人物，或许是个官员，获准通过岗哨逃到村子去；也可能是个要犯，看管他的官吏都紧跟在后面。苦力们举着一面面小白旗作为通行证。在这样一个时候，我们没有停下来去打听这些琐事。

我们匆匆赶到南大门，穿过郊区村落的时候，我们看到了很多昨天那场战斗的受害者：有些人在自己的房子里，有些人在自家院子里。我不由得注意到一个小男孩，他躺在自己家的门口，脚伸到大街上。我们到达城门时，看到所有人都是惊慌失措、乱作一团，城门口四方形广场墙内的火焰还在猛烈地燃烧着，惊惧的百姓都蜷缩在各个角落里。我们爬到城门东面的城墙顶上，向西看去。看似是日本人控制了那里，但升起来的是星条旗，它们在烈焰和浓烟中依然飘扬着。

南大门处，在联军进城后即刻受到战争惩罚的中国人

南大门上方有一座烧毁的塔楼，那上面飘扬着我们的旗帜。我们从左侧进了大门，然后再向左转，从城墙上日本兵右边的那个坡道登上了城墙。我们现在沿着墙头向西看，西局子和外国租界就在我们左边这道墙外的前方。

几天以来，我们一直都望着眼前这个地方，现在我们就站在它的上面，而此时，战胜了的联军正分散地进入我们这个城市的各个地方。我们曾提到过四下溃逃的义和团，你可以看到，在我们面前有两个无法逃走的义和团员。从我们到中国至今，他们是我能向你们展现的第一个有关义和团这个组织的景象。这两个可怜的小伙子看着不太像是能推翻统治王朝，甚至驱逐外国人的那种人。我们知道他们是义和团员，是因为他们穿的不是皇家军队的制服。这道墙边的死者数量不是很多，我们左边那道留有窥孔的墙垛能起到保护作用。义和团员就站在它的后面，只有偶尔从窥孔穿射过来的枪弹才能伤到他们。在城门附近的大街和房子里有更多的死者，他们中的大多数都是死于普通的枪弹和立德炮弹的致命毒气。有士兵驻足的这处城墙，向左延伸55英尺（1英尺＝0.3048米）而形成了一个四边形区域，大门都位于此处，因而用炮弹击中它们是不可能的。在我们端详城墙的时候，请注意一下它的构造，比如这个地方，它遭到破坏后恰显露出了构造，也就是墙体两侧各有一层8～10英尺厚的面墙，它们之间用泥土填充。砌墙用的砖块都很大，每块的尺寸大约是4×8×12英寸（1英寸＝0.0254米）。

烧毁的塔楼旁边有一群日本人，左边有几个美国人。下面的大街上，日本人的马匹身上驮满了军需物资。我们看到，有两个日本平民坐在墙边旁观，他们可能是军属，也可能是通讯记者。他们前面靠墙立着的，是当地一种大型枪支，叫做抬枪或二人枪。这种枪大部分是被义和团征用的，而供给正规军使用的则是奥地利陆军用枪，很多人都认为，后者是战场上作战效果最好的武器。

我们接下来要去城墙上凸出的部分，它在日本兵的右方，面对着这个方向可以看到自己身后的城墙延长出来的部分，以及我们右侧下方与城墙平行的街道的一部分。

旧天津混杂的人群与乱糟糟的小房子
——天津城被占领后不久，南大门内一瞥

老城墙远远地拐向左边，我们从这里顺着它向东望，可以对这一片景象有个大致的了解。我们第一次看到战场全景时所处的德国俱乐部，位于右侧我们视线所及之处的1英里处。我们在这个位置又一次见到了日本的军需供给部队，在我们附近，是一位军官的马。我们看到了一队队的苦力，他们可能是被征来干活的，此外还有一排被征用的人力车。我们还注意到，这一片简陋的房子是用泥造的，好一点的房子是砖砌的，但是所有的房子普遍只有矮矮的一层。你会注意到，许多泥房子上都布有弹孔，这可能是被飞过城墙的枪弹击穿而出的，也很可能是在联军进城后，从现在我们身后的城门那里的一通齐射造成的。再远一些，在稍微偏左的地方，我们能看到有枚炮弹击穿了一个泥屋顶。但是更让人感兴趣的是前面的房子，它们也在这条大街上，就是你看到的前面那片开阔的地方。这些房子位于城墙左边，侧面与一道砖墙相接，比周围的建筑都要高一点点。它们是当地的一间军械库，里面堆满了各种战备物资，包括大炮、各种步枪、剑、弹药、旗帜、军服等。毋庸置疑，这间军械库丰足的储备为许多人提供了纪念品，既有老百姓的，也有士兵的。城市被占领后，划为了不同的区域，并分配给不同国家的军队控管。这一部分城区分给了美国人，它纵跨南大门到远处我们所见的塔楼附近，再以同样的跨度向左延展。美国人很幸运，这片区域里有一个军械库，还有一个铸币厂，更准确地说，这个所谓的铸币厂是一处公共建筑，用于安全地保存从全国各地收来的银锭和银条，这些银锭和银条都是用来买盐的，盐可以通过蒸发海水进行大量生产，然后再运往各省。我必须预先对这个铸币厂或盐务衙门——我们以后也要这么叫它——进行一下说明，这样你就能明白我们面前这幅场景的吸引人之处了，也就是说，我必须给你讲讲，在这个城市被占领几天之后发生了些什么，这样你就更能理解在战后的第二天，这幅场景代表的是什么。

离我们左面有段距离，有两个高高的像旗杆似的杆子，它们标示了盐务衙门的位置。在我们注视着一切的时候，房子仍在焖烧着，而且似乎没人知道那所传闻中的房子存放着大量银子。我到这里之后没多久，遇到了一个美国士兵，他的旧书包里装满

了银子，差不多是他负荷的极限。他说："往包里看！"我看了，那确确实实是装得满满的一堆亮闪闪的银条，不过我有点怀疑那是不是银子。我怀疑自己也被那种古老而诱人的发财梦迷住了心窍。我问他："这些银条每块值多少钱？""两个半美金，那边还有好多呢。"他答道。然而，经过证实，那些是一流品质的银条，每一块都值35美金。我没有当掮客的头脑，机会就这么错过了。第二天夜里，还没等军队的指挥官们充分意识到着火的废墟中还有这么一大批银子，士兵们和其他人就已经弄走很大一部分了。从这里流出的银锭数量在租界区里过于庞大，以至于军方当局禁止银行对其进行收购，并试图将那些已经被个人拿走的银子没收充公。盐务衙门的废墟成了一座地地道道的银矿。最后，那里被派去了一个守卫进行看管，而银子都被移送到了美国海军总部。但是这批丰厚的战利品最终是怎么处理的，我再也无从得知了。至于其总量，我无法提供官方数据。但是目前据报道就有150万美金。然而就我所了解的，当这批银子被带到海军总部的时候，我拍了张照片，九辆由四头骡子拉的大车装满了银子，同时停在海军兵营的前面，而且据说这九辆大车还得再去衙门一趟才能拉回所有银子。后来人们都非常明了，美国人不是联军中唯一发现并拿走财宝的。回到美国之后，我颇为惊讶地发现，这么大批量的战获银块，却几乎没怎么被提到，确切地说，直到今天，我也没遇到什么人听说过这件事（我们从1902年3月11日的美国纽约《论坛报》上，引用了如下一段文字："根据1月23日华盛顿快电，海议员向伍廷芳公使提交了一份37万6600美金的美国财务汇票，这是美国海军在天津战获银块的总价值。"——原书出版者注）。

如果我们转过来，沿着城墙向西走上一小段，走过飘着美国旗的塔楼，就到法国人占领的那部分城区了。我们要在那边越过市中心望向北偏东方向。

在联军刚刚占领天津之后，在南大门越过燃烧的城市望向北方

这个城市被夺取之后的几天里，熊熊烈焰在各处肆虐。据报道，整个城市都将遭到破坏，从那群在恐怖打击之下仓惶而逃的百姓来看，让人不得不相信，他们已经注意到了这一点。每家的大门口，男人、女人和孩子们互相踩踏着、推挤着，奋力逃往郊区和边远的村子。死难者横在大街上或是倒在被荒弃的家中已有数日。此地你视线中尽是家园在火焰与浓烟中化为乌有，无家可归的人们随处而坐，等待着法国卫兵准许他们离开这个城市。这些可怜的人们无论怎样也不该为义和团的暴动承担责任，可他们却携着零碎家用流离失所，而且成千上万的人都罹受了这残酷的命运。从这个地方，你只能远远地看到大火肆虐，却看不到人对那些家园和商店的劫掠，我看到了这些，那时我正离开这里穿过大街，路过了那些尽显人类贪婪的残迹。门都被撞开了，商店都遭人闯入洗劫。男人和女人们带着他们珍贵的宝贝——珠宝、皮草、丝绸、绣品还有钱——飞奔逃难。他们这些极为贵重的财宝都被抢走了，可他们不敢也不能反

抗，甚至都没法分辨出抢财宝的人是不是义和团员。但是，生命比最宝贵的玉石还要珍贵，甚至只要还能又保命又保面子地逃走，他们就要念阿弥陀佛了。要是一个人连命都保不住了，他的财富也就没什么价值了。我看到，当地的妇女几乎是以一种感恩的心态舍弃她们最心爱的财物，就因为要的不是她们的命。夺取敌人的性命和财物，这一点无论是依照合乎人之常情的等价补偿原则，还是遵循报复行为的规律，抑或引据《旧约》的章节，都是无可非议的。但是敌友不分地掠夺就是抢劫，即便在战争中，抢劫也还是抢劫。联军对敌人，甚至对中国人的掠夺都是不受约束的，但是他们的抢劫范围却扩大到了欧洲租界，在那边，欧洲人暂时空出来的房子都被人闯入且洗劫了一番。这些基督徒军队道德何如，饱受掠夺屈辱的中国好好上了一课，而且会长久铭记。李鸿章对我的一个朋友说，他一直在研读基督教的摩西十诫，建议第八条戒律应该修改成这样："你不能偷窃，但是你可以掠夺。"我在这里讲到掠夺，是因为这些事就发生在火场附近，我亲眼所见且将久久难忘。又过了三天，我们回到了南大门，再次站上大门上方的城墙，望向正北方城市的中心地带。

旧天津，炮击火烧下可怕的满目疮痍

荒弃的家园令人伤感，而荒弃的城市或村庄愈显悲凉。我们面前的这个大城市，不仅为人所弃，而且还遭到基督徒军队的劫掠、抢夺，烧成灰烬。在拍下这张照片的仅仅几天以前，这条大街和附近的房屋经历了一场生命的浩劫。一天之后，一群无家可归的人们，哭泣着，沿着这条长街缓缓走着——他们的家园化成了灰，没有食物，孤孤单单，很多人的亲人都被烧成了焦炭，还躺在已成废墟的家中。这可不是想象出来的，我说的都是自己看到的。那里有怀抱着婴儿的母亲，有被家中晚辈搀扶着的老翁与老妇，还有被独轮车推着的伤员，在那个时候，拥有伙伴真是幸运，否则的话，他们只能留下等死了。我看到一个可怜的家伙，腿被一发子弹打烂了，他拖着那条伤腿，痛苦地一寸寸蹒跚前行，骨头从伤口那里突了出来。同时，这条大街上尸横四下，有些尸体皮肤上有变黄的斑点，一看就是因为立德炸药的致命毒气而窒息身亡的。三寸金莲在上海很是金贵，在这里却不过就是些残尸的附器，和那些横在大街上的死狗一样，不会引得更多人注意。但是，摄影也好，书写也罢，都无法描绘战后这条窄街上那些让人心碎的景象。眼下这里是一片荒凉的废墟，许多无家可归而又饥肠辘辘的人都逃跑了。这儿有两个推独轮车的苦力，他们获准穿过岗哨，可以去废墟那里捡些不值钱的废铁，或者没什么价值的东西。还有个妇女也获得准许进了城门，我们只能推测她要做什么，毋庸置疑是有急事，也许是要去找值钱的财物或失散的朋友，不然这个时候再没有什么能让她冒险回去了。除了遭洗劫荒弃之后的城市惨景，你还能看到这里的建筑特点。这座城市位于平坦的平原上，它有着低矮的单层砖房和狭窄的街道，而这就是主干道之一。城门和门楼就在远方，它们往往位于主干道的交叉点上。

这条街道是美租界和法租界的分界线，城门楼下的横向街道，是这两片区域的北边界。

我们在城墙上看到过两个死去的义和团员，你或许还希望能近距离看到活着的义和团员，我觉得在往北走的路上应该可以看到。因此，我们将离开天津城，回到欧洲租界去，在那里可能会看到50个左右的义和团员。

中国的闹事者——美国第六骑兵团抓获的义和团俘虏

在天津被占领之后不久，据悉有一大队义和团员从西南方进发而来，而且已经到了只有10英里远的地方。这让人感到有些忧虑，担心他们会再次占领天津城并同时袭击租界。曾用来攻打天津城的大炮被架上泥墙，瞄准了那充满威胁的方向。人们在墙头匆匆建起了防御工事，做好了各项准备，以抵御任何向他们发起攻击的兵力。曾有整支军队逃出城去，他们会带着援军卷土重来，即便如此，守在泥墙后面的联军还是有自信能够将那队人马击退，不过他们似乎相当担心会有袭击发生。义和团员一个也没出现，反而从传言会有敌军的方向，来了一支远征队。这支被派来的部队包括美国第六骑兵团和一支印度枪骑兵连队，他们遇到并击败了相当多的敌军。第六骑兵团的士兵们兴高采烈地回来了，对这一次中国战火的洗礼，他们似乎十分享受。他们收获了许多战利品，比如长矛、匕首、旗帜，还有大约50个俘虏。这些俘虏是否全都是义和团员，似乎还不能确定。义和团员在面临被抓的时候，通常都会脱掉他们独特的团服，换上普通苦力或农民的装扮，所以总是很难将换了装的义和团员和普通苦力区别开来。士兵们说，他们能认出来真正的义和团员，是因为他带了武器。这时，一个骑兵抓着一个“正牌货”的长辫子，一边把他拽到前面靠近照相机的地方，一边说着：“看他眯着眼睛的样儿就能知道，这是个凶残的斗士。”在中国，英国和美国的士兵亲如兄弟，所以他用了这句英国的俚语。这真是一伙又黑又瘦的人，在婆罗洲和斐济群岛的土著人里，都别指望能找出这种相貌了，而众所周知，在义和团的组织里，有一大部分人都是这种样子的。其实我们甚至可以说，截至目前看来，这个帝国里的一大半人口也都是这种贫穷的苦力阶层。看他们的样子，皮肤多黑，衣着多破烂，多么呆滞、阴郁！在一个骄阳似火的日子里，我看到了这样一群人：他们还坐在这个地方，脑袋都剃光了，不再顶着那个令人不舒服的标志。他们被看守包围着，无助而又低声下气，没人竭力躲避照相机。他们甚为缺乏湖南山民的那种粗野大胆的性格，他们是俘虏，还不知道自己命运如何。明天他们可能会被枪毙，但是不管是杖打、枪毙还是砍头，有个家伙决定都要先抽上一袋烟。

我们离白河很近，离开那些义和团员和看守，让我们到河边走走吧，在那里可以看到一种新奇的运输工具。（未完待续）

译者简介：罗漫，天津文博院，馆员，天津市文化中心，300201。